Zu diesem Buch

Die Fähigkeit zu spielen – allein, zu zweit, zu dritt – scheint deutlich abzunehmen. Eltern von Kleinkindern klagen, ihr Kind könne nicht spielen, müsse immer beschäftigt werden. Aber auch Eltern tun sich oft schwer, sich frei von Leistungsdruck und Zielvorgaben auf ein spielerisches Zusammensein mit ihrem Kind einzulassen. Erkenntnisse der Frühentwicklungsforschung haben früh die Bedeutung des kindlichen Spiels als Quelle von Selbstwirksamkeitserfahrungen, als Kontext zum Erproben neuer Fertigkeiten, Problemlösungen und Beziehungserfahrungen nachgewiesen. Umso überraschender erscheint es, dass das Spiel in den klinischen Konzepten der frühen Kindheit neben den Bindungskonzepten bisher nicht die angemessene Beachtung gefunden hat.

Das Buch versucht diese Lücke zu schließen und beleuchtet vor allem drei bisher wenig reflektierte Themengebiete: die Anfänge des Spiels in der frühen Kindheit und im Kontext der frühen Eltern-Kind-Beziehungen und ihre Auswirkung auf die seelische Gesundheit; die Entstehungsbedingungen früher Störungen des Spiels und ihrer Auswirkungen auf die seelische Gesundheit; die Verbindung von Forschungsergebnissen und ihrer direkten Umsetzung in frühe Prävention, Diagnostik und Behandlung.

Prof. Dr. med. Mechthild Papoušek ist Leiterin der Forschungs- und Beratungsstelle Frühentwicklung und Kommunikation am Institut für Soziale Pädiatrie und Jugendmedizin der Ludwig-Maximilians-Universität in München.

Priv.-Doz. Dr. med. Alexander von Gontard ist Oberarzt an der Klinik und Poliklinik für Psychiatrie und Psychotherapie des Kindes- und Jugendalters der Universität Köln.

Mechthild Papoušek
Alexander von Gontard (Hrsg.)

Spiel und Kreativität
in der frühen Kindheit

Pfeiffer bei Klett-Cotta

Leben lernen 159

Pfeiffer bei Klett-Cotta
© J. G. Cotta'sche Buchhandlung Nachfolger GmbH, gegr. 1659,
Stuttgart 2003
Alle Rechte vorbehalten
Fotomechanische Wiedergabe
nur mit Genehmigung des Verlages
Printed in Germany
Umschlag: Michael Berwanger, München
Titelbild: Robert Schwarz: »Mein Töchterchen Beatrice«, 1929
© museum kunst palast, Düsseldorf
Satz: PC-Print, München
Auf holz- und säurefreiem Werkdruckpapier gedruckt
und gebunden von Gutmann + Co., Talheim
ISBN 3-608-89717-8

Bibliographische Information Der Deutschen Bibliothek
Die Deutsche Bibliothek verzeichnet diese Publikation in der Deutschen
Nationalbibliographie; detaillierte bibliographische Daten sind im
Internet über <http://dnb.ddb.de> abrufbar.

Inhalt

Andreas Flitner
Geleitwort 9

Vorwort der Herausgeber 12

Kapitel 1
Hanuš Papoušek
Spiel in der Wiege der Menschheit 17

Kapitel 2
Remo H. Largo, Caroline Benz
Spielend lernen 56

Kapitel 3
Marc H. Bornstein
Symbolspiel in der frühen Kindheit: verhaltensanalytische, experimentelle und ökologische Aspekte 76

Kapitel 4
Karin und Klaus E. Grossmann,
Anika Keppler, Miriam Liegel und Wulf Schiefenhövel
Der förderliche Einfluss psychischer Sicherheit auf das spielerische Explorieren kleiner Trobriand-Kinder 112

Kapitel 5
Kai von Klitzing
Die Frühentwicklung des Spiels zu Dritt 138

Kapitel 6
Rolf Oerter
Als-ob-Spiele als Form der Daseinsbewältigung in der frühen Kindheit 153

Kapitel 7
Mechthild Papoušek
Gefährdungen des Spiels in der frühen Kindheit:
Klinische Beobachtungen, Entstehungsbedingungen und
präventive Hilfen 174

Kapitel 8
Klaus Sarimski
Entwicklungsbeurteilung und Förderung im Spiel mit geistig
behinderten Kleinkindern 215

Kapitel 9
Alexander von Gontard
Spieltherapien im Vorschulalter 237

Kapitel 10
Sigrid und Michael von Aster
Eltern-Kind-Spiel und videogestütztes Feedback als Element
der begleitenden Elternarbeit in der Kinderpsychotherapie 267

Stichwortverzeichnis 287

Verzeichnis der Autorinnen und Autoren 291

*Für Hanuš Papoušek
in Dankbarkeit*

Geleitwort

Philosophische und kulturhistorische Auseinandersetzungen mit dem Spiel der Kinder und mit dem Spielen der Erwachsenen haben eine lange Tradition. Sie haben sich von jeher dem Vorurteil widersetzt, es handle sich beim Spielen um Kindisches, Nebensächliches und, zumal für den Erwachsenen, nur um »Zeitvertreib«. Schon der historischen und kulturkundlichen Forschung offenbarte sich das Spielen als »very serious business«, in engem Zusammenhang stehend mit der menschlichen Phantasie, mit den Künsten, mit dem Forschen und Experimentieren, mit der Symbolbildung, kurzum mit grundlegenden Geistestätigkeiten des Menschen, die in der Kindheit zwar besondere Ausdrucksweisen und eine besondere Intensität zeigen, aber beim Erwachsenen durchaus erhalten bleiben und mit seiner spezialisierten Existenz mannigfache Amalgamierungen eingehen. Johan Huizingas Essay »Homo ludens – Vom Ursprung der Kultur im Spiel« ist wohl der bis heute am meisten gelesene klassische Text dieser Sichtweise. Eine reiche völker- und volkskundliche Literatur ist ihm gefolgt. Sie hat zum einen Beobachtungen und Beschreibungen einer vielfältigen Erscheinungswelt des Spielens beigesteuert, zum anderen aber immer wieder die Frage aufgeworfen, wie die Phänomene des Spiels gegen ähnliche Erscheinungen abzugrenzen oder mit ihnen gemeinsam zu untersuchen sind: mit Einübung, Ritual, Zeremoniell, Symbolisierung, Sport- und Kunsttätigkeit und anderem mehr.

Dann hat sich aber auch die enorm expandierende biologische Verhaltensforschung dieses Themas angenommen. Und sie hat mit dem Film und der Videokamera Instrumente der Dokumentation. Und sie hat mit dem Film und der Videokamera Instrumente der Dokumentation in die Hand bekommen, die der Beobachtung und der genauen Analyse des Spiels bei hoch organisierten Tieren und in der Säuglings- und Kinderforschung ganz neue Möglichkeiten eröffneten. Dass diese beiden Forschungsfelder, die Primaten- und die Kinderforschung, einander sehr befruchten können und evolutionstheoretisch eng zusammengehören, steht außer Frage und ist der wissenschaftlichen Welt, zumindest seit den Arbeiten von Jean Piaget und Jerome S. Bruner, auch geläufig. Dennoch sind lange Zeit hindurch biologische Verhaltensbeobachtung und die Erforschung des humanen Spiels eher auf getrennten Wegen gegangen. Und während die Tierforschung durch die unterhaltsamen Naturfilme eine große öffentliche Resonanz bekam, hat die hochbedeutende Erforschung des Säuglings- und Kinderspiels erst in jüngerer Zeit die gebührende Aufmerksamkeit gefunden.

Warum hochbedeutend? Weil darin das Gewicht und die lebenslängliche Auswirkung der frühkindlichen Erfahrungen und Bildungsprozesse immer deutlicher zum Vorschein kommen. Und weil die »Wissens-« oder »Kommunikations-« oder »Konsum-« oder »Mobil-Gesellschaft« oder wie immer wir sie sonst in ihren modernen Trends bezeichnen, mit den Bedürfnissen und Fähigkeiten dieser Altersstufe bisher zu achtlos umgeht und damit eine der wichtigsten Quellen des Handelns, Erkundens, Symbolisierens, nämlich die Fähigkeit zum Spielen, zu verschütten droht. Das Spielen des kleinen Kindes als grundlegende, unendlich wichtige Weise der Erfahrung und Auseinandersetzung mit der Welt kann auf eine starke Naturausstattung, auf phylogenetisch gesicherte Dispositionen rechnen. Aber es ist abhängig vom verständnisvollen Dulden, vom Mitwirken und Beantworten durch die nächste Umgebung, vor allem durch die Eltern, durch Spiel- und Resonanzfähigkeit, die auch bei ihnen vorausgesetzt oder wieder freigelegt werden kann.

Diese Erkenntnisse und die daraus folgenden Fragestellungen sind entwickelt worden in einer jahrzehntelangen Kommunikations- und Beziehungs-Forschung. Mutter-Kind-Interaktionen wurden von den ersten Lebenstagen des Kindes an durch Bild- und Tonaufnahmen festgehalten und das methodische Instrumentarium zur Analyse solcher Sequenzen immer weiter verfeinert. Und es wurde ein theoretischer Rahmen dafür entworfen und ebenfalls mit dem Fortgang der Forschung ausgearbeitet. Der Anfangsbeitrag dieses Buches von Hanuš Papoušek, der an den Forschungen einen hervorragenden Anteil hat, umreißt diesen Rahmen und seinen Zusammenhang mit Evolutionstheorie und Psychobiologie. Er bildet damit die Grundlage dieses Bandes, zu der sich namhafte Forscher aus dem Gebiet der frühen Kindheitsentwicklung und der Interaktionsanalyse mit ihren Beiträgen in Beziehung setzen.

Gemeinsam sind sie den Anfängen und den frühen Phasen der »Erziehung« auf der Spur, nicht der Gewöhnung an zivilisatorisch erwünschtes Verhalten, die man gern als ihr Hauptgeschäft ansieht, sondern dem, was ihr vorausgeht und viel wichtiger ist: dem Annehmen, Bejahen und Ermutigen des Kindes, dem Verstehen und Beantworten seiner Lebensäußerungen und seiner Neugier, der Stiftung einer andauernden Kommunikation. Spielen und Sprechen sind die wichtigsten Medien dieser Gemeinsamkeit. Dem Austausch von Signalen, der Symbolbildung, der vorsprachlichen und sprachlichen Kommunikation, dem Spielen in seiner Vielfalt gelten diese Untersuchungen und damit den Grundlagen und frühen Schritten aller Erziehung und Bildung.

Denn eines zeigen auch die viel diskutierten internationalen Vergleichsuntersuchungen zum Schulerfolg wieder mit aller Deutlichkeit: dass auch das Schicksal der intellektuellen schulischen Bildung nicht allein an der Qualität der Schulen hängt, sondern dass es in hohem Maße von familiären und sozialen Faktoren abhängig ist; und diese hängen eng mit den frühen Erfahrungen des Kindes, mit dem Spiel- und Neugierverhalten und dem Austausch mit der nahen Umgebung zusammen.

Spielfähigkeit und Spielentwicklung, Bindung und Kommunikation in der frühesten Kindheit, Kontaktstörung insbesondere im Phänomenbereich des Spielens, aber auch Möglichkeiten zu heilenden Methoden und Erfahrungen als Spiel- und Beziehungstherapie – das sind die gemeinsamen Themen der Beiträge dieses Bandes. Insofern als hier die Lebens- und Entwicklungsbedingungen kleiner Kinder mit einer Fülle von Erkenntnissen, mit weiterführenden Fragen und therapeutischen Einsichten behandelt werden und eine Forschung ausgebreitet ist, die auch ganz praktischen Kenntnissen und Verhaltenshilfen dient, ist diesem Band zu wünschen, dass er nicht nur die Fachwelt der beratenden und heilenden Berufe erreicht, sondern in seiner ganzen Bedeutung für die Früherziehung und für die Erziehungs- und Bildungspolitik wahrgenommen wird.

Andreas Flitner

Vorwort der Herausgeber

Die Freude am Spiel und die Fähigkeit zu spielen scheinen in unserer Zeit unter dem Einfluss von Informationsflut, Medienkonsum, Hektik und Leistungszwängen zunehmend bedroht. Gefährdungen sind bereits im Säuglingsalter zu erkennen. Eltern von Säuglingen und Kleinkindern klagen, ihr Baby könne nicht spielen, müsse ständig beschäftigt werden, Spielzeuge seien rasch langweilig. Eltern tun sich schwer, sich frei von Leistungsdruck und festen Zielvorgaben auf ein spielerisches Zusammensein mit ihrem Baby einzulassen. Verbreitet ist dies Ausdruck von elterlicher Erschöpfung, Depressivität, innerer Leere und Anspannung, seltener auch späte Folge einer eigenen belasteten Kindheit ohne Spiel.

Das Bild des Malers Robert Schwarz von seinem Töchterchen Beatrice auf dem Deckblatt scheint, auch wenn es der Maler im Jahre des Entstehens 1929 nicht so gemeint haben mag, die Situation vieler Kinder in unserer Zeit widerzuspiegeln. Ausgesetzt im Kinderzimmer, sitzt die kleine Beatrice vereinsamt, wie verloren und beziehungslos in einer befremdlichen Spielzeugwelt und hält sich an ihrem beinahe lebendig wirkenden Kuschelhündchen fest.

Während sich das Spiel in der Kindertherapie einen festen Platz erobert hat, hat es – anders als die Bindung – in den Konzepten zur seelischen Gesundheit und ihren frühkindlichen Gefährdungen noch nicht die angemessene Beachtung gefunden. Dies überrascht angesichts der faszinierenden Konzepte und Erkenntnisse der interdisziplinären Frühentwicklungsforschung, die im Spiel eine wichtige Voraussetzung für die Entwicklung der dem Menschen eigenen Fähigkeiten – Kreativität, Symbolisierung, Sprache und kulturelle Integration – sehen. Beim Aufbau der kindlichen Erfahrungswelt und in der frühen Kommunikation wirkt das Spiel als Quelle von Selbstwirksamkeitserfahrungen, als Kontext zum Erproben und Einüben neuer Fertigkeiten, Problemlösungen und früher Formen von Konfliktbewältigung sowie als Kontext intuitiver elterlicher Förderung und gemeinsamer Beziehungserfahrung. Spiel und Kreativität in der frühen Kindheit bieten damit ein in Prävention und früher Therapie noch wenig genutztes Entwicklungspotenzial.

Der vorliegende Band lenkt die Aufmerksamkeit auf die Anfänge des Spiels im Kontext der frühen dyadischen und triadischen Eltern-Kind-Beziehungen. Mit Beiträgen aus Psychobiologie, Entwicklungspädiatrie, Entwicklungspsychologie, Bindungsforschung, Eltern-Säuglings-Psychotherapie und Kinder- und Jugendlichen-Psychotherapie spannt er den Bogen von den biologischen Wurzeln des Spiels über die Entwicklung des Spiels im ersten und zweiten Lebensjahr bis zu Gefährdungen und Störungen des frühkindlichen Spiels und zum Einsatz des Spiels als Medium der Psychotherapie von Kindern und belasteten Eltern-Kind-Beziehungen.

Im einleitenden Kapitel befasst sich *Hanuš Papoušek* mit den psychobiologischen Grundlagen und adaptiven Funktionen des Spiels anhand von Beispielen aus der vergleichenden Biologie sowie anhand der eigenen Verhaltensanalysen spielerischer Elemente in der vorsprachlichen Eltern-Kind-Kommunikation, im Spiel mit der Stimme und im Erwerb der Symbolisationsfähigkeit. Er lenkt die Aufmerksamkeit auf komplementäre Motivationen und Dispositionen zum Spiel auf Seiten von Kind und Eltern und verdeutlicht an Beispielen die enge Verflechtung des frühkindlichen Spiels mit der beim Menschen einzigartigen Differenzierung von Lernen, Erfahrungsintegration, Kommunikation, Sprache und Kreativität.

Remo Largo und *Caroline Benz* fassen die Ergebnise der im deutschsprachigen Raum einzigartigen Zürcher Longitudinalstudien zur Entwicklung des kindlichen Spielverhaltens im ersten und zweiten Lebensjahr zusammen. Die detaillierten Analysen und Beschreibungen von den Anfängen des Erkundungsspiels bis zum Spielverhalten mit Symbolcharakter und kategorisierenden Spiel veranschaulichen das Wesen des Spiels als selbst bestimmtes Lernen und verdeutlichen den engen Zusammenhang des Spiels mit den individuellen mentalen Entwicklungsschritten. In Bezug auf die Rolle der Eltern werden ihre Funktionen als Gestalter des Spielraums, als Spielpartner und als Vorbild herausgestellt.

Auch das Kapitel von *Marc Bornstein* befasst sich mit Analysen des Übergangs vom Explorationsspiel zum Symbolspiel, wobei er neben dem freien Alleinspiel im Alter von 13 und 20 Monaten auch das gemeinsame Spiel mit der Mutter und die wechselseitigen Einflüsse beider Spielkontexte unter die Lupe nimmt. Er fasst ein breites Spektrum systematisch angelegter Studien und Forschungsergebnisse zur Entwicklung des Symbolspiels zusammen und belegt die gesetzmäßige Abfolge zunehmend komplexerer Spielebenen. Er analysiert Zusammenhänge zwischen Spielfähigkeit und Sprachkompetenz und – im Rahmen eines ökologischen Modells – den Beitrag von kindlichen, elterlichen und kulturellen Faktoren zur Variabilität der kindlichen Spielkompetenz.

Gemeinsam mit *Wulf Schiefenhövel* und Mitarbeiterinnen gibt das *Ehepaar Grossmann* interessante Einblicke in die traditionelle Kultur und Lebensweise der Bewohner einer Dorfgemeinschaft auf den Trobriand-Inseln. Fußend auf den evolutionsbiologischen Wurzeln der Bindungstheorie gehen die Autoren von zwei aufeinander bezogenen, von der Natur angelegten Verhaltenssystemen aus, dem Bindungsverhaltenssystem und dem Explorationssystem, deren wechselseitige Bedingtheit und Balance sie im Bindungs- und Explorationsverhalten von 20 in der Dorfgemeinschaft lebenden Kleinkindern beobachten und analysieren konnten. Anhand der Auswahl von Spielgegenständen und Spielthemen und der selektiven Unterstützung traditioneller Spielformen gegenüber fremdartigen Spielen wird darüber hinaus die Bedeutung des Spiels für die kulturelle Integration des Kindes aufgezeigt.

Kai von Klitzing erweitert die dyadische Perspektive um die Perspektive familiärer Interaktionsmuster und ihrer Einflüsse auf die kindliche Entwicklung. Das »Lausanner Spiel zu dritt« wird als Beobachtungsparadigma aufgegriffen, um einen wissenschaftlichen Zugang zur Entwicklung triadischer Beziehungsmuster von Mutter, Vater und Kind im Übergangsraum des Spiels zwischen äußerer Spielrealität und innerer Repräsentation zu gewinnen. Dies wird exemplarisch anhand einer Fallvignette aus einer Längsschnittstudie dargestellt.

Rolf Oerter stellt das kindliche Spiel in den Kontext einiger wichtiger entwicklungspsychologischer Spieltheorien. Ausgehend von einem handlungstheoretischen Erklärungsrahmen konzentriert er seine Darstellung auf die Funktion des Symbolspiels junger Kinder bei der Bewältigung von Entwicklungsthematiken, Beziehungsthematiken und aktuellen unverarbeiteten Erfahrungen. Anhand von bildlich und sprachlich festgehaltenen Beispielen gibt er Einblick in die Ergebnisse seiner Längsschnittstudien und diskutiert Erklärungsansätze zum Prozess der Übersetzung der Thematiken in beobachtbare Spielhandlungen.

Das Kapitel von *Mechthild Papoušek* lenkt die Aufmerksamkeit auf das in Literatur, klinischer Arbeit und Öffentlichkeit noch kaum beachtete Phänomen einer im Säuglingsalter beginnenden, persistierenden Spielunlust und Unfähigkeit zu spielen, die mit Misslaunigkeit, motorischer Umtriebigkeit und Einfordern von Beschäftigtwerden einhergeht. Ausgehend von klinisch-diagnostischen Beobachtungen und Verhaltensanalysen im Alleinspiel und gemeinsamen Spiel mit den Eltern werden Auffälligkeiten im kindlichen und elterlichen Spielverhalten bei Säuglingen und Kleinkindern mit frühkindlichen Regulationsstörungen beschrieben, Bedingungsfaktoren auf Seiten von Kind, Eltern und Umwelt untersucht und Möglichkeiten spieltherapeutischer Interventionen im Rahmen der Eltern-Säuglings-/Kleinkind-Psychotherapie aufgezeigt.

Klaus Sarimski befasst sich mit der psychologischen Beratung von Eltern geistig behinderter Kleinkinder zur Entwicklungsförderung im gemeinsamen Spiel. Aufgrund der internationalen Literatur, eigener Studien und Erfahrungen aus langjähriger Beratungstätigkeit beschreibt er die Entwicklungsbesonderheiten geistig behinderter Kinder in Bezug auf Spielverhalten, Ausdauer, Nachahmung und soziale Kommunikation und ihre Auswirkungen auf den elterlichen Interaktionsstil. Er gibt konkrete praxisbezogene Anregungen zum klinischen Einsatz videogestützter Verhaltensbeobachtung von Spielinteraktionen: zur Entwicklungsbeurteilung, zur Einschätzung elterlicher Kompetenzen und Grenzen und zur therapeutischen Unterstützung eines dialogischen, kindgesteuerten Spiels.

Alexander von Gontard arbeitet in einer Übersicht über ein breites Spektrum von Spieltherapien für das Vorschulalter Unterschiede und Besonderheiten der personenzentrierten, tiefenpsychologischen und verhaltenstherapeutischen Ansätze heraus und zeigt einen Entwicklungstrend hin zu integrativen mehrdimensionalen Therapieformen auf. Anhand von zwei Fallvignetten aus der eigenen klinischen Arbeit werden Aspekte der Sandspieltherapie nach Kalff ausführlicher dargestellt und veranschaulicht.

Im Kapitel des Ehepaares *von Aster* geht es vor allem um den therapeutischen Einsatz des Spiels in der therapeutischen Arbeit mit den Eltern. Basierend auf der personzentrierten Kinderspieltherapie von Schmidtchen werden die Möglichkeiten aufgezeigt, durch gemeinsames Eltern-Kind-Spiel und späteres videogestütztes Beobachten der Spielinteraktionen durch Therapeutin und Eltern den therapeutischen Zugang zur Arbeit am Verhalten und zu den mentalen Repräsentationen zu erleichtern.

Den Anstoß zur Auswahl des Themas »Spiel und Kreativität in der frühen Kindheit« und die Zusammenstellung der Beiträge des vorliegenden Bandes verdanken wir Hanuš Papoušek. Sein leidenschaftliches wissenschaftliches Interesse an den psychobiologischen Wurzeln des Spiels und seinen adaptiven Funktionen für die Entwicklung von Symbolisation, Sprache und kultureller Integration lassen sich bis in die Anfänge seiner Forschungsarbeiten in Prag zurückverfolgen. Schon damals war es ihm gelungen, bei Säuglingen im frühen vorsprachlichen Alter Fähigkeiten und Motivation zu selbsttätigem Lernen und Problemlösen aufzuzeigen. Das Thema wurde von der Gesellschaft für Seelische Gesundheit in der Frühen Kindheit (GAIMH) als Haupt- und Rahmenthema ihrer 4. Jahrestagung 1999 in Köln aufgegriffen und fand bei dem interdisziplinären Publikum lebhafte Resonanz.

Der Vortrag von Hanuš Papoušek schloss mit dem Absatz: »Wir betrachten die Fähigkeit des Spielens als eine höhere Form der Erfahrungsintegration und glauben, dass eben diese Fähigkeit die gemeinsame Grundlage von Kreativität, Kunst, Humor und Erfindung darstellt. Ein Mangel dieser Fähigkeit kann dagegen den Weg zum konservativen, ängstlichen Dogmatiker bahnen. Unsere Zeit reicht nicht aus, um diesem Thema die nötige wissenschaftliche Aufmerksamkeit zu widmen. Umso mehr hoffe ich, dass sich junge Wissenschaftler und Therapeuten von der Faszination und den offenen Fragen und ungelösten Problemen des frühkindlichen Spiels ergreifen lassen, um Spiel und Kreativität in der frühen Kindheit als einen kostbaren, von der Natur bereitgestellten Schatz wirksamer als bisher zu schützen und zu bewahren.«

Hanuš Papoušek hatte bis zuletzt den großen Wunsch, dies Anliegen noch gemeinsam mit uns und den Autoren des vorliegenden Bandes einer breiteren Öffentlichkeit zugänglich zu machen. Er hat die Erfüllung seines Wunsches nicht mehr erlebt. Wir widmen ihm dieses Buch in Dankbarkeit für sein wissenschaftliches und menschliches Vermächtnis.

München, Dezember 2002
Mechthild Papoušek und Alexander von Gontard

KAPITEL 1

Spiel in der Wiege der Menschheit

Hanuš Papoušek

> »*Denn, um es endlich auf einmal herauszusagen, der Mensch spielt nur, wo er in voller Bedeutung des Worts Mensch ist, und er ist nur da ganz Mensch, wo er spielt.*«
>
> Friedrich Schiller im 15. Brief
> »Über die aesthetische Erziehung des Menschen«
> an Friedrich Christian,
> Herzog von Schleswig-Holstein-Augustenburg (1793)

Nichts scheint einfacher und selbstverständlicher zu sein als zu spielen. Spiel zu definieren ist dagegen eine kaum zu meisternde Aufgabe. Das Wort *Spiel* ist ein täuschend einfacher Begriff, der aber ein Konglomerat unterschiedlicher Bedeutungen symbolisiert, ein reichhaltiges Kaleidoskop mit vielerlei Facetten und Farben, ein schillerndes Bild, dessen Kern sich kaum in einem allumfassenden Konzept erfassen lässt. Darin sind sich Wissenschaftler aller Fachdisziplinen einig, die sich in den vergangenen Jahrzehnten aus unterschiedlichen Perspektiven um Definition und Erklärung des Spiels bemüht haben (Flitner, 1973, 2000; Görlitz & Wohlwill, 1987; Hoppe-Graff & Oerter, 2000; Oerter, 1993). So ist es ratsam, die Aufmerksamkeit auf Teilaspekte des Spiels zu konzentrieren und im Übrigen einer bewährten Empfehlung zu folgen, nämlich zu den Ursprüngen des Spiels zurückzugehen, um es *in statu nascendi*, zum Zeitpunkt seiner phylogenetischen und ontogenetischen Entstehung, unter die Lupe zu nehmen.

Die Suche nach Spuren des Spiels in der Phylogenese der Arten kann dazu beitragen, der Entschlüsselung des Phänomens Spiel näher zu kommen und Gründe für die adaptive Bedeutung des

Spiels in der kindlichen Entwicklung aufzuspüren (Wilson, 1975). Eine artübergreifend universelle Verbreitung des Spiels bei vielen Tierarten und das Auftreten in einem frühen Entwicklungsstadium der Jungtiere können darauf hinweisen, dass das Spiel den biologischen Phänomenen zugeordnet werden kann, die sich in der Evolution als Folge gelungener Adaptation durchgesetzt haben. Wenn aber dem Spiel eine adaptive Bedeutung zukommt, so kann man annehmen, dass es wie andere biologisch adaptive Phänomene zumindest in seinen Grundformen genetisch determiniert und mit angeborenen Verhaltensprogrammen und intrinsischen Motivationen ausgestattet ist. Die vergleichende Biologie erforscht jedoch nicht nur die biologischen Gemeinsamkeiten im Spiel von Mensch und Tier. Weitaus interessanter sind die Unterschiede, die auf artspezifische Merkmale des Spiels und ihre Beziehung zu anderen artspezifischen Aspekten des Menschseins hinweisen.

Ein Blick in die Phylogenese: Das Spiel der Säugetierjungen

Dank der weiten Verbreitung der Darwin'schen Theorien hat die phylogenetische Bedeutung des Spiels in der vergleichenden psychobiologischen Forschung wachsende Aufmerksamkeit gewonnen. Mit dem Erscheinen der Säugetiere auf der Bühne der Evolution entstanden neue Gehirnstrukturen, Hand in Hand mit funktionellen Neuerungen im adaptiven Verhalten in Bezug auf Reproduktion und Aufzucht der Jungen (MacLean, 1990). Trotz der Unterschiede, die sich im Laufe der Evolution zwischen den einzelnen Säugetierarten herausbildeten, haben sich die Hauptprinzipien dieser Neuerungen universell bei allen Säugetieren durchgesetzt.
Die Weiterentwicklung des Gehirns der Reptilien zum Gehirn der Säugetiere betrifft vor allem das limbische System, das über eine Differenzierung der emotionalen Verhaltenssteuerung hinaus neue Formen der elterlichen Fürsorge für die Jungen mit sich brachte, u. a. das Belecken der Jungen, das Säugen, den Nestbau, Ins-Nest-Holen oder Tragen der Jungen sowie olfaktorische oder stimmliche Signale zur Aufrechterhaltung des Kontaktes mit den Jungen. Den Gesetzen der Ko-Evolution entsprechend wurden – komplementär zu den mütterlichen Prädispositionen – auf Seiten der Jungen Saug-

verhalten, soziales Bindungsverhalten, Trennungsrufe und Spiel selektiert, zugleich mit zunehmend längeren Perioden der Abhängigkeit von der elterlichen Fürsorge. Interessanterweise liegen die neu erworbenen Gehirnstrukturen, die die neurobiologischen Grundlagen für das elterliche Fürsorgeverhalten, für emotionale Reaktionen und für die Bereitschaft der Jungen zum Spiel bilden, in unmittelbarer Nachbarschaft. Dies weist auf ein potenzielles, wenn auch noch nicht gut verstandenes Zusammenwirken von Eltern und Jungtier in der Verhaltensentwicklung und Sozialisation der Säugetierjungen hin.

Artspezifische Differenzierung des Spiels der Säugetierjungen

Die Annahme adaptiver Funktionen des Spiels wird auch durch die universelle Verbreitung des Spiels bei den Jungen verschiedenster Säugetierarten unterstrichen. Die artspezifischen Formen des Spiels unterscheiden sich jedoch in einer Vielfalt von Merkmalen, die von den Biologen je nach ihrem theoretischen Forschungsansatz vor allem mit der Intelligenz oder mit der Sozialstruktur der Spezies in

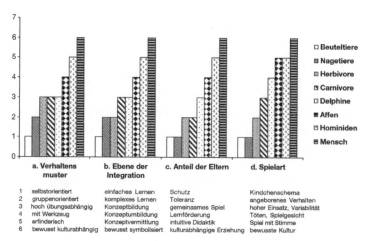

Abb. 1: Evolution des Spiels bei Säugetieren in Bezug auf Verhaltensmuster (a), Integrationsebene (b), Beteiligung der Eltern (c) und Spielart (d).

Zusammenhang gebracht wurden (Wilson, 1975). Die Evolution des Spiels geht Hand in Hand mit der zunehmenden Differenzierung der Säugetiere von Beuteltieren und Nagern über Pflanzenfresser, Fleischfresser, Delphine und Affen bis hin zu Menschenaffen und zum Menschen (Abb. 1). Die Abbildung 1 stellt einen Versuch dar, anhand wichtiger Ergebnisse der vergleichenden Biologie das Spiel der Säugetierjungen zu ordnen, in Abhängigkeit von der Differenzierung der Arten und in Bezug auf die Entfaltung von Bewegungskoordination (a), Erfahrungsintegration (b), elterlicher Beteiligung am Spiel mit den Jungen (c) und Art des Spiels (d). Auf jeder dieser Betrachtungsebenen lässt sich verfolgen, wie sich die adaptiven Funktionen des Spiels schrittweise differenzieren (Papoušek, Papoušek & Bornstein, 2000).

In Bezug auf die *Verhaltensmuster (a)* ist eine Fortentwicklung von selbst kontrollierter, selbstbezogener Verhaltensregulation über gruppenorientierte Verhaltensformen, stark übungsabhängige Fertigkeiten bis zu Werkzeuggebrauch, neu geschaffenen Betätigungsmustern und Erfindungen und schließlich bewussten, kulturell bestimmten Spielaktivitäten zu beobachten. Die *Integration von Erfahrungen (b)* differenziert sich vom Einüben einfacher Fähigkeiten über komplexe Fertigkeiten, Konzeptbildung, konzeptgeleitetes Explorieren und soziale Weitergabe von Konzepten bis hin zur sprachlichen Symbolisation. Die *Beteiligung der Eltern am Spiel der Jungen (c)* hat auf der untersten Stufe noch rein protektive Funktionen, wobei die Eltern die auf sie ausgerichteten Spielformen der Jungen lediglich passiv tolerieren; mit Fortschreiten der Evolution spielen die Eltern interaktiv mit den Jungen, unterstützen das Erlernen adaptiver Fertigkeiten, erleichtern den Erwerb neuer Fertigkeiten in Form einer intuitiven Didaktik und integrieren schließlich das Spiel in den Kontext einer kulturell geprägten Erziehung. Bei den *Spielarten (d)* geht es vom bloßen Ausüben angeborener Verhaltensmuster über Erproben und Einüben von Koordination und Anpassung variabler und anspruchsvoller Fertigkeiten über das Einüben sozialer Kooperation (wie es das Jagen in Gruppen erfordert) bis hin zu spielerischen Aktivitäten, die zu kulturellen Erfindungen führen und die schließlich Spielregeln, stimmliche Kommunikation, Spiel mit der Stimme und Symbole einschließen.

Die niedrigste Stufe des Spiels wurde bei *Beuteltieren* beobachtet (Wünschmann, 1966); sie verbringen den Hauptteil ihrer frühen

Entwicklung im mütterlichen Beutel unter Bedingungen, die zwar ein Maximum an Sicherheit, aber ein Minimum an Gelegenheiten zu sozialen Spielen mit jungen Artgenossen ermöglichen. Wenn zum Beispiel ein junger Wombat oder ein Tasmanischer Wolf den mütterlichen Beutel verlassen hat, beginnt er bald ein einsiedlerisches, selbstbezogenes Leben mit minimalen sozialen Interessen, während soziale Kontakte eher feindseligen Charakter haben.

Bei *Pflanzenfressern*, z.B. den Huftieren, gewinnen komplexere Lernformen an Bedeutung, die die Auswahl adäquater Nahrung und motorische Fertigkeiten zur Vermeidung von Gefahren oder Verteidigung betreffen. Das Herumtollen junger Gemsen auf steilen, steinigen Gebirgshängen bereitet auf das Leben im gefährlichen Terrain des Gebirges und auf den sozialen Wettkampf vor, der den Gemsböcken zur Paarungszeit tollkühn erscheinende alpinistische Fertigkeiten abverlangt. Bei jungem Rotwild wurde ein »Wer-ist-König-auf-der-Burg«-Spiel (Darling, 1937, ref. Wilson, 1975) beschrieben, das mit sozialem Wettkampf und Rangordnung zu tun hat: Eine Erhebung im Gelände wird als Spielobjekt gewählt, die jedes Jungtier in der Gruppe »als König« zu erobern sucht. Zu den im Spiel erprobten und geübten motorischen Fertigkeiten gehören bei manchen Pflanzenfressern artspezifische Kommunikationsformen, mit denen sie artenübergreifend ihren Feinden ein hohes Maß an Fitness signalisieren und diese damit zur vorschnellen Aufgabe zwingen. Ein typisches Beispiel sind die extrem hohen Sprünge der Thomson-Gazelle auf der Flucht (Estes & Goddard, 1967).

Wieder neue Spielformen und neue kommunikative Elemente und Erfindungen tauchen bei *Fleischfressern* auf (z.B. Bekoff, 1972). Hier geht es im Spiel der Jungen vor allem um den künftigen Beutefang und das Töten der Beute, um Gruppenkoordination beim Jagen und um höhere Formen der sozialen Hierarchie. Unter den am Spiel beteiligten Jungen wird das Einüben von Verhaltensmustern, die zum raschen Töten nötig sind, mit eingezogenen Krallen und einer wirksamen Beißhemmung ausgeübt und mit einem »Spielgesicht« eingeleitet, das dem Spielpartner unmissverständlich signalisiert, dass das Beißen und Schlagen mit den Tatzen keine reale Bedrohung oder Gefahr bedeuten. Erfinderische Elemente wurden z.B. bei Ottern beobachtet. Seeottern benutzen Steine als Werkzeuge zum Öffnen von Schalentieren (Wilson, 1975). Flussottern wurden im Winter bei Schnee und gefrorenen Flüssen beobachtet, wie sie das schlüpfrige Terrain als Rutschbahn entdeckten, die sie mit großer Ausdauer herunterschlitterten.

Bei *Primaten* wird das Spielgesicht regelmäßig und als Teil von komplexeren mimischen Kommunikationsformen im Spiel gezeigt (Abb. 2) (van Hooff, 1962). Gegenseitige Provokation, Scheinangriffe und schnelle Rettungsbewegungen charakterisieren die Spielweise von Affenarten, die in Baumkronen leben, was in Gefahrensituationen eine sichere, rasche Bewegungskoordination erfordert. Bei manchen dieser Affenarten werden im Spiel stimmliche Signale eingeübt, die ihre häufigsten Feinde – Schlangen, Leoparden und Adler – symbolisieren und bei der Gruppe jeweils spezifische Fluchtreaktionen auslösen (Marler, Evans & Hauser, 1992).

Delphine nehmen unter den Säugetieren in Bezug auf Nachahmungsfähigkeit, altruistisches Verhalten und akustische Kommunikation einen relativ hohen Rang ein (Andrew, 1962). Zum Aufspüren der Beute und zur Orientierung im strukturlosen Raum des Meeres bedienen sie sich einer speziellen Fähigkeit der Echoortung und einer differenzierten akustischen Kommunikation. Bei Delphinen wurde beispielsweise ein ausdauerndes Spiel mit Wasserblasen beobachtet, das durchaus erfinderische, kreative Elemente erkennen ließ. Delphine schließen sich anderen Meeressäugern in artübergreifend gemischt zusammengesetzten Gruppen an, imitieren das Verhalten anderer Arten (Tayler & Saayman, 1973) und kooperieren untereinander auf altruistische Weise, ähnlich wie es auch bei Wildhunden, Elefanten oder Pavianen beschrieben wurde. Artübergreifende Kooperation im Spiel wurde auch zwischen jungen

Abb. 2: Spielgesicht eines jungen Orang-Utans. Aus: Zoologischer Garten Frankfurt (Hrsg.): Zoo Frankfurt (Besucherbroschüre)

Pavianen und Krallenäffchen (Altmann & Altmann, 1970) und sogar zwischen jungen Pavianen und Schimpansen beobachtet, obwohl erwachsene Schimpansen bekanntermaßen hin und wieder Pavianbabys töten und verspeisen (van Lawick-Goodall, 1971).
Bei japanischen Affen der Koshima-Insel wurde ausführlich dokumentiert, wie erfinderisches Spielverhalten besonders intelligenter junger Affen zu neuen Formen der Affenkultur beitrugen, die fortan von Generation zu Generation weitergegeben wurden (Kawai, 1965). Junge Makaken entdeckten z. B. beim Auflesen von am Strand ausgestreuten Süßkartoffeln, dass sich zum einen der Sand besonders leicht im Wasser entfernen lässt, und zum anderen, dass Meerwasser den Geschmack der Süßkartoffeln auf attraktive Weise verändert; so wurde das Waschen von Süßkartoffeln im Meerwasser in der Kolonie bald zu einer verbreiteten und beliebten Delikatesse im Speiseplan. Andere entdeckten, dass das Aufsammeln von Erdnüssen oder Weizenkörnern aus dem Sand durch das Graben kleiner, sich mit Wasser füllender Mulden wesentlich einfacher vonstatten geht, was fortan in das kulturelle Verhaltensrepertoire der Kolonie aufgenommen wurde. Die spielerischen Erfindungen der Jungtiere wurden zunächst von den Weibchen der Kolonie nachgeahmt und von diesen an die nächste Generation der Neugeborenen weitergegeben.

Artspezifische Differenzierung der elterlichen Beteiligungsformen am Spiel der Jungtiere

Besondere Aufmerksamkeit verdient die *Beteiligung der Eltern am Spiel* der Jungen. Bei allen Säugetieren dient die Mutter-Kind-Bindung als universelle basale Voraussetzung für das Spiel, indem sie den spielenden Jungen ein Optimum an Schutz vor Gefahren gewährt. Junge Nagetiere wie Murmeltiere und Erdmännchen verbringen einen großen Teil ihrer Wachzeit mit Balgen im Spiel, in Vorbereitung auf die spätere Durchsetzung in der sozialen Hierarchie (Steiner, 1971). Hier steht das Muttertier oft selbst den Jungen im Spiel zur Verfügung, während das Männchen Wache hält. Bei *Fleischfressern* (z. B. Katzen, Hunden) haben sich ritualisierte Formen einer auf das Spiel bezogenen Metakommunikation herausgebildet. Erwachsene Löwenmännchen etwa laden ihre Jungen zum Spiel ein, indem sie den Vorderkörper rasch senken oder die Jungen

leicht auf den Kopf stupsen (Schaller, 1972). Bei manchen Arten nehmen auch die Eltern ein Spielgesicht an, wenn sie mit den Jungen spielerisch kämpfen.
Über die Differenzierung spezieller Kommunikationsformen hinaus tauchen bereits bei Katzen ganz neue Formen elterlicher Spielbeteiligung auf, Verhaltensmuster, die erzieherische Elemente erkennen lassen und denen ähneln, die wir beim Menschen als intuitive didaktische Verhaltensbereitschaften charakterisiert haben (Papoušek & Papoušek, 1987). Die weibliche Katze kommt mit einem noch lebenden Beutetier von der Jagd zurück und erlaubt ihrem Nachwuchs, im Spiel zu erproben, wie man es fängt und tötet. Selbst bei den in Kolonien lebenden römischen Katzen, die an das Stadtleben mit seinem Überschuss an Katzennahrung angepasst sind und keine Mäuse mehr jagen, fangen die Katzenmütter gelegentlich eine Maus und geben den jungen Kätzchen in einer Art kollektiver Erziehung Gelegenheit, Anreiz und Modell zum spielerischen Einüben des Beutefangs.
Bei den *Primaten* und insbesondere bei den *Hominiden* erreicht das Spiel der Säugetiere erwartungsgemäß seine differenzierteste Ebene in variationsreichen, frei gestalteten Formen. Die Einladung zum Spiel erfolgt durch einen speziellen spielerischen Gang und das Spielgesicht. Das Spiel selbst schließt eine Vielfalt von Verhaltensmustern ein, die einmal mehr, einmal weniger Beziehungen zu späteren Fertigkeiten der Erwachsenen erkennen lassen. Die Verhaltensmuster werden im Ganzen oder in Fragmenten wiederholt, variiert, auf neue Weise kombiniert oder in neu erfundene Verhaltenssequenzen integriert. Während bei den zuvor genannten Säugetierarten die Spielbereitschaft beim Übergang zum Erwachsenenalter langsam abnimmt, verschwindet sie bei Hominiden selbst nach Erlangen der vollen sexuellen Reife nicht völlig. Erwachsene Schimpansen spielen nicht nur mit ihrem Nachwuchs, sondern auch untereinander, indem sie sich kitzeln, Fingerhakeln oder ungewöhnliche Objekte erforschen (van Lawick-Goodall, 1968).
Im Repertoire der Menschenaffenmütter fällt ein vergleichsweise hoher Anteil an erzieherischen Verhaltensformen und Verhaltensmodellen auf, mit denen sie das Erlernen adaptiver Funktionen unterstützen (Bard, 1995). Sie geben den Jungen Anreiz, aufrecht zu stehen, zu krabbeln, zu klettern oder sich in Baumkronen fortzubewegen. Auf manchmal erfinderische Weise erleichtern sie den

Jungen die frühe Fortbewegung auf Bäumen, indem sie Lücken zwischen den Bäumen mit ihrem Körper so überbrücken, dass die Jungen den nächsten Ast erreichen können, oder indem sie die Äste so nah zusammenhalten, dass die Jungen die Lücke auf Zweigen überqueren können. Mit Ausdauer und Toleranz gegenüber den noch unvollkommenen Nachahmungsversuchen der Jungen geben die Muttertiere Modell, was die Jungen in Bezug auf die Nahrungsaufnahme erlernen sollen, was essbar ist, welche Nahrung sie vermeiden sollen oder wie man Nüsse mit einem hammerartigen Werkzeug knackt (Bard, 1995).

Das Spiel der Primaten und Menschenaffen schließt neben einer Vielfalt von Variationen und Kombinationen Elemente von Erfindungslust und Kreativität ein, die den Eindruck erwecken, als lösten sie ihrerseits positive Emotionen aus. Es besteht kaum ein Zweifel, dass die wachsende Differenzierung des Spiels mit der Evolution der neokortikalen Gehirnstrukturen bei den höheren Säugern und mit den integrativen Fähigkeiten der Primaten in enger Wechselbeziehung steht. Wissenschaftler, die das Spiel der Primaten untersuchten, haben daher immer wieder auf Ähnlichkeiten im Spiel junger Menschenaffen und junger Menschenkinder hingewiesen.

Interessant sind in diesem Zusammenhang die Ausführungen von Bruner (1974), der als einer der wenigen kognitiven Psychologen auf die Bedeutung des Spiels in der Evolution aufmerksam machte und die Funktionen des Spiels für die kognitive Entwicklung in Betracht zog. Seinen Konzepten nach hat die Bedeutung des Spiels während der Evolution zugenommen. So gut wie frei von biologischen Feinden und ohne den Zwang, ein Territorium zu verteidigen, entwickelten die Menschenaffen in der sozialen Hierarchie und im reproduktiven Verhalten flexiblere Regeln und einen ausgeprägteren Altruismus. Die Säuglinge sind in einer ausgedehnten Entwicklungsphase vom Muttertier abhängig, während der die meiste Zeit dem Spiel gewidmet ist, das gelegentlich auch von den Müttern initiiert wird. So haben ähnliche Adaptationsprozesse bei Menschenaffen und beim Menschen zu einer Selektion besonders geschützter, stressfreier Perioden in der Kindheit geführt, in denen durch Beobachtungslernen und Imitation die Subroutinen der späteren komplexen Fähigkeiten der Erwachsenen erworben und eingeübt werden können. Spielerische Aktivitäten können nach Belieben ohne großes Risiko kombiniert und variiert werden, und das unter der herausfordernden Anleitung einer aufmerksamen und altruistischen sozialen Umwelt in kleinen und relativ stabilen sozialen Gruppen von Artgenossen.

Beim Menschen schließlich erreicht das Spiel eine einzigartige Komplexität. Das Spiel verliert seine Beschränkung auf das Kindesalter und schließt spezifisch menschliche Fähigkeiten wie den Erwerb der sprachlichen Symbolisation und Grundformen der kulturellen Integration ein (Grossmann et al., Kapitel 4).

Bedeutung des biologischen Erbes
für die Erforschung des menschlichen Spiels

Was ergibt sich aus dieser Reise in die phylogenetische Vergangenheit des Spiels?

1. Die Beispiele aus der vergleichenden Biologie lassen deutlich erkennen, dass Entfaltung und Differenzierung des Spiels im Zuge der Evolution mit der Fortentwicklung der adaptiven Funktionen in Beziehung stehen, die für Überleben und Fitness der jeweiligen Art in ihren spezifischen ökologischen Lebensbedingungen entscheidend sind. Die neuen Elemente, die das Spiel entlang der evolutionären Leiter Schritt für Schritt bereichern, werden vielfältiger, komplexer und flexibler in Zusammenhang mit der zunehmenden Komplexität des Gehirns, mit der Differenzierung der Verhaltensanpassung, der zunehmenden Bedeutung von Lernprozessen und Erfahrungsintegration und dem Anteil unterstützender elterlicher Beteiligung.

2. Die adaptiven Verhaltensmuster im Spiel der Jungen werden im Zuge der Evolution durch korrespondierende Verhaltensmuster im Verhalten der Eltern oder erwachsener Artgenossen ergänzt. Mit zunehmender Bedeutung von Lernen und integrativen Prozessen auf Seiten der Jungen tauchen im elterlichen Verhalten Elemente auf, die dazu angetan sind, Nachahmung, Lernen, Erfahrungsintegration und Verhaltensanpassung zu unterstützen. Eine derartige Selektion von komplementären Prädispositionen bei Eltern und Jungen dient in der Biologie als Indikator dafür, dass die Ursprünge des Spiels genetisch determiniert sind.

3. Aus Sicht der vergleichenden Verhaltensbiologie stellt sich jedoch nicht nur die Frage, ob und wie sich das Spiel beim Menschen in die evolutionäre Entwicklungsleiter einreiht. Vielmehr muss uns inte-

ressieren, welche artspezifischen Formen und Funktionen des Spiels beim Menschen unter den adaptiven Herausforderungen vielfältigster ökologischer Lebensbedingungen selektiert und weiterentwickelt wurden.

Ein Blick in die Ontogenese: Artspezifische Differenzierungen im frühkindlichen Spiel

Spiel und Entwicklung der Symbolisationsfähigkeiten beim Menschen

Unter den artspezifischen biologischen Grundbedürfnissen rücken beim Menschen über die Grundbedürfnisse nach Nahrung, Schutz, ökologischer Anpassung und Reproduktion hinaus die Ansammlung, Integration und Weitergabe von Wissen und Erfahrung in den Vordergrund. Mit der immensen Ausweitung und Ausdifferenzierung der kortikalen Hirnstrukturen und ihrer Vernetzungen haben sich die mentalen und kommunikativen Fähigkeiten insbesondere durch den Neuerwerb von symbolischer Repräsentation und sprachlicher Symbolisation explosionsartig weiter differenziert und damit zum einen die Grundlage für die erstaunlichen Anpassungsfähigkeiten des Menschen an unterschiedlichste ökologische Lebensbedingungen, zum anderen die Grundlage von Kunst, Wissenschaft und Technik und anderen Aspekten der menschlichen Kultur geschaffen (Papoušek & Papoušek, 1983). Der Erwerb der Symbolisationsfähigkeit hat dem Menschen eine ins Unvorstellbare reichende Ökonomisierung von Denkprozessen, Wissenserwerb und Kommunikation von Wissen und Erfahrung über die Grenzen von Raum und Zeit hinweg ermöglicht. Dank ihrer relativen Ungebundenheit an die biologische Realität und ihrer Eigengesetzlichkeiten können symbolische Systeme – z. B. Staat, Religion, Geld, Nation – jedoch auch mächtiger werden als ihre Erschaffer. Sie können das menschliche Verhalten stärker beherrschen als die biologischen Realitäten und Antriebskräfte des Organismus.

Die Prozesse, die in Phylogenese und Ontogenese dem Schritt zur symbolischen Repräsentation zugrunde liegen, gehören noch immer zu den ungelösten Problemen, die Biologen, Neurowissenschaftler, Physiker und Psychologen gleichermaßen herausfordern. Theoretiker der dynamischen Systeme nehmen an, dass die entscheidenden neurobiologischen Faktoren nicht lokalisierbaren Strukturen zugeordnet werden können, sondern allein in der angewachsenen Komplexität des menschlichen Gehirns zu suchen sind. Schon Bertalanffy (1968) hat in einer der frühesten Anwendungen der Systemtheorien auf biologische offene Systeme die Evolution der Symbolisationsfähigkeit als den grundlegenden Prozess der Anthropogenese herausgearbeitet. Symbole erfüllen seiner Darstellung nach drei interessante Kriterien: (1) Symbole repräsentieren, indem sie losgelöst von der realen Präsenz einer Sache oder eines Ereignisses anstelle des Objektes oder Ereignisses stehen, das sie repräsentieren. (2) Im Gegensatz zu angeborenen Instinkten und durch Übung erworbenen Fertigkeiten werden Symbole durch Tradition überliefert. (3) Anders als konditionierte Signale werden Symbole primär nicht von außen festgelegt, sondern frei erschaffen. In der Kommunikation von Primaten gebe es zwar Vorläufer, die jedoch nicht allen drei Kriterien gerecht werden

Die Fähigkeit zur Symbolisation öffnet ein neues mentales Betätigungsfeld, die Vorstellungstätigkeit auf einer mentalen Probebühne (Bischof-Köhler, 1998), auf der ganz neue Formen der Erfahrungsintegration wie Phantasietätigkeit, Gedankenspiele, gedankliches Vorausplanen und vorausschauendes Problemlösen möglich werden.

Wie es dem menschlichen Säugling gelingt, gegen Ende des ersten Lebensjahres den Entwicklungssprung zu den ersten gestischen und sprachlichen Symbolen zu meistern und im zweiten Lebensjahr den Übergang vom explorativen und funktionalen Spiel zum Symbolspiel (Abbildung 3), zum Spiel auf der Ebene der Vorstellungstätigkeit, gibt den Entwicklungsforschern noch immer große Rätsel auf. Ein genauer Blick auf mögliche Beziehungen zwischen dem kindlichen Spiel und der Entwicklung der Symbolisationsfähigkeiten in den folgenden Kapiteln kann uns der Lösung dieser Rätsel ein Stück näher bringen.

Spiel und Integration von Erfahrung in der frühen Kindheit

Gehen wir von den bereits genannten Gesetzmäßigkeiten der Biologie aus, dass die adaptiven, überlebenswichtigen Attribute und Kompetenzen der jeweiligen Art durch angeborene Programme

Abb. 3: Symbolspiel im Alter von 18 Monaten

und verlässliche innere Motivationssysteme geschützt sind. So ist der menschliche Säugling von Geburt an mit funktionsfähigen Programmen ausgestattet, die ihm erlauben, sich mit der belebten und unbelebten Umwelt vertraut zu machen, Zusammenhänge zwischen seinem eigenen Verhalten und Ereignissen in der Umwelt herauszufinden und Regelhaftigkeiten, Voraussagbares zu entdecken.
Unsere langjährigen Verhaltensbeobachtungen und polygraphischen Messungen bei Säuglingen in experimentellen Lernsituationen in Prag lassen keinen Zweifel daran, dass Säuglinge bereit sind, enorme Energien und metabolische Reserven zu mobilisieren, und keine Aufregung oder Anstrengung scheuen, wenn sie sich mit einer unbekannten Situation auseinander setzen, ihre Selbstwirksamkeit erproben oder kleine Problemsituationen zu lösen suchen (Papoušek, 1967). Zur Zeit meiner Prager Forschungstätigkeit galt es noch als Überraschung, dass bereits 3-monatige Säuglinge auch ohne äußere Belohnung mit großem Einsatz und erstaunlicher Ausdauer zu lernen bereit sind. Inzwischen haben tierexperimentelle Studien die Annahme bestätigt, dass die Entdeckung und Erfahrung von Selbstwirksamkeit und Urheberschaft mit angeborenen inneren Motivationssystemen verknüpft ist.
Neugier und die damit verbundenen Prozesse der Wahrnehmung und Erlebnisbearbeitung erfüllen ein biologisch wichtiges Bedürfnis des menschlichen Organismus: ausreichend Informationen zu sammeln, um sich mit der unbekannten Umwelt vertraut zu machen. Vorsicht gegenüber dem Unbekannten und Voraussicht aufgrund

einer vertrauten Kenntnis der natürlichen und sozialen Umwelt sind für eine wirksame Anpassung des Organismus und für eine vorbeugende Kontrolle von Gefahren unersetzlich. Aus Vertrautheit und erlebter Selbstwirksamkeit erwachsen somit auch emotionale Sicherheit, Vertrauen und Selbstvertrauen.

In dem genuinen Bedürfnis des Säuglings, sich mit seiner sozialen und materiellen Umwelt vertraut zu machen, sie zu begreifen und auf sie einzuwirken, hat auch das Spiel seine Wurzeln. So gesehen ist das frühkindliche Spiel gleichbedeutend mit spontanem, selbst initiiertem Lernen, dem selbst bestimmten, zweckfreien Aufnehmen und Integrieren von Erfahrungen mit der belebten und unbelebten Umwelt. Das Spiel erlaubt dem Kind, neue Fertigkeiten zu erproben, Lösungen und Strategien für immer komplexere Probleme zu erfinden und schließlich auch emotionale Konflikte zu bewältigen. Treibende Kräfte sind die inneren Motivationen von Neugier, Eigenaktivität und Selbstwirksamkeit, Explorationsbedürfnis und Erkundungsdrang und das im zweiten Lebensjahr hervortretende Kompetenzbedürfnis (mastery motivation) – Eigenmotivationen, die in Anspannung und Aufregung, Ernst und Ausdauer, sichtbarer Freude an erfüllter Erwartung und Erfolg und späterer Freude am Selbermachen und Selbermeistern zum Ausdruck kommen (Heckhausen, 1987). Als typische Anregungskonstellationen beschreibt Heckhausen (1973) das Wahrnehmen von Diskrepanzen: zwischen aktueller und früherer Wahrnehmung (Neuigkeit), zwischen aktueller Wahrnehmung und Erwartung (Überraschung), zwischen unterschiedlichen Aspekten des aktuellen Wahrnehmungsfeldes (Verwickeltheit, Komplexität, Problem) oder zwischen verschiedenen Erwartungen oder Tendenzen (Ungewissheit, Konflikt).

Adaptive Funktionen der Erfahrungsintegration im Spiel

Im frühen Kindesalter lassen sich Spiel und spontan gesteuertes Lernen somit kaum voneinander trennen. Spiel repräsentiert die Tätigkeiten und integrativen Prozesse, die aus innerer Motivation und Eigeninitiative ohne äußere Zweckbestimmung und unter stressfreien Bedingungen, um ihrer selbst willen aktiviert werden. In Bezug auf die adaptiven Funktionen des Spiels haben wir versucht, zwei Ebenen der integrativen Prozesse zu unterscheiden, die beide als komplementäre Formen der Auseinandersetzung mit der Umwelt interpretiert werden können (Papoušek, Papoušek & Harris, 1987). Ihr Zusammenwirken wird in dem Flussdiagramm der Abbildung 4 veranschaulicht.

Das Ansammeln und Verarbeiten von Kenntnissen über die Umwelt lässt sich als Bewegung vom Unbekannten zum Bekannten verstehen, bei der unterschiedliche integrative Operationen aktiviert werden: Orientierung, Habituation, Exploration, Lernen, Nachahmung, Entdecken von Regeln und Konzeptbildung. Die Motivationen beinhalten zum einen das Bedürfnis, Gefühle von Beunruhigung, Unvoraussagbarkeit, Stress oder Angst gegenüber dem Unbekannten oder Fremden zu überwinden und Sicherheit zu gewinnen. Zum anderen geht es um die genuin positiven Bedürfnisse von Neugier und Erkundungsdrang und um die Erwartung positiver Emotionen, die mit dem Wiederentdecken von Vertrautem und Freude an Kontrolle und Erfolg verknüpft sind.

Die anfängliche Auseinandersetzung mit einem neuen, fremden bzw. diskrepanten Ereignis mobilisiert das System, genügend Information für ein erstes Konzept zu sammeln, das ausreicht, Beunruhigung und Angst zu bannen. Die Ebene der basalen Integration dient somit der primären Erkundung, dem Lernen, dem Ausbilden von ersten einfachen Konzepten und Erwartungen, dem Erkennen von Regeln, dem Einüben von Grundfertigkeiten. Die basale Integration bietet dem kindlichen Organismus Schutz und Sicherheit gegenüber Angst und Stress durch das Neue, Unbekannte und Fremde.

Wenn alles bekannt und voraussagbar ist, können jedoch Langeweile und Stagnation entstehen. Zum Überwinden der mit Langeweile verbundenen Unruhe bieten sich zwei Strategien an: 1. reizhungrig immer neuen, mit kurzlebiger Aktivierung verbundenen Ereignissen nachzujagen, dabei jedoch auf der basalen Ebene zu verharren, oder 2. sich erneut in das vorschnell abgeschlossene Spiel zu vertiefen und die Hürde von der basalen zur höheren Ebene der Erfahrungsintegration zu nehmen. Dies schließt die innere Bereitschaft und die Fähigkeit ein, nicht bei den einmal erworbenen, oft noch oberflächlichen und einseitigen Konzepten und Fertigkeiten stehen zu bleiben, sondern sie erneut zu öffnen und zu hinterfragen, ihre Gültigkeit zu überprüfen, sie durch Erkundung neuer Aspekte zu bereichern, zu variieren, zu verfremden, in neue Zusammenhänge zu stellen, in ein neues Licht zu rücken (höhere Ebene der Integration).

Diese Ebene schützt den Organismus vor Langeweile, Unruhe, Unzufriedenheit und Stagnation. Wieder erwachte Neugier und Entdeckungsdrang und das Öffnen und Bereichern bereits bestehender Konzepte eröffnen im Spiel einen Erfahrungsbereich von lustvoll erlebter Spannung und ein weites Feld von Kreativität, neuen Entdeckungen, Problemlösungen, humorvollen Überraschungen und fortschreitenden Erkenntnissen, ein schöpferisches Feld, das in der Welt der Erwachsenen in den kulturellen Errungenschaften von Kunst, Wissenschaft und technischen Erfindungen seine Entsprechung findet. Ein Verharren auf der basalen Ebene kann dagegen zu mangelnder Flexibilität und zu rigidem Festhalten an vorschnellen, einseitigen Kenntnissen, an Vorurteilen und Aberglauben, an dogmatischen Konzepten, Tabus und starren Ideologien führen.

Entwicklungsphasen des Spiels im Säuglingsalter

Beim selbst gesteuerten Lernen im Spiel wird das Kind von der Entwicklungsdynamik seiner reifenden motorischen und integrativen Fähigkeiten geleitet, die zunehmend komplexere Fähigkeiten in Bezug auf Wahrnehmung, transmodale Integration, feinmotorische Koordination, zielorientierte Handlungsorganisation, Konzeptbildung, Abstraktion und Symbolisation erkennen lassen (Papoušek, 1979; Papoušek & Papoušek, 1979). Diese Entwicklung verläuft

Abb. 4 zeigt ein Flussdiagramm des Spiels als selbst gesteuerte Erfahrungsintegration auf zwei Ebenen: Bei der Begegnung mit einem Ereignis in der Umwelt (oben) wird als erstes überprüft »ist es bekannt?«. Ist es unbekannt, werden Integrationsprozesse auf der basalen Ebene (Orientierung, Habituation, Exploration) in Gang gesetzt und so lange fortgesetzt, bis sich das Kind ein einfaches Grundkonzept gebildet hat, das ausreicht, etwaige Beunruhigung durch das Unbekannte zu überwinden und erste Sicherheit zu geben. Als Schutz vor erneuter Beunruhigung durch das Ereignis kann das Kind an dem einmal gewonnenen Konzept festhalten (Wurzel von Aberglaube, Ritualen, Dogmatismus). Das Verharren auf der Ebene des allzu Bekannten führt jedoch zu Stagnation und Langeweile, die innere Unruhe und Unbehagen auslösen, es sei denn, das Kind beginnt zu fragen »ist das alles?« Erkundungs- und Selbstwirksamkeitsbedürfnis aktivieren Integrationsprozesse auf höherer Ebene (erneutes Öffnen des Grundkonzeptes, Entdecken neuer Eigenschaften, Funktionen, Verknüpfungen etc., s. Text), die eine intrinsisch belohnende, anhaltende Vertiefung in das Spiel ermöglichen (Wurzel von Kreativität, Kunst und Wissenschaft).

alles andere als geradlinig und kontinuierlich. Phasen überwiegender Anpassungs- und Konsolidierungsprozesse wechseln mit Phasen überwiegender neuronaler Reorganisations- und Transformationsprozesse (Papoušek & Papoušek, 1984a; Prechtl, 1983), durch

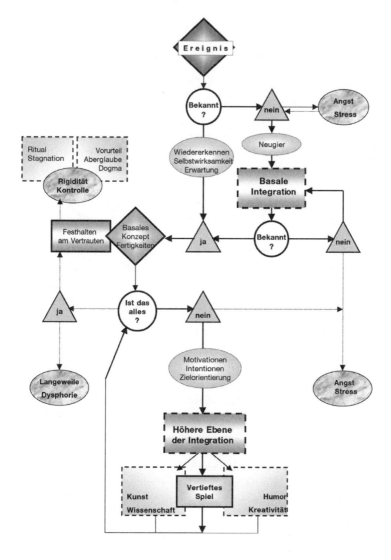

Abb. 4

die jeweils eine qualitativ neue Ebene der Organisation in allen Bereichen der biopsychosozialen Adaptation erreicht wird.
Während der ersten zwei Lebensmonate nach der Geburt ist der Organismus des Neugeborenen noch weitgehend durch die peri- und postnatale Anpassung in Anspruch genommen. Die dazu benötigten Energien lassen nur begrenzte Reserven und kurze Zeiten aufmerksamen Wachens frei für Spiel und soziale Interaktionen. Obwohl einfache Lernformen schon pränatal funktionstüchtig sind, sind sie noch langsam und mühsam. Dagegen wird im Kontext des ersten biopsychosozialen Entwicklungsschubs im Alter von 2–3 Monaten das Lernen wesentlich beschleunigt (Papoušek, 1967; Papoušek & Papoušek, 1984a, b); im zyklischen Wechsel der Verhaltenszustände erscheinen zunehmend ausgedehntere Phasen eines aktiv aufmerksamen Wachzustands (Wolff, 1987); die schrittweise Koordination von Mund, Hand, beider Hände und Augen und erste Greifversuche erlauben, die Welt insbesondere im Nahbereich der Reichweite der Ärmchen zu erobern; im Repertoire des Sozialverhaltens signalisieren direkter Blickkontakt, soziales Lächeln und modulierte Gurrlaute das rasch wachsende Interesse an sozialem Kontakt und spielerischem Zwiegespräch.
Schon im frühesten Alter lassen sich in den Alltagserfahrungen des Säuglings Elemente der beiden Integrationsebenen des Spiels beobachten. So reagiert ein vier Wochen altes Baby auf das erste Bad in einer neuen Wanne unter Mobilisierung aller Reserven mit intensiven Orientierungsreaktionen, mimischer und motorischer Anspannung und autonomer Erregung, um sich mit der neuen Erfahrung vertraut zu machen, und es blickt zur Mutter, um sich an ihrer Mimik und Stimme zu orientieren und rückzuversichern (Abb. 5 a, b). Sobald sich das Baby mit der neuen Situation auskennt und zu entspannen beginnt, öffnet sich beim Bad die zweite Ebene entspannten Spiels in Form von vergnüglichen explorativen Bewegungen im Wasser.
Nach dem ersten Entwicklungsschub erkundet das Baby etwa beim Spiel mit einem Mobile mit hölzernen Klangstäben seine Selbstwirksamkeit, indem es die Stäbe zunehmend gezielt in Bewegung setzt und zum Klingen bringt (Abb. 6 a–f). Die beobachtbare anfängliche Anspannung und Anstrengung wird von Entspannung und Freude am Erfolg abgelöst, sobald es ihm gelingt, durch gezielte Bewegungen kontingente Effekte auszulösen. Es hat die Regeln

entdeckt, nach denen es die Stäbe zum Klingen bringen kann, Regeln, auf die es Erwartungen aufbauen und deren Erfüllung es antizipieren kann.

Bereits im ersten Halbjahr macht sich das Kind dank seiner Erkundungs- und Betätigungsbereitschaft durch Exploration mit Mund, Augen und Händen mit vielerlei Gegenständen in seiner Umwelt, mit Teilen seines Körpers und mit Verhalten, Gesicht, Stimme und Gestalt seiner Bezugspersonen vertraut. Es bildet sich

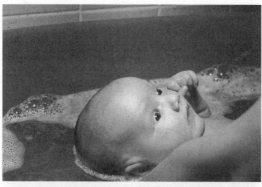

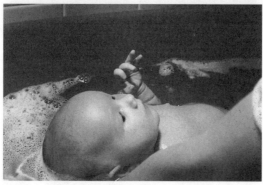

Abb. 5: Ebenen der Erfahrungsintegration beim Baden

a) Fest geschlossene Fäustchen, angespannte Mimik und Rückversicherungsblicke zur Mutter beim ersten Bad in einer neuen Wanne im Alter von 4 Wochen.

b) Offene Händchen mit spontanem Fingerspiel, lebhafte Bewegungen in der Schwerelosigkeit und Lachen mit breit geöffnetem Mund (Spielgesicht) als Ausdruck eines spielerischen Austauschs bei Vertrautheit mit der Situation im Alter von 3 Monaten.

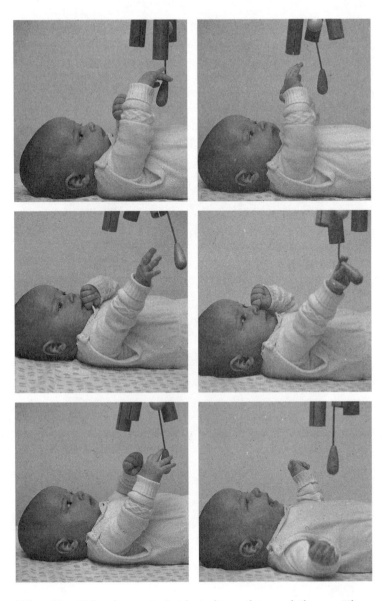

Abb. 6: Erste Erkundungen im Spiel mit den noch neuen hölzernen Klangstäben: Ausdruck von fokussierter Aufmerksamkeit, Anspannung, Übergang von anfangs zufälligen zu gezielten Bewegungen und Freude am Erfolg. Erläuterung s. Text.

erste noch einfache Vorstellungen, Kategorisierungen und Konzepte, in die die motorischen Schemata seiner Betätigung ebenso eingehen wie seine visuellen, auditiven, taktilen und oralsensorischen Erfahrungen und die begleitenden Affekte von Spannung und Erregung sowie Freude an Selbstwirksamkeit, Wiedererkennen und Erfolg (Papoušek & Papoušek, 1977; Papoušek, Papoušek & Harris, 1987).

Eine weitere neuronale Transformationsphase kündigt sich zwischen dem siebten und neunten Lebensmonat an, u. a. in Zusammenhang mit der Ausreifung corticospinaler Bahnen (Jürgens, 1992) und der Lateralisierung der Hemisphären (de Schonen & Mathivet, 1989). Die qualitativ neuen Organisations- und Verhaltensformen beinhalten personenspezifische Bindung, Fremdenfurcht, intentionale Kommunikation und erste gestische Symbole. Ein hörbares Zeichen dieses zweiten Entwicklungsschubs ist das Silbenplappern in der kindlichen Vokalisation (Oller & Eilers, 1992; Papoušek, 1994).

In dieser Phase erwirbt das Kind mit der schrittweisen motorischen Aufrichtung und der selbstständigen Lokomotion (Krabbeln, Hochziehen, Entlanghangeln) auch neue Möglichkeiten der selbst gesteuerten spielerischen Auseinandersetzung mit der Umwelt. Mit dem wachsenden Explorationsradius erweitert sich die Vorstellungswelt durch Zugänglichkeit neuer Gegenstände und durch das Erobern des Raumes. Sukzessive beschäftigt sich das Kind im Spiel mit immer neuen Themen der Konzeptbildung wie z. B. den räumlichen und funktionalen Beziehungen von Gegenständen. Eine qualitativ neue Ebene der Erfahrungsintegration und Speicherung erscheint in diesem Entwicklungsalter in Form der so genannten Permanenz von Gegenständen und Personen in der eigenen Vorstellung. Der Erwerb dieser Fähigkeit löst das Interesse an neuen Spielvarianten aus wie »Wegwerfen und Nachschauen«, »Verstecken und Wiederfinden« und den vielerlei Spielarten des »Guckguck – da« (Flitner, 2002) (Abb. 7).

Die universellen Gesetzmäßigkeiten in der Abfolge der selbst gewählten kindlichen Spielthemen haben Entwicklungspsychologen und Pädagogen ermöglicht, Stufenleitern von Spielhandlungen mit zunehmend komplexeren kognitiven Implikationen zu ermitteln, die in der klinischen Diagnostik herangezogen werden, um den kognitiven Entwicklungsstand des Kindes zu bestimmen (vgl.

Sarimski, Kapitel 8). Gelegentlich erlauben zufällige Beobachtungen die Erkenntnis, mit welchem Problem sich das Kind im Spiel auseinander setzt. So wird für einen 17 Monate alten Jungen unversehens die Diskrepanz zwischen dem von zu Hause vertrauten neuzeitlichen Telefon und dem traditionellen Spielzeugtelefon (mit quer liegender Hörerauflage) zum Problem. Mit Ernst und Ausdauer bemüht er sich lange erfolglos, den Hörer wie daheim längs aufzulegen. Im Spiel findet er eine kreative Lösung, indem er einen Plastikring oben auf das Telefon legt – als Halterung für den Hörer in Längsrichtung.

Ein weiterer beträchtlicher Entwicklungssprung vollzieht sich um die Mitte des 2. Lebensjahrs in Zusammenhang mit dem Erwerb der menschlichen Symbolisationsfähigkeiten und dem Beginn von sprachlicher Integration (vocabulary spurt), Selbsterkennen im Spiegel, Empathie und Symbolspiel (Bischof-Köhler, 1998). Beim schrittweisen Übergang vom Explorationsspiel, das im ersten Lebensjahr überwiegt, zum Symbolspiel um die Mitte des zweiten Lebensjahres kommt die wachsende Fähigkeit des Kindes zum Ausdruck, seine gewonnenen Konzepte, Kategorien und Erfahrungen mit sich und der Umwelt in einer von der realen Präsenz der Dinge und Personen gelösten Vorstellungswelt symbolisch zu repräsentieren. Die Entwicklungsbedingungen des Symbolspiels und seine Determinanten werden in diesem Buch ausführlich von M. Bornstein dargestellt. Ähnlich bedeutsam für die Spielentwicklung ist in dieser Phase auch die Entwicklung von Ergebnisorientierung und zielorientiertem Handeln (Heckhausen, 1987; Spangler, Bräutigam & Stadler, 1984).

Beteiligung der Eltern am Spiel

Die adaptiven Funktionen der elterlichen Beteiligung am Spiel der Kleinen haben beim Menschen im Vergleich zu den Primaten neue Qualitäten, Inhalte und Formen gewonnen, insbesondere durch den Einschluss von Stimme und Sprache. Komplementär zu den Prädispositionen und Motivationen des Säuglings zur Integration und Kommunikation von Erfahrungen finden sich bei beiden Eltern angeborene Verhaltensbereitschaften und Motivationen, die auf bemerkenswerte Weise darauf abgestimmt sind, den Säugling in seinen integrativen und kommunikativen Bedürfnissen zu unterstützen (Papoušek & Papoušek, 1987).

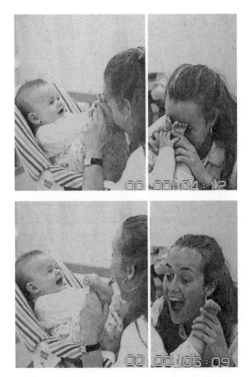

Abb. 7: Die Mutter inszeniert eine frühe Variante des »Guckguck – da«-Spiels im Alter von 5 Monaten.

Wenn die Grundbedürfnisse des Kindes nach Schutz, Geborgenheit und körperlichem Wohlbefinden erfüllt sind und die Eltern sich im Zwiegespräch und Spiel auf die Kommunikation mit dem Baby einlassen, kommen ihre intuitiven Kompetenzen ins Spiel: die vielerlei adaptiven Verhaltensanpassungen in Mimik, Stimme und Körpersprache, die die Eltern intuitiv, ohne bewusste Kontrolle oder Absicht ausüben, sobald sie sich mit ihrem Baby verständigen wollen (Papoušek & Papoušek, 1987).

Ihre Verhaltensmuster in Mimik, Gestik, Kinetik und Stimme sind reich an spielerischen Elementen, die dazu angetan sind, Aufmerksamkeit zu wecken und aufrechtzuerhalten und zum Nachahmen anzuregen: häufiges Wiederholen einfach verständlicher Verhaltensmuster, Variationen mit Crescendo oder Decrescendo, Accelerando oder Rallentando, Verfremdungen und Überraschungseffekten (Papoušek, 1994; Papoušek & Papoušek, 1981). Zu den spielerischen Elementen gehört insbesondere auch die intuitive Bereitschaft der Eltern, das Blickverhalten des Babys und seine mimischen und stimmlichen Äußerungen mit großer Regelmäßigkeit zu beantworten. Dadurch werden die alltäglichen Interaktionen für das Baby zu einer Quelle von Kontingenz- und Selbstwirksamkeitserfahrungen und gewinnen immer wieder den Charakter eines spielerischen Austausches. Das Baby entdeckt und erprobt, mit welchem Verhalten es welche Antwort der Eltern am wahrscheinlichsten hervorrufen kann, es entdeckt Gemeinsamkeiten, bildet Erwartungen aus und freut sich mit den Eltern, wenn sich seine Erwartungen erfüllen (Papoušek & Papoušek, 1984a) (Abb. 8).

Wie bei meinen Lernstudien in Prag auf systematische Weise zu beobachten war (Papoušek, 1967, 1969, 1977), teilt der Säugling den Ablauf seiner Erfahrungsintegration in seinem gesamten Verhalten mit: sein Interesse, seine angespannte Aufmerksamkeit, die Aktivierung von Motorik und vegetativer Erregung, seinen angestrengten Einsatz, das Nachlassen seines Interesses bei rein passiver Stimulation und dagegen seinen Eifer beim Entdecken der Auswirkungen seiner eigenen Betätigung, sein Bedürfnis nach Erholungspausen, seine Abwendung von einer allzu komplexen Anregung oder einem unlösbaren Problem, seine Ungeduld bei misslingenden Versuchen und schließlich seine Zufriedenheit und Freude beim Entdecken und Meistern der Regeln und beim Erleben der eigenen Selbstwirksamkeit. Nicht anders ist es im spontanen Spiel (Abb. 9).

Die Eltern, die mit ungeteilter Aufmerksamkeit beobachtend oder aktiv am Spiel des Babys teilnehmen, verfügen über bemerkenswerte Fähigkeiten, die Schlüsselsignale der Erfahrungsintegration im Verhalten des Babys wahrzunehmen und zu verstehen (Papoušek & Papoušek, 1984b, 1987). Dies erlaubt ihnen, seine momentanen Interessen und Vorlieben zu erkennen, seine Aufnahmebereitschaft und Toleranzgrenzen, seine Schwierigkeiten und Stärken, seine Frustration beim Misslingen und Zufriedenheit beim Gelingen. Sie können abschätzen, was sie dem Baby bereits zutrauen können und wo es Hilfe und Unterstützung oder eine kleine aufmunternde Herausforderung braucht. Geleitet von den Signalen und Initiativen des Babys, suchen sie Überstimulation und Überforderung zu vermeiden und ihre Anregungen in angemessen do-

Abb. 8: Vergnügliches Zwiegespräch zwischen Vater und Tochter im Alter von 3 Monaten

sierter Intensität auf eine dem Baby verständliche Weise auf den Zustand seiner momentanen Aufnahmefähigkeit abzustimmen.
In Bezug auf die psychobiologisch verankerten Anfänge des Spiels in der frühen Kindheit haben wir unsere wissenschaftlichen Analysen vor allem auf das Spiel mit der Stimme und die adaptiven Funktionen von Stimme und Sprache im gemeinsamen Spiel von Eltern und Kind ausgerichtet.

Adaptive Funktionen von Stimme und Sprache im Spiel

Spiel mit der Stimme

Allem voran hat uns die Entwicklung des Spiels mit der Stimme als einer der frühesten Formen des kindlichen Spiels in Bann gezogen (Papoušek & Papoušek, 1981, 1989a, b; Papoušek et al., 1987). Nicht nur ist die Stimme dem Säugling von Geburt an jederzeit verfügbar, er erlebt auch in seiner unmittelbaren stimmlichen Umwelt, in den melodischen Variationen der Ammensprache, attraktive Modelle zum spielerischen Umgang mit der Stimme. Für den Forscher

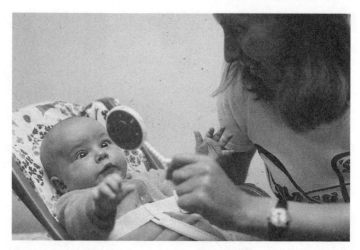

Abb. 9: Signale der Erfahrungsintegration im Alter von 10 Wochen. Die erste Begegnung mit der Rassel weckt eine intensive Orientierungsreaktion mit angespannter Aufmerksamkeit, sympathikotoner und motorischer Aktivierung und Versuchen zu greifen und zu begreifen.

sind die stimmlichen Verhaltensmuster besser als Mimik und Körperbewegungen für objektive Analysen geeignet sowohl in Bezug auf ihre physikalischen Parameter (Frequenz, Dauer, Zeitstruktur, Intensität, Obertonspektrum etc.) als auch auf ihre musikalischen Elemente (Melodie, Rhythmus, Klangfarbe, Phrasen, Themen und Variationen) (Papoušek & Papoušek, 1981, 1989b).
Erste spielerische Elemente erscheinen in den wohltönenden Gurrlauten und setzen sich in der Explorationsphase des Vorsilbenalters (Oller & Eilers, 1992; Papoušek, 1994) in einer Vielfalt von Lautbildungen fort. Die Stimme erweist sich gewissermaßen als das erste, dem Baby stets verfügbare Spielzeug, dessen Potenzial es auf erfinderische Weise in verschiedensten Stimmlagen, Klangfarben und Lautstärken erprobt und mit dem es den oft spielerisch wiederholten Lautgebilden der elterlichen Stimme nachzueifern scheint.
In Monologen beim morgendlichen Aufwachen oder beim entspannten Spiel mit Gegenständen scheint das Spiel mit der Stimme keinem anderen Zweck zu dienen als dem Ausdruck von Wohlbehagen und der Freude an den selbst erzeugten Lautprodukten. Die Spontaneität, Ausdauer und Freude des Lautierens weist – gerade auch in Abwesenheit von Gesprächspartnern – auf eine in-

trinsische Motivation zur spielerischen Betätigung der Stimme hin. Bei exakter Analyse wird darüber hinaus in den ausdauernden Sequenzen von Wiederholungen und Variationen erkennbar, wie der Säugling die heranreifenden basalen Fertigkeiten der Lautbildung erprobt und das klangbildnerische Potenzial seines Stimmtraktes regelrecht auslotet: Kontrolle der Atmung, Modulation der Tonhöhe, hohe und tiefe Register vom Quietschen bis zum Brummen, verschiedene Lautstärken vom Kreischen bis zum Flüstern, Klangfarbe und Resonanzraum der Stimme (Papoušek, 1994). Zur erfinderischen Variation ist jedes Mittel recht, Prusten mit den Lippen, Speichelbläschen oder auch Finger oder Spielzeuge im Mund. Das Kind gewinnt dabei ein prozedurales Know-how von Grundfertigkeiten der Artikulation. In Nachahmungsspielchen mit den Eltern wird es angeregt, seine Lautprodukte den Modellen der elterlichen Sprechweise anzugleichen, sie spielerisch zu variieren und neu zu kombinieren (Papoušek & Papoušek, 1989a).

Spielerische Elemente in der elterlichen Sprechweise im Dialog mit dem Baby

Die kindlichen Prädispositionen zum Spiel mit der Stimme finden ihr Gegenstück in den bemerkenswerten stimmlichen Anpassungen der Eltern. Von der ersten nachgeburtlichen Begegnung an haben diese eine unwiderstehliche Neigung, die anfangs noch unscheinbaren Laute des Babys nachzuahmen. In ihrer Sprechweise zum Baby, der so genannten Ammensprache, verlängern sie die Vokale und gestalten sie zu einfachen melodischen Mustern um – wie um dem Baby für die Lautelemente, die es als erstes zu kontrollieren lernt, Modell zu geben (Papoušek, 1994). Mit dem Auftauchen von Gurrlauten und Explorationslauten im kindlichen Lautrepertoire entstehen vergnügliche Nachahmungsspielchen, in denen auch das Baby beginnt, Tonhöhe, melodische Muster und Vokale nachzuahmen. Auch in den Zwiegesprächen scheint ein beachtlicher Anteil keinem anderen Zweck zu dienen als einer offensichtlichen Freude am gemeinsamen Duettieren, wechselseitigen Nachahmen und Erfinden immer neuer Lautvarianten und Lautkombinationen (Papoušek & Papoušek, 1989a).
Bei genauer Analyse der stimmlichen Dialoge zeigt sich wiederum deutlich, dass nicht nur spielerische Elemente eingeschlossen sind,

sondern gleichermaßen Elemente einer didaktischen Unterstützung, die die Eltern, ohne sich dessen bewusst zu sein, dem Säugling zur Anleitung und Anbahnung der späteren sprachlichen Kommunikation anbieten: anregende Modelle in prototypischer Vereinfachung, Verlangsamung und Verdeutlichung, in häufigen Wiederholungen, Pausen und – abgestimmt auf die momentane Erregung und Aufmerksamkeit des Babys – kleinen Variationen. Im spielerischen Zwiegespräch mit den Eltern findet das Baby Rahmenbedingungen, in denen es selbstgesteuert basale Routinen für den Erwerb der sprachlichen Kommunikation erprobt und einübt, allem voran das Nachahmen der muttersprachlichen Phonologie, das Abwechseln im Dialog und den Gebrauch von Lauten zur Kommunikation von Bedürfnissen und Absichten.

Ritualisierte Spielchen in den frühen Interaktionen

Gegen Ende des ersten Halbjahres werden Stimme und Sprache in erste ritualisierte Reime und Spielchen eingebunden, die gleichzeitig viele Sinnesmodalitäten ansprechen und insbesondere rhythmische Berührungs- und Bewegungselemente einschließen (Papoušek, 1994). Neben kulturell tradierten Spielchen wie »Hammele hammele hammele – dutz« (Abb. 10), »Kommt ein Mäuschen, baut ein Häuschen, …«, »Hoppe hoppe Reiter …« oder »Guckguck – da« (Abb. 7) finden sich vielerlei idiosynkratische erfinderische Varianten, oft in Form von Kitzelspielchen (Abb. 11), bei denen der elterliche Finger rhythmisch am Körper des Kindes aufwärts wandert, um dann an besonders empfindlicher Stelle zu kitzeln.

Gemeinsam ist diesen Spielchen der ritualisierte Ablauf mit vielen Wiederholungen, mit dem das Kind bald vertraut ist und seinen Part mitspielt. Den Reiz dieser Spielchen machen vor allem die gemeinsam durchlebten, mit jeder Wiederholung gesteigert wiederkehrenden Spannungszirkel aus (Heckhausen, 1973): Jeder Zirkel beginnt mit einer Phase des Spannungsaufbaus mit Anheben der Stimme und aufsteigender taktiler Stimulation am Körper und gipfelt nach einer erwartungssteigernden Pause in einem immer von neuem erwarteten Höhepunkt, mit dem sich die Spannung in gemeinsamem Vergnügen entlädt und in eine kurze Erholungsphase mündet (Abb. 11). Das Baby spielt seinen Part, indem es sich in angespannter Aufmerksamkeit von dem Spannungsbogen erfassen lässt, oft

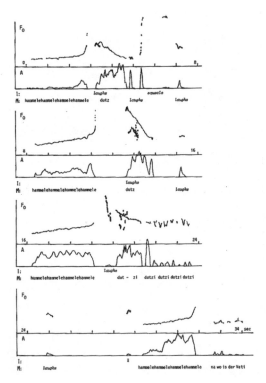

Abb. 10: Spannungszirkel mit Spannungssteigerung und Spannungsabfall in einem ritualisierten Interaktionsspielchen (»Hammele hammele hammele --- dutz«) im Alter von 4 Monaten. Akustische Analysen von Grundfrequenz (F_0) und Amplitude (A) in vier Wiederholungen. Die zunehmende Begeisterung von Kind (I) und Mutter (M) schlägt sich in der zunehmend höheren Stimmlage und Lautstärke, in der Verlängerung der spannungserhöhenden Pause und in dem antizipatorischen Lachen und Quietschen des Kindes nieder. Abbruch mitten in der 4. Wiederholung wegen Ablenkung des Kindes durch den auftauchenden Vater.

schon vor Erreichen des Höhepunktes antizipatorisch zu lachen beginnt und in der Erholungspause zur nächsten Runde einlädt. Interessant ist, dass solche Spielchen jeweils in zeitlichem Zusammenhang mit bestimmten Entwicklungsthemen besonderen Reiz gewinnen: dem Entdecken und Wahrnehmen des eigenen Körpers, der Selbstregulation affektiver Erregung, dem Neuerwerb regelmäßiger rhythmischer Bewegungsfolgen und Silbenketten, dem

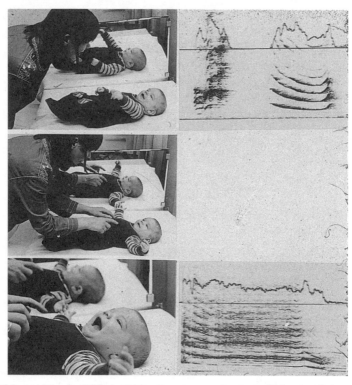

Abb. 11: Kitzelspielchen. Oben: Der 4-monatige Junge lädt mit Blick und zur Mutter gestreckten Ärmchen sowie einer melodischen Frageintonation (rechts im Sonogramm) zu einer Wiederholung des vertrauten Spielchens ein. Mitte: Die Mutter wandert mit den Fingern in Richtung Achselhöhle. Unten: Noch bevor die Mutter die Achseln zum Höhepunkt des Kitzelns erreicht, bricht der Junge in einen antizipatorischen Freudenschrei aus.

Entdecken der Objektpermanenz oder der Auseinandersetzung mit Trennung und Wiedervereinigung.

Spielerische Vorläufer des Singens

Vorbereitet durch rhythmische Spielchen, erscheint im zweiten Halbjahr im kindlichen Lautrepertoire ein wichtiger Meilenstein – das rhythmische Silbenplappern, die kanonischen Silben, die die rhythmische Grundeinheit aller Sprachen bilden (Oller & Eilers, 1992). Diese neue Qualität der Vokalisation weckt bei den Eltern

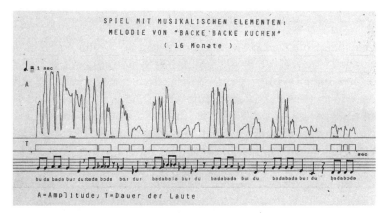

Abb. 12: Vorstufe des Singens: Thema mit Variationen im Monolog eines 17 Monate alten Mädchens. Die Abbildung zeigt die Lautstruktur (Amplitudenverlauf) sowie die musikalische und phonetische Transkription. In Melodie und Silbenfolge ist unschwer die Phrase »backe backe Kuchen« als Thema mit Variationen zu erkennen.

den Eindruck, das Kind »spreche« bereits, und dies umso mehr, wenn das Kind gegen Ende des ersten Lebensjahres beginnt, im stimmlichen Spiel Silbenketten als kleine Phrasen mit wechselnden Silbenkombinationen und Intonationsmustern zu variieren.

Mit dem Silbenplappern kommt es zu einer interessanten Aufzweigung im stimmlichen Spiel. Angeregt durch Liedchen, Reime, erlebte Sprache und Bewegungsrhythmen, greift das Kind in seinen Monologen Intonationsmuster, melodische oder rhythmische Grundmuster auf und variiert sie auf spielerische Weise (Abb. 12) (Papoušek & Papoušek, 1981). Das kreative Spiel mit der Stimme findet einen von der Kultur weiter ausgestalteten Pfad hin zum musikalischen Improvisieren, zum Singen und zur musikalischen Betätigung mit Instrumenten. Säuglinge werden mit den ersten Liedchen vertraut und improvisieren gelegentlich ihre eigenen kleinen Melodien. Gleichzeitig erkunden sie ihr Singvermögen in verschiedensten Tonlagen, Rhythmen, Klangfarben oder Lautstärken oder geben unterschiedlichen Stimmungen und Emotionen Ausdruck. Wir konnten uns in Langzeitbeobachtungen davon überzeugen, dass Kinder gelegentlich bereits im zweiten Lebensjahr ihr Singen im Monolog gezielt nutzen, um im Kummer Erleichterung zu finden (Papoušek & Papoušek, 1981; H. Papoušek, 1997).

Spiel an der Schwelle zur sprachlichen Symbolisation

Der andere biologisch vorgezeichnete, von der Kultur weiter ausgestaltete Pfad führt hin zur sprachlichen Symbolisation. Die Eltern beantworten das Auftreten der Silbenketten und Doppelsilben mit neuen Formen didaktischer Unterstützung, indem sie den Doppelsilben eine von der jeweiligen kulturellen Konvention bestimmte Bedeutung zuordnen. Sie schaffen neue Rahmenbedingungen im Spiel, mit denen sie zunächst den prozeduralen kontextbezogenen Gebrauch der ersten Worte und bald darauf die beginnenden deklarativen Fähigkeiten, Dinge zu benennen, unterstützen (Papoušek, 1994; Papoušek, Papoušek & Kestermann, 2000).

Bis zur Schwelle der ersten Worte hat in den Eltern-Kind-Interaktionen das explorative Spiel mit Gegenständen des Alltags und Spielsachen einen immer größeren Raum eingenommen. Die parallel zu den Silben auftauchenden neuen motorischen und integrativen Fähigkeiten haben dem Kind ermöglicht, immer komplexere Erfahrungen anzusammeln. Das Spiel schafft nun einen Rahmen, in dem Eltern und Kind ihre Aufmerksamkeit gemeinsam auf einen Gegenstand ausrichten, in dem sie kooperative Aktivitäten im Spiel erproben, in dem sie Anspannung, Überraschung, Aufregung und Freude am Gelingen einer Spielhandlung gemeinsam erleben und austauschen, in dem sie gemeinsam auf ein Geschehen im Zentrum ihrer Aufmerksamkeit Bezug nehmen und diesem schließlich gemeinsam einen Namen geben.

So wird dieser gemeinsame Erfahrungskontext gegen Ende des ersten Lebensjahres zum Nährboden für die ersten gemeinsamen gestischen und stimmlichen Symbole. Die Eltern nutzen die ersten Silben und Doppelsilben des Kindes als potenzielle Protoworte, ordnen ihnen eine Bedeutung zu und benennen mit ihnen den jeweiligen Gegenstand oder die Handlung im gemeinsamen Fokus der Aufmerksamkeit (Papoušek et al., 2000). Neue Anpassungen in der elterlichen Sprechweise heben die bedeutungstragenden Worte durch melodisches, Aufmerksamkeit lenkendes Anheben der Stimme und langsame, deutliche Artikulation hervor (Papoušek, 1994). So gesehen bietet das dialogische Spiel den Rahmen, in dem sich Eltern und Kind gewissermaßen eine gemeinsame Erfahrungswelt und Sprache erschaffen.

Anfangs ist das sprachliche Symbol noch untrennbar mit dem konkreten Spielkontext assoziiert. Ein Wort, das ein Säugling zunächst mit einem aktuellen Gegenstand assoziiert hat, hat damit noch nicht die Eigenschaften eines begrifflichen Symbols, das auf unterschiedlichen Abstraktionsebenen eine Klasse von Gegenständen repräsentiert. Im Spiel gewinnt das Kind jedoch weitere Gelegenheiten zur Ansammlung vielfältiger und komplexer Erfahrungen mit anderen ähnlichen Gegenständen. Das Spiel erleichtert den Prozess, indem das Kind lernt, dass das Wort »Ball« nicht nur einen speziellen Ball bedeutet, sondern einen kontextübergreifenden, abstrahierten Begriff, der das Invariante aller bisherigen Erfahrungen mit Bällen verschiedener Farben, Größen, Gewichte und Funktionen bezeichnet (Papoušek et al., 2000).

Das folgende Beispiel aus unseren Beobachtungen macht deutlich, wie komplex die Ebene ist, auf der die vorsprachlichen Abstraktionsfähigkeiten des Säuglings bereits im ersten Lebensjahr funktionieren (Abbildung 13) (Papoušek & Papoušek, 1977).

Im häuslichen Umfeld sind Beobachtungen der zunehmenden Komplexität der kindlichen Erfahrungen leichter und oft verlässlicher analysierbar als unter standardisierten Bedingungen im Labor. Die eigene Tochter erlebte Vögel von den ersten Lebensmonaten an in vielfältigen Varianten, an denen alle Sinne beteiligt waren, zunächst mit einem Vogelmobile (Abb. 11 a), später mit Spielzeugvögeln unterschiedlicher Form, Größe und Farbe und mit Vögeln in der Natur. Um das erste Lebensjahr begann sie, den Anblick eines Vogels mit einem imitativen gestischen oder stimmlichen Symbol zu assoziieren (b): mit Fliegebewegungen ihrer Arme oder mit einer einfachen Doppelsilbe »pipi«. Mit Hilfe dieser Gesten teilte sie spontan mit, wenn sie in noch unbekannten Bilderbüchern in den mannigfaltigsten künstlerischen Varianten und Abstraktionen einen Vogel erkannte (c), in unterschiedlichen Farben und Größen (d), als Teil von Ornamenten (e), versteckt in komplexeren Bildern oder sogar in menschenartiger Verkleidung (f). Für den Beobachter wurden dabei die erstaunlichen vorsprachlichen Fähigkeiten zur Abstraktion und Generalisierung sichtbar, die sich hinter den präverbalen Symbolen für das kindliche Konzept »Vogel« verbargen.

Das Ansammeln und abstrahierende Integrieren von Erfahrungen im Spiel, spielbegleitendes Sprechen der Eltern, traditionelle Spielchen wie Geben und Nehmen, Zeigen und Benennen und Bilder-

Abb. 13: Beobachtung zur vorsprachlichen Konzeptbildung und Abstraktionsfähigkeit im Spiel. Erläuterungen s. Text.

buchanschauen unterstützen das anfangs noch langsame und mühsame deklarative Erlernen der assoziierten Symbole und Wörter, bis das Kind in der Mitte des zweiten Lebensjahres plötzlich dessen gewahr zu werden scheint, dass Dinge und Ereignisse einen Namen haben und dass diese Namen die Dinge und Ereignisse auch losgelöst von ihrer realen Präsenz repräsentieren. Ein Wortschatzspurt markiert die neue Kompetenz der sprachlichen Symbolisation und die neue Ebene der sprachlichen Integration von Erfahrungen.

Abschließende Bemerkungen

Die phylogenetischen Wurzeln des Spiels und seine fortschreitenden Differenzierungen von den einfachsten Säugetieren bis zum Menschen lassen deutliche Zusammenhänge mit den adaptiven Funktionen erkennen, die für Überleben und Fitness der jeweiligen Art in ihrer ökologischen Nische unverzichtbar sind. Beim Menschen zeigt sich die adaptive Bedeutung des Spiels vor allem in seiner engen Verflechtung mit der Integration von Erfahrung, mit Kommunikation, Symbolisation und Sprache. Wie alle überlebenswichtigen biologischen Phänomene ist daher auch das Spiel durch komplementäre angeborene Prädispositionen, innere Motivationen und Fähigkeiten sowohl auf Seiten des Kindes als auch auf Seiten der Eltern geschützt.

In Bezug auf das Spiel sind die intuitiven Verhaltensbereitschaften der Eltern so angelegt, dass sie dem Kind in seinem selbst gesteuerten Spiel einen schützenden Rahmen von Sicherheit und Geborgenheit und eine individuelle, feinfühlig abgestimmte Unterstützung anbieten. Diese »intuitive elterliche Früherziehung« lässt sich nicht durch noch so gut durchdachte pädagogische oder therapeutische Förderprogramme ersetzen, sofern diese nicht auch die intuitiv geleitete Kommunikation mit dem Baby und Kleinkind in den Mittelpunkt stellen. Dabei ist die Kommunikation, die Verständigung und dialogische Abstimmung mit dem Kind im gemeinsamen Spiel bedeutsamer als Angebot und Auswahl von Spielzeugen und Förderaktivitäten.

Sich auf das Spiel mit dem Kind einzulassen, bietet den Eltern eine unvergleichliche Chance, an seiner inneren Erfahrungswelt teilzunehmen, mit ihm gemeinsam die Welt neu zu entdecken, einen Schatz an gemeinsamen Erfahrungen zu sammeln und die Faszination des ersten Benennens zu erleben. Gleichzeitig gewinnen die Eltern durch die positiven Rückkoppelungssignale ihres Kindes im gemeinsamen Spiel Selbstvertrauen in ihre genuinen Kompetenzen. So wird das Spiel mit dem Kind auch zu einer Erfahrung positiver Gegenseitigkeit, es schließt sich eine Art »Engelskreis«, der für die Entwicklung der Eltern-Kind-Beziehungen, für die Entwicklung der integrativen und kommunikativen Fähigkeiten des Kindes und für die Selbstentwicklung des Kindes eine unersetzbare Ressource bedeutet.

Der überbordende Markt von so genannten Lernspielzeugen und Förderprogrammen für das Säuglings- und Kleinkindalter kann leicht zu einer Gefährdung der spontanen spielerischen Eltern-Kind-Interaktionen werden, die vor allem im vorsprachlichen Alter nicht in Kauf genommen werden sollte. Eltern können unterschiedliche Spielsachen nutzen, um ihre intuitiven Anregungen zu bereichern. Kaum ein Spielzeug ist jedoch für sich allein so responsiv in Bezug auf die momentanen Interessen und den Entwicklungsstand des Kindes, bietet so reichhaltige Variationen und lässt sich so gut von dem Säugling selbst beeinflussen, wie es in den Händen der Bezugsperson Gestalt gewinnt.

Aus ganz unterschiedlichen Gründen entfaltet sich das Spiel in der frühen Kindheit ebenso wie die intuitive elterliche Früherziehung trotz seiner psychobiologischen Verankerung nicht immer so problemlos, wie in diesem Kapitel dargestellt (Papoušek & Papoušek, 1992). Dies kann auf eine besonderen Vulnerabilität der angeborenen Dispositionen zurückzuführen sein, die sich in der Evolution vergleichsweise spät entwickelt haben. Verschiedenartige biologische, psychosoziale oder soziokulturelle Risikofaktoren können sowohl die Fähigkeiten und Motivationen des Säuglings zum Spiel beeinträchtigen als auch die intuitiven Kompetenzen der Eltern hemmen und den spielerischen Austausch mit dem Baby einschränken oder stören (vgl. M. Papoušek, Kapitel 7). Es wäre eine zweifelhafte Intervention, wenn man in solchen Fällen lediglich Abhilfe durch professionelle Förderprogramme suchen würde, anstatt die Risikofaktoren anzugehen und die Fähigkeiten zum gemeinsamen Spiel zu restituieren. Ein therapeutisch angeleitetes Spiel von Eltern und Säugling im Schutz einer therapeutischen Beziehung kann dagegen wirksam dazu beitragen, die intuitiven elterlichen Kompetenzen wieder freizusetzen und ein Erleben positiver Gegenseitigkeit im Spiel zu ermöglichen.

Literatur

Altmann, S. A. & Altmann, J. (1970). *Baboon ecology: African field research.* Chicago: University of Chicago Press.

Bard, K. A. (1995). Parenting in primates. In: M. H. Bornstein (Ed.), *Handbook of parenting.* Vol. 2: *Biology and ecology of parenting* (pp. 27–58). Mahwah, NJ: Lawrence Erlbaum.

Bekoff, M. (1972). The development of social interaction, play, and metacommunication in mammals: an ethological perspective. Quaterly Review of Biology, 47, 412–434.

Bertalanffy, L. von (1968). *Organismic psychology theory.* Barre, MA: Clark University with Barre Publishers.

Bischof-Köhler, D. (1998). Zusammenhänge zwischen kognitiver, motivationaler und emotionaler Entwicklung in der frühen Kindheit und im Vorschulalter. In: H. Keller (Hrsg.), *Lehrbuch Entwicklungspsychologie* (S. 319–376). Bern: Hans Huber.

Bruner, J. (1974). Nature and uses of immaturity. In: K. Conolly & J. Bruner (Eds.), *The growth of competence* (pp. 11–48). New York: Academic Press.

Emde, R. N., Gaensbauer, T. J. & Harmon, R. J. (1976). *Emotional expressions in infancy: A biobehavioral study.* New York: International University Press.

Estes, R. D. (1967). Prey selection and hunting behavior of the African wild dog. *Journal of Wildlife Management, 31*, 52–70.

Flitner, A. (1973) (Hrsg.). *Das Kinderspiel.* München: Piper.

Flitner, A. (2002). *Spielen – Lernen. Praxis und Deutung des Kinderspiels.* Weinheim und Basel: Beltz Verlag.

Görlitz, D. & Wohlwill, J. F. (Eds.) (1987). *Curiosity, imaginations, and play. On the development of spontaneous cognitive and motivational processes.* Hillsdale, NJ: Erlbaum.

Heckhausen, H. (1987). Emotional components of action: Their ontogeny as reflected in achievement behavioer. In: D. Görlitz & J. F. Wohlwill (Hrsg.), *Curiosity, imagination, and play* (pp. 326–348). Hillsdale, NJ: Lawrence Erlbaum.

Heckhausen, H. (1973). Entwurf einer Psychologie des Spielens. In: A. Flitner (Hrsg.), *Das Kinderspiel* (S. 133–149). München: Piper. Original: (1964). *Psychologische Forschung, 27*, 225–243.

Hoppe-Graff, S. & Oerter, R. (Hrsg.) (2000). *Spielen und Fernsehen: Über die Zusammenhänge von Spiel und Medien in der Welt des Kindes.* Weinheim: Juventa Verlag.

Jürgens, U. (1992). On the neurobiology of vocal communication. In: H. Papoušek, U. Jürgens & M. Papoušek (Eds.), *Nonverbal vocal communication: Comparative and developmental approaches* (pp. 31–42). Cambridge: Cambridge University Press.

Kawai, M. (1965). Newly acquired pre-cultural behavior of the natural troop of Japanese monkeys on Koshima Islet. *Primates, 6*, 1–30.

MacLean, P. D. (1990). *The triune brain in evolution. Role in paleocerebral functions.* New York: Plenum Press.

Marler, P., Evans, C. S. & Hauser, M. D. (1992). Animal signals: Motivational, referential, or both? In: H. Papoušek, U. Jürgens & M. Papoušek (Eds.), *Nonverbal vocal communication: Comparative and developmental approaches* (pp. 66–86). Cambridge: Cambridge University Press.

Oerter, R. (1993). *Psychologie des Spiels: Ein handlungstheoretischer Ansatz.* München: Quintessenz.

Oller, D. K. & Eilers, R. E. (1992). Development in vocal signaling in human infants: Toward a methodology for cross-species vocalization comparisons. In: H. Papoušek, U. Jürgens & M. Papoušek (Eds.), *Nonverbal vocal communication: Comparative and developmental approaches* (pp. 174–191). Cambridge: Cambridge University Press.

Papoušek, H. (1967). Experimental studies of appetitional behavior in human newborns and infants. In: H. W. Stevenson, E. H. Hess & H. L. Rheingold (Eds.), *Early behavior: Comparative and developmental approaches* (pp. 249–277). New York: Wiley.

Papoušek, H. (1969). Individual variability in learned responses in human infants. In: R. J. Robinson (Ed.), *Brain and early behaviour development in the fetus and infant* (pp. 251–266). London: Academic Press.

Papoušek, H. (1977). *Entwicklung der Lernfähigkeit im Säuglingsalter.* In: G. Nissen (Ed.), Intelligenz, Lernen und Lernstörungen (pp. 89–107). Berlin/Heidelberg/New York: Springer.

Papoušek, H. (1979). From adaptive responses to social cognition: The learning view of development. In: M. H. Bornstein & W. Kessen (Eds.), *Psychological development from infancy: Image to intention* (pp. 251–267). Hillsdale, NJ: Erlbaum.

Papoušek, H. (1997). Anfang und Bedeutung der menschlichen Musikalität. In: H. Keller (Hrsg.), *Handbuch der Kleinkindforschung. 2. Aufl.* (S. 565–585). Bern: Huber.

Papoušek, H. & Papoušek, M. (1977). Das Spiel in der Frühentwicklung des Kindes. *Suppl. Pädiatrische Praxis, 18,* 17–32.

Papoušek, H. & Papoušek, M. (1979). The infant's fundamental adaptive response system in social interaction. In: E. B. Thoman (Ed.), *Origins of the infant's social responsiveness* (pp. 175–208). Hillsdale, NJ: Erlbaum.

Papoušek, H. & Papoušek, M. (1983). The evolution of parent-infant attachment: New psychobiological perspectives. In: J. D. Call, E. Galenson & R. L. Tyson, Frontiers of infant psychiatry, Vol. II (pp. 276–283). New York: Basic Books.

Papoušek, H. & Papoušek, M. (1984a). Qualitative transitions in integrative processes during the first trimester of human postpartum life. In: H. F. R. Prechtl (Ed.), *Continuity of neural functions from prenatal to postnatal life* (pp. 220–244). London: Spastics International Medical Publications.

Papoušek, H. & Papoušek, M. (1984b). Learning and cognition in the every day life of human infants. In: J. S. Rosenblatt, C. Beer, M.-C. Busnel, P. J. B. Slater (Eds.), Advances in the study of behavior (Vol. 14) (pp. 127–163). New York: Academic Press.

Papoušek, H. & Papoušek, M. (1987). Intuitive parenting: A dialectic counterpart to the infant's integrative competence. In: J. D. Osofsky (Ed.), *Handbook of infant development (2nd Edition)* (pp. 669–720). New York: Wiley.

Papoušek, H., Papoušek, M. & Bornstein, M. H. (2000). Spiel und biologische Anpassung. In: S. Hoppe-Graff & R. Oerter (Hrsg.), *Spielen und Fernsehen: Über die Zusammenhänge von Spiel und Medien in der Welt des Kindes* (S. 21–46). Weinheim: Juventa.

Papoušek, H., Papoušek, M. & Kestermann, G. (2000). Preverbal communication: Emergence of representative symbols. In: Budwig, I. C. Uzgiris & J. V. Wertsch (Eds.), *Communication: An arena of development.* Norwood, NJ: Ablex Publishing Corporation.

Papoušek, M. (1994): *Vom ersten Schrei zum ersten Wort: Anfänge der Sprachentwicklung in der vorsprachlichen Kommunikation.* Bern: Huber.

Papoušek, M. & Papoušek, H. (1981). Musical elements in the infant's vocalizations: Their significance for communication, cognition and creativity. In: L. P. Lipsitt (Ed.), *Advances in Infancy Research (Vol. 1)* (pp. 163–224). Norwood, NJ: Ablex.

Papoušek, M. & Papoušek, H. (1989a). Forms and functions of vocal matching in precanonical mother-infant interactions. *First Language, 9,* 137–158, Special Issue on »Precursors to speech«.

Papoušek, M. & Papoušek, H. (1989b). Stimmliche Kommunikation im frühen Säuglingsalter als Wegbereiter der Sprachentwicklung. In: H. Keller (Ed.), *Handbuch der Kleinkindforschung* (pp. 465–489). Heidelberg: Springer.

Papoušek, M., Papoušek, H. & Harris, B. J. (1987). The emergence of play in parent-infant interactions. In: D. Görlitz & J. F. Wohlwill (Eds.), *Curiosity, imaginations, and play. On the development of spontaneous cognitive and motivational processes* (pp. 214–246). Hillsdale, NJ: Erlbaum.

Prechtl, H. (1983). Principles of early motor development in the human. In: A. F. Kalverboer, B. Hopkins & R. Geuze (Eds.), *Motor development in early and later childhood: Longitudinal approaches* (pp. 35–50). Cambridge: Cambridge University Press.

Schaller, G. (1972). *The Serengeti lion: A study of predator-prey relations.* Chicago: University of Chicago Press.

Schonen, S. de & Mathivet, E. (1989). First come, first served: A scenario about the development of hemispheric specialization in face recognition during infancy. *Cahiers de Psychologie Cognitive, 9,* 3–44.

Spangler, G., Bräutigam, I. & Stadler, R. (1984). Handlungsentwicklung in der frühen Kindheit und ihre Abhängigkeit von der kognitiven Entwicklung und der emotionalen Erregbarkeit des Kindes. *Zeitschrift für Entwicklungspsychologie und Pädagogische Psychologie, 16,* 181–193.

Steiner, A. L. (1971). Play activity of Columbian ground squirrels. *Zeitschrift für Tierpsychologie, 28,* 247–261.

Taylor, C. K. & Saayman, G. S. (1973). Imitative behaviour by Indian Ocean bottlenose dolphins (Tursiops aduncus) in captivity. *Behaviour, 44,* 286–298.

Van Lawick-Goodall, J. (1968). The behavior of free-living chimpanzees of the Gombe Stream Reserve. *Animal Behaviour Monographs, 1,* 161–311.

Van Lawick-Goodall, J. (1971). *In the shadow of man.* Boston: Houghton Mifflin Co.

Von Hooff, J. A. (1962). Facial expressions in higher primates. In: *Evolutionary aspects of animal communication. Symposium of the Royal Zoological Society,* London, 8, 97–125.

Wilson, E. O. (1975). *Sociobiology. The new synthesis.* Cambridge, MA: The Belknap Press of Harvard University Press.

Wolff, P. H. (1987). *The development of behavioral states and the expression of emotions in early infancy: New proposals for investigation.* Chicago/London: The University of Chicago Press.

Wünschmann, A. (1966). Einige Gefangenschaftsbeobachtungen an Breitstirn-Wombats. *Zeitschrift für Tierpsychologie, 23,* 56–71.

KAPITEL 2

Spielend lernen

Remo H. Largo, Caroline Benz[1]

Einleitung

Was können wir Eltern und Fachleute aus dem kindlichen Spiel lernen? Kinder verbringen den größten Teil ihrer Wachzeit mit Spielen. Sie lernen, indem sie spielen. Ihr Spiel spiegelt bis zu einem gewissen Grad ihre kognitive Entwicklung wider. An der Art, wie Kinder mit Gegenständen umgehen, können wir erkennen, in welchem Alter sie ein Verständnis für räumliche Beziehungen aufbauen, Gegenstände voneinander unterscheiden und deren Funktionen zu verstehen beginnen. Kenntnisse des kindlichen Spiels helfen uns, die Umgebung kindgerecht zu gestalten, und erleichtern uns die Auswahl der Spielsachen. Sie geben uns Hinweise, welche Rollen wir als Spielpartner des Kindes sinnvollerweise einnehmen können.
In diesem Kapitel werden zuerst einige allgemeine Aspekte des kindlichen Spiels dargestellt. Anschließend werden verschiedene Formen des Spiels beschrieben. Wir haben uns auf Verhaltensweisen beschränkt, die charakteristisch für eine bestimmte Entwicklungsperiode sind und einen longitudinalen Charakter aufweisen. Nicht besprochen werden die verschiedenen Formen des sozialen Spiels, die ihren Ursprung in den frühen Kind-Mutter/Vater-Interaktionen haben. Auf sie wird in anderen Kapiteln ausführlich eingegangen (s. Kapitel 1 von H. Papoušek und Kapitel 5 von v. Klitzing).
Die vorliegenden Ausführungen beruhen auf Spielbeobachtungen, die in den Zürcher Longitudinalstudien in den vergangenen 25 Jahren gemacht wurden, sowie auf der neueren Literatur (Bruner et al., 1972; Bretherton, 1984; Görlitz and Wohlwill, 1987; Oerter 1993). Am Schluss des Kapitels werden einige Überlegungen zur Rolle des Erwachsenen im kindlichen Spiel aufgeführt.

---

[1] Diese Arbeit wurde vom Schweizerischen Nationalfonds unterstützt (Projekt-Nr. 3200-064047.00/1).

Grundsätzliche Aspekte des kindlichen Spiels

Das kindliche Spiel weist einige Merkmale auf, die unabhängig vom Alter und der Art des Spielverhaltens Gültigkeit haben (Largo et al., 1979a, 1993).

- *Nur ein Kind, das sich wohl und geborgen fühlt, spielt.* Ist ein Kind krank, müde oder fühlt sich allein gelassen, wirkt sich das Befinden auf sein Spiel aus. Das körperliche und psychische Wohlbefinden ist eine notwendige Voraussetzung, damit ein Kind spielen kann. Für aufmerksame Eltern ist Unlust aufs Spielen eines der ersten Anzeichen dafür, dass sich ihr Kind nicht gut fühlt oder krank ist.
- *Das Kind hat ein genuines Interesse am Spiel.* Bereits der junge Säugling spielt aus einem inneren Bedürfnis heraus (Papoušek, 1967; Papoušek & Papoušek, 1979; Watson, 1972). Spielen bedeutet Lernen und ist mit Neugierde und oft großer Ernsthaftigkeit verbunden. Dieses innere Bedürfnis kann das Kind nur angemessen befriedigen, wenn es in seinem Spiel bestimmend sein darf. Es braucht die Kontrolle über seine Aktivitäten, damit es daran interessiert bleibt und sein Spiel zu einer sinnvollen Erfahrung wird.
- *Der Sinn des kindlichen Spiels liegt nicht in einem Endprodukt, sondern in der Handlung selbst.* Die Erfahrungen, die das Kind beim Spiel macht, sind das Wesentliche. Dies bedeutet wiederum nicht, dass das kindliche Spiel zweckfrei wäre. Es dient sehr wohl einem Zweck, nicht unmittelbar, aber langfristig. Verhaltensweisen, die sich das Kind spielerisch aneignet, werden im Verlaufe der Entwicklung zu zielgerichteten Funktionen. In einem bestimmten Alter entleert das Kind Behälter immer wieder aufs Neue. Es hat gerade entdeckt, dass es den Inhalt eines Behälters ausleeren kann, wenn es den Behälter kippt. Einige Zeit später kippt das Kind den Behälter nur noch, wenn es den Inhalt entleeren will. Der Vorgang des Kippens an sich interessiert das Kind nicht mehr.
- *Das Spiel drückt den Entwicklungsstand des Kindes aus.* Das Kind setzt sich mit seiner Umgebung in einer Weise auseinander, die seinem Entwicklungsalter entspricht. Türme bauen ist ein charakteristisches Spielverhalten des zweiten, nicht aber des ersten oder dritten Lebensjahres.

- *Die Abfolge der verschiedenen Stufen eines Spielverhaltens ist bei allen Kindern gleich.* Jedes Kind räumt anfangs des zweiten Lebensjahres Behälter ein und aus, baut mit etwa anderthalb Jahren Türme und gegen Ende des zweiten Lebensjahres einen Zug. Es besteht aber von Kind zu Kind eine große Variabilität bezüglich Auftreten und Ausprägung der verschiedenen Verhaltensweisen.

Entwicklung der Spielverhaltensweisen

Die ersten Spielverhaltensweisen, die wir nach dem Einsetzen der Greiffunktionen beobachten, haben Erkundungscharakter. Sie dienen in erster Linie dazu, die gegenständliche Umwelt kennen zu lernen (Piaget, 1975a). Ab dem 8. Lebensmonat beginnt das Kind, ursächliche Beziehungen zwischen Gegenständen zu begreifen. Etwa im gleichen Alter stellt sich die Objektpermanenz ein, mit der das Kind ebenfalls spielerisch Erfahrungen sammelt. Im zweiten Lebensjahr beginnt das Kind, sich mit den räumlichen Beziehungen von Gegenständen auseinander zu setzen (Largo et al., 1979a). Es stapelt Klötze aufeinander und baut Türme oder es reiht Würfel horizontal aneinander. Ebenfalls im zweiten Lebensjahr beginnt das Kind, sich Fähigkeiten durch Nachahmen anzueignen. Daraus entwickeln sich Spielverhaltensformen mit Symbolcharakter wie beispielsweise das Puppen- und Rollenspiel (Sinclair, 1970; Lowe, 1975; Largo et al, 1979a).
Anschließend werden die folgenden Formen des kindlichen Spiels beschrieben:
- Spielverhalten mit Erkundungscharakter
- Spiel mit Mittel-zum-Zweck-Charakter
- Spiel mit der Objektpermanenz
- Spielverhalten mit räumlichen Charakteristiken
- Spielverhalten mit Symbolcharakter
- Spiel mit Kategorisieren

Spielverhalten mit Erkundungscharakter

Zwischen 4 und 9 Monaten können drei Formen des Erkundens von Gegenständen beobachtet werden: Das orale, das manuelle und das

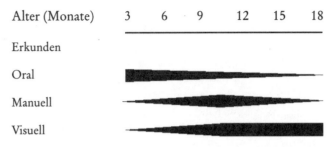

Abb. 1: Spielverhalten mit Erkundungscharakter (Largo, 1993)

visuelle Erkunden (Abb. 1). Diese Erkundungsverhaltensweisen versetzen das Kind bis zum 9. Monat in die Lage, alltägliche Gegenstände zu erkennen und voneinander zu unterscheiden. Dabei scheint das taktil-kinästhetische Erfassen von Objekteigenschaften anfänglich eine größere Rolle zu spielen als das visuelle, welches erst gegen Ende des ersten Lebensjahres an Bedeutung gewinnt.

Orales Erkunden

Gelingt es einem Säugling, einen Gegenstand zu ergreifen, wird dieser sofort zum Mund geführt. Er benützt nicht seine Augen, sondern den Mund, um Objekte zu untersuchen. Er befühlt Gegenstände ausführlich mit den Lippen und tastet sie mit der Zunge ab (Abb. 2). Dadurch erhält er taktil-kinästhetische Informationen in Bezug auf Größe, Konsistenz, Form und Oberflächenbeschaffenheit sowie den Geschmack von Gegenständen. Rose und Mitarbeiter (1981) konnten zeigen, dass neunmonatige Säuglinge die Form von Gegenständen, die sie zuvor ausschließlich mit dem Mund untersucht hatten, visuell wiedererkennen. Eine einfache Form der so genannten transmodalen Wahrnehmung konnten Meltzoff und Borton (1979) bereits bei Neugeborenen nachweisen: Schnuller mit unterschiedlichen Oberflächen wurden von den Neugeborenen zunächst oral-kinästhetisch erkundet und anschließend visuell mit den entsprechenden Formen assoziiert. Das orale Erkunden ist am ausgeprägtesten in der zweiten Hälfte des ersten Lebensjahres. Es wird nach dem 9. Monat seltener und kommt nach dem 18. Monat kaum mehr vor.

Das orale Erkunden ist ein Spielverhalten, das viele Eltern beunruhigt. Sie können es schwer mit ihren Vorstellungen betreffend

Hygiene vereinbaren. Sie fürchten aber vor allem, dass ein Gegenstand in die Luftröhre gelangen und das Kind daran ersticken könnte. Da das orale Erkunden einem tiefen inneren Bedürfnis des Kindes entspricht, machen Verbote keinen Sinn. Die Erwachsenen müssen dafür sorgen, dass das Kind nur ungefährliche Objekte in die Finger bekommt. Als ungefährlich gilt ein Gegenstand, wenn er so groß ist, dass ihn das Kind nicht ganz in den Mund stecken kann, wenn er unzerbrechlich ist, keine scharfen Kanten und Ecken aufweist und nicht mit giftiger Farbe bemalt ist.

Abb. 2: Spielverhalten mit Erkundungscharakter: 8 Monate altes Mädchen erkundet oral (links); 8 Monate altes Mädchen erkundet manuell, indem es die Holzpuppe auf den Tisch schlägt (Mitte); 9 Monate altes Mädchen erkundet visuell (beachte den Zeigefinger) (rechts).

Manuelles Erkunden

Das manuelle Erkunden tritt etwas später als das orale Erkunden auf. Das Kind bewegt einen Gegenstand in der Luft hin und her, schlägt ihn auf die Unterlage oder gegen einen anderen Gegenstand (Abb. 2). Häufig reibt es ihn auch auf der Unterlage oder wirft ihn auf den Boden. Das Kind gewinnt mit diesem Verhalten wiederum taktil-kinästhetische Informationen. Es erfährt auf diese Weise, dass Gegenstände verschieden schwer sein können, eine unterschiedliche Konsistenz aufweisen und auch Geräusche hervorrufen, wenn sie gegeneinander geschlagen werden. Manuelles Erkunden ist im Alter von 6 bis 15 Monaten häufig und wird danach immer seltener beobachtet.

Visuelles Erkunden

Vor dem achten Lebensmonat benützt ein Kind die Augen vorwiegend dazu, einen Gegenstand zu lokalisieren und die Hand zum

Gegenstand zu führen. Einmal ergriffen, wird der Gegenstand nur flüchtig oder überhaupt nicht angeschaut. Zwischen dem 7. und dem 9. Monat setzt ein intensives visuelles Erkunden ein. Gegenstände werden vom Kind ausdauernd betrachtet, in den Händen nach allen Seiten gewendet und mit dem Zeigefinger sorgfältig betastet, also ob das Kind die Augen mit dem Zeigefinger führen wollte (Abb. 2). Durch dieses Verhalten lernt es, Gegenstände in Bezug auf Form und Farbe zu unterscheiden. Das visuelle Erkunden nimmt im Verlauf des zweiten Lebensjahres an Intensität ab, bleibt aber in den folgenden Jahren das dominierende Explorationsverhalten.

Mittel zum Zweck

Gegen Ende des ersten Lebensjahres beginnt das Kind, seine Aktivitäten zu variieren, und lernt dabei, auf Grund der Auswirkungen seines Handelns einfache kausale Zusammenhänge zu begreifen. Durch wiederholtes Schütteln der Glocke erfasst bereits der junge Säugling den Zusammenhang zwischen seinen Handbewegungen und dem Glockenton. Mit 8 bis 10 Monaten kommt das Kind darauf, dass es ein Spielzeug an einer Schnur zu sich heranziehen kann (Abb. 3). Es setzt gezielt ein Mittel ein, um etwas zu erreichen.

Abb. 3: Spiel mit Mittel-zum-Zweck-Charakter: 10 Monate alter Knabe zieht Spielzeug an Schnur zu sich (links). Spiel mit Objektpermanenz: 12 Monate altes Mädchen spielt Gugus-Dada mit Vater (rechts).

Das Verständnis für kausale Zusammenhänge erschließt sich den Kindern im Alltag auf vielerlei Weise, besonders aber im Umgang mit Materialien wie Erde oder Wasser und mit den Einrichtungen unserer modernen Zivilisation. Gewisse Kinder sind geradezu süchtig nach Wasserhähnen. Bei jedem erreichbaren Wasserhahn wollen sie nachprüfen, ob ein Drehen das Wasser zum Fließen bringt. Andere Kinder interessieren sich für Lichtschalter und Türen: Geht das Licht an oder nicht? Lässt sich die Tür öffnen und wieder schließen? Dieses Spiel kann gefährlich werden, wenn ein Kind von den Schaltern eines Kochherdes magisch angezogen wird.

Spiel mit Objektpermanenz

Im Alter von neun Monaten entwickelt sich die Objektpermanenz (Piaget, 1975a). Bis zu diesem Alter ist ein Gegenstand, sobald er aus dem kindlichen Blickfeld verschwindet, nicht mehr vorhanden. Für das Kind existiert er nicht mehr, und so sucht es auch nicht danach. In den ersten Lebensmonaten gilt im wahrsten Sinne des Wortes: aus den Augen, aus dem Sinn. Mit etwa neun Monaten beginnt das Kind, sich zu erinnern. Es bewahrt eine Vorstellung des Gegenstandes, der verschwunden ist. Wenn der Ball unter die Kommode rollt, sucht das Kind danach oder verlangt von der Mutter, dass sie ihm den Ball wieder bringe. Es weiß: Der Ball ist nicht mehr zu sehen, aber es gibt ihn immer noch.

Die frisch erworbene Objektpermanenz erprobt das Kind auf vielfältige Art, allein und im sozialen Spiel. Von seinem Hochstuhl wirft es Gegenstände auf den Boden und beobachtet interessiert, wohin sie verschwinden, wenn sie wegrollen. Es legt ein Kissen auf seinen Teddybär und deckt ihn nach kurzer Zeit wieder ab, um sich zu vergewissern, dass der Teddy noch immer da ist.

Besonders beliebt ist das Gugus-Dada-Spiel. Eine frühe Form dieses Spieles mit der Objektpermanenz tritt gegen Ende des ersten Lebensjahres auf und läuft folgendermaßen ab: Das Kind ist auf dem Arm der Mutter. Vater und Kind spaßen miteinander hinter dem Rücken der Mutter. Wenn der Vater sich auf die andere Seite der Mutter bewegt, wird er für das Kind unsichtbar. Das Kind sucht nach dem Vater und dreht sich ebenfalls zur anderen Seite. Es freut sich, wenn sich seine Erwartung erfüllt und es den Vater wieder findet.

Eine weitere Form dieses Spiels besteht darin, dass der Vater sein Gesicht mit einem Tuch abdeckt, dabei »Gugus« sagt, nach ein bis zwei Sekunden das Tuch wegzieht, ein erstauntes Gesicht macht und »Dada« sagt (Abb. 3). Der Vater kann auch anstatt das eigene Gesicht dasjenige des Kindes abdecken. Er kann für zusätzliche Überraschung sorgen, indem er sein Gesicht an einem anderen Ort

erscheinen lässt, als es verschwunden ist. Mütter und Väter entwickeln ein feines Gespür, wie lange das Versteckspiel dauern darf, um beim Kind eine größtmögliche Erwartung auszulösen, ohne Angst oder Langeweile aufkommen zu lassen.
Bis zum Alter von zwölf Monaten liegt die Initiative beim Gugus-Dada-Spiel vorwiegend bei den Eltern. Danach übernimmt das Kind eine immer aktivere Rolle. Es will mitbestimmen, wer sich versteckt und wie das Spiel abläuft. Zweijährige Kinder lieben es, sich hinter Möbeln zu verkriechen und sich suchen zu lassen.

Spielverhalten mit räumlichen Charakteristiken

Im zweiten Lebensjahr spiegeln einige Spielverhaltensweisen erstmals das Raumverständnis des Kindes wider. Sie geben uns einen Einblick, wie sich das Kind mit den räumlichen Beziehungen zwischen Gegenständen, den Dimensionen des Raumes und der Schwerkraft auseinander setzt (Abb. 4).

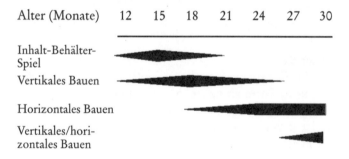

Abb. 4: Spielverhalten mit räumlichen Charakteristiken (Largo et al., 1979a)

Inhalt-Behälter-Spiel
Gibt man einem 6-monatigen Kind ein Fläschchen, das ein Holzkügelchen enthält, nimmt es das Fläschchen in den Mund. Es bemerkt das Kügelchen nicht, sondern nimmt das Fläschchen nur als Ganzes wahr. Nach dem 7. Lebensmonat zeigt das Kind ein wachsendes Interesse für das Kügelchen und versucht, dieses durch das Glas hindurch zu erreichen. Mit 9 Monaten versucht es, an das Kügelchen heranzukommen, indem es den Zeigefinger durch die

Öffnung des Fläschchens steckt. Mit 12 Monaten wird es das Kügelchen in das Fläschchen einfüllen, ist aber noch nicht in der Lage, es wieder herauszunehmen (Abb. 5). Es versucht, durch Schütteln an den Inhalt zu gelangen. Selbst wenn wir dem Kind vormachen, wie der Inhalt des Fläschchens durch Kippen entleert werden kann, gelingt es ihm nicht. Spontanes Kippen stellt sich mit etwa 18 Monaten ein. Das Verständnis für Inhalt und Behälter äußert sich im Alltag in einer großen Vorliebe für das Ein- und Ausräumen von Schubladen und Behältern jeglicher Art.

Abb.5: Inhalt-Behälter-Spiel: 12 Monate alter Knabe legt Würfel in Schachtel (links); 15 Monate altes Mädchen versucht, mit den Fingerchen an das Kügelchen im Fläschchen zu kommen (rechts).

Vertikales Bauen
Mit 12 Monaten sind einige wenige Kinder in der Lage, aus Würfeln einen kleinen Turm zu bauen. Mit 18 Monaten ist das Bedürfnis dafür überaus groß, nicht nur Würfel, sondern auch andere Gegenstände zu stapeln (Abb. 6). Mit 24 Monaten beginnt das Interesse am Turmbau wieder abzuklingen.

Horizontales Bauen
Der Turmbau wird abgelöst vom Zugbauen. Das Kind reiht nun mit Eifer Klötze horizontal aneinander (Abb. 6). Ein 18 Monate altes Kind ist entwicklungsmäßig nur ausnahmsweise dazu bereit. Mit 24 bis 30 Monaten wird das Interesse daran groß, was sich auch an der Beliebtheit der Briobahn zeigt.

Vertikales/horizontales Bauen
Mit etwa 2½ Jahren beginnt das Kind, in seinem Spiel die vertikale und horizontale Raumdimension miteinander zu verbinden. Es baut beispielsweise mit Holzklötzchen eine Mauer. Einen interessanten Einblick, wie sich die räumlichen Vorstellungen im 2. Lebensjahr

Abb. 6: Vertikales Bauen: 18 Monate altes Mädchen baut Turm (links); horizontales Bauen: 24 Monate altes Mädchen baut Zug (Mitte); Bauen mit vertikalen und horizontalen Elementen: 36 Monate altes Mädchen baut kleine Brücken (rechts).

entwickeln, gibt das Spiel mit Puppenmöbeln. Die Art und Weise, wie das Kind mit Tisch, Stühlen und Geschirr umgeht, spiegelt seine Raumvorstellung in den verschiedenen Altersstufen wider. Bis zum Alter von 15 Monaten fehlt dem Kind ein Verständnis dafür, wie die Stühlchen um einen Tisch anzuordnen sind. Mit 18 Monaten setzt es Tisch und Stühlchen zueinander in Beziehung, es ist aber vor allem am Stapeln interessiert. Erst mit 24 bis 27 Monaten ist sein räumliches und funktionelles Verständnis so weit ausgebildet, dass es die Stühlchen an den Tisch rückt, den Tisch deckt und die Puppen an den Tisch setzt (Abb. 9).

Dreidimensionales Bauen

Zwischen drei und vier Jahren beginnt das Kind, dreidimensionale Gebilde zu bauen. Bis zum 5. Lebensjahr ist die räumliche Vorstellungskraft so weit entwickelt, dass das Kind mit Bauklötzchen, Legosteinen und anderen Materialien komplexe Gebilde wie Häuser, Flugzeuge oder Autos konstruieren kann.

Spielverhalten mit Symbolcharakter

Im ersten Lebensjahr hat das Kind die Gegenstände, mit denen es tagtäglich in Berührung kommt, kennen gelernt. Im Verlaufe des zweiten Lebensjahres wendet sich sein Interesse immer mehr den Funktionen zu, die Gegenstände innehaben. Über die direkte und verzögerte Nachahmung eignet es sich den funktionellen Umgang mit Gegenständen an (funktionelles Spiel). Direkte Nachahmung liegt dann vor, wenn das Kind eine Situation unmittelbar nachmacht. Es versucht zum Beispiel, selbst mit dem Löffel zu essen, während es von der Mutter gefüttert wird oder wenn es den ande-

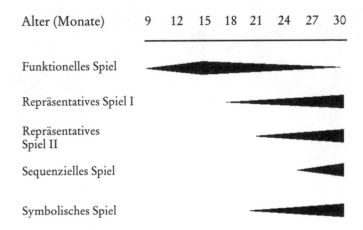

Abb. 7: Spielverhalten mit Symbolcharakter (Largo et al., 1979a)

ren Familienmitgliedern zuschaut, wie sie das Besteck benützen. Bei der verzögerten oder indirekten Nachahmung spielt es Handlungen nach, die es in den Tagen oder Wochen zuvor beobachtet hat.

Nach Piaget (1975a, b) entwickelt das Kind über die verzögerte Nachahmung eine innere Vorstellung einer Handlung. Indem das Kind die Handlung im Spiel wiederholt, wird sie verinnerlicht und zunehmend von den örtlichen und zeitlichen Gegebenheiten unabhängig, unter denen es die Handlung ursprünglich erlebt hat. Dies ermöglicht es dem Kind, Handlungen auf neue Situationen zu übertragen (repräsentatives Spiel I und II). Es beginnt, auch Gegenständen die Bedeutung eines anderen nicht vorhandenen Gegenstandes zu verleihen (symbolisches Spiel) (Abb. 7).

Funktionelles Spiel

Bereits das Neugeborene ist fähig nachzuahmen. Es imitiert einfache Mundstellungen (Meltzoff, 1977; Field, 1982). In den folgenden Lebensmonaten nimmt der Säugling immer mehr mimische und körperliche Ausdrucksformen von Eltern und Geschwistern an und wiederholt Töne und Lautfolgen, die er von ihnen hört. Gegen Ende des ersten Lebensjahres beginnt das Kind, einfache Handlungen nachzuahmen. Beim funktionellen Spiel handelt es sich um die einfachste Form eines funktionell richtigen Umgangs mit

Gegenständen. Die Verwendung eines Gegenstandes bleibt dabei auf den Körper des Kindes beschränkt (Abb. 8).

Repräsentatives Spiel

Zwischen 12 und 18 Monaten macht das Kind einen ersten Schritt hin zur Entwicklung von Symbolfunktionen. Über die direkte und verzögerte Nachahmung sowie das funktionelle Spiel hat das Kind Handlungen so weit verinnerlicht, dass es sie auf neue Situationen übertragen kann. Das Kind ist nun fähig, eine Handlung, wie mit dem Löffel zu essen, nicht nur bei sich selbst, sondern auch bei anderen Personen auszuführen. In einem Übergangsstadium von funktionellem zu repräsentativem Spiel überträgt es die Handlung auf eine Zweitperson, vorzugsweise auf die Eltern. So füttert es beispielsweise die Mutter oder kämmt die Haare des Vaters. In einem weiteren Schritt überträgt das Kind die Handlung auf Puppen (repräsentatives Spiel I) (Abb. 8).
Mit 21 bis 24 Monaten stellt sich das Kind vor, dass die Puppe selbst aktiv ist. So setzt es die Puppe vor den Spiegel und legt ihr den Kamm in die Arme, vorgebend, die Puppe kämme sich selbst. Dieses Verhalten wird als repräsentatives Spiel II bezeichnet (Abb. 9).

Sequenzielles Spiel

Mit 21 bis 24 Monaten beginnt das Kind, Handlungen nachzuahmen, die thematisch miteinander verbunden sind. So spielt es mit den Puppenmöbeln eine Mahlzeit am Familientisch nach. Es kocht, deckt den Tisch, trägt das Essen auf, setzt die Puppen an den Tisch und lässt sie essen (Abb.9).

Symbolisches Spiel

Bei diesem Spiel verleiht das Kind einem Gegenstand die Bedeutung eines anderen, nicht vorhandenen Gegenstandes oder stellt sich einen Gegenstand ganz einfach vor. So setzt es eine Puppe in einen Schuh, der in seiner Vorstellung ein Auto oder ein Schiff darstellen soll.

Abb. 8: Spielverhalten mit Symbolcharakter: 12 Monate altes Mädchen zeigt funktionelles Spiel (links); 18 Monate alter Knabe zeigt Zwischenstadium von funktionellem und repräsentativem Spiel I (Mitte) und repräsentatives Spiel I (rechts).

Abb. 9: Repräsentatives Spiel II: 24 Monate altes Kind versucht, der Puppe den Löffel in die Hand zu geben: Die Puppe soll selber essen (links). Sequenzielles Spiel: Das Kind spielt »Mahlzeit am Familientisch« nach (Mitte). Symbolisches Spiel: 27 Monate altes Kind spielt »Autofahren«.

Rollenspiel

Das Symbolspiel entwickelt sich zwischen dem 3. und 5. Lebensjahr weiter zum Rollenspiel. Das Kind lernt, andere Kinder in sein Spiel miteinzubeziehen. Es kommt zu gemeinsamen Aktivitäten mit sequentiellen Handlungsabläufen wie beispielsweise spazieren gehen: Die Puppe wird angezogen, das Wägelchen bereitgestellt, die Puppe hineingelegt und spazieren gefahren. Eine weitere Stufe erreicht das Kind, wenn es fähig wird, eine Rolle nicht mehr auf die Puppe zu übertragen, sondern diese selbst zu spielen und auf das Rollenspiel anderer Kinder einzugehen (Einkaufen, Arztbesuch etc.).

Kategorisieren

Zwischen 18 und 24 Monaten zeigen die Kinder ein Verhalten, das Eltern häufig als einen Ausdruck von Ordnungssinn ansehen: Die Spielzeugautos werden in einer Reihe aufgestellt und die Plas-

Abb. 10: Kategorisieren: 18 Monate altes Mädchen versucht Formen in ein Formenbrett zu legen (links). 24 Monate altes Mädchen füllt spontan Würfel unterschiedlicher Farbe in die entsprechende Schachtel ein (rechts).

tikmännchen in einer anderen Reihe. Dieses Verhalten hat weniger mit einem Bedürfnis nach Ordnung zu tun als vielmehr mit der erwachenden Erkenntnis, dass Gegenstände auf Grund bestimmter Eigenschaften gleich oder verschieden sein können. Die Kinder sortieren oder gruppieren Spielsachen und Gegenstände nach bestimmten Eigenschaften.

Die Fähigkeit, nach bestimmten Eigenschaften zu kategorisieren, ermöglicht den Kindern, Ende des zweiten Lebensjahres Formen voneinander zu unterscheiden beziehungsweise einander zuzuordnen. So können zweijährige Kinder Kreis, Quadrat und Dreieck in ein Formenbrett einlegen. Formenwürfel werden im dritten Lebensjahr ein beliebtes Spielzeug: Die Kinder passen komplexe Formen in die entsprechenden Öffnungen ein. Abbildung 10 zeigt, dass die Kinder im dritten Lebensjahr durchaus fähig sind, Farben zu sortieren, auch wenn sie die Farben noch nicht beim Namen kennen.

Spielverhalten und Sprachentwicklung

Die inneren Vorstellungen oder Symbolfunktionen sind von großer Bedeutung für das ganzheitliche Denken, das Beziehungsverhalten und insbesondere für die Sprachentwicklung (Bates, 1975; Largo et al., 1979 b; McCune-Nicolich, 1981). Piaget hat als einer der Ersten darauf hingewiesen, dass sich in den ersten Lebensjahren zuerst das Denken und erst anschließend die Sprache entwickelt (Piaget, 1972). Ein Kind versteht kognitiv in jedem Alter mehr, als es sprachlich auszudrücken vermag (Abb. 11).

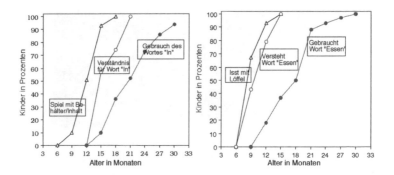

Abb. 11: Sequenzielle Abfolge von kognitiver Entwicklung sowie rezeptiver und expressiver Sprache am Beispiel der örtlichen Präposition »in« (links) und des Tätigkeitswortes »Essen« (rechts).

Im zweiten Lebensjahr entwickelt das Kind ein Verständnis für räumliche Dimensionen. Als Erstes begreift das Kind, dass ein Gegenstand in einem anderen sein kann (Inhalt-Behälter-Spiel). Zwischen 12 und 18 Monaten lernt es, dass diese räumliche Beziehung mit dem Wort »in« bezeichnet wird. Wiederum Wochen bis Monate später gebraucht es das Wort »in« selbst (Largo et al., 1979b).
Eine entsprechende Entwicklung zwischen Spiel und Sprache lässt sich auch in Bezug auf das Symbolspiel beobachten. Über das funktionelle Spiel entsteht ein Verständnis für die Tätigkeit »Essen«, die im repräsentativen Spiel verinnerlicht wird. Dann beginnt das Kind zu verstehen, was mit dem Wort »Essen« gemeint ist, und wendet den Begriff schließlich Wochen bis Monate später selbst an.
Ein verzögertes Auftreten von Spielverhaltensweisen, insbesondere des Symbolspiels, geht mit einer entsprechenden Verlangsamung der Sprachentwicklung und des Sozialverhaltens einher. Dies wurde bei Kindern mit geistigem Entwicklungsrückstand (Ronda, 1987; Rutter, 1987) und bei autistischen Kindern (Cunningham, 1966; Largo et al., 1985) nachgewiesen.

Rolle der Erwachsenen

Eltern und andere Bezugspersonen, die Kinder betreuen, haben eine Reihe von Aufgaben zu erfüllen, damit Kinder ihren Möglichkeiten entsprechend spielen können. Sie sorgen dafür, dass sich die Kinder körperlich und psychisch wohl fühlen. Sie gestalten die Umgebung der Kinder, sind Spielpartner und Vorbilder für sie.

Umgebung gestalten

In den ersten drei Lebensmonaten ist das Kind in seinem Spiel auf seine Eltern und andere Bezugspersonen ausgerichtet. Danach interessiert es sich immer mehr für seine gegenständliche und soziale Umwelt. Dies spiegelt sich auch in der körperlichen Beziehung zu den Eltern wider. In den ersten Lebensmonaten ist das Kind mit Gesicht und Körper den Eltern zugewandt. Nach dem fünften Lebensmonat möchte es immer mehr so gesetzt werden, dass es die Umgebung betrachten kann. Es will mit anderen Menschen Kontakt aufnehmen und ihnen bei ihren Tätigkeiten zuschauen. Es greift nach Gegenständen und spielt mit ihnen.
Müssen Eltern ihrem Kind zeigen, wie es mit Gegenständen umgehen soll? Es würde ihnen wohl nie einfallen, Gegenstände in den Mund zu nehmen und auf den Tisch zu schlagen, um dem Kind das orale oder manuelle Erkunden vorzumachen. Das Kind spielt aus einem inneren Bedürfnis heraus. Und doch ist es in seinem Spiel in einem hohen Maße von den Eltern abhängig: Je kleiner das Kind ist, desto mehr bestimmen die Eltern seine Körperlage und damit auch die Möglichkeit, seine Händchen zu gebrauchen. In Bauchlage lässt sich nur sehr begrenzt spielen, weit besser geht es in Rückenlage und noch besser in einer Babyliege. Je älter das Kind wird, desto bedeutungsvoller wird für das Kind die Umgebung. Mit deren Gestaltung leisten die Eltern einen wichtigen Beitrag, damit das Kind die Erfahrungen machen kann, die es für seine Entwicklung benötigt.
Die Eltern entscheiden auch, mit welchen Gegenständen das Kind spielen kann. Wie beim oralen Erkunden beschrieben, ist die einzige Bedingung, welche die Erwachsenen an einen Gegenstand stellen sollten, dass er nicht gefährlich ist. Ob ein Gegenstand ein geeignetes Spielzeug ist, möchte das Kind bestimmen. Die Erwachsenen sollten sich daher bei der Wahl von Spielsachen vom Kind leiten lassen. Ein Schlüsselbund oder ein Schwingbesen kann für ein einjähriges Kind attraktiver sein als eine teure, wunderschön bemalte Holzrassel. Letztere wird von manchen Erwachsenen nicht nur als ästhetisch ansprechender, sondern auch als pädagogisch wertvoller

betrachtet. Ist das Spielzeug jedoch auch kindgerecht? Schlüsselbund und Schwingbesen können für das Kind weitaus attraktiver sein als das schöne Holzspielzeug. Gerade für das Symbolspiel eignen sich Alltagsgegenstände als Spielsachen besonders gut.

Spielpartner

Kinder haben das Bedürfnis, Erwachsene in ihr Spiel mit einzubeziehen. Wie soll sich der Erwachsene als Spielpartner verhalten? Das Kind setzt sich mit seiner Umgebung so auseinander, wie es seinem Entwicklungsalter entspricht. Auf das Kind eingehen heißt daher, es dort abzuholen, wo es in seiner Entwicklung steht, ohne es dabei zu über- noch zu unterfordern. Ein guter Indikator für die Erwachsenen ist die emotionale Befindlichkeit des Kindes. Es spielt nur, wenn es sich wohl fühlt. Wenn es sein Interesse am Spiel verliert, lustlos, passiv oder aggressiv wird, kann dies ein Ausdruck von Über- oder Unterforderung sein. Fühlt der Erwachsene sich unsicher, wie er sich verhalten soll, orientiert er sich am besten am Spontanverhalten des Kindes. Er lässt das Kind spielen, beobachtet sein Tun und ahmt allenfalls sein Spiel nach. Das Kind empfindet das Nachgeahmtwerden als einen Akt von Sympathie. Auf diese Weise wird es den Erwachsenen am ehesten in sein Spiel mit einbeziehen. Das Kind will und soll in seinem Spiel bestimmend sein.

Vorbildfunktion

Spielt das Kind im ersten Lebensjahr noch oft allein und ist mit sich selbst beschäftigt, möchte es in den folgenden Jahren immer mehr in die Tätigkeiten der Erwachsenen mit einbezogen werden. Es will zusehen, was die anderen tun, und dabei mitmachen. Insbesondere für sein Symbolspiel braucht das Kind Vorbilder. Das Bedürfnis des Kindes, bei den Tätigkeiten der Erwachsenen dabeizusein und sie nachzumachen, ist für die Eltern aufwändig. Es ist aber gut investierte und notwendige Zeit, denn über Vorbilder werden die Kinder sozialisiert. In vielen Ländern leben die Kinder noch ganz in der Gemeinschaft der Erwachsenen (s. Kapitel von Grossmann et al.). Sie übernehmen gesellschaftliche und religiöse Bräuche durch gemeinsames Erleben und Nachahmen. In unserer Industrie- und Dienstleistungsgesellschaft werden sie, insbesondere in den ersten Lebensjahren, immer mehr aus dem Leben der Erwachsenen ausgegrenzt, was sich auf ihre Entwicklung, Sozialisierung und Lernerfahrung ungünstig auswirkt. Wir Erwachsene sollten die Kinder wieder vermehrt in unser Leben miteinbeziehen, zu Hause, am Arbeitsplatz, bei familiären und öffentlichen Anlässen. Die Kinder so am Alltagsleben teilhaben zu lassen ist die beste Art, sie umfassend in ihrer sozialen, sprachlichen, geistigen und körperlichen Entwicklung zu fördern.

Schlussbemerkungen

In diesem Kapitel wurde jedes Spielverhalten einzeln beschrieben. Diese Darstellungsweise hat den Vorteil, dass die Dynamik der Entwicklung eines Spielverhaltens und seine unterschiedlichen Ausprägungen unter den Kindern gut zum Ausdruck gebracht werden können. Nicht berücksichtigt wird dabei, dass das Spiel eines Kindes nur ausnahmsweise durch ein einziges Spielverhalten, zumeist aber durch das Zusammenwirken verschiedener Verhaltensweisen bestimmt wird. So zeigen neun Monate alte Kinder, wenn man sie über eine längere Zeit beobachtet, nicht nur ein, sondern alle drei Erkundungsverhalten. Das Kind nimmt zum Beispiel einen Löffel zuerst in den Mund, dann betrachtet es ihn, schlägt ihn auf den Tisch, nimmt ihn wieder in den Mund oder wirft ihn auf den Boden. Orales, manuelles oder visuelles Erkunden sind dabei von Kind zu Kind unterschiedlich ausgeprägt. Gewisse Kinder sind vor allem Augenkinder, andere lernen die Gegenstände eher über den Mund und wieder andere durch ausgedehntes Manipulieren kennen. Diese Unterschiede unter den Kindern sind so groß, dass jedes Kind in seinem Verhalten einmalig ist und auch so behandelt werden möchte. Das Zusammenwirken verschiedener Verhaltensweisen nimmt mit dem Alter ständig zu. Wenn ein 24 Monate altes Kind »Familientisch« spielt, benötigt es ein Verständnis, wie sich Erwachsene und Kinder bei Tisch verhalten (Symbolspiel). Um die Puppenmöbelchen sinnvoll anzuordnen, setzt es sein räumliches Vorstellungsvermögen ein. Die Püppchen sollen auch miteinander kommunizieren, also plaudert das Kind in Dialogen. Von wesentlicher Bedeutung ist dabei, dass die Verhaltensweisen beim einzelnen Kind nicht gleich entwickelt sind. So gibt es Kinder, die besonders gut Handlungsabläufe detailliert darstellen können. Andere prägen ihr Spiel mit ihrer sprachlichen Eloquenz oder mit einer differenzierten räumlichen Anordnung der Puppenmöbelchen. Manche Kinder werden im Verlauf der ersten fünf Lebensjahre zu eigentlichen »Konstrukteuren«, während andere vorzugsweise ein ausgefeiltes Rollenspiel betreiben. Auf Grund ihrer unterschiedlichen Begabungen und den daraus folgenden Vorlieben machen die Kinder unterschiedliche Erfahrungen. Wie ihre Entwicklung dabei verläuft, hängt zusätzlich davon ab, wie die Kinder in ihrem Spiel von der sozialen Umwelt wahrgenommen werden und wie die Umwelt auf ihr Spiel reagiert. Wird das individuelle Begabungsprofil eines Kindes akzeptiert und wird das Kind in seinem Bedürfnis, die seinem Entwicklungsstand und seinen Begabungen entsprechenden Erfahrungen zu machen, unterstützt?

Literatur

Bates, E., Camaioni, L., Volterra, V. (1975). The acquisition of performatives prior to speech. *Merril-Palmer Quarterly* 21, 205–226.

Bretherton I. (1984). *Symbolic Play.* New York: Academic Press.

Bruner, J. S., Jolly, A., Sylva, K. (1972). *Play.* New York: Basic Books Publishers.

Cunningham, M. A. (1966). A five-year study of the language of an autistic child. *Journal of Child Psychology and Psychiatry*, 143–154.

Field, T. M., Woodson, R., Greenberg, R., Cohen, D. (1982). Discrimination and imitation of social expression by neonates. *Sciences 218*, 179–181.

Görlitz, D., Wohlwill, J. F. (1987). *Curiosity, Imagination, and Play.* London: Lawrence Erlbaum Publishers.

Largo, R. H., Howard, J. A. (1979a). Developmental progression in play behavior of children between nine and thirty months. I. Spontaneous play and imitation. *Developmental Medicine and Child Neurology 21*, 299–310.

Largo, R. H., Howard, J. A. (1979b). Developmental progression in play behavior of children between nine and thirty months. II. Spontaneous play and language development. *Developmental Medicine and Child Neurology 21*, 492–503.

Largo, R. H. (1993). *Babyjahre. Die frühkindliche Entwicklung aus biologischer Sicht.* Hamburg: Carlsen.

Largo, R. H., Schinzel, A. (1985). Developmental and behavioral disturbances in 13 boys with fragile X-Syndrome. *European Journal of Pediatrics 143*, 269–275.

Lowe, M. (1975). Trends in the development of representational play in infants from one to three years: an observational study. *Journal of Child Psychology and Psychiatry 16*, 33–47.

McCune-Nicolich, L. (1981). Toward symbolic functioning: Structure of early pretend games and potential parallels with language. *Child Development, 52*, 785–797.

Meltzoff, A. N., Moore, M. K. (1977). Imitations of facial and manual gestures by human neonates. *Science 198*, 75–78.

Meltzoff, A. N., Borton, R. W. (1979). Intermodal matching by human neonates. *Nature, 282*, 403–404.

Oerter, R. (1993). *Psychologie des Spiels. Ein handlungstheoretischer Ansatz.* München: Quintessenz Verlag.

Papoušek, H. (1967). Experimental studies of appetitional behavior in human newborns and infants. In: Stevenson, H. W., Hess, E. H., Rheingold, H. L. (Eds.), Early Behavior: *Comparative and Developmental Approaches.* New York, Wiley: 249–277.

Papoušek, H. & Papoušek, M. (1979). Lernen im ersten Lebensjahr. In: Montada, L. (Hrsg.), *Brennpunkte der Entwicklungspsychologie.* Stuttgart: Kohlhammer, 194–212.

Piaget, J. (1972). *Sprechen und Denken des Kindes.* Düsseldorf: Schwann.

Piaget, J. (1975a). *Das Erwachen der Intelligenz beim Kinde.* Gesammelte Werke 1. Studienausgabe. Stuttgart: Klett Verlag.

Piaget, J. (1975b). Nachahmung, Spiel und Traum. Gesammelte Werke 5. Studienausgabe. Stuttgart: Klett Verlag.

Rondal, J. A. (1987). Language developmental and mental retardation. *Clinics in Developmental Medicine 101/102*, pp. 248–261.

Rose, S. A., Gottfried, A. W., Bridger, W. H. (1981). Cross-modal transfer in 6-month-old infants. *Developmental Psychology 17*, 661–669.

Rutter, M. (1987). »What« and »How« of language development. Clinics in *Developmental Medicine 101/102*, 159–170.

Sinclair, H. (1970). The transition from sensory motor behavior to symbolic activity. *Interchange 1*, 119–126.

Watson, J. (1972). Smiling, cooing and »the Game«. In: Bruner, J. S., Jolly, A., Sylva, K., *Play.* New York: Basic Books, 268–276.

KAPITEL 3

Symbolspiel in der frühen Kindheit: verhaltensanalytische, experimentelle und ökologische Aspekte[*]

Marc H. Bornstein

Einleitung

Menschen bewohnen eine symbolische Welt von Gedanken, Sprache, Wissenschaft, Religion, Geld, Kunst und *Spiel*. Cassirer (1951) definierte den Menschen als ein »animal symbolicum«; Kaplan (1961) sah die symbolische Aktivität als ein Grundmerkmal menschlicher Existenz an; und von Bertalanffy (1968) betrachtete die Entwicklung der Symbolisierungsfähigkeit als grundlegend für die Anthropogenese. Spiel als eine Form der symbolischen Aktivität ist lebensnotwendig für den menschlichen Geist. Dieses Kapitel wird sich mit den frühesten Manifestationen des symbolischen Spiels in der Kindheit beschäftigen.

Wie Pieter Breugel so anschaulich in seinem Bild »Kinderspiele« aus dem Jahr 1560 darstellte, spielen junge Menschen auf unterschiedlichste Weise und in großer Variationsbreite. Wissenschaftler versuchen, aus ähnlich vielen Blickwinkeln das kindliche Spiel zu begreifen und zu definieren. In diesem Kapitel greife ich auf die grundlegenden Beobachtungen Jean Piagets an seinen drei Kindern – Jaqueline, Lucienne und Laurent – und auf seine Unterscheidung von Explorations- und Symbolspiel zurück.

Diese Unterscheidung von Explorations- und Symbolspiel diskutiere ich im Zusammenhang mit zwei übergreifenden strittigen Fragen der Entwicklung, die die Wissenschaftler seit langem beschäftigen. Die eine Frage betrifft den nomothetischen Aspekt (die Gesetzmäßigkeiten) der Entwicklungsfunktion. Er beschreibt den allgemeinen Ablauf der Ontogenese, dem alle sich normal ent-

---

[*] Übersetzt von A. von Gontard.

wickelnden jungen Mitglieder unserer Spezies als Ergebnis von Reifung und Erfahrung folgen. So wachsen, sprechen und kommunizieren alle Kinder im Laufe ihrer Entwicklung in zunehmend reiferer und differenzierterer Form. Ebenso beginnen kleine Kinder zunächst mit dem Explorieren und entwickeln erst danach symbolische Interaktionen im Spiel.

Der zweite wichtige Entwicklungsaspekt betrifft die idiographische Frage der individuellen Unterschiede: Kinder entwickeln sich jeweils auf ihre spezifische Weise in ihrem eigenen Tempo, sodass sie sich zu jedem Zeitpunkt und Alter deutlich voneinander unterscheiden. Manche Kinder wachsen schneller, manche eignen sich einen komplexeren Sprachgebrauch an, andere interagieren in differenzierterer Art als andere. Ebenso beschäftigen sich Kinder mit Explorieren und Symbolspiel auf jeweils einzigartige Weise. Demnach ist das kindliche Spiel in seiner Entwicklung sowohl nomothetisch wie auch idiographisch zu analysieren.

Dieses Kapitel befasst sich insbesondere mit den folgenden Themen: Im ersten Abschnitt wird ein vereinfachtes Entwicklungssystem des frühkindlichen Spiels beschrieben, das zwei globale Kategorien – Explorations- und Symbolspiel – mit jeweils vier Spielebenen umfasst. Anhand dieser Kategorien erläutere ich das kindliche Spiel in zwei Alltagssituationen, im Alleinspiel und im gemeinsamen Spiel mit der Mutter. In diesem Abschnitt stelle ich Ergebnisse aus Beobachtungen von kindlichem und mütterlichem Spiel vor, und zwar bezogen auf jede der Spielebenen, auf die Kurz- und Langzeitstabilität des Spiels und die Bedeutung von interpersonellen und räumlichen Bedingungen.

Im zweiten Abschnitt geht es um das Symbolspiel als unabhängiges Konstrukt. Dabei kommen experimentelle Daten über Zusammenhänge des Spiels mit Aufmerksamkeit und Sprache zur Geltung ebenso wie Forschungsergebnisse zu Spiel und Sprache von hörbehinderten und hörfähigen Kindern.

Im dritten Abschnitt skizziere ich ein »ökologisches« Modell zu Bedingungsfaktoren des Symbolspiels im Kind, in den Eltern und in der kulturellen Umwelt. Das kindliche Spiel ist in den Entwicklungswissenschaften Gegenstand reger Forschungstätigkeit. Dieses Kapitel fasst einige wichtige Beiträge meiner eigenen Forschung zum Verständnis des kindlichen Symbolspiels zusammen.

Kategorien und Ebenen
des kindlichen und mütterlichen Spiels

Was macht das Spiel aus und wie entwickelt sich Spiel in den frühen Jahren? In Alltagsbeobachtungen des Spiels kleiner Kinder kann man leicht zwei große Kategorien des Spiels unterscheiden: das Explorationsspiel und das Symbolspiel. Piaget (1962) war einer der ersten Entwicklungstheoretiker, der sich mit dem kindlichen Spiel befasste und diese Unterscheidung traf. Piaget interessierte sich für das Spiel im Hinblick auf seine allgemeine Bedeutung für das Verständnis der kognitiven Entwicklung von Kindern. Für Piaget waren die kindlichen Aktivitäten mit einem einzelnen Gegenstand die einfachsten: Säuglinge und junge Kleinkinder beschäftigen sich jeweils nur mit einem Gegenstand, in Form von ausschließlich sensomotorischen Verhaltensweisen (indem sie z. B. ein Spielzeugauto schieben oder ziehen). Etwas ältere Kleinkinder gehen einen Schritt weiter, indem sie sich mit Teilaspekten von Gegenständen beschäftigen oder die Beziehung zweier Gegenstände zueinander explorieren (indem sie z. B. einen Löffel in eine Tasse tun), sodass der Umgang mit Gegenständen im Spiel die Entwicklungsfortschritte der Intelligenz widerspiegeln. Diese Art des Spiels nennt man Exploration; und die Fortschritte im Explorieren verraten viel über die mentale Entwicklung, über welches Wissen die Kinder verfügen, wie sie sich neues Wissen aneignen und verwenden und wie verschiedene Faktoren die Aneignung und Einübung dieser Wissensbasis beeinflussen.

Nach Piaget schließt die fortgeschrittenere Kategorie der Spielentwicklung das Als-ob-Spiel ein. Als-ob-Spiele setzen voraus, dass ein abwesender Gegenstand in der Vorstellung präsent ist, und beruhen auf Fähigkeiten der Repräsentation, die im zweiten Lebensjahr erworben werden. Beim Als-ob-Spiel ist das Kind nicht länger an konkrete und offensichtliche Eigenschaften von Gegenständen gebunden, sondern verwendet Objekte allein, in Kombination oder in Folge – unabhängig davon, wie es die Objekte wahrnimmt –, geleitet von seinen Ideen über die Objekte. Das zweijährige Kind kann Gegenstände anstelle von anderen Objekten verwenden, ohne dass die Objekte sich ähnen müssen. Auch wenn sich das Kind auf der Als-ob-Ebene bewegt, ist das Spiel anfänglich

EXPLORATIONSSPIEL		Typische Beispiele (mit Häufigkeiten)	
Spielebene	Definition	13 Monate	20 Monate
1. Einfache funktionelle Aktivität	Mit einem Gegenstand einen spezifischen Effekt erzeugen	Werfen oder Drücken eines Schaumstoffballes (25%)*	Telefon wählen (21%)
2. Unangemessenes In-Beziehung-Setzen	Zwei oder mehr Gegenstände, die üblicherweise nicht zusammengehören, werden in Beziehung gesetzt	Ball in ein Fahrzeug legen**	Ball in ein Fahrzeug legen**
3. Angemessenes In-Beziehung-Setzen	Zwei oder mehr Gegenstände, die üblicherweise zusammengehören, werden in Beziehung gesetzt	Deckel auf Teekanne tun (44%)	Boxen ineinander stecken (27%)
4. Übergangsspiel	Annäherung an Als-ob-Spiel ohne direkte Bestätigung	Telefonhörer ans Ohr halten (ohne hineinzusprechen) (44%)	Telefonhörer ans Ohr halten (ohne hineinzusprechen) (57%)
SYMBOLSPIEL			
5. Selbst-bezogenes Als-ob-Spiel	Eindeutige fiktive Handlung, auf sich selbst gerichtet	Mit Löffel oder aus einer Tasse essen (39%)	Mit Löffel oder aus einer Tasse essen (36%)
6. Partner-bezogenes Als-ob-Spiel	Eindeutige fiktive Handlung, auf andere Person gerichtet	Puppe küssen oder umarmen (41%)	So tun, als ob ein Fahrzeug ein Geräusch macht (48%)
7. Sequentielles Als-ob-Spiel	Zwei oder mehr fiktive Handlungen miteinander verbinden	Am Telefon wählen und in den Hörer sprechen (45%)	Am Telefon wählen und in den Hörer sprechen (30%)
8. Als-ob-Spiel mit Ersatzobjekt	Als-ob-Spiel mit einem oder mehreren Ersatzobjekten	So tun, als ob ein Klotz ein Telefon ist, und hineinsprechen**	So tun, als ob ein Klotz ein Telefon ist, und hineinsprechen**

* Häufigkeit des Beispiels in Prozent der Spielhandlung auf der jeweiligen Ebene
** kein Überwiegen eines Beispiels

Tab. 1: Spielkategorien und Spielebenen

auf den Körper des Kindes und auf seine Handlungen zentriert. Erst später »dezentriert« das Kind seine Vorstellung, indem es andere Objekte als sich selbst einbezieht.

In Tabelle 1 werden die beiden Hauptkategorien des Spiels (Explorationsspiel und Symbolspiel) mit jeweils vier Spielebenen dargestellt und kurz definiert, ergänzt durch ein typisches Beispiel und die relativen Häufigkeiten im Spiel von 13 und 20 Monate alten Kindern. Die Abbildungen 1 bis 8 illustrieren jede der 8 Ebenen mit Beispielen von 20 Monate alten Kleinkindern im Alleinspiel oder im Spiel mit der Mutter. Die vier Ebenen des Explorationsspiels beinhalten einfache funktionelle Aktivität, unangemessenes In-Beziehung-Setzen von Gegenständen, angemessenes In-Beziehung-Setzen von Gegenständen und Übergangsspiel. Beim Explorationsspiel spielt das Kind auf ernsthafte Weise; interessanterweise haben die englischen Wörter »toy« (Spielzeug) und »toil« (Anstrengung) die gleiche mittelenglische Wurzel, und in englischen Wörterbüchern wird »toy« an erster Stelle als »tool« (Werkzeug) definiert.

Die Kategorie des symbolischen Spiels umfasst ebenfalls vier Ebenen: selbst-bezogenes Als-ob-Spiel, partner-bezogenes Als-ob-Spiel, sequentielles Als-ob-Spiel und substituierendes Als-ob-Spiel. Das Symbolspiel ist ebenso ernsthaft. Es lässt Denken auf der Vorstellungsebene erkennen und ist durch fiktives Handeln und Umdeutung der Realität in der Vorstellung gekennzeichnet. (Tabelle 1 gibt das Grundsystem zur Einteilung des kindlichen Spiels wieder; wir selbst haben andere Einteilungen mit mehr Kategorien und weiteren Differenzierungen der Ebenen des Spiels entwickelt [Bornstein, Hahn et al., 2003]. Dazu gehören perzeptuelles Kombinieren von Gegenständen, funktionelles In-Beziehung-Setzen, sequenzielles fiktives Spiel, fiktives Spiel mit Umdeutung, sequenzielles partnerbezogenes Spiel mit Umdeutung, und sequenzielles fiktives Spiel mit Umdeutung.)

Piaget führte vier Hauptprinzipien dieses Spielschemas an:

1. Das Spiel entwickelt sich in geordneter Folge, sowohl in Entwicklungsfortschritten von Ebene zu Ebene als auch in der Vorkommenshäufigkeit der Spielebenen. Zum einen können sich Kinder im Säuglingsalter auf den Spielebenen 1 und 2 betätigen, auf Ebene 7 und 8 jedoch erst im Kleinkindesalter. Zum anderen nehmen im Laufe der Entwicklung Ausmaß und Häufigkeit von Spiel auf den unteren Ebenen des Explorationsspiels ab, während Umfang und Häufigkeit des Spiels auf den höheren Ebenen des Symbolspiels zunehmen.

Abbildungen 1–8: 1. Einfache funktionelle Aktivität – 2. Unangemessenes In-Beziehung-Setzen – 3. Angemessenes In-Beziehung-Setzen – 4. Übergangsspiel – 5. Selbst-bezogenes Als-ob-Spiel – 6. Partner-bezogenes Als-ob-Spiel – 7a/b. Sequenzielles Als-ob-Spiel – 8. Als-ob-Spiel mit Ersatzobjekt.

2. Aktion ist die Grundlage des Wissens, wie es z. B. in der nur langsam erfolgenden Dezentrierung (d. h. dem abnehmenden Egozentrismus) des kindlichen Spiels deutlich wird.
3. Das Repräsentationsspiel (Als-ob-Spiel) hat einen späten Beginn und zeigt eine langsame Entwicklung.
4. Das Als-ob-Spiel verlagert sich von Spielformen, die nur das Selbst einbeziehen (z. B. so tun, als ob man schläft), über Spielformen mit Selbst-Objekt-Beziehungen (z. B. so tun, als ob man aus einer Tasse trinkt) bis hin zu Spielformen, die ausschließlich

Objekte einbeziehen (z. B. so tun, als ob eine Puppe essen würde).

Seither haben viele Wissenschaftler das kindliche Spiel untersucht, und die meisten unterstützen Piagets grundlegende Beobachtungen (Belsky & Most, 1981; Bretherton & Bates, 1984; Fein, 1981, 1991; Fenson & Ramsay, 1980; Garvey, 1977; McCune-Nicolich, 1981; McCune-Nicolich & Fenson, 1984; Power, 2000; Slade, 1987; Ungerer et al., 1981; Vibbert & Bornstein, 1989; Übersichten finden sich bei Bornstein & O'Reilly, 1993; Power, 2000; Tamis-LeMonda & Bornstein, 1996; Tamis-LeMonda, Uzgiris & Bornstein, 2002).

Für unsere Forschungen haben wir Kinder in zwei Spielsituationen beobachtet und analysiert, im Alleinspiel und im Zusammenspiel mit Mutter oder Untersucher. In jeder Situation wird den Kindern ein standardisiertes Set von altersentsprechenden Spielsachen zur Verfügung gestellt (z. B. Puppe, Decke, Teegeschirr, Spielzeugtelefon, Eisenbahn, zwei kleine Bilderbücher, Schaumstoffball und ein Satz von ineinander passenden Steckboxen). Diese Spielsachen sprechen in gleicher Häufigkeit entweder überwiegend die Jungen oder überwiegend die Mädchen an oder sind geschlechtsneutral (siehe Caldera, Huston & O'Brien, 1989). Ferner erlauben sie eine Vielzahl verschiedener Spielformen – vom einfachen Explorieren bis zu relativ komplexen Symbolspielen. (Im Interesse der Standardisierung wurden die eigenen Spielsachen des Kindes nicht in die Spielbeobachtung eingeschlossen.)

Alleinspiel des Kindes

Tabelle 2 zeigt die relativen Häufigkeiten jeder der acht Spielebenen sowie die Gesamthäufigkeiten von Explorations- und Symbolspiel in einer longitudinal untersuchten Stichprobe von Kindern im Alter von 13 und 20 Monaten (Tamis-LeMonda & Bornstein, 1991). Im Verlauf des zweiten Lebensjahres zeigten die Kinder eine signifikante Abnahme der Spielebene 1 und eine signifikante Zunahme der Ebenen 3, 5, 6 und 7 wie auch des gesamten Symbolspiels. Eine Längsschnittstudie des gemeinsamen Spiels von Mutter und Kind zu den gleichen Messzeitpunkten in zwei Regionen Italiens zeigte keine regionalen Unterschiede, dagegen spielten auch die italienischen Kinder mit zunehmendem Alter weniger exploratorisch und zunehmend symbolisch (Bornstein, Venuti & Hahn, 2002). In

Spielebenen	13 Monate Mittelwert (min.–max.)	20 Monate Mittelwert (min.–max.)	$F^a(1,44)$	$F^b(1,43)$
1	17,6 (1–33)	11,4 (1–26)	23,4***	0,4
2	4,8 (0–14)	4,5 (0–19)	0,2	0,0
3	6,5 (0–37)	14,8 (0–41)	32,7***	18,6***
4	3,2 (0–25)	2,6 (0–13)	0,7	0,6
5	2,1 (0–9)	3,7 (0–20)	5,8*	7,0**
6	1,6 (0–8)	4,3 (0–26)	11,5***	7,1**
7	1,4 (0–15)	3,8 (0–18)	13,2***	15,2***
8	0,5 (0–4)	0,9 (0–9)	1,6	1,8
Explorationsspiel	32,0 (4–65)	33,3 (4–59)	0,4	3,4
Symbolspiel	5,7 (0–19)	12,8 (1–36)	26,0***	29,8***

[a] Einfache F-Unterschiede.
[b] Kovarianz der mütterlichen Spielebene im Alter von 13 und 20 Monaten in Bezug auf die kindliche Spielebene im Alter von 13 und 20 Monaten.
* $p < .05$ ** $p < .01$ *** $p < .001$.

Tab. 2: Kindliches Spiel im Alter von 13 und 20 Monaten (relative Häufigkeiten)

Bezug auf den Entwicklungsablauf nimmt somit das Explorationsspiel ab, während das Symbolspiel zunimmt.

Die meisten Kinder folgen diesem Entwicklungsablauf. Gleichaltrige Kinder weisen jedoch im Spiel eine große individuelle Variabilität auf. Wie die Tabelle 2 verdeutlicht, sind die individuellen Unterschiede auf jeder Spielebene und in jedem Alter beträchtlich. Die Spannbreite zeigt, dass manche Kinder sich auf eine Spielebene gar nicht einlassen, während andere sich intensiv damit befassen. So fanden wir z. B., dass 15 % des gesamten Spiels von 13 Monate alten Kleinkindern als symbolisch einzustufen war, dass aber einzelne Kinder nie symbolisch spielten, während bei anderen bis zu 51 % ihres Spiels symbolisch ausgerichtet war. Im Alter von 20 Monaten verlief durchschnittlich 31 % des Spiels auf symbolischer Ebene. Bei einzelnen Kleinkindern jedoch machte dies nur 2%, bei anderen bis zu 83% aus (Tamis-LeMonda & Bornstein, 1990). Individuelle Unterschiede finden sich auch im Erwerbstempo der Repräsentationsfähigkeit, ebenso wie es individuelle Unterschiede im schließlich erreichten Entwicklungsniveau gibt.

Gemeinsames Spiel von Kind und Mutter

Wenn Kinder mit einem Spielpartner, beispielsweise der Mutter, zusammen spielen, können sie selbst ihr eigenes Spiel beginnen, oder der Spielpartner kann ihr Spiel einleiten. Das Einleiten des Spiels erfolgt durch *Demonstrieren*, indem der reifere Spielpartner dem Kind bestimmte Spielhandlungen erklärt oder vorführt (z.B. indem er Boxen ineinander steckt oder eine Puppe füttert), oder durch *Anregen*, indem der Spielpartner das Kind zur Ausführung einer Spielhandlung anspornt und damit dem Kind den eigentlichen Spielpart zuschiebt (z.B. indem das Kind gefragt wird, ob es mit seinem Freund telefonieren will).

Die Tabellen 3 und 4 zeigen, wie häufig die Mütter bei Kindern im Alter von 13 und 20 Monaten *demonstrieren* oder *anregen*, und zwar in Bezug auf jede der acht Spielebenen sowie auf das Explorationsspiel, das Symbolspiel und das Gesamtspiel.

Im Entwicklungsablauf von 13 bis 20 Monaten nimmt das *Demonstrieren* der Mütter auf den Spielebenen 1, 2, 3, 5 und 6 und insgesamt während des Explorations-, Symbol- und Gesamtspiels signifikant ab. Dagegen nimmt das *Anregen* auf den Spielebenen 3, 6 und 8 und in Bezug auf das Symbolspiel insgesamt zu. Die Mütter lassen sich gegenüber ihren Kindern mit der Zeit immer weniger auf Vorführen von konkretem Spielverhalten ein, stattdessen zunehmend mehr auf die abstrakteren und höher entwickelten Formen des Als-ob-Spiels, indem sie ihre Kinder durch direktes *Anregen* zu höher entwickeltem symbolischen Spielverhalten herausfordern.

Wie aus den Tabellen 3 und 4 ebenfalls klar hervorgeht, findet sich in beiden Altersstufen wieder eine ausgeprägte individuelle Variabilität im *Demonstrieren* und *Anregen* der Mütter (Tamis-LeMonda & Bornstein, 1991). Ferner zeigt der Vergleich der Gesamtwerte, dass die Mütter in Bezug auf das Symbolspiel ihrer Kinder häufiger *anregen* als *demonstrieren*.

Eine weitere Untersuchung des Spielverhaltens der Mütter von Kindern im Alter von 24 Monaten ergab, dass Mütter im häuslichen

	13 Monate	20 Monate		
	Mittelwert (min.–max.)	Mittelwert (min.–max.)	$F^a(1,44)$	$F^b(1,43)$
Spielebenen				
1	5,3 (0–20)	1,6 (0–8)	44,6***	19,2***
2	1,2 (0–5)	0,6 (0–5)	6,0*	5,9*
3	4,1 (0–18)	2,9 (0–13)	5,7*	10,1***
4	0,0 (0–1)	0,2 (0–2)	5,0*	4,8*
5	1,7 (0–6)	1,0 (0–7)	4,3*	5,9*
6	2,3 (0–8)	1,5 (0–7)	4,1*	9,1**
7	0,8 (0–5)	0,7 (0–5)	0,1	2,4
8	0,3 (0–4)	0,2 (0–3)	0,8	0,5
Explorationsspiel	10,6 (2–35)	5,3 (0–27)	56,9***	61,4***
Symbolspiel	5,2 (0–17)	3,4 (0–16)	7,3**	14,6***
Gesamtwert	15,8 (3–39)	8,7 (1–29)	54,2***	50,4***

[a] Einfache F-Unterschiede.
[b] Kovarianz der kindlichen Spielebene im Alter von 13 und 20 Monaten in Bezug auf das mütterliche Spiel im Alter von 13 und 20 Monaten.
* $p < .05$ ** $p < .01$ *** $p < .001$.

Tab. 3: Mütterliches Demonstrieren im Spiel im Alter von 13 und 20 Monaten (relative Häufigkeiten)

Bereich und unter standardisierten Laborbedingungen gleich häufig *Demonstrationen* und *Anregungen* verwenden, insgesamt jedoch in beiden Settings häufiger *Anregungen* als *Demonstrationen* einsetzen (Bornstein, Haynes et al., 1997).

Psychometrische Daten des kindlichen und mütterlichen Spiels

In mehreren Studien haben wir die kurz- und langfristige Stabilität des kindlichen Spiels untersucht. Im Alter von 24 Monaten erwies sich das Symbolspiel im Alleinspiel und im gemeinsamen Spiel mit

	13 Monate	20 Monate		
	Mittelwert (min.–max.)	Mittelwert (min.–max.)	$\underline{F}^a(1,44)$	$\underline{F}^b(1,43)$
Spielebenen				
1	10,5 (0–24)	3,1 (0–12)	50,2***	20,0***
2	0,9 (0–9)	0,8 (0–11)	0,1	0,0
3	3,0 (0–13)	7,3 (0–19)	32,0***	7,0*
4	0,1 (0–1)	0,1 (0–2)	0,0	0,0
5	4,0 (0–11)	3,8 (0–13)	0,3	0,7
6	2,3 (0–11)	4,6 (0–19)	14,1***	6,4*
7	1,6 (0–5)	1,8 (0–11)	0,1	0,5
8	0,1 (0–1)	0,5 (0–6)	4,7*	4,4*
Explorationsspiel	14,4 (1–37)	11,3 (0–30)	6,0*	6,9*
Symbolspiel	8,0 (1–22)	10,6 (0–38)	6,0*	0,1
Gesamtwert	22,4 (4–49)	21,9 (2–51)	0,1	0,4

[a] Einfache $\underline{F}$-Unterschiede.
[b] Kovarianz der kindlichen Spielebene im Alter von 13 und 20 Monaten in Bezug auf die mütterliche Spielebene im Alter von 13 und 20 Monaten.
* $p < .05$ ** $p < .01$ *** $p < .001$.

Tab. 4: Mütterliche Anregungen im Spiel im Alter von 13 und 20 Monaten (relative Häufigkeiten)

der Mutter oder mit einem Untersucher über einen kurzen Zeitraum von 7 Tagen als stabil (Bornstein et al., 1997). In anderen Worten, Kinder, die sich an einem Montag häufiger auf Symbolspiele einlassen, werden sich auch am folgenden Montag häufiger mit Symbolspielen befassen – sowohl im Alleinspiel wie auch gemeinsam mit Mutter oder Untersucher. Diese kurzfristige Stabilität der individuellen Ausprägung des Symbolspiels stützt die Annahme, dass die Bereitschaft zum Symbolspiel ein individuelles Merkmal darstellt.

Dagegen zeigt das Symbolspiel keine langfristige Stabilität (über den Zeitraum von 13 bis 20 Monaten) (Bornstein, Vibbert et al., 1992; Tamis-LeMonda & Bornstein, 1990). Sollten wir überhaupt erwarten, dass individuelle Unterschiede über eine so lange Zeit zwischen dem Ende des Säuglingsalters und dem Kleinkindalter persistieren? Es ist kaum verwunderlich, dass zwar die Gesamtgruppe der Kleinkinder die regulären Entwicklungsfortschritte aufweist, dass sich aber das Spielverhalten des einzelnen Kindes im Verhältnis zu seiner Altersgruppe mit der Zeit ändern kann.

Wir gingen ebenfalls der Frage nach, inwieweit das Symbolspiel von Kleinkindern durch Veränderungen im Untersuchungskontext (Spielpartner und Ort) beeinflusst werden kann (Bornstein et al., 1997). Diese Studie zeigte, dass Kleinkinder unabhängig vom Spielpartner (Mutter oder ein Fremder) und vom Untersuchungskontext (häuslicher Rahmen im Gegensatz zum fremden Labor) auf gleichem Niveau spielten. Auch die Mütter unterschieden sich nicht in ihrem Symbolspiel zu Hause und im Laborrahmen.

Auch das mütterliche *Demonstrieren* und *Anregen* von Symbolspielen bei 24 Monate alten Kleinkindern hat konsistent eine kurzfristige Stabilität (Bornstein et al., 1997) und eine langfristige Stabilität zwischen 13 und 20 Monaten (Tamis-LeMonda & Bornstein, 1991). Wie viele andere mütterliche Überzeugungen und Verhaltensweisen scheint das mütterliche Engagement im Symbolspiel damit ein stabiles Phänomen der individuellen elterlichen Kompetenzen zu sein (siehe Holden & Miller, 1999).

Spiel als ein unabhängiges symbolisches Konstrukt

Steht das Spiel als symbolische Aktivität des Menschen für sich allein oder ist es mit anderen symbolischen oder weiteren psychologischen Funktionen assoziiert? Mehrere Untersucher haben Zusammenhänge zwischen Spiel und motorischen Fertigkeiten, Spiel und Aufmerksamkeit und Spiel und Sprache untersucht. Die Spielqualität scheint mit adaptiven und feinmotorischen Fähigkeiten von 12 Monate alten Kindern assoziiert zu sein (Eisert & Lamorey, 1996). Während Kinder die symbolischen Ebenen des Spiels erreichen, machen sie auch rasche Fortschritte in anderen, möglicherweise verwandten Bereichen der Entwicklung. Zum Beispiel beginnen Kinder Lautsequenzen mit Benennungsfunktion zu verstehen und auszudrücken, während sie zugleich vom kontextabhängigen Gebrauch von Wörtern und Phrasen zu einem flexibleren, vom Kontext unabhängigen Gebrauch übergehen. Zur gleichen Zeit kann die Aufmerksamkeit länger, kontrollierter und fokussierter aufrechterhalten werden, indem die Kinder rasche Fortschritte machen, ihre Aufmerksamkeit zu koordinieren und sich weniger von Umwelteinflüssen ablenken zu lassen.

In mehreren Studien haben wir die Zusammenhänge zwischen dem Symbolspiel, einer nonverbalen Form der Repräsentation und anderen verbalen Repräsentationsfähigkeiten sowie anderen nonverbalen Fähigkeiten ohne Repräsentation untersucht. In einer ersten Studie untersuchten wir bei denselben Kindern Zusammenhänge zwischen Spielkompetenz, Aufmerksamkeitsspanne und Sprachfähigkeiten (Tamis-LeMonda & Bornstein, 1990). Es könnte sein, dass individuelle Unterschiede der Kinder in Spiel, Aufmerksamkeit und Sprache durchgehend zu finden sind und dass zwischen diesen wichtigen Kompetenzbereichen globale Beziehungen bestehen. Dies würde bedeuten, dass der individuellen Variabilität in den drei scheinbar unterschiedlichen Bereichen ein einziger Repräsentationsprozess zugrunde liegt. Andererseits könnte es sein, dass die Zusammenhänge zwischen den drei Bereichen differenzierter aussehen oder dass die Kompetenzbereiche mehr oder weniger unabhängig voneinander sind. Dies würde bedeuten, dass in der frühen mentalen Entwicklung unterschiedliche zugrunde liegende Repräsentationsprozesse wirksam sind.

Während eines Hausbesuches wurden Daten über Spiel, Aufmerksamkeit und Sprache bei 13 Monate alten Kindern erhoben. Spielkompetenz und Aufmerksamkeitsspanne der Kinder wurden von Videoaufnahmen einer Spielsitzung kodiert. Sprachproduktion und Sprachverständnis wurden mit einem mütterlichen Sprachinventar erhoben. Ferner wurde von den gleichen Videos der Grad der mütterlichen Stimulation kodiert. Eine signifikante Kovariation ergab sich zum einen zwischen Symbolspiel und Sprachverständnis, zum anderen zwischen Symbolspiel und Aufmerksamkeitsspanne; Kinder mit guten Fähigkeiten in einem Bereich zeigten diese auch in dem jeweils anderen.

Im Gegensatz dazu fand sich kein Zusammenhang zwischen Symbolspiel und Sprachproduktion sowie zwischen Sprachverständnis und Aufmerksamkeitsspanne; Kinder mit guten Fähigkeiten in einem Bereich zeigten diese nicht unbedingt in dem jeweils anderen Bereich (natürlich ist in diesem Alter das Sprachverständnis der Sprachproduktion weit voraus). Die Assoziationen blieben auch dann stabil, wenn der Grad der mütterlichen Stimulation statistisch kontrolliert wurde.

Dennoch war der Anteil der gemeinsamen Varianz zwischen Symbolspiel und Sprachverständnis mit 18% gering. In ähnlicher Weise war die gemeinsame Varianz von Symbolspiel und Aufmerksamkeit mit 19% gering. Dieses Zusammenhangsmuster am Ende des ersten Lebensjahres unterstützt die wachsende Übereinstimmung darüber, dass Spiel und Sprachfähigkeiten teilweise Ausdruck einer Form von zugrunde liegender Repräsentationsfähigkeit sind, die im späten Säuglingsalter erscheint. Seit langem haben Wissenschaftler die gemeinsame repräsentative Beschaffenheit von Als-ob-Spiel und flexibler Sprache betont. In beiden Bereichen können Erfahrungen, Menschen und Handlungen symbolisch dargestellt werden.

Das kindliche Symbolspiel war in der genannten Studie auch mit der Aufmerksamkeitsspanne assoziiert. Die beobachteten Zusammenhangsmuster weisen auf die dem Symbolspiel eigene multidimensionale Beschaffenheit hin. Zu Beginn des zweiten Lebensjahres könnte man das Symbolspiel auf mindestens zwei unabhängige Komponenten zurückführen, die unterschiedliche basale mentale Fähigkeiten des Kleinkindes widerspiegeln: einen »Spiel-Sprach-Faktor« und einen »Spiel-Aufmerksamkeits-Faktor«. Obwohl diese zwei Faktoren beide mit der Differenziertheit des kindlichen Spiels in Verbindung stehen, sind sie voneinander unabhängig. Eine hohe Fähigkeit in einem Bereich impliziert nicht automatisch, dass eine ähnlich hohe Fähigkeit in dem anderen erreicht wird.

In einer Nachuntersuchung einer anderen Gruppe von Kindern im Alter von 13 und 20 Monaten haben wir die Zusammenhänge zwischen Symbolspiel und verschiedenen Bereichen der Sprache analysiert (Tamis-LeMonda & Bornstein, 1994). Wieder fanden wir, dass das Symbolspiel im Alter von 13 Monaten mit dem rezeptiven Wortschatz (11% gemeinsame Varianz) assoziiert war, jedoch nicht mit dem expressiven Wortschatz. Im Alter von 20 Monaten war das kindliche Symbolspiel weder mit dem expressiven Wortschatz noch mit der mittleren Länge der längsten Äußerungen assoziiert, wohl aber mit der semantischen sprachlichen Vielfalt (26% gemeinsame

Varianz). Somit scheint das Symbolspiel beim älteren Kind eine weitgehend eigenständige und unabhängige Repräsentationsfähigkeit darzustellen. Im besten Falle ist das Symbolspiel nach der Säuglingszeit nur sehr schwach mit einigen spezifischen Aspekten der Sprachrepräsentation oder der Aufmerksamkeit assoziiert.

Um die gleiche Fragestellung noch aus einer anderen Perspektive anzugehen, untersuchten wir Spiel und Sprache in vier Gruppen von 24 Monate alten Kindern: hörbehinderte Kinder von hörbehinderten Müttern, hörbehinderte Kinder von hörenden Müttern, hörfähige Kinder von hörbehinderten Müttern und hörende Kinder von hörfähigen Müttern (Bornstein, Selmi et al., 1999). In diesen vier Gruppen erfassten wir: die expressive und rezeptive Sprache sowohl mit Hilfe eines mütterlichen Inventars als auch durch Experteneinschätzung; das kindliche Symbolspiel im Alleinspiel sowie vom Kind initiiertes und von der Mutter initiiertes kindliches Symbolspiel im gemeinsamen Spiel mit der Mutter. Obwohl nur Worte verwendet wurden, die auch in Gesten ausgedrückt werden konnten, schnitten hörbehinderte Kinder (sowohl von hörenden wie auch von hörbehinderten Müttern) in allen sprachlichen Bereichen schlechter ab als hörende Kinder. Dagegen zeigten hörbehinderte und hörende Kinder ein ähnlich ausgeprägtes Symbolspiel, unabhängig davon, ob sie alleine oder mit ihren Müttern spielten und ob sie selbst oder ihre Mütter das Symbolspiel einleiteten. Wieder zeigten sich beim älteren Kind Spiel und Sprache als getrennte oder »modulare« kognitive Funktionen. Ein Defizit in einem Bereich hat nicht automatisch Auswirkungen auf den anderen.

Zusammenfassend zeigen die Ergebnisse dieser Studie, dass das Symbolspiel ein relativ, aber nicht gänzlich unabhängiges mentales Konstrukt darstellt. Als solches könnte es als wichtiges Instrument für Diagnose und Beratung bei Risikokindern dienen (Bornstein, 1975, 1991). Zum Beispiel verwendeten Sigman und Sena (1993) das Als-ob-Spiel als Erhebungsinstrument, und sie berichteten über unterschiedliche Spielentwicklungen bei Risikogruppen wie Frühgeborenen, Kindern mit Unterernährung, Down-Syndrom, geistiger Behinderung und Autismus. Somit könnte das Spiel dazu dienen, Entwicklungsstörungen früh zu identifizieren und zum Verständnis und zur Differenzierung einzelner kindlicher Störungen beizutragen – über die Erhebung von Sprache und anderen mentalen Prozessen hinaus. Die Spieldiagnostik wurde inzwischen in Interventionsprogramme für Kinder mit besonderen Förderbedürfnissen aufgenommen.

Nicht alle Kinder mit Entwicklungsstörungen sind jedoch in Bezug auf das Spiel gefährdet, wie es das Beispiel der hörbehinderten Kinder deutlich macht. Die Gesetzmäßigkeiten der Spielentwicklung sind stark und möglicherweise biologisch determiniert. Auch in einer Studie von Müttern mit Drogenmissbrauch und ihren exponierten Kindern fanden sich im Symbolspiel der Risikokinder im Vergleich zu den Kontrollen keine Unterschiede (Bornstein, Mayes & Park, 1998).

Ein ökologischer Zugang zum Verständnis der individuellen Variabilität des Symbolspiels

Wodurch sind die individuellen Unterschiede im kindlichen Symbolspiel vor allem bedingt? Eines der zentralen Themen der Entwicklungswissenschaft betrifft die individuelle Variabilität der Kinder wie beispielsweise in ihrem Spielverhalten. Die Abbildung 9 veranschaulicht in einem a priori erstellten Modell die Einflüsse auf das kindliche Symbolspiel in seinem ökologischen Kontext. Es beruht auf Bronfenbrenners allgemeinem ökologischen Modell der distalen und proximalen Einflussfaktoren (Bronfenbrenner & Crouter, 1983; Bronfenbrenner & Morris, 1998). Die mütterlichen Variablen erscheinen im oberen Feld, die kindlichen im unteren. Die linke Säule benennt distale soziodemographische Faktoren, die mittlere Spalte individuelle Faktoren und die rechte Spalte das proximale Verhalten. Die Zielvariable, das kindliche Symbolspiel, findet sich in der unteren rechten Ecke der Abbildung. Spielverhalten und Spielkompetenz des Kindes werden durch soziodemographische Merkmale (wie Geschlecht und Alter) und durch persönliche Merkmale (wie Intelligenz, Temperament und soziale Kompetenz) beeinflusst. Eltern beeinflussen das Verhalten und die Kompetenz des Kindes über distale soziodemographische Faktoren (wie sozioökonomischer Status, Alter, soziale Unterstützung) sowie durch mehr proximale persönliche Merkmale (wie Intelligenz, Persönlichkeit, elterliche Einstellung, Verlässlichkeit und Erziehungswissen) sowie durch die proximalsten und unmittelbarsten Variablen, das elterliche Verhalten.

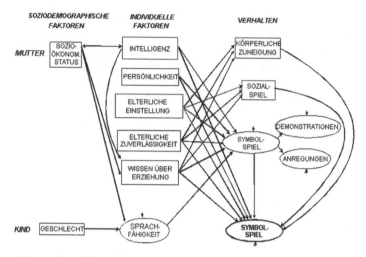

Abb. 9: Erwartete prädiktive Zusammenhänge zwischen kindlichen, mütterlichen, familiären Faktoren und kindlichem Symbolspiel: ein ökologisches Modell.

Kindliche Einflussfaktoren

Zunächst betrachten wir den Beitrag kindlicher Merkmale zur Entwicklung seines Symbolspiels. Ein wichtiger Faktor ist die Reifung oder Integrität des zentralen Nervensystems. Wir untersuchten dazu zunächst im Gestationsalter von 36 Wochen die fetalen Herzfunktionen und im postnatalen Alter von 27 Monaten das Symbolspiel der gleichen Kinder (Bornstein, DiPietro et al., 2002). Feten mit einer höheren Variabilität und Beschleunigung der Herzrate und mit rascherem intrauterinem Wachstum (beides gemessen als Indikatoren einer unauffälligen pränatalen Entwicklung) erreichten als Kleinkinder höhere Ebenen des Symbolspiels. Einerseits könnte dies als Ausdruck einer Stabilität in der individuellen Variabilität der Entwicklungsrate interpretiert werden, andererseits könnte eine gute Herzfunktion das zentrale Nervensystem und somit indirekt die symbolischen Fähigkeiten positiv beeinflussen.

Auch andere biologische Merkmale wie das Geschlecht scheinen das Symbolspiel zu beeinflussen: Mädchen zeigen durchweg häufiger Symbolspiel als gleichaltrige Jungen (Bornstein, Haynes et al., 1996). Dies entspricht der allgemein anerkannten Annahme, dass Mädchen in der Regel biologisch reifer sind als gleichaltrige Jungen.

Weitere Studien konnten den Einfluss des Ernährungszustandes auf die Entwicklung des Symbolspiels nachweisen (Wachs, 1993).
Ein weiterer wichtiger Vorläufer der Symbolfähigkeiten ist die Fähigkeit zur Informationsverarbeitung. Diese Zusammenhänge untersuchten wir mit Hilfe der Habituation (Bornstein, 1985, 1998). Dabei filmten wir das visuelle Verhalten von Säuglingen, denen wiederholt ein Bild gezeigt wurde. Wenn ein Bild zum ersten Mal erscheint, antwortet der Säugling normalerweise mit einer Orientierungsreaktion und wendet seine Aufmerksamkeit auf das neue unbekannte Objekt. Wenn jedoch das gleiche Bild wiederholt präsentiert wird, lässt die Antwort (Aufmerksamkeit) nach. Die Verminderung der Aufmerksamkeit weist auf eine Habituation hin: Nach wiederholtem Zeigen ist das Bild nicht mehr so neuartig wie am Anfang.
Habituation lässt sich als die Fähigkeit interpretieren, eine mentale Repräsentation der dargebotenen Reizinformation zu bilden (Bornstein, 1998). Habituation ist ein individuell unterschiedlich ausgeprägtes Merkmal von Kindern (manche Kinder habituieren schnell und effizient, andere langsamer oder unregelmäßiger) mit einer relativ hohen Stabilität. Wir konnten zeigen, dass Säuglinge mit einer effizienten Habituation sich als Kleinkinder häufiger mit Symbolspiel beschäftigen. Dieses Ergebnis zeigt sich auch dann noch, wenn der Einfluss der mütterlichen Stimulation statistisch kontrolliert wird (Tamis-LeMonda & Bornstein, 1989, 1993a). Somit scheint es, dass Säuglinge entscheidende Fähigkeiten zur Informationsverarbeitung mitbringen, aus denen sich die späteren symbolischen Spielfähigkeiten entwickeln.
Natürlich haben nicht alle biologischen Faktoren einen Einfluss auf die Entwicklung des Symbolspiels; dies gilt z. B. für die spontanen explorativen Lautäußerungen (Tamis-LeMonda & Bornstein, 1993b) und das Hörvermögen (Bornstein, Selmi et al., 1999). Ferner wirken nicht alle Einflussfaktoren direkt auf das kindliche Symbolspiel: Manche Faktoren entfalten ihre Wirkung indirekt, beispielsweise über ihren Einfluss auf die Eltern.

Elterliche Einflussfaktoren

Wir haben auch den Einfluss einiger mütterlicher Faktoren auf das Symbolspiel ihres Kindes untersucht. So fanden wir, dass das kindliche Symbolspiel signifikant durch den mütterlichen IQ vorausgesagt werden kann (Bornstein et al., 1996; Tamis-LeMonda & Bornstein, 1993a). Auch untersuchten wir den Zusammenhang von mütterlichem Wissen über kindliches Spiel und dem tatsächlichen Spiel ihres Kindes (Bornstein, Selmi et al., 1999; Tamis-LeMonda, Damast et al., 1994). Das Wissen der Mütter über Spielentwicklung lässt voraussagen, inwieweit Mütter das Spiel ihrer Kinder unterstützen (Tamis-LeMonda et al., 1994).

Müttern von 21 Monate alten Kleinkindern wurde eine Weiterentwicklung der in Tabelle 1 aufgeführten Spieleinteilung vorgelegt. Sie wurden gebeten, die Spielformen nach Differenzierungsebenen zu ordnen. Allgemein erkannten die Mütter, dass das Explorationsspiel weniger differenziert ist als das Funktionsspiel und dass letzteres weniger differenziert ist als das Symbolspiel.

Andererseits zeigte sich wiederum eine große Variabilität in der mütterlichen Einschätzung. Manche Mütter hatten ein genaueres Wissen über die Differenzierungsebenen des Spiels als andere. In einer Nachuntersuchung wurden die Mütter zweimal innerhalb von zwei Wochen hinsichtlich ihres Wissens über die allgemeine Spielentwicklung getestet, sodass die kurzfristige Stabilität des mütterlichen Spielwissens erfasst werden konnte. Wiederum entsprach die mütterliche Anordnung der Kategorien und Ebenen den Ergebnissen der Entwicklungsliteratur, und das mütterliche Wissen über kindliches Spiel erwies sich zumindest kurzfristig als stabil (Tamis-LeMonda, Chen et al., 1998).

Als Nächstes untersuchten wir das Spiel von Müttern und Kleinkindern mit zwei weiteren Zielsetzungen: Zum einen ging es darum, während Spielinteraktionen mit ihren 21 Monate alten Kindern unterstützende Verhaltensformen der Mütter zu identifizieren. Dazu wurden die Spielformen analysiert, die die Mütter in Reaktion auf die kindlichen Spielweisen einführten. Zum anderen sollten Zusammenhänge zwischen dem mütterlichen Spielwissen und ihrem unterstützenden Verhalten untersucht werden (Damast et al., 1996). Sequenzielle Analysen konnten zeigen, dass die Mütter ihr Spielniveau auf die Spielebene ihres Kindes abstimmten oder diese anzuheben suchten. Ferner neigten Mütter mit umfangreicherem Wissen über die Spielentwicklung dazu, das kindliche Spiel mit Spielformen auf höheren Spielebenen zu beantworten. Als Gesamtgruppe spielen Mütter mit ihren Kleinkindern somit aus psycho-

logischer Sicht auf sinnvolle Weise; Mütter mit mehr Spielwissen ermöglichen ihren Kindern im gemeinsamen Spiel mehr angemessene Herausforderungen.
Auch die mütterliche Fähigkeit, im ersten Lebensjahr im Zwiegespräch mit ihrem Baby ihr emotionales Verhalten angemessen auf seine emotionale Befindlichkeit abzustimmen, erlaubt, die kindliche Fähigkeit zum Symbolspiel im Alter von 20 Monaten vorauszusagen (Feldman & Greenbaum, 1997). Dieses Ergebnis legt nahe, dass ein erfolgreicher emotionaler Austausch im ersten Lebensjahr dazu beiträgt, den Grundstein für die spätere symbolische Entwicklung zu legen (Bornstein & Tamis-LeMonda, 1997).
Weitere Untersuchungen des mütterlichen Spielverhaltens in direktem Zusammenhang mit dem kindlichen Spiel geben über die dyadische Koordination der beiden Spielpartner Aufschluss (Tamis-LeMonda & Bornstein, 1991). Wie in Tabelle 5 dargestellt, finden sich sowohl mit 13 wie auch mit 20 Monaten signifikante Korrelationen zwischen dem kindlichen und mütterlichen Explorationsspiel sowie zwischen dem kindlichen und mütterlichen Symbolspiel. Im Gegensatz dazu finden sich mit 13 Monaten weder Zusammenhänge zwischen dem mütterlichen Explorationsspiel und dem Symbolspiel ihrer Kinder noch zwischen dem mütterlichen Symbolspiel und dem Explorationsspiel der Kinder. Im Alter von 20 Monaten bestehen inverse Zusammenhänge, d. h., Mütter mit ausgeprägterem Explorationsspiel haben Kinder, die sich weniger auf das Symbol-

	Kindliches Spiel			
	13 Monate		20 Monate	
	Exploratorisch	Symbolisch	Exploratorisch	Symbolisch
Mütterliches Spiel				
Exploratorisch	$.42^{**}$	$.11$	$.42^{**}$	$-.27^{*}$
Symbolisch	$-.11$	$.37^{**}$	$-.32^{*}$	$.52^{***}$
$^{*}p < .05$ $^{**}p < .01$ $^{***}p < .001$				

Tab. 5: Korrelationen zwischen mütterlichem und kindlichem Spiel im Alter von 13 und 20 Monaten

spiel einlassen, und Mütter mit ausgeprägterem Symbolspiel haben Kinder, die sich weniger häufig mit Explorationsspiel beschäftigen. Ähnliche positive Assoziationen zwischen mütterlichem und kindlichem Spiel haben wir auch in transkulturellen Studien nachweisen können (Bornstein, Haynes et al., 1999; Bornstein, Venuti et al., 2002; Tamis-LeMonda, Bornstein et al., 1992). Sowohl in New York wie auch in Tokio kovariierten bei Müttern und ihren 13 Monate alten Kindern die Häufigkeiten des Explorationsspiels wie auch des Symbolspiels (Tamis-LeMonda et al., 1992). Ebenso zeigen 20 Monate alte Kinder von argentinischen Müttern mit ausgeprägtem Explorationsspiel ebenfalls eine erhöhte Neigung zum Explorationsspiel, während Kinder von Müttern mit ausgeprägtem Symbolspiel sich ebenfalls mehr mit Symbolspiel beschäftigen.

Eine dritte Längsschnittstudie untersuchte bei Kindern im Alter von 13 und 20 Monaten das Explorations- und Symbolspiel in Mutter-Kind-Dyaden in Nord- und Süditalien (Bornstein, Venuti et al., 2002; Venuti et al., 1997). In beiden Regionen und Altersgruppen war die individuelle Variabilität des kindlichen Explorations- und Symbolspiels jeweils spezifisch mit der individuellen Variabilität des mütterlichen Explorations- und Symbolspiels assoziiert.

Zusammengenommen unterstreichen diese Daten die Universalität der Spielentwicklung. Das Muster der Ergebnisse weist auf eine charakteristische und möglicherweise universelle Abstimmung von Mutter und Kind in den Bereichen des Explorations- und Symbolspiels hin. Diese Korrelationen sind jedoch nicht nur Ausdruck einer zufälligen Assoziation. Unsere genauen Sequenzanalysen konnten zeigen, dass Mütter sich mit höherer Wahrscheinlichkeit auf explorative Spielformen einlassen, wenn ihre Kinder auf der Explorationsebene spielen, und dass sie sich eher mit Symbolspiel beschäftigen, wenn ihre Kinder auf symbolischer Ebene spielen (Damast et al., 1996).

In Ergänzung dazu findet sich ein spezifisches Zusammenhangsmuster zwischen mütterlicher Sprache und Symbolspiel auf der einen und kindlichem Symbolspiel auf der anderen Seite. In einer Studie, die wiederum die Altersgruppen von 13 bis 20 Monaten umfasste, stellten wir fest, dass zwar das mütterliche Symbolspiel mit dem kindlichen Symbolspiel assoziiert war, nicht aber ihre begleitende Sprache (Tamis-LeMonda & Bornstein, 1994). Ebenso wenig fanden sich Zusammenhänge zwischen dem kindlichem Explorationsspiel und dem Sozialspiel der Mutter (ihren verbalen und taktilen Anregungen zu einer positiven sozialen Antwort), ihrer körperlichen Zuneigung und ihrem verbalen Lob. Auch in transkulturellen Studien in den USA, Argentinien und Italien war das kindliche Symbolspiel weder mit dem mütterlichen Sozialspiel noch mit dem körperlichen Ausdruck ihrer Zuneigung oder ihrem verbalen Lob assoziiert (Bornstein, Haynes et al., 1999; Bornstein, Venuti et al., 2002; Venuti et al., 1997).

Außerdem haben wir die Auswirkung anderer »Schlüsselvariablen« wie die mütterliche Responsivität im frühen Säuglingsalter auf die Entwicklung des kindlichen Symbolspiels untersucht (Tamis-LeMonda & Bornstein, 1994). Fünf Monate alte Kinder, deren Mütter als responsiv eingeschätzt wurden, zeigten im Alter von 13 Monaten ausgeprägteres Symbolspiel. Auch diese Assoziation erwies sich als spezifisch: Wenn sich die mütterliche Responsivität auf das kindliche Spiel bezieht, entwickeln die Kinder ein differenzierteres Spielverhalten. Wenn die Mütter hingegen responsiver auf die kindliche Sprache eingehen, sind die Kinder speziell in der Sprache fortgeschrittener. Die Auswirkungen der Eltern-Kind-Interaktionen auf die kindliche Entwicklung kann man deshalb nur verstehen, wenn die jeweiligen prädiktiven Zusammenhänge innerhalb spezifischer Bereiche der Entwicklung untersucht werden (Tamis-LeMonda, Bornstein et al., 1997). Demnach erlaubt die mütterliche Responsivität auf kindliche Vokalisationen eine Voraussage der späteren Sprachentwicklung, während die mütterliche Responsivität auf das kindliche Spiel die Qualität des späteren Spieles voraussagt.

Zuletzt untersuchten wir verschiedene Aspekte des allgemeinen ökologischen Modells (Abb. 9) gleichzeitig in einer Studie. In dieser Studie wurden soziodemographische, personenbezogene Daten sowie kindliches und mütterliches Verhalten in ein einziges multivariates Modell aufgenommen, um im Alter von 20 Monaten Voraussagen zum kindlichen Symbolspiel – nacheinander im Alleinspiel sowie im mutter-initiierten und kind-initiierten Spiel – zu ermöglichen (Bornstein et al. 1996). Um dies zu erreichen, wurden Strukturgleichungsmodelle eingesetzt. Ein solches Modell erlaubt, direkte und indirekte Einflusspfade multipler Variablen gleichzeitig zu testen im Bemühen um eine integrierte Gesamtschau. Dabei wird die Auswirkung jeder einzelnen Variable analysiert, indem die

Effekte aller anderen Variablen in dem Modell kontrolliert werden. Das Modell zeigt keine kausalen Zusammenhänge zwischen den Variablen auf, überprüft aber die Übereinstimmung der Zusammenhangshypothesen mit den Daten und analysiert die individuellen Pfade auf statistische Signifikanz.

Abbildung 10 A zeigt das endgültige Modell für das von der Mutter eingeleitete kindliche Symbolspiel. Diese Komponente des gemeinsamen Spiels lässt sich direkt durch das mütterliche Symbolspiel und die kindliche Sprachkompetenz voraussagen: Mütter mit ausgeprägtem Symbolspiel haben Kinder, die sich mehr auf Symbolspiel einlassen, das von der Mutter eingeleitet wurde, und Kinder mit besseren Sprachfähigkeiten beschäftigen sich häufiger mit Symbolspiel, das von der Mutter eingeleitet wurde (die Variabilität der Sprachfähigkeit kann z. B. mit dem Verstehen der mütterlichen verbalen Anregungen assoziiert sein). Wie außerdem in Abbildung 10 A dargestellt, haben körperliche Zuneigung der Mutter, ihre verbale Intelligenz und ihr Wissen über Erziehung und kindliche Entwicklung sowie das kindliche Geschlecht (Mädchen mehr als Jungen) jeweils kleine, aber signifikante, indirekte Effekte auf das von der Mutter eingeleitete kindliche Symbolspiel.

Abbildung 10 B zeigt das endgültige Modell für das vom Kind begonnene eigene Symbolspiel. Diese Komponente des gemeinsamen Spiels lässt sich direkt durch das mütterliche Symbolspiel und das Sozialspiel voraussagen: Mütter mit ausgeprägterem Symbolspiel haben Kinder, die auch aus eigener Initiative häufiger symbolisch spielen, und Mütter mit ausgeprägterem Sozialspiel haben Kinder, die sich seltener aus eigener Initiative mit Symbolspiel beschäftigen (möglicherweise sind Symbolspiel des Kindes und Sozialspiel der Eltern unvereinbar). Daneben haben körperliche Zuneigung und das Geschlecht des Kindes (Mädchen mehr als Jungen) kleine, aber signifikante indirekte Effekte auf das vom Kind eingeleitete eigene Symbolspiel.

Abb. 10: (A) Prädiktive Zusammenhänge zwischen kindlichen und mütterlichen Faktoren und von der Mutter eingeleitetem Symbolspiel des Kindes im gemeinsamen Spiel; (B) Prädiktive Zusammenhänge zwischen kindlichen und mütterlichen Faktoren und selbst initiiertem Symbolspiel des Kindes im gemeinsamen Spiel; (C) Prädiktive Zusammenhänge zwischen kindlichen und mütterlichen Faktoren und kindlichem Symbolspiel im Alleinspiel.

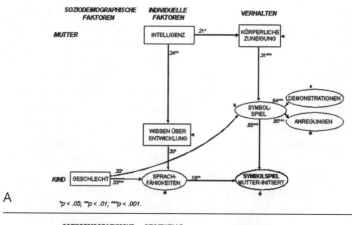

A

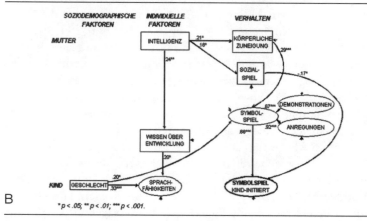

B

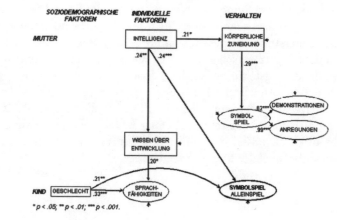

C

Aus diesen beiden Analysen lässt sich ableiten, dass die Mütter während des gemeinsamen Spiels das kindliche Symbolspiel unterstützen und dabei bemüht sind, die Spielebene anzuheben (s. Bornstein & Tamis-LeMonda, 1995). Wygotski (1978) postulierte mit dem Begriff der »Zone der proximalen Entwicklung«, dass die sozialen Interaktionen zwischen Eltern und Kind die individuellen symbolischen Funktionen begünstigen. Der Erwerb des Symbolspiels sei Ausdruck der individuellen Entwicklungsfortschritte im Kontext der interpersonellen Interaktionen und soziokulturellen Einflüsse. Tatsächlich gab Wygotski den Anstoß zu einem deutlichen konzeptuellen Wechsel in der Spielforschung. Das Spiel wurde nicht mehr nur als Einzelaktivität betrachtet, an der sich die bereits vorliegenden kognitiven Schemata des Kindes ablesen lassen, sondern als eine formative Aktivität, die in hohem Maße durch die Interaktionen des Kindes mit den Eltern gestaltet wird (Smolucha & Smolucha, 1998). Das Spiel entwickelt sich zwar im Kind, aber die Erwachsenen (oder andere reifere Spielpartner) beeinflussen seine Entwicklung, indem sie die Spielumgebung gestalten, die Kinder aktiv ins Spiel einbeziehen und ihre Initiativen beantworten.

Die Abbildung 10 C zeigt das abschließende Modell zum Einfluss verschiedener ökologischer Faktoren auf das Symbolspiel des Kindes im Alleinspiel. Die direkten Einflussfaktoren auf das kindliche Symbolspiel betreffen das kindliche Geschlecht und die mütterliche verbale Intelligenz: Symbolspiel findet sich im Alleinspiel häufiger bei Mädchen als bei Jungen und bei Kindern von Müttern mit höherer verbaler Intelligenz. Die Voraussagemuster in Bezug auf das kindliche Symbolspiel im Alleinspiel und im gemeinsamen Spiel weisen deutliche Unterschiede auf. Wenn Kinder allein und ohne Unterstützung spielen, sind ihr Geschlecht und ihre angeborene Intelligenz entscheidend, was die Bedeutung von Reifungs- und Erfahrungsfaktoren für die individuelle Variabilität des kindlichen Symbolspiels gleichermaßen unterstreicht. Im gemeinsamen Spiel dagegen ist der mütterliche Einfluss, vor allem ihr Spiel auf der Symbolebene von ausschlaggebender Bedeutung, unabhängig davon, ob das Kind sein Symbolspiel selbst initiiert oder sich durch das Symbolspiel der Mutter anregen lässt.

Kulturelle Einflüsse

Die bisherigen ökologischen Analysen von multivariaten Umwelteinflüssen auf das kindliche Symbolspiel haben noch nicht die distaleren, aber ebenfalls bedeutsamen Einflüsse der Kultur berücksichtigt. Die Muster der unterschiedlichen dyadischen Auswirkungen auf das Spiel (wie die zuvor aufgezeigte Spezifität der mütterlichen Unterstützung) weisen zunächst darauf hin, dass das kindliche Spiel bis zu einem gewissen Grad beeinflussbar ist. Daraus lässt sich die Annahme ableiten, dass bestimmte in einer Kultur verbreitete Ausprägungen des mütterlichen Spiels entsprechend unterschiedliche Ausprägungen des kindlichen Spiels induzieren können. Spiel stellt zwar in allen Kulturen eine universelle Betätigungsform der Kindheit dar, gleichzeitig bringt das Spiel jedoch spezifische Anliegen der jeweiligen Kultur zum Ausdruck. In ähnlichem Sinn haben Anthropologen schon seit langem festgestellt, dass das Spiel einen wichtigen Kontext für kulturelles Lernen bietet (Schwartzman, 1978). Die reichhaltige zeitgenössische Literatur zum Thema Kultur und Spiel belegt, dass neben den bestehenden Universalien der Entwicklung eine klar erkennbare kulturelle Variabilität existiert (s. z. B. Roopnarine, Johnson & Hooper, 1994). Vermutlich haben kulturelle Vorstellungen über das Spiel einen Einfluss auf Art und Häufigkeit des elterlichen Spiels wie auch des kindlichen Spiels mit Eltern, Geschwistern und Gleichaltrigen.

In manchen Kulturen betrachten Mütter das Spiel mit ihren Kindern als zentrale Komponente ihrer Elternrolle und übernehmen im kindlichen Spiel eine aktive Rolle, obwohl sie möglicherweise ganz andere Aspekte betonen. Beispielsweise betrachten sich amerikanische, argentinische und türkische Eltern aus mittleren sozialen Schichten selbst als Spielpartner für ihre Kinder (s. Bornstein et al., 1998; Gönçü & Mosier, 1991); und so fördern sie in Übereinstimmung mit ihrer Überzeugung das Als-ob-Spiel ihrer Kinder und nehmen aktiv daran teil (s. Bornstein, Haynes et al., 1996; Tamis-LeMonda, Bornstein et al., 1992).

In anderen Kulturen dagegen scheinen Mütter das Spiel mit ihren Kindern geradezu zu vermeiden. Von Müttern aus Mexico, Guatemala und aus Maya-Abstammung, aus Italien und Indonesien wird sämtlich berichtet, dass sie dem Spiel keinen besonderen Wert beimessen und nicht glauben, dass es wichtig sei, mit den eigenen Kin-

dern zu spielen (Farver, 1993; Farver & Howes, 1993; Farver & Wimbarti, 1995; Gaskins, 1996; New, 1989, 1994; Rogoff, Mistry et al., 1993; Rogoff, Mosier et al., 1993).
Wir haben das kindliche Spiel und das gemeinsame Mutter-Kind-Spiel in verschiedenen Ländern der Erde untersucht, insbesondere in Japan, Argentinien und Italien (s. Bornstein et al., 1996; Bornstein, Venuti et al., 2002; Tamis-LeMonda, Bornstein et al., 1992). Unsere Vergleiche weisen auf bedeutsame kulturelle Unterschiede hin. Als besonders aufschlussreich bietet sich z. B. der Vergleich zwischen Japan und Amerika an, da diese beiden Länder ähnlich fortschrittlich entwickelt sind und einen ähnlich hohen Lebensstandard aufweisen. Auch sind beide Kulturen kindzentriert. Gleichzeitig jedoch unterscheiden sie sich stark bezüglich Geschichte, Kultur, Überzeugungen und Erziehungsidealen wie auch in den Aktivitäten, auf die die Mütter in Interaktionen mit ihren Kleinkindern Wert legen. Amerikanische Mütter fördern im Allgemeinen die Autonomie und organisieren die sozialen Interaktionen mit dem Kind auf eine Weise, die das Kind darin unterstützt, sich körperlich und verbal durchzusetzen und sich für die Umgebung zu interessieren. Dagegen gestalten japanische Mütter die sozialen Interaktionen auf eine Weise, die die gegenseitige Abhängigkeit innerhalb der Dyade festigt und stärkt (Bornstein, Tamis-LeMonda et al., 1992).
Im Alter von 13 Monaten beschäftigen sich Kinder in Tokyo und New York ähnlich häufig mit Explorationsspiel. Außerdem jedoch zeigen 13 Monate alte japanische Kinder häufiger Symbolspiel als ihre amerikanischen Altersgenossen. Speziell finden sich signifikante Unterschiede in Bezug auf die Ebenen 5 und 6 des Symbolspiels. Bei der Untersuchung der mütterlichen *Demonstrationen* von Spielhandlungen zeigte sich, dass japanische und amerikanische Mütter zwar gleich häufig exploratives Spiel demonstrieren, dass aber japanische Mütter darüber hinaus häufiger *Demonstrationen* von symbolischem Spiel zeigen (Ebene 6) als amerikanische Mütter. Im Bereich der *Anregungen* zum kindlichen Spiel verwenden amerikanische Mütter häufiger *Anregungen* zu explorativem Spiel (Ebenen 1 und 2), japanische Mütter dagegen häufiger Anregungen zu symbolischem Spiel (Ebene 6) (Tamis-LeMonda, Bornstein et al., 1992; Toda, Azuma & Bornstein, 1993). Entsprechend der generellen kulturellen Ausrichtung geben japanische Mütter somit Anreiz zu interaktivem (partner-bezogenem) Als-ob-Spiel (»füttere die

Puppe«), während amerikanische Mütter Selbstexploration auf funktionellen und kombinatorischen Spielebenen fördern (»schiebe den Bus«). Während die japanische Erziehungspraxis Nähe und wechselseitige Abhängigkeit in der dyadischen Beziehung hervorhebt, unterstützt die amerikanische Erziehung Interesse an der Umgebung und zwischenmenschliche Unabhängigkeit – verstärkt durch die mehr auf Information ausgerichteten verbalen Interaktionen. Für die Amerikaner sind Spiel und die verwendeten Spielsachen häufiger Inhalt der Kommunikation. Dagegen scheinen unter den Japanern die Spielumgebung und die verwendeten Spielsachen dyadische Kommunikation und Interaktion zu unterstützen. Dieser funktionelle Unterschied findet vor allem in den unterschiedlichen Spielebenen Ausdruck, auf die sich die Mütter in diesen beiden Gesellschaften jeweils spezifisch einlassen.

Eine zweite kulturelle Vergleichsstudie von mütterlichem und kindlichem Spiel zwischen Argentinien und den Vereinigten Staaten erbrachte erstaunlicherweise ähnliche Ergebnisse (Bornstein, Haynes et al., 1999). 20 Monate alte amerikanische Kleinkinder vertieften sich häufiger in gemeinsames Explorationsspiel, während ihre argentinischen Altersgenossen sich häufiger im gemeinsamen Symbolspiel beschäftigten. Amerikanische Mütter ließen sich mit ihren 20 Monate alten Kleinkindern häufiger auf gemeinsames Explorationsspiel ein, während argentinische Mütter häufiger gemeinsames Symbolspiel aufgriffen. Im direkten Vergleich bevorzugten amerikanische Mütter die Spielebenen 1 und 3, argentinische Mütter dagegen die Ebene 6. Zur Interpretation der Daten ist es interessant, sich zu vergegenwärtigen, dass Argentinien ebenso wie Japan gemeinschaftsorientierte Kulturen repräsentieren, die zwischenmenschliche Beziehungen mehr betonen als funktionelles Explorieren.

Eine dritte kulturbezogene Untersuchung erfasste – im Alter von 13 und 20 Monaten – intrakulturelle Ähnlichkeiten und Unterschiede im Explorations- und Symbolspiel von Mutter-Kind-Dyaden in Süd- und Norditalien (Bornstein, Venuti et al., 2002; Venuti et al., 1997). Hier fanden sich keine regionalen Unterschiede im gemeinsamen Spiel; mit zunehmendem Alter jedoch spielten die Kinder in beiden Regionen weniger auf exploratorischen und mehr auf symbolischen Ebenen. Im Alter von 13 Monaten fanden sich auch auf Seiten der Mütter keine regionalen Unterschiede im Explorations-

und Symbolspiel mit ihren Kindern. Im Alter von 20 Monaten jedoch zeigten Mütter aus Süditalien häufiger Demonstrationen von explorativem Spiel, während Mütter aus Norditalien häufiger symbolisches Spiel demonstrierten.

Aus systemischer Sicht kann man davon ausgehen, dass die Entwicklung eines Konstruktes, einer Struktur, einer Funktion oder eines Prozesses im Kind – wie das Spiel – durch eine Vielzahl von Faktoren beeinflusst wird, die Umwelt und Erfahrung ebenso wie Genetik und Biologie einschließen. In diesem Abschnitt wurden einige der zahlreichen Einflüsse von Seiten des Kindes, der Eltern, der Umgebung und Kultur auf die nomothetischen (gesetzmäßigen) und idiographischen (individuellen) Entwicklungsaspekte des kindlichen Symbolspiels beleuchtet.

Zusammenfassung

Zu allen Zeiten haben Erwachsene innegehalten, um ein Kind beim Spielen zu beobachten und darüber zu staunen und nachzudenken. Dieses Kapitel macht den Versuch, einige unserer Beobachtungen und Überlegungen zusammenzufassen und weiterzugeben. Das Spiel ändert sich dramatisch während der ersten zwei Lebensjahre, indem es sich vom Explorieren und funktionellen Manipulieren von Gegenständen hin zu den hoch entwickelten Handlungen eines differenzierten Als-ob-Spiels entwickelt. Im 1. Lebensjahr ist das Spiel überwiegend durch sensomotorische Manipulation gekennzeichnet. Das Spiel des Säuglings scheint darauf ausgerichtet zu sein, Informationen über Gegenstände zu gewinnen und zu entdecken, wie sie sich verhalten, welche wahrnehmbaren Qualitäten ihnen eigen sind und welche unmittelbaren Effekte sie erzeugen. Diese Art des Spiels wird gemeinhin als exploratorisch oder nicht symbolisch bezeichnet, da die kindlichen Spielaktivitäten eng mit den greifbaren Eigenschaften der Gegenstände verwoben sind.

Im 2. Lebensjahr nehmen die kindlichen Spielhandlungen eine weniger konkrete Qualität an: Das Ziel des Spieles scheint jetzt auf der Ebene der Symbole oder Repräsentationen zu liegen. Das Spiel wird zunehmend kreativ, indem die Kinder Handlungen inszenieren, die sie selbst, andere Personen oder Objekte in einfachen Als-ob-Szenarien darstellen, indem sie so tun, als ob sie aus leeren

Tassen trinken, mit Spielzeugtelefonen sprechen und Ähnliches mehr.

Die symbolischen Fähigkeiten, die in diesem Kapitel diskutiert wurden, sind noch auf Symbolspiel mit Objekten beschränkt und kommen kaum an das voll ausgeprägte, oft dramatische Phantasiespiel der späteren Kindheit heran. Bei älteren Kleinkindern und Vorschulkindern erstreckt sich das Spiel zusätzlich auf emotionale und verschlungenere soziale Beziehungen (Oerter, s. Kapitel 6, Tamis-LeMonda, Katz & Bornstein, 2002).

Psychoanalytiker (wie Erikson, 1977) stellten die These auf, dass das Als-ob-Spiel kleine Kinder deshalb so anspreche, weil es ihnen erlaube, sich mit sonst tief gehenden emotionalen Sorgen wie Angst, Verlassenheit und Verletzung auseinander zu setzen. Das bedeutet, dass sich das Kleinkind mit Hilfe des Als-ob-Spiels emotional hoch geladenen Inhalten nähern und diese mit einem gewissen Grad an Kontrolle verarbeiten kann. Das voll ausgeprägte dramatische Rollenspiel bietet in anderen Bereichen der Psychologie wichtige Ansatzpunkte für diagnostische Fragestellungen und therapeutische Interventionen (Bornstein, 1975, 1991; Woolgar, 1999).

Viele Nebenflüsse münden in den Hauptstrom der Entwicklung, und jedes Konstrukt, jeder Prozess, jede Struktur oder Funktion der Entwicklung – wie das Spiel – beeinflusst wiederum andere Facetten des reifenden, wachsenden, denkenden, wahrnehmenden, sprechenden, fühlenden und interagierenden Kindes. Es bleibt eine Aufgabe für die künftige Forschung zu klären, wie die Entwicklung und Ausprägung des Symbolspiels in der frühen Kindheit die Entwicklung und die Ausdrucksmöglichkeiten in anderen Entwicklungsbereichen und in den Transaktionen mit der Umwelt beeinflussen. Heute lässt sich beispielsweise aufgrund der Qualität des Symbolspiels mit 14 Monaten die kognitive und sprachliche Entwicklung mit 24 Monaten voraussagen (Lyytinen et al., 1999). Wenn Mütter auf das Objektspiel ihrer 18 Monate alten Kleinkinder auf eine Optionen eröffnende Weise antworten (indem sie ermutigen, bestätigen und/oder die kindlichen Aktivitäten weiterentwickeln), führt dies im Alter von 40 Monaten zu signifikant höheren Ebenen des Symbolspiels, als wenn Mütter die Optionen einschränken (indem sie das kindliche Spiel missbilligen oder behindern) (Stilson & Harding, 1997). Wir konnten in Längsschnitt-Nachfolgeuntersuchungen zeigen, dass das frühkindliche Symbolspiel Voraussagen über die narrative Kompetenz im Vorschulalter, d. h. die Kohäsion und Organisation innerhalb des Geschichtenerzählens, erlaubt. Wenn Spiel die Arbeit des Kindes darstellt, was alles kann das kindliche Spiel über die menschliche Entwicklung vorhersagen?

Dank

Dieses Kapitel fasst ausgewählte Aspekte meiner Forschung zusammen. Teile des Textes wurden schon vorher in den zitierten Publikationen veröffentlicht. Ich bedanke mich bei C. Varron für die Unterstützung.

Literatur

Belsky, J. & Most, R. K. (1981). From exploration to play: A cross-sectional study of infant free play behavior. *Developmental Psychology, 17,* 630–639.

Bertalanffy, L. von (1968). *Organismic psychology theory.* Barre, MA: Clark University with Barre publishers.

Bornstein, M. H. (1975). Review of *Children in Play Therapy* by C. E. Moustakas. *The Journal of Nervous and Mental Disease, 161,* 209–210.

Bornstein, M. H. (1985). Habituation of attention as a measure of visual information processing in human infants: Summary, systematization, and synthesis. In: G. Gottlieb & N. A. Krasnegor (Eds.), *Measurement of audition and vision in the first year of postnatal life: A methodological overview* (pp. 253–300). Norwood, NJ: Ablex.

Bornstein, M. H. (1991). Review of *The Healing Power of Play: Working with Abused Children* by E. Gil. *AAAS Science Books & Films, 27,* 201–202.

Bornstein, M. H. (1998). Stability in mental development from early life: Methods, measures, models, meanings and myths. In: F. Simion & G. Butterworth (Eds.), *The development of sensory, motor and cognitive capacities in early infancy: from perception to cognition* (pp. 301–332). Hove, England: Psychology Press.

Bornstein, M. H., DiPietro, J. A., Hahn, C.-H., Painter, K. M., Haynes, O. M. & Costigan, K. A. (2002). Prenatal cardiac function and postnatal cognitive development: An exploratory study. *Infancy, 3,* 475–494.

Bornstein, M. H., Hahn, C.-S., Haynes, O. M., Manian, N. & Tamis-LeMonda, C. S. (2003). New research methods in developmental studies: Applications and illustrations. In: D. Teti (Ed.), *Handbook of research methods in developmental psychology.* NY: Blackwell Publishers.

Bornstein, M. H., Haynes, O. M., Legler, J. M., O'Reilly, A. W. & Painter, K. M. (1997). Symbolic play in childhood: Interpersonal and environmental context and stability. *Infant Behavior and Development, 20,* 197–207.

Bornstein, M. H., Haynes, O. M., O'Reilly, A. W. & Painter, K. (1996). Solitary and collaborative pretense play in early childhood: Sources of individual variation in the development of representational competence. *Child Development, 67,* 2910–2929.

Bornstein, M. H., Haynes, O. M., Pascual, L., Painter, K. M. & Galperín, C. (1999). Play in two societies: Pervasiveness of process, specificity of structure. *Child Development, 70,* 317–331.

Bornstein, M. H., Mayes, L. C. & Park, J. (1998). Language, play, emotional availability, and acceptance in cocaine-exposed and non-cocaine exposed young children and their mothers. *Revue Parole, 7/8,* 235–260.

Bornstein, M. H. & O'Reilly, A. W. (Eds.) (1993). *The role of play in the development of thought.* San Francisco: Jossey-Bass.

Bornstein, M. H., Selmi, A. M., Haynes, O. M., Painter, K. M. & Marx, E. S. (1999). Representational abilities and the hearing status of child/mother dyads. *Child Development, 70,* 833–852.

Bornstein, M. H. & Tamis-LeMonda, C. S. (1995). Parent-child symbolic play: Three theories in search of an effect. *Developmental Review, 15,* 382–400.

Bornstein, M. H. & Tamis-LeMonda, C. S. (1997). Maternal responsiveness and infant mental abilities: Specific predictive relations. *Infant Behavior and Development, 20,* 283–296.

Bornstein, M. H. Tamis-LeMonda, C. S., Tal, J., Ludemann, P., Toda, S., Rahn, C. W., Pêcheux, M.-G., Azuma, H. & Vardi, D. (1992). Maternal responsiveness to infants in three societies: The United States, France, and Japan. *Child Development, 63,* 808–821.

Bornstein, M. H., Venuti, P. & Hahn, C.-S. (2002). Mother-child play in Italy: Regional variation, individual stability, and mutual dyadic influence. *Parenting: Science and Practice, 2,* 273–301.

Bornstein, M. H., Vibbert, M., Tal, J. & O'Donnell, K. (1992). Toddler language and play in the second year: Stability, covariation, and influences of parenting. *First Language, 12,* 323–338.

Bretherton, I. & Bates, E. (Eds.) (1984). *Symbolic play.* San Diego: Academic Press.

Bronfenbrenner, U. & Crouter, A. C. (1983). The evolution of environmental models in developmental research. In: W. Kessen (Ed.), P. H. Mussen (Series Ed.), *Handbook of child psychology: Vol. 1. History, theory, and methods* (pp. 357–414). New York: Wiley.

Bronfenbrenner, U. & Morris, P. A. (1998). The ecology of developmental processes. In: R. M. Lerner (Ed.), W. Damon (Series Ed.), *Handbook of child psychology: Vol. 1. Theoretical models of human development* (5e, pp. 993–1028). New York: Wiley.

Caldera, Y. M., Huston, A. C. & O'Brien, M. (1989). Social interactions and play patterns of parents and toddlers with feminine, masculine, and neutral toys. *Child Development, 60,* 70–76.

Cassirer, E. (1951). *The philosophy of symbolic forms.* New Haven: Yale University Press.

Damast, A. M., Tamis-LeMonda, C. S. & Bornstein, M. H. (1996). Mother-child play: Sequential interactions and the relation between maternal beliefs and behaviors. *Child Development*, *67*, 1752–1766.

Eisert, D. & Lamorey, S. (1996). Play as a window on child development: The relationship between play and other developmental domains. *Early Education and Development*, *7*, 221–235.

Erikson, E. H. (1977). *Toys and reason*. New York: Norton.

Farver, J. M. (1993). Cultural differences in scaffolding pretend play: A comparison of American and Mexican mother-child and sibling-child pairs. In: K. MacDonald (Ed.), *Parent-child play: Descriptions and implications* (pp. 349–366). Albany, NY: State University of New York Press.

Farver, J. M. & Howes, C. (1993). Cultural differences in American and Mexican mother-child pretend play. *Merrill-Palmer Quarterly*, *39*, 344–358.

Farver, J. A. & Wimbarti, S. (1995). Indonesian children's play with their mothers and older siblings. *Child Development*, *66*, 1493–1503.

Fein, G. G. (1981). Pretend play in childhood: an integrative review. *Child Development*, *52*, 1095–1118.

Fein, G. G. (1991). Bloodsuckers, blisters, cooked babies, and other curiosities: Affective themes in pretense. In: F. S. Kessel, M. H. Bornstein and A. J. Sameroff (Eds.), *Contemporary constructions of the child*. Hillsdale, NJ: Lawrence Erlbaum Associates.

Feldman, R. & Greenbaum, C. W. (1997). Affect regulation and synchrony in mother-infant play as precursors to the development of symbolic competence. *Infant Mental Health Journal*, *18*, 4–23.

Fenson, L. & Ramsay, D. (1980). Decentration and integration of the child's play in the second year. *Child Development*, *51*, 171–178.

Garvey, C. (1977). *Play*. Cambridge, MA: Harvard University Press.

Gaskins, S. (1996). How Mayan parental theories come into play. In: S. Harkness & C. M. Super (Eds.), *Parents' cultural belief systems: Their origins, expressions, and consequences* (pp. 345–363). New York: Guildford Press.

Göncü, A. & Mosier, C. (1991). *Cultural variation in the play of toddlers*. Paper presented at the biennial meetings of the Society for Research in Child Development. Seattle: WA.

Holden, G. W. & Miller, P. C. (1999). Enduring and different: A meta-analysis of the similarity in parents' childrearing. *Psychological Bulletin*, *125*, 223–254.

Kaplan, B. (1961). An approach to the problem of symbolic representation: Non-verbal and verbal. *Journal of Communication*, *11*, 52–62.

Lyytinen, P., Laakso, M.-L., Poikkeus, A.-M. & Rita, N. (1999). The development and predictive relations of play and language across the second year. *Scandinavian Journal of Psychology*, *40*, 177–186.

McCune-Nicolich, L. (1981). Toward symbolic functioning: Structure of early pretend games and potential parallels with language. *Child Development*, *52*, 785–797.

McCune-Nicolich, L. & Fenson, L. (1984). Methodological issues in studying early pretend play. In: T. D. Yawken and A. D. Pelligrini (Eds.), *Child's play: Developmental and applied*. Hillsdale, NJ: Erlbaum.

New, R. S. (1989). The family context of Italian infant care. *Early Child Development and Care, 50*, 99–108.

New, R. S. (1989). The family context of Italian infant care. *Early Child Development and Care, 50*, 99–108.

New, R. S. (1994). Child's play – *una cosa naturale*: An Italian perspective. In: J. L. Roopnarine, J. E. Johnson & F. H. Hooper (Eds.), *Children's play in diverse cultures* (pp. 123–147). Albany, NY: State University of New York Press.

Piaget, J. (1962). *Play, dreams and imitation in childhood*. New York: Norton.

Power, T. G. (2000). *Play and exploration in children and animals*. Mahwah, NJ: Lawrence Erlbaum Associates.

Rogoff, B., Mistry, J., Göncü, A. & Mosier, C. (1993). Guided participation in cultural activity by toddlers and caregivers. *Monographs of the Society for Research in Child Development, 58* (7, Serial No. 236).

Rogoff, B., Mosier, C., Mistry, J. & Göncü, A. (1993). Toddlers' guided participation with their caregivers in cultural activity. In: E. A. Forman, N. Minick & C. A. Stone (Eds.), *Contexts for learning: Sociocultural dynamics in children's development* (pp. 230–253). New York, NY: Oxford University Press.

Roopnarine, J. L., Johnson, J. E. & Hooper, F. H. (Eds.) (1994). *Children's play in diverse cultures*. Albany, NY: State University of New York Press.

Schwartzman, H. (1978). *Transformations: The anthropology of children's play*. New York: Plenum.

Sigman, M. & Sena, R. (1993). Pretend play in high-risk and developmentally delayed children. In: M. H. Bornstein & A. W. O'Reilly (Eds.), *The role of play in the development of thought* (pp. 29–42). San Francisco: Jossey-Bass.

Slade, A. (1987). A longitudinal study of maternal involvement and symbolic play during the toddler period. *Child Development, 58*, 367–375.

Smolucha, L. & Smolucha, F. (1998). The social origins of mind: Post-Piagetian perspectives on pretend play. In: O. N. Saracho & B. Spodek (Eds.), *Multiple perspectives on play in early childhood education. SUNY series, early childhood education: Inquires and insights* (pp. 34–58). Albany: State University of New York Press.

Stilson, S. R. & Harding, C. G. (1997). Early social context as it relates to symbolic play: A longitudinal investigation. *Merrill-Palmer Quarterly, 43*, 682–693.

Tamis-LeMonda, C. S. & Bornstein, M. H. (1989). Habituation and maternal encouragement of attention in infancy as predictors of toddler language, play, and representational competence. *Child Development, 60*, 738–751.

Tamis-LeMonda, C. S. & Bornstein, M. H. (1990). Language, play, and attention at one year. *Infant Behavior and Development, 13*, 85–98.

Tamis-LeMonda, C. S. & Bornstein, M. H. (1991). Individual variation, correspondence, stability, and change in mother and toddler play. *Infant Behavior and Development, 14*, 143–162.

Tamis-LeMonda, C. S. & Bornstein, M. H. (1993a). Antecedents of exploratory competence at one year. *Infant Behavior and Development, 16*, 423–439.

Tamis-LeMonda, C. S. & Bornstein, M. H. (1993b). Play, and its relations to other mental functions in the child. In: M. H. Bornstein & A. W. O'Reilly (Eds.), *The role of play in the development of thought* (pp. 17–28). San Francisco: Jossey-Bass.

Tamis-LeMonda, C. S. & Bornstein, M. H. (1994). Specificity in mother-toddler language-play relations across the second year. *Developmental Psychology, 30*, 283–292.

Tamis-LeMonda, C. S. & Bornstein, M. H. (1996). Variation in children's exploratory, nonsymbolic, and symbolic play: An explanatory multidimensional framework. In: C. R. Rovee-Collier & L. P. Lipsitt (Eds.), *Advances in infancy research* (Vol. 10, pp. 37–78). Norwood, NJ: Ablex.

Tamis-LeMonda, C. S., Bornstein, M. H., Baumwell, L. & Damast, A. M. (1997). Responsive parenting in the second year: Specific influences on children's language and play. *Early Development and Parenting, 5*, 173–183.

Tamis-LeMonda, C. S., Bornstein, M. H., Cyphers, L., Toda, S. & Ogino, M. (1992). Language and play at one year: A comparison of toddlers and mothers in the United States and Japan. *International Journal of Behavioral Development, 15*, 19–42.

Tamis-LeMonda, C. S., Chen, L. A. & Bornstein, M. H. (1998). Mothers' knowledge about children's play and language development: Short-term stability and interrelations. *Developmental Psychology, 34*, 115–124.

Tamis-LeMonda, C. S., Damast, A. M. & Bornstein, M. H. (1994). What do mothers know about the developmental nature of play? *Infant Behavior and Development, 17*, 341–345.

Tamis-LeMonda, C. S., Katz, J. C. & Bornstein, M. H. (2002). Infant play: Functions and partners. In: M. Lewis & A. Slater (Eds.), *Introduction to infant development*. New York City, NY: Oxford University Press.

Tamis-LeMonda, C. S., Uzgiris, I. & Bornstein, M. H. (2002). Play in parent-child interactions. In M. H. Bornstein (Ed.), *Handbook of parenting* (2e, Vol. 5). Mahwah, NJ: Lawrence Erlbaum Associates.

Toda, S., Azuma, H. & Bornstein, M. H. (1993). Juu-san ka getsu no asobi oyobi gengo ni oyobosu go ka getsu no hahaoya no hann' no eiky'. [The effects of maternal responsiveness on infant play and language development at 5 and 13 months.] *Japanese Journal of Developmental Psychology, 4*, 126–135.

Ungerer, J. A., Zelazo, P., Kearsley, K. & O'Leary, K. (1981). Developmental changes in the representation of objects in symbolic play from 18 to 34 months. *Child Development, 52*, 186–195.

Venuti, P., Rossi, G., Spagnoletti, M. S., Famulare, E. & Bornstein, M. H. (1997). Gioco non simbolico e simbolico a 20 mesi: Comportamenti di gioco del bambino e della madre [Nonsymbolic and symbolic play in children 20 months of age: Play behavior of the child and mother]. *Età Evolutiva, 58*, 25–35.

Vibbert, M. & Bornstein, M. H. (1989). Specific associations between domains of mother-child interaction and toddler referential language and pretense play. *Infant Behavior and Development, 12*, 163–184.

Wachs, T. D. (1993). Multidimensional correlates of individual variability in play and exploration. In: M. H. Bornstein & A. W. O'Reilly (Eds.), *The role of play in the development of thought* (pp. 43–53). San Francisco: Jossey-Bass.

Woolgar, M. (1999). Projective doll play methodologies for preschool children. *Child Psychology and Psychiatry Review, 4*, 126–134.

Wygotski, L. (1978). *Mind in society*. Cambridge, MA: Harvard University Press.

KAPITEL 4

Der förderliche Einfluss psychischer Sicherheit auf das spielerische Explorieren kleiner Trobriand-Kinder[1]

Karin Grossmann, Klaus E. Grossmann,
Anika Keppler, Miriam Liegel
und Wulf Schiefenhövel

»*Complementary in importance to a parent's respect for a child's attachment desires is respect for his desire to explore and gradually to extend his relationships both with peers and with other adults.*
(Ebenso wichtig wie die Achtung der Eltern vor den Bindungswünschen eines Kindes ist ihre Achtung vor seinem Wunsch, seine Umwelt zu erkunden und allmählich seine Beziehungen sowohl zu Gleichaltrigen als auch zu Erwachsenen zu erweitern.«

Bowlby, 1979, S. 136, deutsch S. 167

Exploration und Bindung von Kleinkindern im Dorf Tauwema, Papua-Neuguinea

In diesem Beitrag berichten wir über Forschungsergebnisse, die in einer Dorfgemeinschaft auf den Trobriand-Inseln des Staates Papua-Neuguinea entstanden sind. Die Forschungsstelle Humanethologie der Max-Planck-Gesellschaft unterhält in dem Dorf Tauwema auf der Insel Kaileuna seit 1982 durch Wulf Schiefenhövel eine beständige Feldstation (Schiefenhövel & Bell-Krannhals, 1986; Schiefenhövel, Uher & Krell, 1993). Dort hatten wir die willkommene Möglichkeit, kulturvergleichende Bindungsforschung unter Bedingungen größtmöglicher und tagsüber ständig beobachtbarer Bewegungsfreiheit der Kleinkinder und ihrer Eltern durchzuführen (Grossmann & Grossmann, 1996). Da in Tauwema seit 20 Jahren

---

[1] Unterstützt von der Deutschen Forschungsgemeinschaft.

Untersuchungen zu den unterschiedlichsten Themen durchgeführt wurden (Schiefenhövel et al., 1993), besteht ein enges Vertrauensverhältnis zu den Bewohnern, sodass die Datenaufnahme keine Schwierigkeiten bereitete.

Die aus dem oben zitierten Postulat von Bowlby entlehnten Leitthemen bestimmten unsere Beobachtungen. Diese Themen ergaben sich auch aus den evolutionsbiologischen Wurzeln der Bindungstheorie (Bowlby, 1984) und des Spiels (Oerter, 1995), und sie spielen in der interkulturell vergleichenden Bindungsforschung eine zentrale Rolle (Grossmann & Grossmann, 1990; Grossmann, Grossmann & Keppler, in Vorb.; van Ijzendoorn & Sagi, 1999):

- Sind Bindungs- und Explorationsverhaltensweisen bei den Kleinkindern dieser sehr traditionellen Gesellschaft in vergleichbarer Weise wie die der Kleinkinder anderer Kulturen im Sinne der von der Bindungstheorie postulierten Balance organisiert? Ist Bindungs- und Explorations-/Spielverhalten auch in dieser Kultur so wechselseitig abhängig, dass Trennung und Fremdheit ängstigen und Bindungsverhalten hervorrufen und mütterliche Anwesenheit und Vertrautheit Exploration auslösen?
- Lässt sich die Qualität der »Bindungs-Explorationsbalance« im Verhalten der Kleinkinder mit Hilfe der international verwendeten, standardisierten »Fremden Situation« der Klassifikation von sicheren und unsicheren Bindungsmustern zuordnen?
- Was sind die bevorzugten Spielsachen für die Kleinkinder in dieser Kultur?
- Findet sich auch hier ein Zusammenhang zwischen »sicherer Exploration« (Exploration im Schutz der Bindungsperson ohne Angst) und Bindungssicherheit zur primären Bindungsperson?
- Wer »investiert« in dieser Kultur durch aktive Unterstützung in die Sozialisation des Kindes?
- Gibt es einen Zusammenhang zwischen der Qualität der Unterstützung der Exploration eines Kindes durch die Mutter und der Qualität seiner Bindung zu ihr?

Theoretische Einbettung der Verhaltenssysteme
von Bindung, Fürsorge und Exploration

Zu Beginn seines Lebens hat das Kind ein ihm von der Natur vorgegebenes Bestreben, eine Bindung an mindestens einen Erwachsenen aufzubauen, der seinen Schutz, seine Versorgung und seine Einführung in die Kultur seiner Gruppe übernimmt. Ohne die ebenfalls von der Natur vorgegebene Bereitschaft der Eltern, diese Aufgaben zu übernehmen und spontan die Interaktionsbereitschaft des Säuglings zu fördern (Papoušek & Papoušek, 1979), wäre das schwache, nackte und unwissende Kind nicht in der Lage zu überleben. John Bowlby, der Begründer der Bindungstheorie, bezeichnete die dazugehörigen Verhaltensorganisationen als kindliches Bindungs-Verhaltens-System und als elterliches Fürsorge-Verhaltens-System (Bowlby, 1969/1984).

Aus evolutionspsychologischer Sicht sind Bindung und Fürsorge zwar notwendige, aber nicht hinreichende Voraussetzungen für das Überleben des Kindes. Die individuellen Beziehungen eines Kindes zu besonderen verantwortungsvollen und zugeneigten Erwachsenen führen dazu, dass das Kind seinerseits den Wunsch entwickelt und danach strebt, ein geschätztes Mitglied seiner kulturellen Gruppe zu werden. Dieser Sozialisierungsprozess ist ebenfalls vorprogrammiert und braucht außer verantwortungsvoller Fürsorge und unterstützendem Vorbild keine speziellen Erziehungstechniken (Ainsworth, Bell & Stayton, 1974; Bretherton, Golby & Cho, 1997; Goodnow, 1997; Grossmann et al., in Vorb.). Bretherton nennt diese »natürliche« Bereitschaft bei den Eltern wie auch die gleiche Bereitschaft später beim Kind »committed compliance« (verpflichtendes Einwilligen), wobei diese »natürlichen« Bereitschaften durch viele ungünstige Umstände im Leben der Eltern und des Kindes in der Ausgestaltung gestört werden können.

Die Bindungs- und Fürsorge-Verhaltenssysteme werden durch ein ebenfalls angelegtes Erkundungsbedürfnis mit dem dazugehörigen Explorations-Verhaltenssystem ergänzt, sodass sich das Individuum seine Umwelt vertraut machen kann (Bowlby, 1969/1984). Es ist die zweite ebenso notwendige Voraussetzung für das Heranwachsen des Kindes als Kulturwesen. Das Erlernen notwendiger Fähigkeiten und ihrer sprachlichen und kulturellen Bedeutungen wird durch gemeinsame Aufmerksamkeit von Kind und Betreuer gewährleistet, eine Fähigkeit, die nur dem Menschen gegeben ist (Tomasello, 1999).

Exploration und spielerische Aktivitäten werden jedoch nur gezeigt, wenn sich der Spielende sicher fühlt und keine überlebenswichtigen Aufgaben zu erfüllen hat. Wir gehen mit Konrad Lorenz (1978) davon aus, dass Begeisterung beim Explorieren entscheidend von der subjektiv empfundenen psychischen Sicherheit abhängt. Da auch während des Explorierens negative Gefühle wie Anspannung, Unsicherheit und Angst auftreten können, ist besonders für das Kleinkind beim Explorieren die Anwesenheit und Unterstützung durch die Bindungsperson nötig. Wir möchten das Konzept der psychischen Sicherheit im Rahmen der Bindungstheorie nutzen, um die Funktion beider Verhaltenssysteme zu integrieren: Psychische Sicherheit gründet sich demnach sowohl auf emotionale Sicherheit durch liebevolle, schützende Nähe als auch – beim Explorieren – auf emotionale Sicherheit durch feinfühlige Unterstützung und angemessene Herausforderungen (Grossmann, K. et al., 2002)[1]. Zwar entsteht bindungstheoretisch emotionale Sicherheit aus beiden Systemen, aber die Sicherheit durch Nähe, Schutz und Fürsorge hat für den sehr jungen Menschen zunächst Priorität.

Am Beispiel der Bindungs- und Explorationsverhaltensweisen von Kleinkindern eines Dorfes auf einer der Trobriand-Inseln soll das bindungstheoretische Konzept der psychischen Sicherheit untermauert werden.

Die Welt der Trobriand-Kinder

Die Trobriand-Inseln sind Koralleninseln. Geographisch sind sie ein Teil Melanesiens. Das Dorf Tauwema liegt im Norden der Insel Kaileuna direkt am Meer (Beschreibung der Inseln und ihrer Kultur s. Schiefenhövel et al., 1993). Für die Geisteswissenschaften erlangte die Bevölkerung der Trobriand-Inseln eine im Vergleich zu anderen Ethnien ungewöhnlich große Bedeutung durch die Felduntersuchungen und anschließenden Monographien des Begründers der Sozialanthropologie, Bronislaw Malinowski (1922–1935).

Das Dorf Tauwema umfasste während unseres Aufenthalts im Herbst 1995 ca. 80 Hütten verschiedener Größe, und es hatte ca. 270 Einwohner. Etliche Bewohner Tauwemas stehen zwar in regel-

---

[1] In unserer deutschen längsschnittlichen Untersuchung deutete sich darüber hinaus eine Rollenteilung zwischen den Eltern an. Bei der Kind-Mutter-Beziehung zeigten sich eher längerfristige Auswirkungen der Qualität von Bindungssicherheit durch Nähe zur »Sicheren Basis« – die traditionelle Bindungssicherheit; bei der Kind-Vater-Beziehung dagegen zeigten sich eher Auswirkungen auf die Entwicklung der psychischen Sicherheit durch feinfühlige Unterstützung des kindlichen Spiels (Grossmann, K. et al., 2002; Grossmann, K. et al., im Druck). Beides korrelierte signifikant mit der späteren Repräsentation von dem Partner und Partnerschaft, als die Kinder erwachsen geworden waren (Grossmann, K. E. et al., 2002).

mäßigem Kontakt mit der westlichen Zivilisation, aber die Akkulturation der Trobriander ist bisher vergleichsweise sanft vorangeschritten, und sie pflegen liebevoll ihre differenzierten Traditionen. Ihre Existenzgrundlage basiert vor allem auf marinen Ressourcen und Gartenbau (Schiefenhövel & Schiefenhövel, 1996).

Die Trobriander haben eine matrilineare Deszendenz. Über die Mutter werden die Clanzugehörigkeit und ein Teil des Grundbesitzes vererbt. Aus der Zugehörigkeit zu einem der vier Hauptclane des Dorfes Tauwema werden Rechte, Tabus und Pflichten abgeleitet. Das Ansehen einer Frau basiert neben ihrem Status als Trägerin der Clan-»Seele«, der sich speziell in den großen Totenritualen zeigt (Weiner, 1976), besonders auch auf ihrer Fertigkeit, »Doba« zu machen (Grossmann, K., 1995). Doba bedeutet in ihrer Sprache Kilivila so viel wie Wert (Senft, 1986). Bei der Herstellung von Doba wird mit einer gezackten Muschel oder einem Metallstück auf einem Brett der Saft aus Bananenblättern geschabt. Nach dem Trocknen der Fasern werden sie zu Büscheln gebunden, die z. T. eingefärbt und mit anderen haltbaren und getrockneten Blättern einer Palme zu Faserröcken verarbeitet werden. Für Doba und Röcke aus Doba kann man Lebensmittel, Stoffe, Töpfe und sogar – für eine bestimmte Anzahl Röcke – ein Schwein eintauschen.

Die Güte und Menge ihres Doba verleiht einer Frau also auch wirtschaftliche Macht im Dorf (Weiner, 1976). Das Ansehen eines Mannes hängt vor allem von seinen Fertigkeiten im Fischfang, im Boots- und Gartenbau ab. Sowohl Frauen als auch Männer können Kenntnisse in Magie haben, was ihnen Ansehen und Einkommen verschafft. Die Häuptlingswürde kann zwar nur von einem Mann ausgeübt werden, aber sie wird über die mütterliche Clanzugehörigkeit vererbt.

Die Kinder in Tauwema wachsen in einer meist liebevollen Großfamilie auf, die aus Eltern, Geschwistern, Großeltern und oft weiteren Verwandten besteht. Aufgrund der Bodenbesitzverhältnisse wohnen viele Verwandte nahe beieinander. Die Mutter und die Großmutter mütterlicherseits, die meistens »nebenan« wohnt, sorgen nach der Geburt für das Baby, das nach Bedarf gestillt wird, das viel Körperkontakt erhält und auf dessen Weinen stets prompt reagiert wird (Schiefenhövel & Schiefenhövel, 1996). Für die Mütter Tauwemas ist der weitgehend ungehinderte Zugang des Säuglings zur Brust selbstverständlich. Wenn sie sich nicht von Fremden be-

obachtet fühlen, tragen sie keine Oberbekleidung. Dadurch gewinnt das Krabbelkind schnell die Kompetenz, zur Mutter zu krabbeln und sich aktiv die Mutterbrust zu holen. Sie forderten diesen Zugang z. B. auch protestierend ein, wenn die Mutter beim Gefilmt-Werden Oberbekleidung trug.
Sobald das Kind sitzen kann, überlässt die Mutter es häufig der Aufsicht eines älteren Geschwisters. Auf deren Hüfte oder Rücken getragen, erlebt es die Geschehnisse im Dorf mit (Abb. 1).

Abb. 1: Ein großer Bruder trägt seine kleine Schwester auf dem Rücken.

Dem Kleinkind werden rund um seine Wohnstatt alle Freiheiten gewährt, die Umwelt zu erforschen, auch wenn es mit gefährlichen Gegenständen wie Messern in Berührung kommt. Vor offenem Feuer wird es allerdings nachdrücklich gewarnt. Wenn ein Kleinkind aus irgendeinem Grund weint, ist stets ein Familienmitglied in der Nähe, um zu helfen. Dabei sind schon die Kleinkinder sehr selbstständig und erreichen oft aus eigener Kraft die Befriedigung ihrer Bedürfnisse.
Aus Sicht der Entwicklungspsychologie erleben die Kleinkinder in Tauwema in der Regel eine ungefährliche Umwelt, die sie unbekümmert erforschen können, und liebevolle Zuwendung nicht nur von der Familie, sondern auch von vielen Verwandten. Ihre Lebens-

bedingungen erscheinen damit optimal geeignet, ihnen ein grundlegendes Gefühl der Sicherheit und des Vertrauens in ihre Mitmenschen zu geben (Grossmann & Grossmann, 1996).

Die Rolle der Verwandtschaft in Tauwema

Die überaus große Bedeutung von Verwandtschaft in Tauwema wird in verschiedenen Bereichen offensichtlich. Das Kind ererbt über die Mutter die Zugehörigkeit zu ihrem Clan und damit viele Rechte und Pflichten. Das Kind hat ein Anrecht auf Gartenland in dem Dorf seiner Mutter. Jeder kann sich weitgehend auf die Unterstützung durch die – auch weiter entfernten – Verwandten verlassen, z. B. bei Krankheit. Auch Adoptionen fanden in dieser Dorfgemeinschaft zu 71% zwischen nahe verwandten Familien statt (Grabolle & Schiefenhövel, 2001). Nur Clanmitglieder dürfen ein Kind auf den Arm nehmen. Das konnten wir uns zunutze machen, als wir für unsere standardisierte Untersuchungssituation eine dem Kind fremde Person brauchten, die aber nicht »weiß« sein durfte, weil Weiße den Kleinkindern zu viel Angst machten. So konnten wir fragen, welche Frau dieses Kind »noch nie getragen hat«, und damit sicher sein, dass sie dem Kind fremd sein wird.

Diese und etliche andere Traditionen dieser Kulturgruppe unterstützen die soziobiologische These, nach der gegenseitiges Versorgen mit Ressourcen innerhalb der nächsten Verwandten für ein Individuum von großer Bedeutung ist (Bell-Krannhals, 1993). Diese Überlegungen flossen auch in unsere Forschungsfrage nach den unterstützenden Personen des Kindes ein.

Spielen und Lernen der Trobriand-Kinder

Die Kinder von Tauwema spielen oft am Strand im, am und mit Wasser, mit Sand und mit Naturobjekten wie Stöcken, Blättern und Früchten (Senft, B., 1985). Auch Ballspiele sind in Tauwema sehr beliebt, wobei die größeren Kinder die Bälle selbst aus Füllmaterial und Plastikfolie herstellen. Bereits mit kleinen Kindern wird in Form von gegenseitigem Zurollen Ball gespielt. Ab und zu sieht man Jungen mit kleinen Spielzeugbooten spielen, die von ihren Vätern hergestellt wurden, aber eigens angefertigtes anderes Spielzeug gibt es eher selten (Schiefenhövel & Schiefenhövel, 1996).

Die kleinen Kinder imitieren gern die Spiele der größeren Kinder und die Tätigkeiten der Erwachsenen. Mädchen üben sich schon sehr früh in der Herstellung von Doba. Auch die kleinen Jungen wollen, solange sie noch viel Zeit bei der Mutter verbringen, ebenfalls ihre Tätigkeit nachahmen und bekommen ein Doba-Brett und Schaber zum Üben (Abb. 2).

Abb. 2: Der 14 Monate alte Bub sitzt mit seiner Schwester und Mutter auf einer Arbeitsplattform und macht Doba.

Ab etwa zwei Jahren versuchen die Mädchen, verschiedene Gefäße auf dem Kopf zu transportieren. Die kleinen Jungen dagegen erproben den Umgang mit Stöcken als Pfeil und Speer, mit dem Buschmesser, und später spielen sie mit den Kanus der Erwachsenen (Senft, B., 1985).
Wenn sich die Kinder im Alter von ungefähr drei Jahren endgültig den Kindergruppen anschließen, beginnt dort eine eigene Art von Sozialisation und Enkulturation durch die Gesellschaft der Kinder (Eibl-Eibesfeldt, 1995; Gottschalk-Batschkus & Batschkus, 1996; Schleidt, 1993). Durch Vorbild, Lob und Spott lernen sie die Kulturtechniken ihrer Gemeinschaft (Grossmann & Grossmann, 1996).

Methoden zur Erfassung von psychischer Sicherheit durch Nähe und bei spielerischer Exploration

Die Datenerhebung im Dorf Tauwema auf der Trobriand-Insel Kaileuna fand im Oktober/November 1995 statt. Zum Zeitpunkt der Untersuchung gab es 22 Kinder unter 3 1/2 Jahren im Dorf, wobei ein Kleinkind kaum anwesend war und ein weiteres nach kurzer Zeit zu den Großeltern fortzog. So ergab sich eine Gruppe von 20 Kindern (7 Jungen und 13 Mädchen) und deren weiblichen primären Bindungspersonen. Bei 18 Kindern war dies die Mutter, bei einem Kind die Adoptivmutter und bei einem die Großmutter. Das jüngste der 20 Kinder war 14 Monate alt.

Abb. 3: Aufbau der Fremden Situation im Versammlungshaus

Die Bindungsqualität (Sicherheit bzw. Unsicherheit durch Nähe zur Bindungsperson) wurde mit dem Verfahren der standardisierten Fremden Situation von Ainsworth (Ainsworth et al., 1978) erhoben, die die Reaktionen des Kindes auf Fremdes und Trennung erfasst. Als fremden Ort durften wir das Versammlungshaus des Dorfes nehmen, in das die Kleinkinder niemals allein hineindurften. Die beiden Kameras wurden links und rechts an die offenen Fensterbalken gelehnt, und der Filmende verbarg sich hinter abtrennenden Matten (Abb. 3). Als fremde Person wurde für ein Kind jeweils eine Frau aus dem Dorf gebeten, die das Kind »noch nie getragen« hatte, ihm also fremd war, obwohl sie aus dem Dorf stammte.
Kritisch für die Bestimmung der Bindungssicherheit ist, ob das Kleinkind unter Belastung die Bindungsperson als »sicheren Hafen« nutzt, um so seine Belastung abzubauen (Spangler & Grossmann, 1993), und von dort aus als »Sicherer Basis« wieder exploriert. Das vorgegebene Auswertesystem wurde für die Kleinkinder über 24 Monate eigens erweitert (Grossmann, K., 1999; Keppler, 2000).

Auch die Art und Bandbreite der Exploration der Kleinkinder wurden analysiert. In der Fremden Situation standen dem Kind vertraute, alltägliche Gegenstände wie ein Doba-Brett mit Schaber und Blättern (das Doba-Set), ein kleiner Ball, ein Feuerfächer, eine klappernde Getränkedose und Ähnliches aus den Haushalten ihrer Familien zur Verfügung. Es gab aber auch unvertraute Gegenstände aus dem Haushalt der Forscher, wie ein Objektivsäckchen gefüllt mit Wäscheklammern, eine Kette aus Sicherheitsnadeln, eine goldene Papierschachtel und ein Schiff aus Holz (s. Abb. 3). Schließlich wurde noch das Engagement der Mutter gegenüber dem Spiel ihres Kindes auf einer 5-Punkte-Skala bewertet, die von »keine Aufmerksamkeit« über »Animation zum Spiel« bis zu »Korrigieren der Spielhandlungen« reichte. Es wurde ein Wert pro 15 Sekunden getrennt für jedes Spielzeug vergeben (Keppler, 2000).

Nachdem alle Fremden Situationen durchgeführt worden waren, wurde jedes dieser Kinder einen Tag lang in seinem häuslichen Umfeld ohne Eingriffe beobachtet, was sowohl in ausführlichen Protokollen als auch z. T. videographiert wurde. Zusätzlich wurden auch an anderen Tagen Tagebuchnotizen über jedes Kind angefertigt, damit auch Beobachtungen von Tagen vorlagen, an denen das Kind nicht im Zentrum der Aufmerksamkeit durch die Kamera stand. In Anlehnung an von Cranach und von Frenz (1969) wurde als Beobachtungseinheit »derjenige Bestandteil in einem Verhaltensablauf bezeichnet, der dem Untersucher als kleinstes, nicht reduzierbares Ereignis zur Analyse des Verhaltens notwendig erscheint« (S. 286).

Eine eigens entwickelte 9-Punkte-Skala diente zur Auswertung der Balance des Bindungs- und Explorationsverhaltens. Sie reichte von »ausschließliche Orientierung auf die Bindungsperson mit aktivem Bindungsverhalten« über die »Hälfte der Orientierung geht zur Bindungsperson, die Hälfte der Orientierung geht nach außen« bis zu »Exploration außerhalb der Reichweite einer Bindungsperson« (Liegel, 2001, S. 45–48). Bei der Analyse des Explorationsverhaltens wurde erstens die Art der Exploration kategorisiert: Zuschauen, Bewegungsspiele, soziales Kennenlernen, Erkunden der Umwelt, Exploration von alltäglichen oder nicht alltäglichen Gegenständen wie Neues aus anderen Kulturen oder Werkzeugen. Zweitens, wenn angebracht, wurde die Spielqualität mit dem jeweiligen Gegenstand bewertet: Hantieren ohne Ziel, Effektspiel, funktionales Spiel, werkschaffendes Spiel, symbolisches Spiel. Es wurde also ebenfalls während der Dorfbeobachtungen dokumentiert, ob das Kind sich mit alltäglichen Gegenständen beschäftigte, die zu seiner unmittelbaren Umwelt gehörten, oder mit nicht alltäglichen Gegenständen, die entweder nicht Teil seiner Kultur waren, wie Getränkekisten, Geldbörsen, Zeitungen usw., oder die nicht in seinen unmittelbaren Erfahrungsbereich gehörten, wie herumliegende Werkzeuge der Männer.

Auch die Unterstützung der Mutter und anderer Personen für die Exploration des Kindes wurde in beiden Kontexten erfasst, wobei unterschieden wurde, ob das Kind beim Erkunden alltäglicher oder nicht-alltäglicher Gegenstände unterstützt wurde.

Die im Folgenden berichteten qualitativen und quantitativen Ergebnisse sind das Resultat der Auswertungen der standardisierten Fremden Situationen von Anika Keppler (2000) und der Auswertungen der Videobeobachtungen und Tagebucheintragungen im Dorf von Miriam Liegel (2001) (s. a. Grossmann et al., in Vorb.). Alle Unterschiede und Zusammenhänge, die in den folgenden Sektionen über die empirischen Analysen berichtet werden, sind statistisch jenseits einer Zufallserwartung von 5% signifikant. Trotzdem müssen in Anbetracht der kleinen Fallzahlen bei den Gruppenvergleichen und der großen Altersspanne der Kleinkinder die Ergebnisse mit Vorsicht interpretiert werden. Andererseits stimmen die Befunde so gut mit entsprechenden Befunden aus anderen Kulturen überein (Grossmann et al., in Vorb.; van Ijzendoorn & Sagi, 1999), dass wir sie für gut verallgemeinerbar halten.

Eine Analyse der Neugier und Exploration der Kleinkinder in der standardisierten Fremden Situation (Keppler, 2000)

Die Kleinkinder in Tauwema zeigten sehr deutliche Präferenzen für die ihnen bekannten Spielzeuge. Im Vergleich zu den anderen drei Spielzeuggruppen der Dosen und Schachteln verschiedener Größe, der bekannten und fremden Spielgegenstände beschäftigten sie sich am häufigsten mit Doba und dem Ball. Die bevorzugte Beschäftigung der Kleinkinder mit Doba – und zwar schon der Einjährigen (s. Abb. 2) – kann auf den besonderen Wert dieser traditionellen

Fertigkeit in ihrer Kultur zurückgeführt werden. Durch die beständige Nähe zu ihren Vorbildern, durch Nachahmung und durch Lob von ihren Bindungspersonen hatten die Kinder schon in diesem Alter die herausragende Bedeutung von Doba in ihrer Gesellschaft gelernt. Spiele mit den kleinen Bällen, die in dieser Zeit sehr beliebt im Dorf waren, war die zweithäufigste Tätigkeit der Kleinkinder in dieser Situation.

Die Kleinkinder in Tauwema konzentrierten sich in der Fremden Situation also hauptsächlich auf die Gegenstände, die sie sehr gut aus ihrem alltäglichen Leben kannten. Entgegen bisheriger Forschungsergebnisse, nach denen v. a. neue Gegenstände die Neugier aktivieren (Keller & Boigs, 1989), riefen die fremden Gegenstände bei den Kindern in Tauwema die geringste Neugier hervor und sie explorierten diese sehr wenig. Darin zeigte sich auch kein Altersunterschied. Die neuen Sachen waren auch für die »älteren« Kinder zwischen 21 und 40 Monaten ebenso wenig interessant wie für die jüngeren.

Es zeigten sich jedoch Unterschiede zwischen Jungen und Mädchen. Die Jungen explorierten eine größere Anzahl von Gegenständen als die Mädchen, während diese mehr Zeit mit dem Doba-Set zubrachten. Jungen explorierten auch die neuartigen Sachen häufiger als die Mädchen. Die Jungen in Tauwema waren also, wie oft in der Forschung gefunden (z. B. Hutt, 1976), schon in diesem Alter neu-gieriger als die Mädchen.

Erwartungsgemäß entsprachen die Vorlieben der Kinder der Unterstützung, die sie dafür von ihrer Mutter erhielten. Sowohl in der Fremden Situation als auch im alltäglichen Leben zeigten sich die Mütter mehr am Spiel ihrer Kinder interessiert und engagiert, wenn sie mit den bekannten als wenn sie mit den neuen Gegenständen spielten. Ihre Kleinkinder beschäftigten sich ihrerseits umso ausdauernder mit Doba und dem Ball, je intensiver sich auch die Mütter für diese Gegenstände engagierten. Die Bewertung der Tätigkeit des Kindes, die im Verhalten der Mutter deutlich wurde, hing eng mit der Art der Exploration des Kindes zusammen[1].

Im Rahmen ihrer Einteilung nach prototypischen Gesellschaftsformen würde Margaret Mead (1974) die Trobriand-Gesellschaft als

---

[1] Für die Fremde Situation bekommen die Mütter die Instruktion, das Kind solle sich selbstständig sein Spielzeug aussuchen. Die Mütter hielten sich entsprechend mit ihren Angeboten zurück, es sei denn, das Kind wusste offensichtlich nicht, was es z. B. mit der Schachtel anfangen sollte.

traditionelle »postfigurative« Kultur charakterisieren, in der es überlebenswichtig ist, dass die jüngere Generation von der älteren lernt[1]. Generell gesehen haben diese Mütter also nicht die Neugier ihrer Kleinkinder bestärkt, sondern eher ihre Beschäftigung mit den kulturell üblichen und damit höher bewerteten Tätigkeiten.

*Exploration und Bindungssicherheit
im Verhalten der Kleinkinder in der Fremden Situation*

Für alle Kleinkinder bedeutet die Abfolge der Episoden in der Fremden Situation eine zunehmende Verunsicherung, es ist ein Mini-Trennungs-Drama. Nach einer ungestörten Episode freien Spiels, bei dem nur die Mutter im Raum ist, kommt eine Fremde herein, die Mutter geht hinaus, und einmal bleibt das Kind für kurze Zeit ganz allein zurück. Alle Kleinkinder, auch die in Tauwema, reagierten darauf mit zunehmender Unzufriedenheit, und ihre Lust am Erkunden nahm generell ab. In den Episoden, in denen die Mutter anwesend war, explorierten die Kinder signifikant mehr als in den Episoden, in denen sie nicht dabei war. Der Verlauf der Explorationsintensität macht die Funktion der Mutter als Sicherheitsbasis für die Explorationen des Kindes deutlich. Außerdem beeinträchtigten die wiederholten Trennungen generell die Spielfreude der Kinder. Gegen Ende der Fremden Situation war ihr Explorationsverhalten geringer als am Anfang. Die Kleinkinder Tauwemas unterschieden sich in der Verlaufsgestalt ihres Explorationsverhaltens während der Fremden Situation *nicht* von den vielen, weltweit untersuchten Kleinkindern (s. Abb. 3 a und 3 b in Grossmann et al., in Vorb.).

Die Gesamtorganisation des Bindungs- und Explorationsverhaltens der Kinder wurde auch nach den Klassifikationsregeln zur Bestimmung ihrer Bindungsqualität ausgewertet. Die Leichtigkeit, mit der das in den USA entwickelte Klassifikationsschema auf die Verhaltensstrategien der Kleinkinder Tauwemas angewandt werden

---

[1] Mead (1974) charakterisiert auch eine »kofigurative« und eine »präfigurative« Kultur. In kofigurativen Kulturen herrscht ein gewisses Gleichgewicht zwischen der jüngeren und der älteren Generation im Hinblick auf die Weitergabe kultureller Erfahrungen. In »präfigurativen« Kulturen, in denen Jugendliche viele neuartige Erfahrungen machen, z. B. bei Einwanderungsgruppen, wird die jüngere Generation zum Vermittler zwischen dem Neuen und der alten Kultur ihrer Eltern. Die Erfahrungen der Eltern können in diesem Fall für die Entscheidungen der nachfolgenden Generation nicht mehr Vorbild sein.

konnte, machte deutlich, dass die Kinder in dieser traditionellen Gesellschaft die gleichen Grundmuster von Bindungs- und Explorationsverhalten zeigten wie die Kinder in westlichen und vielen anderen Kulturen (van Ijzendoorn & Sagi, 1999). Von den 20 untersuchten Kindern zeigten 16 und damit 80% ein sicheres Bindungsmuster, drei (15%) ein unsicher-vermeidendes und eines (5%) ein unsicher-ambivalentes Muster (Keppler, 2000). Ein Vergleich mit den Verteilungen der Bindungsqualitäten kleiner Kinder in anderen Kulturen zeigt keine statistisch signifikanten Differenzen trotz des vergleichsweise hohen Anteils von sicheren Mutterbindungen (van Ijzendoorn & Kroonenberg, 1988).

Der meist behutsame, nachgiebige und umsichtige Umgang mit den Säuglingen und Kleinkindern, die nie allein gelassen und, solange sie noch nicht laufen konnten, stets am Körper getragen wurden, könnte dazu verleiten anzunehmen, in einer solchen kindorientierten Kultur gäbe es nur sichere Bindungen. Doch schon Ainsworth hatte in ihrer Untersuchung von 23 Säuglingen in Uganda, die ebenfalls in einer kindzentrierten Kultur leben, 7 Kleinkinder mit einer unsicheren Mutterbindung beschrieben und 5 weitere, bei denen sie keine Anzeichen einer Mutterbindung entdecken konnte (Ainsworth, 1963). Aufgrund solcher Ergebnisse entstand bei Ainsworth und anderen die Erkenntnis, dass Bindungssicherheit nicht durch »objektive« Merkmale der Mutter oder der Bedingungen des Aufwachsens entsteht, sondern ausschlaggebend ist die subjektive Bewertung des Kindes, wie Sicherheit-gebend es seine Versorgung *erlebt*. Die Reaktion des Kindes, ob es getröstet ist und sich verstanden fühlt, ist die maßgebliche, beobachtbare Bewertung des Kindes über seine gefühlte Sicherheit (Ainsworth et al., 1974; Belsky & Cassidy, 1994). Bei den Tauwema-Müttern konnten wir große Unterschiede in ihrer Ungeduld beim Trösten finden, in ihrer Zärtlichkeit beim Tragen, im Ausmaß, wie oft sie ihr Kleinkind jemandem anderen zum Tragen gaben, und im Unterschied zwischen ihrem »Vorzeige-Verhalten«, wenn sie sich beobachtet fühlten, und in ihrem Verhalten in scheinbar unbeobachteten Momenten.

Bei den Kleinkindern Tauwemas zeigte sich auch ein Zusammenhang zwischen der Sicherheit der Bindung und einer psychischen Sicherheit beim Explorieren, der in vielen Studien gefunden wurde (Grossmann, Grossmann & Zimmermann, 1999). Die bindungssicheren Kinder spielten insgesamt etwas mehr als die bindungsunsicheren Kinder, aber dieser Unterschied konnte statistisch nicht abgesichert werden. Dagegen ergab eine genauere Analyse der Spielgegenstände statistisch signifikante Unterschiede in der Qualität ihres Explorationsverhaltens. Die sicher gebundenen Kinder spielten erstens signifikant häufiger mit den fremden Spielgegenständen als die unsicher gebundenen Kinder (t = -2.903, p < .05), auch wenn insgesamt sehr selten mit den fremden Spielzeugen gespielt wurde (z.B. im Mittel 0,5-mal pro Episode Spiel mit fremden Sachen im Vergleich zu 2,8-mal pro Episode Beschäftigung mit Doba). Zweitens spielten die Kleinkinder mit einer sicheren Bindung zur Mutter mit einer größeren Anzahl der angebotenen Spielgegenstände als die Kinder mit unsicherer Mutterbindung (der Mittelwert der bindungssicheren war 9 Spielzeuge im Vergleich zu den durchschnittlich 6 Spielzeugen der Bindungsunsicheren, t = -2.144, p < .05).

Bindungssicherheit hatte also auch in dieser traditionellen Kultur einen Einfluss auf das Neugierverhalten der Kinder, was sich auch im Verhalten ihrer Mütter spiegelte. Mütter in bindungssicheren Beziehungen engagierten sich signifikant mehr, wenn das Kind gelegentlich auch mit fremden Gegenständen spielte, als die Mütter von unsicher gebundenen Kindern (Skalenmittelwert 1.4 im Vergleich zu 0.2, t = -2.53, p < .05). Wie Mütter in der westlichen Welt (Grossmann & Grossmann, 1990) unterstützten Tauwemas Mütter in sicheren Bindungsbeziehungen durch ihr größeres Engagement für das Spiel ihres Kindes mit neuartigen Gegenständen die Neugier und Explorationsfreude ihrer Kinder mehr als Mütter in unsicheren Bindungen. Bindungssichere Kleinkinder zeigten also mehr Sicherheit beim Explorieren als bindungsunsichere Kinder, indem sie sich trauten, mit einer größeren Bandbreite von Gegenständen, auch fremdartigen, zu spielen.

Eine Analyse von Neugier und Exploration der Kleinkinder im Dorf (Liegel, 2001)

Die gefundenen Zusammenhänge zwischen Exploration und Bindungssicherheit galten nicht nur für die vielleicht etwas künstliche standardisierte Fremde Situation, sondern wir fanden sie auch in den freien Beobachtungen größtenteils bestätigt. Alle Kinder zeig-

Abb. 4: Kleiner Bub klettert in einen Getränkekasten.

ten Bindungs- und Explorationsverhalten während der Beobachtungen im Dorf. Anteilsmäßig war ein Überwiegen von Bindungsverhalten eher selten (Skalenwerte 1–3 in 7% der Beobachtungszeit), während ein Überwiegen der Orientierung nach außen mit Erkundung der Umwelt und Rückversicherungen zur Bindungsperson den relativ größten Anteil bildeten (Skalenwerte 7–9 in 33% der Beobachtungszeit). In der restlichen Zeit hielten sich Bindungs- und Explorationsverhaltensweisen in etwa die Waage. Sehr selten explorierten die Kleinkinder, ohne sich zumindest kurz zur Bindungsperson zu orientieren oder gemeinsam mit ihr zu spielen.

Mehr als ein Drittel ihrer »Explorations-Zeit« verbrachten die Trobriand-Kinder damit, das Geschehen im Dorf, vor allem wenn etwas Besonderes geschah, zu beobachten. Besondere Ereignisse waren am Strand ankommende oder abfahrende Boote, das Haus und die Tätigkeiten der Forscher, Festvorbereitungen und alles, was Dorfbewohner zusammenbrachte. Jegliche soziale Interaktion und Spielen mit Naturobjekten (Blüten, Früchte, Muscheln, Stöcke, Feuerholz, Zuckerrohr usw.) waren die nächsthäufigsten Aktivitäten.

Aktiv erkundeten die Kleinkinder signifikant häufiger alltägliche als nicht-alltägliche Gegenstände, angeführt von Naturobjekten. Die älteren Kleinkinder der beobachteten Gruppe explorierten häufiger und häufiger auf höherem Niveau als die jüngeren Kinder. Auch Geschlechtsunterschiede zeigten sich wieder während der freien Beobachtungen: Während Jungen signifikant häufiger ihre Grobmotorik an Booten, Häusern und Bäumen übten und mit den im Dorf üblichen Spielsachen wie Bällen, Dosen, Bananen-Rutsch-Blättern und Spielzeugbooten spielten, beschäftigten sich Mädchen signifikant häufiger mit dem An- und Ausziehen der eigenen Kleidung, mit dem Doba-Set und mit traditionellen Frauenarbeiten wie Geschirr abwaschen, Gegenstände auf dem Kopf balancieren und Blüten sammeln.

Den explorierenden Kindern wurde sehr selten etwas verboten. Unterstützung wurde dann gegeben, wenn das Kind verunsichert oder frustriert war oder wenn die Bindungsperson versuchte, das Kind beim Explorieren zu ermutigen. Und ebenso wie in der standardisierten Situation wurde auch im Dorf eine Beschäftigung mit alltäglichen Gegenständen häufiger als mit nicht-alltäglichen Gegenständen unterstützt. Die Mütter engagierten sich vor allem für das Spiel ihres Kindes, wenn es mit alltäglichen Gegenständen, die zum Haushalt gehörten, oder mit Naturobjekten oder mit dem Ball-und-Dosen-Spiel spielte. Eine Exploration von nicht-alltäglichen Gegenständen und somit Neugier wurde selten unterstützt, auch nicht von anderen Personen. Z. B. blieb das Erklettern einer mitgebrachten Getränkekiste des kleinen Buben in Abbildung 4 völlig unbeachtet.

Exploration und Bindungssicherheit im Verhalten der Kleinkinder im Dorf

Die Bindungssicherheit der beobachteten Kinder war, wie oben beschrieben, mit Hilfe der Fremden Situation bestimmt worden. Diese Ergebnisse wurden verwendet, um festzustellen, ob Bindungssicherheit des Kleinkindes zur Mutter auch in dieser traditionellen Kultur im alltäglichen Leben der Kinder einen Einfluss auf die Exploration des Kindes ausübte. Diese Analyse diente auch der Prüfung der These der Bindungstheorie, dass jenseits aller kulturellen Besonderheiten Bindungssicherheit mit größerer Kompetenz des Kindes einhergeht (Grossmann et al., in Vorb.; van Ijzendoorn & Sagi, 1999). Für diese Untersuchung galt der Kompetenzbegriff von Ainsworth, der besagt, dass ein kompetentes Kind beeinflussen kann, was mit ihm durch andere geschieht, wenn es seine eigenen Ziele verfolgt (Ainsworth & Bell, 1974).

Die individuellen Unterschiede in den Ausmaßen des Bindungs- und Explorationsverhaltens während der Beobachtungen im Dorf waren zwischen den beobachteten Kindern sehr groß und, da es nur drei Kinder mit einer unsicher-vermeidenden und eines mit einer unsicher-ambivalenten Bindung gab, konnten viele der gefundenen detaillierten Unterschiede aufgrund der kleinen Gruppengröße statistisch nicht abgesichert werden. Einige Beobachtungen sind jedoch berichtenswert.

Die Kinder mit einer unsicher-vermeidenden Mutterbindung zeigten die gleiche Bandbreite von Verhaltensorganisationen wie die bindungssicheren Kleinkinder. In ihrer Angst vor den Fremden und der ungewöhnlichen Beobachtungssituation an dem besonderen Tag zeigten auch die bindungsunsicheren Kleinkinder intensives Bindungsverhalten bzw. eine vorherrschende Orientierung auf die Bindungsperson (Skalenwerte 1–3). Offensichtlich war das Ausmaß der Verunsicherung, die sie mit Vermeidung zu bewältigen suchten, während der Dorfbeobachtung für alle Kinder zu hoch, sodass sie in die schützende Nähe der Bindungsperson flohen. Ein Unterschied zwischen den bindungssicheren und den -unsicheren Kleinkindern fand sich eher in einem anderen Verhaltensmuster: Innerhalb ihrer vorherrschenden Orientierung nach außen zeigten die bindungssicheren häufiger Rückversicherung zur Mutter, averbale Interaktionen mit ihr oder zwischendurch auch gelegentlich gemeinsames Tun (Skalenwert 7 bei 35% der Ereignisse für die sicheren im Vergleich zu 24% für die unsicheren). Dieser Befund zur Einbeziehung der Mutter in die eigene Exploration, die bei bindungssicheren Kleinkindern stärker ausgeprägt war als bei bindungsunsicheren, entsprach vielen westlichen Untersuchungen (Grossmann et al., 1999). Der Unterschied wurde allerdings wegen der geringen Fallzahl und der großen Streubreite innerhalb der Gruppen statistisch nicht signifikant.

Vergleichbare Unterschiede zwischen den Kleinkindern aus Tauwema mit sicherer und mit unsicher-vermeidender Mutterbindung zeigten sich nicht in der Quantität, sondern in der Qualität ihrer Exploration. Kinder mit sicherer Mutterbindung beschäftigten sich signifikant häufiger aktiv mit Gegenständen, statt das Geschehen um sie herum nur zu beobachten. Sie explorierten auch häufiger »neue« Gegenstände, die nicht zu ihrer Kultur gehörten, und sie spielten konzentrierter. Wiederum entsprechen diese Ergebnisse

solchen aus vergleichbaren Untersuchungen in der westlichen Welt (Grossmann & Grossmann, 1993).
Während unseres Aufenthaltes wurde, wie die Analyse des Spielniveaus der Kleinkinder zeigte, »Kombinations- oder werkschaffendes Spiel« (mehrere Dinge zu einem neuen Spielzeug zusammenfügen) sowie »symbolisches Spiel« bei allen Kleinkindern sehr selten beobachtet. Auch wenn die Gruppe der Kinder mit unsicherer Mutterbindung klein war (n = 4), so war doch bemerkenswert, dass diese Spielarten niemals bei diesen vier Kindern beobachtet wurden. Dagegen spielten immerhin 4 bindungssichere Kinder mindestens einmal auf den höchsten Niveaus.
Bindungstheoretisch interpretiert schienen die bindungssicheren Kinder darauf zu vertrauen, von der Bindungsperson beim Explorieren unterstützt zu werden, falls Schwierigkeiten auftreten würden. So wandten sie sich vermehrt neuen Gegenständen zu, waren also neugieriger, sie explorierten konzentrierter und bezogen ihre primäre Bindungsperson stärker in ihre Exploration mit ein. Sie zeigten also mehr psychische Sicherheit beim Explorieren im Dorf, was sie auch schon in der standardisierten Situation gezeigt hatten. Ebenso vergleichbar mit den Ergebnissen der Analyse der standardisierten Fremden Situation war das Ausmaß der Unterstützung, die diese Kleinkinder beim Explorieren erhielten. Die bindungssicheren Kleinkinder erhielten während der filmisch dokumentierten Beobachtungszeit signifikant häufiger Unterstützung beim Explorieren durch verschiedene Personen als die Kleinkinder mit einer unsicheren Mutter-Bindung (in durchschnittlich 16% gegenüber 4% der Explorationsepisoden; $p < .05$, Mann-Whitney U-Test).
Die Zusammenhänge zwischen Neugier, Unterstützung und Bindungssicherheit konnten generell also auch für die Beobachtungen im Dorf bestätigt werden, auch wenn das Verhalten und die sozialen Interaktionen der Kinder während der freien Beobachtungen sehr viel reichhaltiger waren als in der standardisierten Situation.
Die Beobachtungen im Dorf konnten allerdings auch nicht als unbeeinflusst angesehen werden, da sowohl das Kind als auch die Familie und die Nachbarn den Beobachtungstag als einen besonderen Tag für das Kind betrachteten. Der Tag bekam den Charakter eines »Geburtstags/Namenstags«, denn die Familie erhielt Geschenke für ihre Kooperation. Entsprechend verhielten sich alle etwas ehrfürchtiger vor dem Kind als an Tagen, wo es nicht be-

obachtet wurde. Auch haben sich am Filmtag häufiger als an anderen Tagen die Mütter selbst um ihr Kind gekümmert, während an anderen Tagen die Schwestern häufiger auf das Kind aufpassten. Insofern sprechen die Unterschiede im Explorationsverhalten zwischen den bindungssicheren und bindungsunsicheren Kindern noch stärker für das Konzept der Sicherheit der Exploration, denn die Exploration der bindungssicheren Kinder schien durch die Ausnahmesituation weniger beeinträchtigt zu sein.

»Investoren« und Spielpartner der kleinen Kinder in Tauwema

Der letzte Punkt betrifft die Ergebnisse der empirischen Prüfung, wer beim Explorieren und Spielen in die Kinder »investiert«, indem er ihnen Zeit und Aufmerksamkeit schenkt. Aus soziobiologischer Sicht dient die Investition von wirtschaftlichen und psychologischen Ressourcen in die eigenen Kinder und in jüngere Verwandte der erfolgreichen Weitergabe der eigenen Gene an die nächste Generation (»kin-investment«, Hamilton, 1964).

Aus bindungstheoretischer Sicht ist es für das Erleben eines Kindes wichtig, zwischen Bindungspersonen und Spielgefährten zu unterscheiden. Während ein Kind die Nähe zu einer Bindungsperson wünscht, wenn es z. B. verunsichert, müde oder verletzt ist, wendet es sich der Umwelt und/oder einem Spielgefährten zu, wenn es sich sicher fühlt (Bowlby, 1969/1984). Die Rolle der Bindungsperson und die des Spielgefährten sind zwar verschieden, jedoch nicht unvereinbar. So kann die Mutter zu verschiedenen Zeitpunkten einmal die primäre Bindungsperson, dann wieder eine Spielgefährtin sein. Ob allerdings eine Mutter jemals die Rolle einer Spielgefährtin übernimmt, ist stark von der Kultur abhängig (Rogoff et al., 1993). Entsprechend kann ein älteres Geschwister überwiegend Spielgefährte, aber auch nachrangige Bindungsperson sein.

Die Betreuung bzw. Beaufsichtigung der Kleinkinder geschah zu mehr als 80% der Zeit durch Verwandte, hauptsächlich durch die Mutter, den Vater, eine ältere Schwester oder die Großeltern. Dabei kam es oft zu Körperspielen wie Kitzeln, Klatschen, Hochheben usw. Diese Betreuer waren oft gleichzeitig auch die Bindungspersonen der Kleinkinder. Der Status eines Erwachsenen als Bindungsperson war leicht an folgendem Verhalten zu erkennen: Das Kind flüchtete zu ihr bei Angst, das Kind konnte leicht von ihr beruhigt werden, und sie war der Orientierungspunkt und die Sicherheitsbasis für das Kind bei seinen Explorationen.

Die Kinder spielten häufiger mit einem verwandten als mit einem nicht unmittelbar verwandten Spielpartner, z. B. ihren Cousinen und Cousins, die auch in ihrer Nähe wohnten. Jungen wurden signifikant häufiger als Mädchen durch nicht unmittelbar verwandte Personen beaufsichtigt, was auch damit zusammenhing, dass sie sich weiter von zu Haus entfernten als die Mädchen.

Insgesamt zeigte die Auswertung, dass nicht unmittelbar verwandte Erwachsene in Tauwema bei der Vermittlung der Umwelt an das Kind während des Beobachtungszeitraums kaum von Bedeutung waren. In Tauwema investierten also vor allem die Bindungspersonen des Kindes oder andere Verwandte als Betreuungspersonen oder Spielpartner Zeit in die Kinder. Das Prinzip der »inclusive fitness« (Hamilton, 1964) war für den Bereich des Spielens im Trobriand-Dorf Tauwema offen beobachtbar.

Zusammenfassung und Anmerkungen aus der Sicht unserer Kultur

Das Überleben und die kulturelle Entwicklung des Kindes wird durch zwei von der Natur angelegte Verhaltenssysteme im Kind gewährleistet, durch das Bindungsverhaltenssystem, das emotionale Bindungen an fürsorgliche, schützende Erwachsene knüpft, meist die Eltern, und durch das Explorationsverhaltenssystem, das sich in Neugier, Erkundungslust und Freude am Spiel zeigt und das über die Vermittlung durch ältere und erfahrenere Bindungspersonen das Kind in seine Kultur einführt. In der ständigen Auseinandersetzung des Individuums mit seiner sozialen und gegenständlichen Umwelt – zu Beginn seines Lebens vor allem im Rahmen von Bindungsbeziehungen – liegt der Schlüssel zum Verständnis menschlicher Anpassungen.

Es bestehen jedoch große individuelle Unterschiede zwischen einzelnen Kindern und ihren Bindungspersonen, wie gut sich das erregte Bindungssystem des Kindes durch Nähe zur Bindungsperson beruhigen lässt und wie viel Unterstützung und gemeinsame Aufmerksamkeit die Bindungsperson dem Kind bei seinen Explorationen alltäglicher und neuartiger Gegenstände gewährt. Wir haben empirische Argumente für unsere These dargelegt, dass in sicheren Bindungen Explorationen eines Kleinkindes auch kulturell neuartiger Dinge im Schutz der Bindungsperson besser unterstützt werden als in unsicheren Bindungen.

Die systematischen Beobachtungen konnten in einem Dorf in der sehr traditionellen Kultur einer der Trobriand-Inseln durchgeführt werden, ermöglicht durch die beständige Feldstation der Forschungsstelle Humanethologie der Max-Planck-Gesellschaft. Im Rahmen der Bindungstheorie untersuchten wir das Explorations- und Bindungsverhalten bei den 20 Kleinkindern, die im Herbst 1995 dort lebten. Die Forschungsfragen ergaben sich aus den evolutionsbiologischen Wurzeln der Bindungstheorie und des Spiels sowie aus der interkulturell vergleichenden Bindungsforschung (Grossmann et al., in Vorb.; van Ijzendoorn & Sagi, 1999). Die Ergebnisse stimmten mit den Postulaten der Bindungstheorie überein. In dieser sehr traditionellen Gesellschaft waren die Bindungsverhaltensweisen und ihre Organisation bei den Kleinkindern gut vergleichbar mit denen der Kleinkinder anderer Kulturen, auch der westlichen. Obwohl alle Säuglinge und Kleinkinder viel am Körper getragen werden, gab es doch größere individuelle Unterschiede zwischen den Müttern in ihrer Weise, dem Kind Sicherheit zu vermitteln. In einer standardisierten, in vielen Kulturen verwandten Situation – der Fremden Situation – konnten sichere und unsichere Bindungsqualitäten gefunden werden. Die Organisation des Bindungs- und Explorationsverhaltens der Kleinkinder ließ sich anhand der vorgegebenen Regeln leicht klassifizieren.

Alle Kleinkinder zeigten die typische von der Bindungstheorie postulierte Balance zwischen ihrem Bindungs- und Explorationsverhalten: Je mehr die Kleinkinder durch Fremdartigkeit der Situation, durch Weggehen ihrer Mutter, durch die Anwesenheit fremder Weißer oder durch das Filmen beunruhigt waren, umso weniger explorierten sie und umso mehr suchten sie die Nähe ihrer Bindungsperson. Die wechselseitige Bedingtheit des Bindungs- und Explorations-/Spielverhaltens war also auch in dieser Kultur beobachtbar.

Ein neues, übergeordnetes Konzept für psychische Sicherheit, die Verknüpfung zwischen unterstützter und unbekümmerter (= ohne Kummer/Angst) Exploration und Bindungssicherheit, konnte empirisch nachgewiesen werden: Die Kleinkinder mit einer sicheren Bindung zu ihrer primären Bindungsperson explorierten sowohl in der standardisierten Fremden Situation als auch im Dorf eher konzentrierter und eher neuartige, kulturfremde Gegenstände als Kleinkinder mit unsicheren Bindungsmustern zu ihrer primären Bindungsperson.

Komplementär dazu unterstützten Mütter nicht jedes Explorationsverhalten ihres Kleinkindes mit gleichem Interesse. Neugieriges Erkunden fremdartiger Gegenstände wurde generell weniger von den Müttern unterstützt als Beschäftigungen des Kleinkindes mit alltäglichen Gegenständen. Das galt sowohl in der standardisierten Fremden Situation als auch im Rahmen der dokumentierten Dorfbeobachtungen. Besonders unterstützt wurde die in dieser Kultur sehr wertgeschätzte Tätigkeit des Doba-Machens. Differenziell betrachtet fand sich jedoch, dass Kleinkinder in sicheren Bindungen mehr Unterstützung bei ihren Erkundungen auch fremdartiger Sachen erhielten als Kinder in unsicheren Bindungen. Als Interaktionspartner und beaufsichtigende Personen wurden fast ausschließlich Verwandte des Kindes registriert, Eltern, Großeltern, Geschwister, Vettern und Basen. In dieser Kultur »investierten« demnach vornehmlich Verwandte in die Sozialisation des Kindes.

Unser Konzept von psychischer Sicherheit fand empirische Untermauerung in unseren Untersuchungen in Tauwema: Das Zusammenspiel von Bindung und Exploration in psychischer Sicherheit kann als Grundlage für die ersten Schritte eines Kindes auf dem Weg zu einer kompetenten Integration in seine Kultur angesehen werden.

Literatur

Ainsworth, M. D. (1963). The development of infant-mother interaction among the Ganda. In: B. M. Foss (Ed.), *Determinants of infant behavior* (S. 67–104). London: Methuen.

Ainsworth, M. D. S. & Bell, S. M. (1974). Mother-infant interaction and the development of competence. In: K. J. Connolly & J. Bruner (Eds.), *The growth of competence* (S. 97–118). London & New York: Academic Press.

Ainsworth, M. D. S., Bell, S. M. & Stayton, D. J. (1974). Infant-mother attachment and social development: »Socialization« as a product of reciprocal responsiveness to signals. In: P. M. Richards (Ed.), *The integration of a child into a social world* (S. 99–135). Cambridge: Cambridge University Press.

Ainsworth, M. D. S., Blehar, M. C., Waters, E. & Wall, S. (1978). *Patterns of attachment. A psychological study of the strange situation.* Hillsdale, NJ: Lawrence Erlbaum Associates.

Bell-Krannhals, R. (1993). Die Trobriander. In: Schiefenhövel, W. J., Uher, J. & Krell, R. (Hrsg.), *Im Spiegel der anderen* (S. 56–67). München: Realis.

Belsky, J. & Cassidy, J. (1994). Attachment: theory and evidence. In: M. Rutter, D. Hay & S. Baron-Cohen (Eds.), *Developmental principles and clinical issues in psychology and psychiatry* (S. 373–402). Oxford: Blackwell.

Bowlby, J. (1969/1984). *Attachment and loss.* Vol. 1: *Attachment.* London: Hogarth Press and Institute of Psycho-Analysis (deutsch 1984: Bindung. Frankfurt: Fischer).

Bowlby, J. (1979). *The making and breaking of affectional bonds.* Im gleichnamigen Buch (S. 126–160). London: Tavistock Publications (deutsch: Das Glück und die Trauer. Stuttgart: Klett-Cotta, 2001).

Bretherton, I., Golby, B. & Cho, E. (1997). Attachment and the transmission of values. In: J. E. Grusec & L. Kuczynski (Eds.), *Parenting and children's internalization of values. A handbook of contemporary theory* (S. 103–134). New York: Wiley.

Eibl-Eibesfeldt, I. (1995). *Die Biologie des menschlichen Verhaltens.* München: Piper.

Goodnow, J. (1997). Parenting and the transmission and internalization of values: From social-cultural perspectives to within-family analysis. In: J. E. Grusec & L. Kuczynski (Eds.), *Parenting and children's internalization of values. A handbook of contemporary theory* (S. 333–361). New York: Wiley.

Gottschalk-Batschkus, C. E. & Batschkus, M. M. (1996). An den Wurzeln der Menschheit. Kulturvergleichende Perspektiven der frühen Kindheit am Fuße des Mountain Arapesh (Papua-Neuguinea). In: C. E. Gottschalk-Batschkus & J. Schuler (Hrsg.), *Ethnomedizinische Perspektiven zur frühen Kindheit* (S. 241–254). Berlin: Verlag für Wissenschaft und Bildung.

Grabolle, A. & Schiefenhövel, W. (2001). Adoptionsentscheidungen in Trobriand-Familien. In: M. Schulz et al. (Hrsg.), *Homo – unsere Herkunft und Zukunft.* Proceedings, 4. Kongress der Gesellschaft für Anthropologie (GFA), Potsdam, September, 2000 (S. 155–158).

Grossmann, K. (1995). Eigene Werte und eigener Reichtum der Frauen von den Trobriand-Inseln (Papua-Neuguinea). In: H. Helfrich (Hrsg.), *Frauen zwischen Eigen- und Fremdkultur* (S. 198–215). Münster: Daedalus Verlag.

Grossmann, K. (1999). Skalenwert-Definitionen für ältere Kinder der interaktiven Skalen in der Fremden Situation. Unveröffentlichtes Manuskript.

Grossmann, K., Grossmann, K. E., Fremmer-Bombik, E., Kindler, H., Scheuerer-Englisch, H. & Zimmermann, P. (2002). The uniqueness of the child-father attachment relationship: Fathers' sensitive and challenging play as the pivotal variable in a 16-year longitudinal study. *Social Development, 11,* 307–331.

Grossmann, K. E. & Grossmann, K. (1990). The wider concept of attachment in cross-cultural research. *Human Development, 33,* 31–47.

Grossmann, K. E. & Grossmann, K. (1993). Emotional organization and concentration on reality in a life course perspective. *International Journal of Educational Research, 19,* 541–554.

Grossmann, K. E. u. Grossmann, K. (1996). Kindsein auf einer Südseeinsel. Kindliche Bindungen in kulturvergleichender Sicht. In: Ch. E. Gottschalk-Batschkus und J. Schuler (Hrsg.), *Ethnomedizinische Perspektiven zur frühen Kindheit* (S. 283–292). Berlin: Verlag für Wissenschaft und Bildung.

Grossmann, K. E., Grossmann, K. & Keppler, A. (in Vorb.). Universal and culturally specific aspects of human behavior: The case of attachment. In: W. Friedlmeier, P. Chakkarath & B. Schwarz (Eds.), *Culture and human development: The importance of cross-cultural research to the social sciences.*

Grossmann, K. E., Grossmann, K., Winter, M. & Zimmermann, P. (2002). Bindungsbeziehungen und Bewertung von Partnerschaft. Von früher Erfahrung feinfühliger Unterstützung zu späterer Partnerschaftsrepräsentation. In: Brisch, K. H., Grossmann, K., Grossmann, K. E. & Köhler, L. (Hrsg.), *Bindung und seelische Entwicklungswege. Vorbeugung, Interventionen und klinische Praxis* (S. 125–164). Stuttgart, Klett-Cotta.

Grossmann, K. E., Grossmann, K. & Zimmermann, P. (1999). A wider view of attachment and exploration: Stability and change during the years of immaturity. In: J. Cassidy & P. R. Shaver (Eds.), *Handbook of attachment: Theory, research, and clinical applications* (S. 760–786). New York: Guilford Press.

Hamilton, W. D. (1964). The genetical evolution of social behaviour. *Journal of Theoretical Biology, 7,* 1–52.

Hutt, C. (1976). Exploration and play in children. In: J. S. Bruner, A. Jolly & K. Sylva (Eds.), *Play. Its role in development and evolution* (S. 202–215). New York: Basic Books.

Keller, H. & Boigs, R. (1989). Entwicklung des Explorationsverhaltens. In: H. Keller (Hrsg.), Handbuch der Kleinkindforschung (S. 443–464). Berlin: Springer-Verlag.

Keppler, A. (2000). *Bindungs- und Explorationsverhalten von 20 Kindern aus Tauwema, Papua-Neuguinea, in einer standardisierten Situation.* Diplomarbeit, Universität Regensburg.

Liegel, M. (2001). *Beobachtungen zum Explorations- und Bindungsverhalten ein- bis dreijähriger Trobriand-Kinder.* Diplomarbeit, Institut für Psychologie, Universität Regensburg.

Lorenz, K. (1978). *Vergleichende Verhaltensforschung. Grundlagen der Ethologie.* Wien, New York: Springer Verlag.

Malinowski, B. (1922–1935). *Argonauts of the Western Pacific. The sexual life of savages in North Western Melanesia. Coral gardens and their magic.* London: Routledge, and New York: Reynolds.

Mead, M. (1974). *Der Konflikt der Generationen. Jugend ohne Vorbild.* München: Deutscher Taschenbuch Verlag.

Oerter, R. (1995). Kindheit. In: Oerter, R. & Montada, L. (Hrsg.), *Entwicklungspsychologie* (S. 249–309). Weinheim: Beltz, Psychologie Verlagsunion.

Papoušek, H. & Papoušek, M. (1979). Early ontogeny of human social interaction: Its biological roots and social dimensions. In: M. von Cranach, K. Foppa, W. Lepenies & D. Ploog (Eds.), *Human ethology. Claims and limits of a new discipline* (S. 456–478). London: Cambridge University Press.

Rogoff, B., Mistry, J., Gönçü, A. & Mosier, Ch. (1993). Guided participation in cultural activity by toddlers and caregivers. *Monographs of the Society for Research in Child Development, Serial No. 236,* Vol. 58, No. 8.

Schiefenhövel, W. & Bell-Krannhals, I. (1986). Wer teilt, hat Macht. Systeme der Yamsvergabe auf den Trobriand-Inseln, Papua-Neuguinea. *Mitteilungen der anthropologischen Gesellschaft in Wien, 116,* 19–39.

Schiefenhövel, W. & Schiefenhövel, S. (1996). Am evolutionären Modell – Stillen und frühe Sozialisation bei den Trobriandern. In: C. E. Gottschalk-Batschkus & J. Schuler (Hrsg.), *Ethnomedizinische Perspektiven zur frühen Kindheit* (S. 263–282). Berlin: Verlag für Wissenschaft und Bildung.

Schiefenhövel, W., Uher, J., Krell, R. (Hrsg.) (1993). *Im Spiegel der Anderen. Aus dem Lebenswerk des Verhaltensforschers Irenäus Eibl-Eibesfeldt.* München: Realis.

Schleidt, M. (1993). Hier bin ich – wo bist Du? In W. Schiefenhövel, J. Uher & R. Krell (Hrsg.), *Im Spiegel der Anderen* (S. 78–91). München: Realis.

Senft, B. (1985*). Kindheit in Tauwema. Die ersten 7 Jahre im Leben der Kinder auf den Trobriand-Inseln.* Andechs, Frieding: Mimeo.

Senft, G. (1986). *Kilivila. The Language of the Trobriand Islanders.* Berlin, New York, Amsterdam: Mounton de Gryter.

Spangler, G. & Grossmann, K. E. (1993). Biobehavioral organization in securely and insecurely attached infants. *Child Development, 64,* 1439–1450.

Tomasello, M. (1999). *The cultural origins of human cognition.* London: Harvard Univ. Press.

Van Ijzendoorn, M. H. & Kroonenberg, P. M. (1988). Cross-cultural patterns of attachment: A Meta-Analysis of the Strange Situation. *Child Development, 59,* 147–156.

van Ijzendoorn, M. H. & Sagi, A. (1999). Cross-cultural patterns of attachment: Universal and contextual determinants. In: J. Cassidy & P. R. Shaver (Eds.), *Handbook of attachment theory and research* (S. 713–734). New York: Guilford Press.

von Cranach, M. & Frenz, H.-G. (1969). Systematische Beobachtung. In: C. F. Graumann (Hrsg.), *Handbuch der Psychologie,* Bd. 7: Sozialpsychologie, 1. Halbband (S. 271–325). Göttingen: Hogrefe.

Weiner, A. B. (1976). *Women of value, men of renown: New perspectives in Trobriand exchange.* Austin: Texas Press Sourcebooks in Anthropology, University of Texas Press.

KAPITEL 5

Die Frühentwicklung des Spiels zu Dritt

Kai von Klitzing

Einleitung

In diesem Kapitel wird anhand eines Fallbeispieles auf die Bedeutung von Dreier-Spielinteraktionen für die Entwicklung von Säuglingen und Kleinkindern eingegangen. In unseren Untersuchungen handelte es sich um Mutter-Vater-Kind-Spiele; unsere Überlegungen können aber auch auf Dreierkonstellationen zwischen Kind und anderen Beziehungspersonen erweitert werden, je nachdem, welche Bedeutung diese für das Kind haben und in welcher psychosozialen Situation das Kind sich befindet. In unseren Grundhypothesen gehen wir davon aus, dass gelebte Dreierbeziehungen, wie sie in Dreier-Spielinteraktionen beobachtbar sind, die psychoemotionale Entwicklung des Säuglings fördern und dem Kleinkind die symbolisch-repräsentationale Welt eröffnen helfen, vorausgesetzt, dass es sich nicht um ausschließende bzw. zerfallende Triaden handelt. Der theoretische Hintergrund für unseren Ansatz wird sowohl von der Systemtheorie, welche Beziehungssysteme als Ganzes betrachtet, als auch von psychoanalytisch-psychodynamischen Konzepten gebildet, die sich mit der Entwicklung der Innenwelt des Kindes beschäftigen. Gerade die Schnittstellen zwischen diesen beiden Betrachtungsweisen halten wir bei der Auswertung von Spielinteraktionsbeobachtung für besonders wichtig.

Co-Elternschaft und kindliche Entwicklung

In den letzten Jahren hat in der Entwicklungsforschung eine Richtung an Bedeutung gewonnen, die sich von dyadischen Konzepten wie der Bindungstheorie »unterscheidet«. Es gibt mehr und mehr Arbeiten, die sich mit der Bedeutung der Co-Elternschaft und der Familie als Gruppe für die frühe Kindesentwicklung beschäftigen. Gable, Belsky und Crnic (1992) unterscheiden zwischen elterlichem Verhalten (das Verhalten individueller Erwachsener gegenüber ihren Kindern), der elterlichen Partnerschaftsqualität (glücklich oder unglücklich sein in der Ehe; Art und Weise, wie Paare Konflikte lösen können) und der »Co-Elternschaft« (gegenseitige elterliche Unterstützung und Engagement im Umgang mit dem Kind). Verschiedene Autoren (Heinicke & Guthrie, 1996; Howes & Markman, 1989; Katz & Gottman, 1996) haben aufgezeigt, dass eheliche Konflikte und Unzufriedenheit in der Partnerschaft einen großen Einfluss auf die psychosoziale Entwicklung des Kindes haben, insbesondere dann, wenn die partnerschaftliche Feindseligkeit offen ausgeprägt und in Richtung auf das Kind fokussiert wird (z. B. Streit um/über das Kind, Umleitung der Aggressionen auf das Kind).

Dyadische Interaktionen und Familienkontext

McHale und Mitarbeiter (1996) sind in ihrem Ansatz zum Verständnis früher Beziehungen und emotionaler Prozesse ein Stück weiter gegangen. Sie gehen davon aus, dass die Erfahrung von Säuglingen und Kleinkindern, die durch dynamische Beziehungen in der Familiengruppe hervorgerufen werden, sich wesentlich von Beziehungserfahrungen in Dyaden unterscheiden. Die dyadischen Interaktionen können dem Säugling und Kleinkind dabei helfen, sich selbst beruhigen zu lernen, Regelmäßigkeiten in menschlichen Interaktionen zu erfahren und dauerhafte Bindungsmuster zu formen. Demgegenüber vermittelt der Familienkontext dem Kind eine Begegnung mit sich wiederholenden Mustern von Abwechslung (»turn taking«), Kooperation und auch Auseinandersetzung zwischen den Erwachsenen. Solche Muster können wir beispielsweise bei Familienmahlzeiten (Gespräche, in denen jeder zu Wort kommt, gegenseitiges Zuhören, gerechtes Teilen, konstruktives Streitverhalten) und in Spielsituationen (Einhalten von Spielregeln) beobachten.

McHale und Rasmussen (1998) haben in einer longitudinalen Studie den langfristigen Einfluss von dynamischen Erfahrungen in der Familiengruppe und Prozessen der Co-Elternschaft (erfasst durch Selbsteinschätzungen der Eltern und in Spielbeobachtungen) auf den Verlauf der ersten Lebensjahre des Kindes untersucht. Sie fanden, dass eine elterliche Haltung von Feindseligkeit und Konkurrenz, die in triadischen Interaktionen erfasst wurde, ein wesentliches Vorhersagekriterium für aggressives Verhalten und Ängstlichkeit des Kindes im Alter von vier Jahren darstellte. Demgegenüber zeigten Kinder aus Familien, deren triadische Interaktionen sich durch ein hohes Maß an Familienwärme auszeichneten, deutlich weniger aggressive Probleme. Die Qualität der Co-Elternschaft, so wie sie von den Eltern berichtet und unabhängig davon beobachtet wurde, erklärte einen Teil der Varianz des späteren aggressiven Verhaltens, selbst wenn Persönlichkeits- und Partnerschaftsmerkmale als Kontrollvariablen berücksichtigt wurden.

Spiel zu Dritt

Fivaz-Depeursinge und Corboz-Warnery (1999/2001) haben ein Untersuchungsverfahren für die Beobachtung und Einschätzung von Vater-Mutter-Säugling-Interaktionen in einem standardisierten Setting entworfen, das »Lausanner Spiel zu Dritt«. In diesem Beobachtungssetting sitzen die Eltern ihrem in einem Kindersitz befindlichen Säugling gegenüber. Sie werden gebeten, mit dem Säugling zu spielen, und zwar in einer bestimmten Reihenfolge: zunächst einzeln nacheinander, dann beide zusammen. Im vierten Teil dieses »Spiels« sollen die Eltern ihre Aufmerksamkeit vom Säugling zurückziehen und miteinander sprechen. Die Detailanalysen vieler solcher Interaktionsbeobachtungen haben gezeigt, dass die drei »Spielpartner« (Mutter, Vater, Säugling) wie in einem Team zusammen arbeiten müssen, wenn ein qualitativ gutes trilogisches Spiel entstehen soll. Durch Mikroanalysen konnten die Autorinnen zeigen, dass Säuglinge bereits mit vier Monaten in der Lage waren, ihre Aufmerksamkeit und ihre Affekte mit beiden Eltern zu teilen. In Experimenten, in welchen ein Elternteil gebeten wurde, ein »still face« zu mimen (d.h. für einen kurzen Moment mimisch und stimmlich nicht zu reagieren), tendierten die Säuglinge dazu, sich mit interessiertem, angespanntem Blick der dritten Person zuzuwenden, was die Autorinnen als eine Vorstufe des »social referencing« (Erkunden im Sozialbezug) ansehen (Fivaz-Depeursinge et al., 2000). Ausgehend von ihren Analysen von Körperhaltung der Eltern und Blickkontakt während der Spielinteraktionen hat die Lausanner Arbeitsgruppe verschiedene typische Muster von Familien-Allianzen identifiziert: die kooperative Allianz, die gestresste Allianz, die kollusive Allianz und die ungeordnete Allianz.

Eigene Untersuchungen

Auch in unseren Longitudinalstudien von der Schwangerschaft bis ins Vorschulalter sowohl mit klinisch unauffälligen als auch mit psychosozial belasteten Populationen (von Klitzing, Simoni & Bürgin, 1999) konnten wir zeigen, dass vier Monate alte Säuglinge in der Lage waren, in einem gut balancierten triadischen Interaktionskontakt mit beiden Eltern zu stehen und aktiv zu einem solchen Austausch beizutragen. Die Qualität der familialen Dreierinteraktion war deutlich mit wichtigen Aspekten der repräsentationalen Beziehungswelt der Eltern verbunden. Es zeigte sich auch, dass die triadischen Konstellationen auf interaktiver und elterlicher repräsentationaler Ebene eine Vorhersage auf Aspekte des Verhaltens und der Repräsentationen der Kinder im Vorschulalter erlaubten (von Klitzing, 2002). Es zeigten sich signifikante longitudinale Zusammenhänge zwischen elterlichen Repräsentationen und beobachtbaren Eltern-Kind-Interaktionen in Spielsituationen, nicht aber in Stress-Situationen von kurzen Trennungen und Wiedervereinigung zwischen Eltern und Kind (von Klitzing et al., 1999). Die Triade scheint also insbesondere in Situationen bedeutsam zu sein, in denen weniger Stress und darauf folgendes Beruhigungsverhalten im Vordergrund stehen, sondern mehr der spielerische Umgang der Eltern mit ihrem Kind.

Standardisierte Beobachtungen beim Spiel zu Dritt

Dieser Beitrag geht nicht wie die anderen Kapitel in diesem Buch auf die Bedeutung des Spiels für die Entwicklung des Kindes ein. Vielmehr wird anhand eines Fallbeispiels beschrieben, wie sich beim Kind die Möglichkeit und die Fähigkeit zu spielen im Rahmen gut balancierter Dreierbeziehungen entfalten kann. In unseren Longitudinalstudien wurden die Spielbeobachtungen wiederholt zur Beurteilung der familialen Interaktionen herangezogen. Im ersten Lebensjahr verwendeten wir das oben beschriebene Setting von Fivaz-Depeursinge and Corboz-Warnery (1999), in welchem die Eltern nacheinander einzeln mit ihrem Säugling spielten, sich dann gemeinsam dem Kind zuwendeten und zuletzt miteinander sprachen, ohne dem Kind Aufmerksamkeit zu schenken. Dieses Spiel-zu-Dritt-Setting haben wir im Alter von 18 Monaten in einer modifizierten Form erneut durchgeführt. Das Kind saß jetzt nicht mehr im Babystuhl, sondern auf dem Boden, und die Eltern konnten am Boden mit ihm spielen. Im Alter von 36 Monaten wurde im Rahmen einer Follow-up-Untersuchung im Elternhaus erneut eine Spielsituation zu Dritt beobachtet.

Entwicklung des Spiels zu Dritt, dargestellt an einem Studienbeispiel

Im Folgenden soll exemplarisch das Spiel zu Dritt in einer nichtklinischen gesunden Familie mit Vater, Mutter und dem Sohn Moritz im Alter von 4, 18 und 36 Monaten beschrieben werden.

Spiel zu Dritt mit 4 Monaten

Vater-Kind-Interaktion
Der Vater beginnt mit dem Jungen Kontakt aufzunehmen. Er wirkt dabei unsicher, möchte ein Spiel initiieren, das die beiden offensichtlich zu Hause oft spielen. Er nennt es das Zünglein-Spiel, welches darin besteht, dass er dem Jungen den Schnuller an den Mund hält und wieder wegzieht, wenn dieser zu saugen beginnt. Moritz reagiert ungehalten und ist auch sonst sehr ernst, fast ein wenig gequält. Dem Vater gelingt es nicht richtig, mit Moritz Kontakt aufzunehmen, auch wenn der Junge ihn immer wieder flüchtig anlächelt.

Mutter-Kind-Interaktion
Bereits nach zwei Minuten schlägt der Vater den Wechsel vor und dreht Moritz' Stuhl zur Mutter hin. Eine Weile schaut der Junge noch zum Vater, wendet sich dann der Mutter zu und beginnt zu weinen. Er ist offensichtlich gar nicht gut gestimmt. Die Mutter nimmt nun den Schnuller, steckt ihn Moritz in den Mund und tröstet ihn. Moritz ist nun interessiert an der Mutter. Diese sagt: »Wirst du gefilmt?« Moritz reagiert mit einem Lächeln, seine Stimmung wechselt aber bald wieder zur Weinerlichkeit. Auch der Kontakt zur Mutter verläuft nicht sehr zufrieden stellend. Die Mutter vermutet, dass Moritz mit Blähungen beschäftigt und so etwas gequält sei.

Mutter-Vater-Kind-Interaktion
Sehr rasch beschließen beide Eltern, jetzt in das Dreier-Spiel einzusteigen. Nunmehr begrüßt Moritz den Vater lachend, und dieser beginnt ein Spiel mit seinen und Moritz' Fingern. Moritz schaut hin und her, vom Vater zur Mutter und von der Mutter zum Vater. Die Mutter sagt: »Bist du mein kleines Männlein?« Moritz streckt ihr die Zunge heraus. Auch jetzt ist Moritz nicht wirklich zufrieden. Phasen von Lächeln und Bezogenheit den Eltern gegenüber wechseln mit einem gequälten Ausdruck. So beschließen die Eltern, sich langsam zurückzuziehen und in die 4. Phase des Spiels überzugehen, in welcher sie Moritz einmal für sich selbst sein lassen und miteinander ein Gespräch führen sollen. Der Vater versucht noch, dem Jungen den Schnuller zu geben, offensichtlich um einer drohenden Frustration durch die elterliche Abwendung vorzubeugen. Gegen Ende des Dreier-Spiels werden die Eltern zunehmend lebendiger. Moritz stößt den Schnuller wieder heraus. Als er erneut zu weinen anfängt, beginnen die Eltern den Stuhl wie eine Schaukel zu bewegen, was den Jungen positiver stimmt. Der Vater sagt: »Was machst du bloß, wenn wir nicht mehr mit dir reden.« Nun wenden sie sich langsam vom Jungen ab.

Vater-Mutter-Interaktion
Die Eltern beginnen über eine Reise des Vaters in der vergangenen Woche zu reden. Der Junge schaut nun ganz ruhig, konzentriert und fasziniert zum Vater. Zwischendurch lacht er. Nach einer Weile beginnt die Mutter über den Tagesablauf mit dem Kind zu erzählen. Jetzt schaut der Junge ebenso intensiv zur Mutter, dann wieder zum Vater, wieder zur Mutter, zwischendurch gähnt er. Von der dysphorischen Stimmung ist nichts mehr zu spüren. Im Gegenteil, er versucht nun, die Eltern durch ein Lachen für sich zu gewinnen, der Vater lacht zurück, was ihm die Ermahnung der Mutter einträgt: »Du musst jetzt nicht mit ihm reden.« Aber trotzdem schauen die Eltern aus der Entfernung zunehmend wieder zu Moritz hin. Das Kind lacht. Der Vater sagt: »Da muss man ja zu ihm schauen.« Moritz ist offensichtlich mehr am Vater interessiert. Die Mutter sagt: »Die Mami siehst du halt den ganzen Tag.« Jetzt in der letzten Phase, in der die Eltern sich einmal einander zugewandt haben und mit weniger Anspruch und aus größerer Entfernung dem Kind begegnen, wirkt Moritz sehr viel positiver gestimmt und ist zum interaktiven Austausch bereit.

Spiel zu Dritt mit 18 Monaten

Eine Auswahl von Spielsachen ist vorgegeben: eine Puppe, Bauklötze, Spielgeschirr, ein kleiner Spielzeug-Helikopter, Lastwagen, Autos etc. Wenn Vater oder Mutter oder beide mit dem Kind spielen, begeben sie sich zu ihm auf den Boden, während sie sonst im Hintergrund an einem Tisch sitzen.

Mutter-Kind-Interaktion
Diesmal fängt die Mutter an. Der Vater sitzt im Hintergrund und schaut emotional sehr involviert und interessiert zu. Die Mutter bietet dem Kind die Puppe an. Das Kind interessiert sich für eine Tasse und möchte aus ihr etwas trinken. Die Mutter sagt: »Da ist nichts drin.« Moritz versucht zu trinken und wirkt irritiert: es ist wirklich nichts drin. Es fehlt etwas. Mit dem kleinen Löffel versucht Moritz nun vom Teller zu löffeln, stellt wieder fest, dass der Teller leer ist. Er schaut erneut irritiert zur Tasse. Die Mutter nimmt die Tasse und sagt: »Da könnte man etwas einschenken.« Sie tut so, als schenke sie vom Krug etwas in die Tasse ein und als gebe sie der Puppe aus der Tasse zu trinken. Sie demonstriert also dem Kind den Modus des »Als-ob-Spiels« (pretend play). Moritz kann sich nun langsam in diese Spielweise einfinden. Er spielt, wie er in der Tasse rührt und dann schließlich auch der Puppe zu trinken gibt. Die Mutter fordert ihn nun auf: »Was hat es noch alles im Spielzeugkasten?« Sie regt an, mit Klötzen einen Turm zu bauen. Moritz macht kurz mit, bleibt dann aber doch fasziniert an dem Spiel mit Geschirr, Tasse und Puppe hängen. Er nimmt erneut die Tasse und sagt: »Teller«. Die Mutter korrigiert: »Das ist eine Tasse.« Nun nimmt Moritz kurz mit dem Vater Blickkontakt auf, offensichtlich um sich angesichts seiner Verwirrung mit diesem emotional auszutauschen (social referencing). Der Vater schaut ermutigend zurück. Nun bietet die Mutter ein sehr geräuschvolles Spiel mit dem Spiel-Helikopter an, welchen sie, begleitet von lauten »Brumm-Brumm«-Tönen, mit ihrer Hand durch die Luft fliegen lässt. Moritz ist zunächst begeistert und sagt: »mehr!« Die Mutter wiederholt das mehrmals, wendet sich zum Vater und fragt ihn, ob er spielen wolle. Der Vater sagt, dass sie – die Mutter – noch etwas Zeit habe. Moritz imitiert nun das Helikopter-Spiel. Dann geht er aber wieder zum Krug und gießt das imaginäre Getränk in die Tasse. Nun spielt er

wirklich, als würde die Puppe trinken. Dann führt er die Tasse wieder an seinen eigenen Mund und sagt: »trinken – nein«! Dabei schüttelt er den Kopf und zeigt dem Vater die leere Tasse.

Vater-Kind-Interaktion
Daraufhin beschließen die Eltern, ihre Rollen zu tauschen. Der Vater kniet sich zum Kind, die Mutter setzt sich in den Sessel zurück. Moritz ist sofort etwas erregter, als erwarte er ein begeisterndes Spiel. Der Vater spielt zunächst relativ für sich, geht kaum auf das Kind ein, bringt eigene Spielideen ein. Er fährt mit einem Lastwagen und beginnt einen Turm zu bauen. Das Kind bietet ihm aber erneut das Becher-Puppe-Spiel an. Nun verwendet der Vater den Becher völlig anders. Er führt ihn zum Mund und ruft in die Öffnung des Bechers hinein: »hallo – tut«, funktioniert den Becher also zu einem Mikrophon um. Moritz ist begeistert und imitiert das. Nun gehen die beiden an das kleine Spielzeugtelefon und spielen: »hallo«. Der Vater gibt den Hörer an Moritz und sagt: »Das ist für dich.« Das Kind telefoniert nun, und der Vater sagt: »Telefonierst du mit der Großmami?« Nun führt der Vater ein Bewegungsspiel mit einem Aufziehauto ein. Erneut spielen sie mit dem Helikopter. Moritz sagt immer wieder »mehr« und wirkt dabei freudig erregt. Der Junge steht auf und bewegt sich im Raum. Der Vater versteckt nun eine kleine Figur im Becher, Moritz findet sie wieder. Sie wiederholen nun dieses Fort-da-Spiel mehrmals. Moritz läuft im Raum herum und exploriert. Der Vater schlägt vor, dass er Moritz die Schuhe binden könne. Danach möchte er mit Moritz einen Turm bauen, woran der Junge aber nicht so interessiert ist.

Interaktion zu Dritt
Nun kommt die Mutter hinzu. Alle drei vertiefen das Suchen-Finden-Spiel. Es werden alle möglichen kleinen Figuren in den Krug gesteckt und der Deckel darauf getan. Das Wiederfinden ist jeweils ein sehr freudiges Ereignis. Der Vater ist jetzt sehr viel zurückhaltender als vorher, beide Eltern folgen der Initiative des Kindes. Der Vater wirft immer wieder voller Freude kleine Klötzchen in den Krug, Moritz holt sie heraus, beide lachen herzlich dabei. Auch die Mutter lässt sich durch das Lachen anstecken. Moritz ist jetzt ganz ruhig, schaut zur Mutter, zum Vater und wieder zur Mutter. Die Mutter schlägt erneut vor, mit der Puppe zu

spielen. Sie nimmt die Puppe und sagt zu Moritz: »Hallo Moritz«. Sie zieht der Puppe die Mütze an, Moritz gibt nun die Puppe dem Vater, beide ziehen die Mütze aus. Die Mutter fragt: »Wo sind die Haare?« Moritz zeigt auf die Haare und nennt die Puppe: »Mamapapa«. Der Vater beginnt aufzuräumen, weil er sich auf den Rückzug vorbereitet. Die Eltern verständigen sich untereinander und ziehen sich auf ihre Stühle zurück, um ihr Gespräch zu beginnen.

Vater-Mutter-Interaktion
Nun läuft Moritz ganz aufgeregt zum Vater und will ihn am Hosenbein zurück zum Spiel ziehen. Dabei sagt er immer: »Brumm-Brumm!« Der Vater bietet ihm zu trinken an, aber das will er nicht nehmen. Er zerrt zunehmend am Vater. Er weint und ruft: »Papa«. Der Vater sagt: »Moritz, nun spiel doch einmal etwas allein.« Moritz protestiert heftig. Die Eltern sagen beide: »Wo ist das Brumm-Brumm? Hol es doch einmal.« Moritz ruft jetzt immer: »Mamapapa, Mamapapa, Mamapapa.« Da der Protest von Moritz so heftig ist, setzt sich der Vater noch einmal zu ihm hin. Moritz begrüßt ihn dabei freudig. Als der Vater sich nach einer Weile wieder zurück auf seinen Stuhl setzt, gibt es erneut heftige Proteste. Moritz bringt nun seinem Vater verschiedene kleine Autos, an denen etwas kaputt ist, damit der Vater sie repariere. So gelingt es ihm, den Vater immer wieder zu involvieren. Immer, wenn sich die Eltern zurückziehen und wieder zu reden beginnen wollen, sagt Moritz: »Mamapapa, Mamapapa, Mamapapa.« Er will das Angebot, etwas zu trinken, das ihm die Eltern zur Beruhigung machen, nicht akzeptieren. Er will nicht trinken, er will mit Mamapapa spielen. Nachdem das eine Weile so hin und her gegangen ist, er immer wieder mit einem kaputten Spielauto den Vater zum Mitspielen verführen wollte, begibt er sich dann schließlich doch allein zum Spiel und spielt mit sehr großer Aufmerksamkeit Puppe-Füttern.

Spiel zu Dritt mit 36 Monaten

Die Untersuchung findet im Wohnzimmer des Elternhauses statt. Eltern und Kind spielen auf dem Boden. Als Spielmaterial sind eine Puppe, ein Puppengeschirr mit Becher, Tellern und Gabeln sowie Kasperlefiguren (Krokodil, Kasper, Prinzessin) vorgegeben.

Vater-Kind-Interaktion
Der Vater ergreift sofort die Initiative und schlägt vor, mit der Krokodil-Handpuppe zu spielen. Der Vater streift die Krokodilpuppe über und übernimmt die Rolle des Krokodils. Das Krokodil fragt Moritz, wer er denn sei und ob er noch Geschwister habe. Moritz sagt seinen Namen und berichtet darüber, dass er einen kleinen – einjährigen – Bruder hat, der nun aber schlafe, sodass er alleine mit den Eltern spielen könne. Man sieht, dass es Moritz unheimlich ist, dass da ein Krokodil mit ihm spricht.

Vater-Mutter-Kind-Interaktion
Die Mutter – offensichtlich um die Situation etwas aufzulockern – übernimmt die Kasperlepuppe und sagt: »Kuckuck, ich bin der Kasper. Wer bist du? – der Moritz? Spielst du mit der Puppe?« Moritz: »Nein, mit dem Auto.« Er nimmt ein kleines Spielzeugauto und fährt mit ihm auf dem Boden herum. Vater (Krokodil): »Ich habe Durst, gibst du mir den Tee?« Moritz schenkt nun mit dem Puppengeschirr-Krug Tee in die Tasse ein und übergibt sie dem Vater. Das Krokodil trinkt gierig. Moritz möchte nun auch trinken. Sie spielen, dass nur noch ein Rest in dem Becher sei, »nur noch ein Tröpfchen«. Das Krokodil erhebt weitere Ansprüche: »Kannst du mir etwas kochen?« Moritz stimmt dem zu und gibt dem Krokodil zu essen, bis dieses genug hat. Nun äußert er den Wunsch, selbst das Krokodil zu sein. Moritz übernimmt die Krokodilrolle, wogegen der Vater in die Rolle der Prinzessin schlüpft. Moritz besteht darauf, dass das Krokodil, das er spielt, ein liebes Krokodil sei. Der Vater spitzt dabei die emotionale Situation zu, indem er ein angstvolles Erschrecken der Prinzessin gegenüber dem Krokodil in Szene setzt: »Huch, ein Krokodil!« Erneut merkt man, dass es Moritz unheimlich ist. Das Krokodil trinkt aus dem Becher. Der Vater (Prinzessin) sagt: »Bin ich froh, dass du etwas aus dem Becher nimmst und nicht mich auffrisst.« Moritz exploriert nun mit dem Krokodil im Raum. Plötzlich schaut er auf und sagt: »Das ist kein Richtiges!?« Beide Eltern greifen nun beruhigend ein: »Nein, das ist nur eine Puppe.« Die Mutter kommt nun als Kasper in die Szene und begrüßt das Krokodil freundlich. »Was machst du?« Moritz (Krokodil): »Ich schaue, was ihr macht.« Nun bringt Moritz die Idee des Versteckspiels ein. Das Krokodil versteckt sich. Moritz bringt die Krokodilpuppe hinter seinen Rücken, sodass Kasper sie nicht sehen kann.

Dafür sieht aber die Prinzessin das Krokodil von hinten. Nun versteckt sich die Prinzessin (gespielt vom Vater), wobei der Vater sagt: »Du musst die Augen zumachen, sonst weißt du ja, wo ich bin.« Das Krokodil, gespielt von Moritz, findet die Prinzessin recht schnell.

Nun beginnen die Eltern einen spielerischen Streit untereinander: Sollen sie nun mit dem Auto oder dem Krokodil spielen? Sie argumentieren hin und her mit gespielter Heftigkeit. Moritz soll entscheiden. Moritz entscheidet sich für das Autospiel. Das Auto fährt in die Ferien, Kasper darf mitfahren. Sie fahren nach Mallorca. Die Insel befindet sich unter den Füßen des Vaters. Das Spiel endet damit, dass alle miteinander aus dem Puppengeschirr essen.

Diskussion

Das Spiel bietet dem sich entwickelnden Kind die Möglichkeit zur emotionalen Kommunikation mit seinen Beziehungspersonen sowie zur psychischen Integration von neuen Entwicklungsaufgaben. Winnicott (1971) hat in diesem Zusammenhang vom Spielraum als einem Übergangsraum gesprochen, in welchem das Kind sich sowohl mit der Realität (vor allem der Beziehungsumwelt) als auch mit Aspekten seiner Innenwelt auseinander setzt. Das Spiel entfaltet sich in Beziehungen, auch wenn das Kind in der Anwesenheit eines anderen alleine spielt. Das Spiel mit zwei bedeutungsvollen Bezugspersonen, in unserem Fall Vater und Mutter, gibt dem Kind die Chance, Erfahrungen mit unterschiedlichen Spielstilen von verschiedenen Beziehungspersonen zu sammeln. Es stellt aber auch Ansprüche. Gelingt dieses Spiel zu Dritt, so ist dies besonders förderlich, weil vor dem Hintergrund einer sicheren Geborgenheit in der Dreierbeziehung auch die Exploration und Einbeziehung neuer Elemente von Außen- und Innenwelt erprobt werden können.

Spiel zu Dritt mit 4 Monaten
Im Alter von vier Monaten sprechen wir von frühen Stufen des Spiels. Das Kind ist noch in der frühen Entwicklung seiner Repräsentanzenwelt und ist in Phasen der Bezogenheit die meiste Zeit abhängig von der unmittelbaren Aufmerksamkeit des Gegenübers. Es ist am Beginn seiner sensomotorischen Entwicklung. Auch wenn im vorliegenden Fallbeispiel die Eltern mit dem Spiel des Säuglings

nicht so gut zurechtkommen, entfaltet sich doch eine bemerkenswerte Dynamik. Besonders in den Zweier-Spielphasen fällt es den Eltern schwer, das Gleichgewicht zwischen Stimulation und Beruhigung zu finden. Das Kind reagiert unmittelbar unwirsch und manchmal auch mit Ablehnung. Die Eltern wirken zeitweise hilflos. Schon in der Dreierphase des Spiels wirkt die Interaktion besser und ausgeglichener. Die Eltern haben aber das Gefühl, das Kind nicht genügend beruhigen zu können, und antizipieren eine psychische Dekompensation des Kindes, wenn sie sich von ihm zurückziehen. Als die Eltern sowohl räumlich als auch beziehungsmäßig eine größere Entfernung zu Moritz einnehmen, geschieht das Unerwartete: Der Junge nimmt jetzt Beziehung auf, schaut zu Vater und Mutter im Wechsel und wirkt bereit zur Interaktion bzw. zum Spiel. Jetzt ergreift er die Initiative, mit den Eltern in Kontakt zu treten, was diese wiederum von dem eigentlich geplanten Erwachsenendialog abbringt. Nicht die unmittelbare Fürsorge war es, die das Kind entbehrt hatte, sondern offensichtlich ein adäquates Abwarten von Seiten seiner Eltern, das es ihm ermöglicht hätte, selbst initiativ zu werden. Dass der Junge dabei mit beiden Eltern gleichzeitig konfrontiert ist, hat ihn nicht überfordert, sondern sogar stimuliert.

Spiel zu Dritt mit 18 Monaten
Das Spiel mit 18 Monaten hat eine ganz neue Qualität. Das Kind befindet sich an der Schwelle zur Symbolisierungsfähigkeit und bewegt sich neu im Als-ob-Modus. Man kann deutlich sehen, dass ihm diese Ebene noch nicht sehr vertraut ist und dass er zwischen dem sensomotorischen und dem symbolischen Spiel noch hin und her wechselt. Die Mutter führt das Kind sehr liebevoll und behutsam in das Symbolspiel ein. Trotzdem vollzieht das Kind ein bedeutungsvolles social referencing mit dem Vater, um auch mit ihm die emotional bedeutsame neue Erfahrung abzugleichen. Das Fehlen der Möglichkeit zur unmittelbaren Bedürfnisbefriedigung (Fehlen des realen Trinkinhaltes) macht das Als-ob-Spiel erst nötig und möglich. Immer wieder muss Moritz dieses Nein und dieses Fehlen mit den Eltern thematisieren. Doch als die Eltern ihm eine wirkliche Befriedigung anbieten, nämlich ihm zu trinken geben, ist er gar nicht mehr daran interessiert, da ihn das symbolische Spiel schon viel zu sehr in den Bann gezogen hat.

Wie Väter dies so oft tun, begibt sich auch Moritz' Vater auf weniger sensible Weise auf die Spielebene seines Sohnes, trägt aber primär eigene Spielideen in das Spiel hinein. Man könnte sagen, er ist recht störend und nötigt dem Kind eine Verarbeitungs- und Regulationsleistung ab. Aber er hat auch neue Ideen, kann aus dem symbolisierten bedürfnisbefriedigenden Trinken einen Laut (»Tut«) machen und deutet so die zunehmende Bedeutung der Sprachentwicklung an. Das Spiel zu Dritt eröffnet neue Möglichkeiten, beide Eltern sind engagiert dabei, das Kind genießt es, von beiden profitieren und auch ihre Beziehung untereinander wahrnehmen zu können.

Umso schwerer fällt es dem Kind, die größere Distanz bzw. den Entzug der Aufmerksamkeit zu ertragen. Nun, angesichts der erneuten Frustration, wird aus seiner Wahrnehmung zweier getrennter Gegenüber eine Forderung an eine scheinbar ungetrennte »Mamapapa«-Einheit. Er unternimmt alles, um Mamapapa zurückzuholen, was ihm zwischenzeitlich auch gelingt. Die Eltern halten jedoch ihre Forderung an das Kind, in Anwesenheit von zwei bedeutungsvollen Dritten allein zu spielen, aufrecht, was letztendlich dazu führt, dass der Junge auch alleine – sicherlich in Identifikation mit seinen Eltern – im Als-ob-Modus spielt. Der Vater wird nur noch zwischendurch gebraucht, um Dysfunktionales zu reparieren.

Spiel zu Dritt mit 36 Monaten
Im Spiel mit 36 Monaten ist das Kind wieder mit neuen Entwicklungsaufgaben und -möglichkeiten konfrontiert. Die Fähigkeit zur Symbolisierung und Bildung von Repräsentationen ist nun ausgeprägter, und es entstehen erste narrative Spielabfolgen, welche von den Eltern sehr unterstützt und angeleitet werden. Das Kind muss sich nun mit der Differenzierung zwischen belebten und unbelebten Objekten und dem Verständnis von Objekten, die nicht belebt sind und doch Belebtes darstellen (Kasperlepuppen), beschäftigen. Dies erzeugt im Kind den Affekt der Unheimlichkeit, insbesondere als es um ein so gefährliches und beängstigendes Tier wie das Krokodil geht. Der Junge kann in verschiedene Rollen schlüpfen, muss sich aber doch nach längerer Zeit vergewissern, dass dieses Krokodil wirklich nicht ein echtes Krokodil ist. Moritz sieht, wie die vom Vater gespielte Prinzessin verängstigt ist und wie diese Figuren

Angst im Spiel verarbeiten. Es entwickeln sich die Fähigkeit zum Bilden narrativer Abläufe im Spiel (Übergang vom Spiel zum Erzählen) und die Möglichkeit, schwierige Affekte (hier insbesondere Angst) und Beziehungsthemen auf spielerische Weise zu verarbeiten.

Auch hier bietet das Spiel zu Dritt Möglichkeiten. Die Dreiecksbeziehung zwischen Krokodil, Kasper und Prinzessin fördert die Flexibilität in der Spielweise des Kindes und trägt so zur Flexibilisierung seiner Innenwelt bei. Die Dreierbeziehung zwischen Kind und beiden Elternfiguren entwickelt sich auf ein differenzierteres Niveau hin, mit potenziellen Konflikten wie Eifersucht, Neid und Rivalität, aber auch der Möglichkeit, im triadischen Raum eine stabile Entwicklung des Selbst zu vollziehen.

Ausblick

Dreier-Spielinteraktionen sind für den klinischen Beobachter ausgesprochen aufschlussreich. Manchmal werden beispielsweise in einer Familie vorhandene unausgesprochene Spannungen in einer Dekompensation der Spielkoordination spürbar, was für mögliche therapeutische Interventionen wichtige Hinweise gibt. Solche Beobachtungen sind aber schwer zu operationalisieren, weil die Abläufe hoch komplex sind und weil man immer gleichzeitig die beteiligten Individuen mit ihren unterschiedlichen Entwicklungsvoraussetzungen und die Interaktion als Ganzes im Auge haben muss. Trotzdem erscheint es uns sinnvoll, solche Beobachtungssettings auch in wissenschaftlichen Forschungen mit aufzunehmen, welche den Zusammenhang zwischen Interaktion und individueller psychoemotionaler Entwicklung zum Gegenstand haben. Es bedarf eingehender konzeptueller und empirischer Bemühungen – möglichst in interdisziplinärer Zusammenarbeit (z. B. zwischen Ethologen, Entwicklungsforschern und psychodynamisch orientierten Klinikern) –, um der Komplexität von Interaktionen in Dreiersettings gerecht zu werden.

Literatur

Fivaz-Depeursinge, E. & Corboz-Warnery, A. (1999). *The primary triangle*. Boulder: Basic Books. Deutsche Ausgabe (2001). Das primäre Dreieck. Heidelberg: Carl-Auer-Systeme.

Fivaz-Depeursinge, E., Frascarolo, F., Corboz-Warnery, A., Carneiro, C. & Montfort, V. (2000). Constituting a family alliance: relations with prenatal coparenting and the infant's handling of triangular interactions. Paper at the 12th Biennial International Conference of Infant Studies (ICIS), Brighton.

Gable, S., Belsky, J. & Crnic, K. (1992). Marriage, parenting, and child development: Progress and prospects. *Journal of Family Psychology, 5,* 276–294.

Heinicke, C. M. & Guthrie, D. (1996). Prebirth marital interactions and postbirth marital development. *Infant Mental Health Journal, 17,* 140–151.

Howes, P. & Markman, H. J. (1989). Marital quality and child functioning: A longitudinal investigation. *Child Development, 60,* 1044–1051.

Katz, L. F. & Gottman, J. M. (1996). Spillover effects of marital conflict: In search of parenting coparenting mechanisms. In: J. P. McHale & P. A. Cowan (Eds.), *Understanding how family-level dynamics affect children's development: Studies of two-parent families. New directions for child development: Studies of two-parent families* (pp. 57–76). San Francisco: Jossey-Bass.

McHale, J. P. & Rasmussen, J. L. (1998). Coparental and family group-level dynamics during infancy: Early family precursors of child and family functioning during preschool. *Development and Psychopathology, 10,* 39–59.

McHale, J. P., Kuersten, R. & Lauretti, A. (1996). New directions in the study of family-level dynamics during infancy and early childhood. In: J. P. McHale & P. A. Cowan (Eds.), *Understanding how family-level dynamics affect children's development: studies of two-parent families* (pp. 5–26). San Francisco: Jossey-Bass Publishers.

von Klitzing, K., Simoni, H. & Bürgin, D. (1999). Child development and early triadic relationships. *International Journal of Psycho-Analysis, 80,* 71–89.

von Klitzing, K. (2002). Frühe Entwicklung im Längsschnitt: Von der Beziehungswelt der Eltern zur Vorstellungswelt des Kindes. *Psyche – Zeitschrift für Psychoanalyse, 56,* 863–887.

Winnicott, D. W. (1971). *Playing and reality*. London: Tavistock Publications. Deutsche Ausgabe (1997). Vom Spiel zur Kreativität. 9. Auflage. Stuttgart: Klett-Cotta.

KAPITEL 6

Als-ob-Spiele als Form der Daseinsbewältigung in der frühen Kindheit

Rolf Oerter

Theoretische Annahmen über die Verbindung von Spiel und Entwicklung

Funktion und Bedeutung des Spiels haben mannigfache Deutungen erfahren. Im Folgenden seien einige genannt, wobei wir uns in diesem Beitrag auf einen Aspekt konzentrieren werden.
Das Spiel hat zweifellos zunächst einmal biologische Wurzeln, da wir Spielverhalten auch bei höheren Säugetieren, besonders aber bei Primaten, beobachten. Spielhaltung und Spielverhalten tritt vor allem bei Jungtieren auf und verschwindet mehr oder minder ganz im Erwachsenenstatus. Spiel als biologisch grundgelegtes Verhalten muss daher in der Entwicklung einer Spezies eine bestimmte Funktion haben (Papoušek, Papoušek & Bornstein, 2000). Man kann annehmen, dass es der *Übung von Funktionen* dient (Groos, 1899) und auf die Aufgabe im Erwachsenenleben vorbereitet, wie etwa das Spielen und Balgen bei jungen Katzen, Hunden und Füchsen. Dabei lässt sich bereits eine Leistung beobachten, die für das menschliche Spiel besonders wichtig wird, nämlich die Als-ob-Haltung und der fiktive Charakter der Handlung. Bateson (1955) sieht in dem »Tun-als-Ob« schon bei Tieren eine neue Ebene der Kommunikation, denn die Spielhandlung (z. B. das Wollknäuel, das die junge Katze verfolgt) ist ein Zeichen für eine andere Handlung (z. B. das Jagen der Beute).
Beim Menschen gelten alle diese Annahmen über die Funktion des Spieles auch. Bereits der Säugling übt spielerisch Funktionen, das Kleinkind nimmt zukünftige Entwicklung vorweg, indem es Einzelhandlungen oder Rollen Erwachsener übernimmt. Es setzt sich

so mit späteren Aufgaben auseinander. Aber das Spiel beim Menschen hat eine noch weiter reichende Funktion, es dient der *Bewältigung von Situationen und Ereignissen*, mit denen das Kind auf andere Weise nicht zurechtkommen kann. Das Spiel hat so eine wichtige Funktion in der mentalen Hygiene der kindlichen Entwicklung. Dieser Aspekt ist Gegenstand der folgenden Darstellung und soll in einer Reihe von Schritten entfaltet werden. Zunächst werfen wir einen kurzen Blick auf drei theoretische Erklärungsansätze des Spiels, wenden uns dann einem Dreiebenen-Modell von Handlung zu, bei der die oberste Ebene diejenige der Bewältigung ist, und belegen dies dann an einer Reihe von Bereichen durch konkrete Beispiele des kindlichen Spielverhaltens.

Drei theoretische Erklärungen des Spiels

Die drei bedeutendsten Entwicklungspsychologen des letzten Jahrhunderts, nämlich Freud, Wygotski und Piaget, haben Erklärungen für das Spielverhalten des Kindes angeboten, die sich auf den Bewältigungsaspekt des Spieles beziehen. Freud (1908) meint, dass das Spiel das Ausleben verbotener Wünsche erlaubt und daher kathartische Wirkung ausübt. Weil das Spiel ohne Folgen im Alltag bleibt und die Handlungen fiktiv sind (für etwas anderes stehen), können tabuisierte Gefühle und Impulse, vor allen Dingen aggressive Tendenzen, ausgelebt werden. Außerdem kann das Spiel unverarbeitete (auch traumatische) Erlebnisse durch Wiederholung im Spiel aufarbeiten. Dies geschieht analog zur Wiederholung in der Therapie. Die wiederholte Gestaltung einer Spielszene erlaubt dem Kind, Geschehnisse zu bewältigen, mit denen es auf andere Weise nicht zurechtkommt.

Wygotski (1987), der sich intensiv mit dem Spiel auseinander gesetzt hat, vertritt die Ansicht, dass das Spiel dem Kind ermöglicht, zwei widerstreitende Tendenzen zu integrieren. Viele Bedürfnisse können nicht sofort befriedigt werden, wie z. B. der Wunsch, Tätigkeiten des Erwachsenen auszuüben (Autofahren, Berufe ausüben). Da solche Wünsche bestehen bleiben, gerät das Kind insofern in die Enge, als es noch nicht fähig ist, Wünsche und Bedürfnisse aufzuschieben, und nach sofortiger Befriedigung verlangt. Das Spiel integriert beide Tendenzen durch illusionäre Bedürfnisbefriedigung.

Piaget (1969) setzt sich mit dem Phänomen auseinander, dass im Spiel die Assimilation der Umwelt an das Ich überwiegt, also kein Gleichgewicht im Sinne der sonst bei der geistigen Auseinandersetzung mit der Welt anzutreffenden Ausgewogenheit von Assimilation und Akkommodation hergestellt wird. Dies erklärt Piaget dadurch, dass sich das Kind gegen den Sozialisationsdruck wehrt und sein Selbst stärkt. Das Spiel dient also als Schutz gegen Einseitigkeiten und Übermacht der Umwelteinwirkungen und damit der mentalen Hygiene.

Man erkennt, dass alle drei Autoren dem Spiel gerade nicht in erster Linie die Übung von später benötigten Funktionen zuweisen, sondern die wichtigste Bedeutung des Spiels im seelischen Haushalt des Kindes sehen, der durch die Eigenart der Umdeutung einer Situation nach eigenen Wünschen und durch den Selbstzweck des Spiels, das sich nicht um Folgen außerhalb der Tätigkeit zu kümmern braucht, reguliert werden kann. Diese Überlegungen bilden den Ausgangspunkt für unsere Darstellung. Dabei wollen wir uns fragen, in welchen Bereichen und durch welche Prozesse das Kind diese Form der Daseinsbewältigung im Spiel bewerkstelligt.

Erklärungsrahmen: Leontjews Tätigkeitstheorie

Dabei wählen wir einen handlungstheoretischen Ansatz, der auf die von Leontjew (1977) im Anschluss an Wygotski entwickelte Theorie der Tätigkeit als Rahmenorientierung zurückgreift. Bei der Analyse menschlicher Tätigkeit kommt Leontjew unter anderem zu drei Ebenen menschlichen Handelns: der Tätigkeit, der Handlung und der Operation.

Die unterste Ebene ist die der *Operation*, Operationen sind automatisierte Fertigkeiten und Leistungen, die als Repertoire zur Verfügung stehen und abgerufen werden können. Sie laufen gewöhnlich mit großer Geschwindigkeit ab und entziehen sich der bewussten Kontrolle. Fertigkeiten, die solche Operationen in Anspruch nehmen, sind beispielsweise: gehen, sprechen, lesen und schreiben. Die nächste Ebene ist die der *Handlung*. Sie ist bewusst und zielgerichtet. Die Handlung bildet auch die beobachtbare Ebene des Spieles ab, denn Spielsequenzen bestehen aus Handlungsabfolgen, wobei Handlungen sich intentional auf Objekte (Personen und Gegenstände) richten.

Die oberste Ebene bildet die *Tätigkeitsebene*. Sie stellt den Rahmen dar, in den die Handlung eingebettet ist. Die Tätigkeit ist also das Motiv (auch im Sinne eines Leitthemas) für die Handlung. Man kann auch sagen, dass die Tätigkeit der Handlung erst Sinn verleiht. Diese Ebene ist es, die uns im folgenden Zusammenhang zu interessieren hat.

Wenn man also Spielhandlungen beobachtet, muss man nach ihrer Bedeutung, nach ihrem Sinn fragen, der hinter der Handlung liegt. Da Handlungen sich immer auf Objekte richten und Spielhandlungen als Objekte entweder unmittelbar Spielzeug oder, im umfassenderen Sinne, Spielthemen zum Gegenstand haben, existiert auch auf der Ebene der Tätigkeit ein Gegenstandsbezug, den wir als *übergeordneten Gegenstandsbezug* bezeichnen wollen. Dieser übergeordnete Gegenstandsbezug leitet sich in einem sehr allgemeinen Sinn aus der Existenz eines handelnden Subjektes in seiner Umwelt ab, bildet also generell die Auseinandersetzung des Selbst mit seiner Umwelt. In einem spezifischeren Sinn ist der übergeordnete Gegenstandsbezug gekennzeichnet durch bestimmte Thematiken, die das Kind aktuell oder langfristig beschäftigen, wie etwa Entwicklungsthematiken, Beziehungsthematiken oder aktuelle Erlebnisse und Erfahrungen. Im Folgenden soll der übergeordnete Gegenstandsbezug sowohl als generelle Auseinandersetzung zwischen Selbst und Umwelt als auch im Hinblick auf spezifischere Thematiken anhand von Beispielen näher beschrieben werden.

Aneignungen und Vergegenständlichung als grundlegende Prozesse der Person-Umwelt-Interaktion

Für die Beschreibung des generellen Person-Umwelt-Bezuges ist ein Begriffspaar hilfreich, das sich im Spiel besonders gut an Beispielen konkretisieren lässt: Aneignung – Vergegenständlichung. Unter Aneignung versteht man alle Aktivitäten, die auf die Internalisierung von Objekten gerichtet sind. Lernen, Informationsaufnahme, aber auch In-Besitz-Nehmen von materiellen Gegenständen sind Prozesse der Aneignung. Das Objekt wird durch die Aneignung zu einem Teil des Selbst, sei es als äußerer Besitz oder sei es als »geistiger Besitz«. Die Vergegenständlichung stellt die umgekehrte Aktivitätsrichtung dar, sie ist vom Selbst auf die Umwelt gerichtet. Der Prototyp der Vergegenständlichung ist in allen menschlichen Kulturen die Herstellung von Werkzeugen, die die Handlung erleichtern oder diese erst ermöglichen. Vergegenständlichungen dieser Art haben wir vor allen Dingen in der Konstruktion des Spiels, im Konstruktionsspiel des Kindes vor uns, wenn Zeichnungen, Bauwerke oder geknetete Figuren entstehen. Auch Rollen- und Fiktionsspiele sind Vergegenständlichungen, denn durch die Spielhandlung wird etwas dargestellt, »verkörpert«. Vergegenständlichung meint aber auch Aktivitäten, bei denen mit Objekten umgegangen wird, an ihnen oder der Umwelt etwas verändert wird. Alles nach außen auf die Umwelt gerichtete Handeln ist daher eine Form von Vergegenständlichung.

Wie zeigen sich nun Aneignung und Vergegenständlichung im Spiel? Paradigmatisch können wir hier die Exploration und das Konstruktionsspiel nennen. Die *Exploration* ist ein Prototyp für Aneignung, weil sie in mehr oder minder systematischer Weise Gegenstände und ihre Handlungsmöglichkeiten erforscht und sich damit ein Wissenszuwachs über die Gegenstände ergibt. Das *Konstruktionsspiel* ist die erste Form von Vergegenständlichung, die das Kind überhaupt bewusst erlebt. Es erfährt, dass und wie sich eigene Vorstellungen in Gegenstände umsetzen, sich dadurch gewissermaßen materialisieren. Andere typische Formen im kindlichen Spiel sind das fiktive Trinken und Essen als Aneignung, der Umgang mit Knete, Sand und Wasser als amorphe Materialien zur Vergegenständlichung. Als Beispiel des Umgangs mit amorphen Materialien mag das Spiel eines eineinhalbjährigen Kindes dienen, das mit Wasser umgeht. Es füllt unermüdlich Wasser aus einem Fläschchen in einen Behälter, gibt vor zu trinken und füllt das Wasser wieder zurück. So erprobt es die Handlungsmöglichkeiten dieser Substanz.

In dieser generellen Form der Auseinandersetzung mit der Umwelt erfährt sich das Kind als Akteur, der Handlungsmöglichkeiten erkundet und erprobt und damit Wissen über die Welt erwirbt. Diese Wissenserweiterung ist zugleich eine Erweiterung und Erhöhung des Selbst. Die vergegenständlichten Handlungen vermitteln das Bewusstsein von Kontrolle über die Umwelt, die immer dann auch fiktiv hergestellt wird, wenn der reale Umgang mit Gegenständen der Umwelt noch nicht gelingt oder nicht möglich ist (wie z. B. beim Autofahren). So ist diese allgemeinste Thematik der Existenz in der Welt für das Kind die Erfahrung, sich in ihr zurechtzufinden und die Umwelt nach eigenen Wünschen gestalten zu können. Dadurch kann das Kind beliebig oft eine Passung zwischen Selbst und Umwelt herstellen, die ihm außerhalb des Spiels versagt bleibt.

Bearbeitung von Entwicklungsthematiken

Häufig drücken sich im kindlichen Spielverhalten *Entwicklungsthematiken* aus. Diese können sehr allgemein sein, wie etwa groß und stark sein wollen oder eine Situation meistern. Sie können aber auch spezifischer sein und sich auf konkrete Entwicklungsaufgaben beziehen, wie etwa das Thema Sauberkeitserziehung oder die Entwöhnung vom Schnuller.

Schon im ersten Lebensjahr zeigt sich im »mastery play« die Freude des Kindes an der Bewältigung einer Handlung, die intentional Effekte herbeiführt (sekundäre Kreisreaktion). Später drückt das Spiel der Kinder oft den Wunsch aus, groß und stark sein zu wollen, was durch fiktive Handlungen der Macht und Stärke realisiert wird. Zu einer wichtigen Entwicklungsthematik wird im zweiten und dritten Lebensjahr die relative Autonomie, um die sich das Kind bemüht, das heißt der Versuch, getrennt von Bezugspersonen handeln und sich wohl fühlen zu können.

Die folgenden Beispiele in diesem und den nächsten Abschnitten entstammen Untersuchungen zum Spiel am Lehrstuhl Entwicklungspsychologie in München. Neben Einzelbeobachtungen wurden Längsschnittstudien über ein bzw. eineinhalb Jahre durchgeführt. Die wichtigsten Befunde sind in Oerter (1999) zusammengestellt. Weitere anschauliche Beispiele, allerdings bei etwas älteren Kindern, bieten die in den Text eingestreuten Abbildungen 1–7[1].

In einem der Spiele, das diese Thematik ausdrückt, setzt sich ein zweijähriger Junge in einen Kasten und gibt vor, allein in einem Boot zu sitzen und sich vom Ufer und von dem dort befindlichen Vater zu entfernen. Der Junge kommentiert dieses Spiel immer wieder mit den Worten »ich sitze so allein in meinem Boot«. Ein anderer Junge erprobt das Alleinsein, indem er sich beim Besuch

---

[1] Die Abbildungen wurden von Jochen Fiebig, Institut für Staatspädagogik, aufgenommen und dankenswerterweise zur Verfügung gestellt.

seines Großvaters im Krankenhaus ins dunkle WC begibt, die Tür schließt und so eine Weile ausharrt, um dann lächelnd wieder zu erscheinen. Das Thema Sauberkeitserziehung konnten wir bei einem Mädchen von etwa eindreiviertel Jahren beobachten, das die Puppe aufs Töpfchen setzt, ihr gut zuredet und das Töpfchen dann ausleert. Dabei weigert es sich aber, selbst das Gleiche zu tun. Einige Monate später, als die Ausscheidungskontrolle gelingt, gibt es dieses Spiel nicht mehr, das Mädchen leert nun seinen eigenen Topf aus. Die Thematik der Entwöhnung vom Schnuller drückt sich in den beiden folgenden Szenen aus: Ein Kind, das gerade die ersten Wörter zu sprechen beginnt, schaut mit der Mutter gemeinsam ein Bilderbuch an. Unter anderm sind auf einem Bild Babys abgebildet, und das Kind bemerkt »Nucki«. Die Mutter kommentiert »die haben aber nicht alle einen Nucki«. Das Kind besteht aber auf seiner Meinung und sagt »alle«. Die Mutter zeigt daraufhin erst auf zwei Babys, die einen Schnuller haben, und dann auf zwei Babys, die keinen haben. Aber das Kind behauptet auch von diesen Babys, dass sie einen Nucki hätten. So versucht das Kind sein Bedürfnis nach einem Schnuller durch die Unterstützung der Gruppe (alle Kinder haben einen Schnuller) zu rechtfertigen, denn die Mutter ist um diese Zeit bereits bemüht, das Kind vom Schnuller zu entwöhnen. In einem Interaktionsspiel mit einem elf Monate alten Mädchen versucht die Mutter etwas Ähnliches, indem sie dem Kind den Schnuller wegnimmt und ihn selbst in den Mund steckt, wobei sie behauptet, das sei ihrer. Das Kind zieht ihr den Schnuller wieder heraus und steckt ihn selbst in den Mund. Dieses Spiel wiederholt sich eine Zeit lang. Das Wechselspiel wird vom Kind zunächst als lustvoll erlebt. Nach einiger Zeit aber möchte es den Schnuller wieder für sich allein haben. Immerhin zeigt sich, dass in der Spielsituation der Verlust des attraktiven Objektes eher verkraftet werden kann als in der Ernstsituation.

Beziehungsthematiken

In der frühen Kindheit sind *Beziehungen* zentral für das Kind. Es kann sich nur in der permanenten Interaktion mit Bezugspersonen gut entwickeln (Papoušek & Papoušek, 1987; Sroufe, 1979).

Abb. 1: Kind mit Bär
Kinder trösten sich über das Alleinsein mit einem »Übergangsobjekt«, das als Ersatz für die Bezugsperson dient, hinweg. Kuscheltiere eignen sich besonders als Übergangsobjekte, weil sie Weichheit und Zärtlichkeit vermitteln.

Im zweiten Lebensjahr stabilisiert sich dann das Bindungsverhalten, das bereits ein internes Arbeitsmodell vorauszusetzen scheint (Ainsworth, 1977; Bretherton & Waters, 1985; Grossmann, 1995). Das bedeutet, dass Beziehungen auch schon frühzeitig repräsentiert werden. Folgende Beispiele belegen dies und können als übergeordneter Gegenstandsbezug, der Beziehungsprobleme thematisiert, interpretiert werden.
Ein Beispiel für Beziehungsdeprivation findet sich bei einem eindreivierteljährigen Jungen, der mit seiner Mutter fiktiv telefoniert. Er tut kund, dass er erst spät nach Hause kommt. Die Mutter sagt: »Da sehe ich dich ja gar nicht mehr, da schlafe ich ja schon.« Der Junge nickt und macht dabei ein trauriges Gesicht. Hier und in ähnlichen Szenen bringt er die Abwesenheit des Vaters zum Ausdruck, den er entbehrt, weil er ihn während der Woche kaum sieht. Bemerkenswert ist, dass diese Thematik trotz der noch niedrigen Sprachkompetenz des Kindes zum Ausdruck kommt.
Ein anderes Beispiel drückt den Konflikt zwischen Mutter und Kind in Bezug auf das Essen aus. Das Kind mag keinen Spinat,

Abb.2: Fliegendes Kind
In diesem Bild wird das Wechselverhältnis von Trennung und Wiedervereinigung deutlich. Das Kind befindet sich bei seinem Flug gerade auf dem Zenit und wird im nächsten Augenblick wieder in die Arme des Vaters fallen. Noch bevor die Emotion des Kindes in Angst umschwenken kann, wird es in Sicherheit sein. Zugleich zeigt das Bild eine basale Motivationsstruktur des Spiels, den Aktivierungszirkel mit einer Steigerung der Erregung und einem plötzlichen Spannungsabfall, der lustvoll erlebt wird.

während die Mutter es offenbar immer wieder zum Essen überreden will. In einem Konstruktionsspiel mit Knetmasse stellt das Kind (zum Zeitpunkt der Aufnahme eindreiviertel Jahre alt) eine Reihe von Gerichten her, unter anderem auch Spinat. Auf die Frage der Mutter, ob es Spinat möge, sagt es »die Puppe mag den Spinat« und füttert die Puppe damit. Durch diese Spielhandlung überträgt sie das Problem der Nahrungsaufnahme eines abgelehnten Gerichtes auf die Puppe, die stellvertretend für sie selbst die ungeliebte Handlung ausführt. Gleichzeitig drückt die Beziehung zwischen dem Kind als Mutter und der Puppe als Kind eine Lösung des Konfliktes mit der eigenen Mutter aus, nun ist die Beziehung zu ihr wieder harmonisch.
Ein anderes Beispiel für eine Beziehungsthematik ist die Geschwisterrivalität. Ein ca. zweijähriger Junge, der von seiner älteren Schwester herumkommandiert wird und sich offenbar oft drang-

Abb. 3: Jungen mit Schwertern
Die beiden Buben haben Schwerter zusammengeschraubt und treten in einen Scheinkampf ein. Spielkämpfe gibt es auch bei Tieren. Mimik und Kampfsignale werden vom Gegner als Spiel interpretiert, sodass die Handlung gewöhnlich nicht in echte Aggression ausartet.

saliert fühlt, drückt diese Problematik als generelle Ablehnung aller weiblichen Figuren aus. Im Umgang mit den Puppen des Szenotests wählt er alle ihm als weiblich erscheinenden Puppen aus und wirft sie zu Boden, indem er sagt »die brauch' ich nicht«. Beim Spiel mit einem Eisenbahnzug lässt er nur männliche Figuren mitfahren und äußert wiederum »die Frau darf nicht mitfahren«.
Noch drastischer verhält sich ein dreijähriger Junge, der eifersüchtig auf seine einjährige Schwester ist. Zu Beginn der Spielszene läuft er unruhig im Zimmer umher und sucht nach einem Betätigungsfeld. Da fällt sein Blick auf einen Stoffbären, den er zunächst schlägt und tritt, sodann mit einem Holzschwert drangsaliert und schließlich mit einem Spieltraktor überfährt. Daraufhin legt er den Bären zu einem großen Bären in die Ecke, den er selbst als Mutterbär bezeichnet. Dabei äußert er: »Der ist noch nicht ganz tot und der Mutter-Bär ist auch noch nicht tot.« Aber selbst dann hält er das Beisammensein von Mutterbär und Kindbär nicht lange aus, sondern reißt den Kindbär wieder weg und wirft ihn auf den Boden. Hier zeigt sich wohl am deutlichsten die Freud'sche Annahme be-

stätigt, dass unerlaubte Triebwünsche im Spiel kathartisch ausagiert werden.

Reale Lösung sozialer Konflikte

Bis jetzt wurden nur Beispiele dargestellt, bei denen die Handlungen fiktiv ausgeführt wurden und der Bezugsrahmen eine Transformation der Realität beinhaltet. Es gibt aber auch viele Beispiele, bei denen *soziale Konflikte* real im Spiel gelöst werden können. Dies ist natürlich später im Rollenspiel permanent der Fall, wenn Rollen nicht gut aufeinander abgestimmt sind. Dann ist Metakommunikation nötig, um das Spiel aufrechtzuerhalten und die einzelnen Handlungen besser aufeinander abzustimmen. Es gibt eine ganze Skala von Möglichkeiten der Metakommunikation. Griffin (1984) unterscheidet immerhin elf Formen, die sie beobachtet hat, und Garvey und Berndt (1977) nennen vier Formen metakommunikativer Botschaften. Da wir uns aber mit der frühen Kindheit beschäftigen, stellt sich die Frage, ob Kinder schon in diesem Alter fähig sind, ohne die Hilfe Erwachsener Konflikte im Spiel zu lösen. Dies ist eindeutig der Fall, wie folgendes Beispiel belegt. In einem ungarischen Kindergarten spielen zwei Kinder im Alter von ein-

Abb. 4: Arztspiel
Die Kinder auf diesem Bild spielen Arzt und Patient. Der »Arzt« verbindet gerade das Bein. Arzt- und Krankenhausspiele sind Verarbeitungsmodi von Erlebnissen wie Krankheit, Arztbesuch und helfen dem Kind, mit belastenden und nicht hinreichend verarbeiteten Erfahrungen fertig zu werden. Manchmal sind Arztspiele auch durch sexuelle Interessen gesteuert.

einhalb und zwei Jahren miteinander. Zunächst füllt das ältere Kind Legosteine mit Hilfe eines Eimerchens in einen Waschkorb. Das jüngere Kind schreit und möchte den Waschkorb für sich haben. Es stellt sich heraus, dass es ihn als Wiege benutzen möchte, denn es bewegt ihn hin und her und singt dabei ein Wiegenlied. Das ältere Kind geht auf dieses Spiel ein, lässt das kleinere Kind in den Waschkorb steigen und beginnt es zu wiegen, als es liegt, wobei beide zusammen das schon vorher intonierte Wiegenlied singen. Diese Konfliktlösung erfordert beträchtliche soziale Kompetenz, die nicht zum Einsatz kommen kann, wenn man zu früh eingreift. Dies war übrigens die Tendenz der Kindergärtnerinnen, die bereits präventiv drohende Konflikte vermeiden wollten, indem sie die Kinder trennten, bei denen sich ein Streit anbahnte. Das Spiel als Rahmen ist wiederum eine bessere Bedingung für solche Konfliktlösungen als die Ernstsituation. Eine Spielfiktion kann man leichter aufgeben als eine Handlungsintention außerhalb des Spielrahmens. Daher können soziale Kompetenzen des Konfliktlösens im Als-ob-Spiel und Rollenspiel regelrecht geübt werden.

Erklärungsansätze zum Prozess der Übersetzung von (nichtbewussten) Thematiken in Spielhandlungen

Der übergeordnete Gegenstandsbezug ist dem Kind nicht bewusst. Denken wir an die Geschwisterrivalität. Wenn das Kind wüsste, was es im Spiel ausdrückt, würde es das Spiel sofort unterbrechen. In späteren Altersstufen haben wir übrigens solche Spielabbrüche beobachtet. Kinder stellten das Spiel ein, sobald sie merkten, dass sie damit etwas Verfängliches zum Ausdruck brachten, das sie bloßstellen könnte. Die generelle Thematik des Selbst-Umwelt-Bezuges vollends kann nicht bewusst sein, da sie zu viel beinhaltet und zu unspezifisch ist. Wir haben hier übrigens eine Parallele zum Erwachsenenalter. In der künstlerischen Produktion ist dem Schöpfer (bildenden Künstler, Musiker) die von ihm dargestellte Thematik nicht in allen Einzelheiten bewusst. Das gerade macht die Vieldeutigkeit und Tiefe von Kunstwerken aus. Auch im Alltag ist in den meisten Fällen die Sinnebene, die hinter Handlungen steht, nicht oder nur zum geringen Teil bewusst. Das liegt daran, dass auf der Tätigkeitsebene bzw. beim übergeordneten Gegenstandsbezug fak-

Abb. 5: Auf den Fersen gehen
Spiel bedeutet immer auch, etwas anderes zu sein und zu machen als im Alltag. Auf diesem Bild erleben die Mädchen lustvoll eine andere Art des Gehens und sammeln zugleich neue Erfahrungen über ihren Körper und die Kontrolle ihres Körpers.

tisch alle bisher gemachten Erfahrungen gesammelt werden und somit die gesamte Biographie eines Individuums auf dieser Ebene repräsentiert ist. Da der menschliche Arbeitsspeicher nur sehr begrenzt ist, kann auch nur ein Bruchteil dessen, was uns bewegt, ins Bewusstsein gelangen. Dies gilt auch für kleine Kinder. Bei ihnen ist der Arbeitsspeicher noch eingeschränkter. Hinzu kommt, dass viele Erfahrungen für das Kleinkind noch nicht verarbeitet werden können, weil die Schemata fehlen, in die sie das Kind einordnen könnte.

Dieser Tatbestand führt natürlich zu der Frage, wie etwas, das gar nicht bewusst ist, im Spiel zum Ausdruck gebracht werden kann. Bevor wir diese Frage zu beantworten versuchen, soll erst dargestellt werden, wie die Thematiken des übergeordneten Gegenstandsbezuges ins Spiel transformiert werden, d. h., welche Übersetzungsmöglichkeiten und -regeln es gibt. Wir konnten in der Hauptsache drei solcher Übersetzungsregeln beobachten: Die narrative, die räumliche und die materialisierende Transformation.

Übersetzungsregeln

Die *narrative Transformation* gestaltet die Thematik in eine Erzählung um, ein Vorgang, der in allen Kulturen einen wichtigen

Abb. 6: Friseurspiel
Die beiden Mädchen nehmen im Rollenspiel »Friseur« Aspekte des Erwachsenendaseins von Frauen vorweg. Das tiefgründigere Thema des Spiels ist Erwachsenseinwollen, wobei von der weiblichen Rolle zunächst vorwiegend Oberflächenmerkmale übernommen werden (sich schön machen, gut aussehen).

Platz einnimmt. Die Erklärung der Welt und des Daseins in der Welt geschieht meist in narrativer Form, nämlich in Gestalt von Mythen oder auch naturwissenschaftlich als Entstehungsgeschichte der Welt und des Menschen (Urknalltheorie, Evolutionstheorie). Es scheint eine Grundfähigkeit des Menschen zu sein, Thematiken in narrativer Form auszudrücken. Im kindlichen Spiel geschieht dies als Spielhandlung mit einem bestimmten Ablauf, der einen Anfang und ein Ende hat, wie unser Beispiel in der Bärenszene oder der einsamen Fahrt mit dem Boot zeigt. Im späteren Rollenspiel setzt sich diese narrative Form in verfeinerter und differenzierterer Weise fort. Die zweite Transformation von Thematiken geschieht durch *räumliche Darstellung*. Auch hier haben wir Vorbilder in der Erwachsenenwelt. In vielen Kulturen werden gut und böse, hell und dunkel, hoch und niedrig durch die Beziehung von oben und unten dargestellt. Die räumliche Transformation lässt sich auch schon in der frühen Kindheit beobachten, z. B. wenn Kinder Spielfiguren fliegen lassen oder kopfüber an einen Balken oder Rahmen laufen lassen und damit die Schwerkraft aufheben. Letztlich ist das Hin und Her in der sozialen Interaktion zwischen Kind und Bezugsperson, wie etwa bei unserem Schnullerbeispiel, auch eine räumliche Transformation, nämlich die der Beziehung des Austausches zwischen zwei Personen. Die Erfahrung psychischer, vor allen Dingen emotionaler Zustände lässt sich für das Kind und vom Kind selbst am besten in räumlichen Beziehungen ausdrücken. Geborgenheit bedeutet räumliche Nähe zur Bezugsperson, Sicherheit vor einer Gefahrenquelle dagegen räumliche Distanz zu ihr. Überlegenheit und Größe drückt das Kind (wie auch der Erwachsene) durch Höherstehen aus (etwa indem das Kind auf einen Stuhl steigt). Solche Beispiele lassen sich noch lange fortsetzen.

Eine letzte Form der Transformation, die wir noch eigens nennen wollen, ist die der *Materialisierung*. Thematiken werden durch Vergegenständlichung im direkten Sinn des Wortes, also durch Neugestaltung von Objekten, zum Ausdruck gebracht. In den meisten Kulturen finden wir die Materialisierung von Daseinsthematiken in Form von Skulpturen und Bauwerken. Im Vorschulalter geschieht diese materialisierende Transformation vor allem im Konstruktionsspiel beim Kneten und Malen. Aber auch in der früheren Kindheit drückt sich die Ebene des übergeordneten Gegenstandsbezugs (die Tätigkeitsebene) in Formen materialisierender Vergegenständlichung aus. Schon der Umgang mit amorphem Material, wie Wasser, Sand und Knete, zeigt dies. Die eben erwähnte fiktive Herstellung von Spinat aus Knete und die damit verbundene Bewältigung der eigenen Abneigung gegenüber Spinat wäre ein Beispiel für Materialisierung, ebenso wie der Bau eines Turmes mit Ringen auf ein Gestell. Eine besondere Form des Umgangs soll nicht unerwähnt bleiben. Es fällt auf, dass Kinder in diesem früher Alter lieber etwas einreißen als aufbauen. Das Sozialspiel verläuft meist in der Weise, dass die Bezugsperson einen Turm errichtet und das Kind ihn wieder umwirft. Dieser Ablauf wiederholt sich mehrfach. Aufbauen und Zerstören drücken möglicherweise eine allgemeine anthropologische Thematik aus, die sehr früh im menschlichen Leben auftritt.

Prozesse der Übersetzung

Nach wie vor bleibt die Frage, wie die beschriebenen Transformationen vom übergeordneten Gegenstandsbezug in die Spielhandlung hinein vor sich gehen sollen. Es hilft zunächst nicht weiter, wenn wir im Anschluss an Freud vom übergeordneten Gegenstandsbezug als Unbewusstes sprechen, das sich auf das Handeln auswirkt, denn wir wollen ja gerade wissen, a) wie dieses »Unbewusste« beschaffen ist und b) wie der Prozess der Übersetzung vor sich geht. Vor dem heutigen Wissenshintergrund der allgemeinen Psychologie erscheint es nicht notwendig, das Unbewusste als eine Instanz im Sinne Sigmund Freuds anzunehmen. Vielmehr weiß man, dass die Mehrheit der Informationsverarbeitunsprozesse nicht bewusst ablaufen. Bezüglich der Thematiken, die das Spiel motivieren, wurde bereits festgestellt, dass diese sich aus einer Fülle von Erfahrungen speisen, die aus zweierlei Gründen nicht als Gesamtstruktur zur Verfügung stehen. Zum einen kann diese Vielfalt von Eindrücken und Erlebnissen nicht simultan im Arbeitsspeicher bewusst repräsentiert werden, da dieser begrenzt ist. Zum andern fehlen dem Kind die Schemata, in die es die Eindrücke stimmig einordnen könnte, und die Verbindungslinien zwischen den Schemata, die diese zu einer Gesamtstruktur vereinigen könnten.

Die Thematiken, wie Macht und Kontrolle auszuüben und Autonomie zu gewinnen, setzen sich aus vielen kleinen Erlebnissen der Ohnmacht, aus Informationen über mächtige Erwachsene und ihre Handlungsmöglichkeiten und aus früheren Erfolgserlebnissen bei geglückter Autonomie und Umweltkontrolle zusammen. Es geht gar nicht darum, dass diese Thematik verbal in einem Satz formuliert wird, sondern dass sie einen Handlungsdruck vermittelt, der sich in Wünschen äußert, die im Spiel realisiert werden können und dadurch erst bewusst werden.

In analoger Weise lassen sich alle diachronischen (langzeitig wirksamen) Thematiken als Zusammenfließen vieler Einzelerfahrungen verstehen, die Spannungszustände erzeugen und in Spielsituationen die Handlungen in bestimmte Richtungen lenken.

Ein spezifischer Mechanismus, der da am Werk sein könnte, ist uns aus der Attitude-Forschung bekannt (Rosenberg & Abelson, 1960). *Kognitiv-affektive Strukturen* (Ordnungen von kognitiven und emotionalen Erfahrungen) können sich im Gleichgewicht befinden oder gestört sein. Ungleichgewicht besteht dann, wenn Diskrepanz zwischen Erfahrungen besteht, die sich nicht auflösen lässt. Eine solche Diskrepanz existiert zwischen dem Gewahrwerden der eigenen Schwäche und Unterlegenheit und der Macht sowie den Handlungsmöglichkeiten Erwachsener. Ungleichgewicht gibt es auch zwischen den eigenen Autonomiebestrebungen und dem Bedürfnis nach Bindung, zwischen der mütterlichen Liebe und Für-

Abb. 7: Regelspiel: Ziellinie überschreiten
Schon im Vorschulalter werden einfache Regelspiele verstanden und richtig ausgeführt wie hier der Versuch, eine Ziellinie, die verteidigt wird, zu überschreiten. Regelspiele sind wichtige Vorläufer für das Verständnis sozialer Regeln. Auch das soziale Zusammenspiel funktioniert nur, wenn man sich an die vereinbarten Regeln hält.

sorge und dem von ihr ausgeübten Sozialisationsdruck sowie bei ambivalenten Beziehungen zu Partnern, die das Kind zugleich liebt und hasst, wie etwa Geschwister oder Eltern. Unsere Beispiele der Verarbeitung von Geschwisterrivalität zeigen, wie dieses Ungleichgewicht abgearbeitet werden kann.
Die Tätigkeitsebene bzw. die Ebene des übergeordneten Gegenstandsbezugs ist also als Langzeitspeicher für kognitiv-affektive Strukturen zu verstehen, deren Gleichgewichtszustand wechselt, manchmal labil ist, durch (Spiel-)Handlungen ausgeglichen werden kann, nach neuen Ereignissen aber wieder in die Störzone gerät. Nun gilt es zu erklären, wie solche latenten Strukturen mit der Spielsituation in Verbindung gebracht werden. Zum besseren Verständnis erscheint es wichtig, beim Spiel zwischen innerer und äußerer Realität zu unterscheiden, wie dies etwa Winnicott (1973) und Schäfer (1989) getan haben. Das Spiel ist ein intermediärer Bereich zwischen beiden Realitäten. Aus der äußeren Realität stammen die in dem Spielsetting gegebenen Signale und Anregungen. Sie vereinigen sich mit Gedächtnisinhalten, die durch die Spielsituation aktiviert werden. Erinnern wir uns an die Bärenszene. Der Junge läuft

herum, überlegend, was er als Nächstes spielen soll. Da fällt sein Blick auf einen Stoffbären, der am Boden liegt. Dieser Stimulus aktiviert die Eifersucht gegenüber dem kleineren Geschwister und führt zu der beschriebenen Spielhandlung. In der Spielhandlung nun verändern sich das Selbst und die Umwelt gleichermaßen, und es entsteht eine neue Realität. Die vermittelnde Funktion des Spiels besteht also darin, dass es einerseits Handlungsfeld für das Selbst als Akteur und Bewusstseinsinstanz ist, andererseits dieses Selbst verändert, indem es eine Thematik im Sinne einer sich im Ungleichgewicht befindlichen kognitiv-affektiven Struktur bearbeitet und zu einer vorläufigen Stimmigkeit führt.

Der Zusammenhang zwischen Spielsituation und Gedächtnisinhalten lässt sich auch auf der Ebene *neuronaler Netzwerke* verstehen. Als Beispiel für das Zusammenwirken interner und externer Komponenten sei das konnektionistische Modell von Grossberg und Stone (1986) gewählt. Ein Signal (z. B. ein Spielzeug oder eine Spielsituation) verursacht eine Aktivierung in der Inputschicht. Diese Aktivierung wird zur nächsten Schicht des neuronalen Netzwerkes übertragen. Diese zweite Ebene wäre das Langzeitgedächtnis, das implizit zur Verfügung steht. Wenn die Gedächtnisspuren stark genug ausgeprägt sind und das von außen kommende Signal ebenfalls stark ist, kommt es zur Aktivierung und zu einer Abstimmung (Resonanz) zwischen der Inputschicht und der Schicht des Langzeitgedächtnisses. Abstimmung bedeutet in unserem Falle, dass die Thematik bzw. das Geflecht, das diese Thematik repräsentiert, mit der Spielsituation gekoppelt wird. In diesem Fall kommt es zur Handlung, die nun bewusst und planvoll durchgeführt wird und so lange anhält, bis die aktivierten Diskrepanzen der kognitiven-affektiven Struktur bzw. der Knotenschicht im neuronalen Netzwerk des Langzeitgedächtnisses beseitigt sind.

Zusammenfassung und Schlussfolgerung

Im vorliegenden Beitrag haben wir uns auf einen bestimmten Aspekt des Spiels konzentriert, nämlich seine Funktion bei der Daseinsbewältigung in der frühen Kindheit. Da das Kind im realen sozialen Handeln die auftretenden Spannungen von aktuellen Wünschen und sofortiger Bedürfnisbefriedigung, von nicht verarbeiteten

Erlebnissen und vor allen Dingen der generellen Asymmetrie zwischen realen Anforderungen und subjektiven Wünschen (analog zur Diskrepanz von Realitätsprinzip und Lustprinzip) nicht beseitigen kann, benötigt es das Spiel als kompensatorische Aktivität. Handlungstheoretisch lässt sich dabei das Spiel den drei Ebenen der Tätigkeit, Handlung und Operation zuordnen, wobei die Tätigkeit bzw. der übergeordnete Gegenstandsbezug das Spiel als Sinnebene und motivierende Kraft bestimmt oder doch mitbestimmt. Der übergeordnete Gegenstandsbezug thematisiert zunächst allgemein die Existenz des Subjekts in seiner Umwelt und formt sodann spezifische Entwicklungsthematiken, Beziehungsthematiken und aktuelle Thematiken, die aus unverarbeiteten (zum Teil traumatischen) Erfahrungen resultieren. Das Kind setzt diese Thematiken hauptsächlich auf dreierlei Weise in Spielhandlung um: Narrativ durch die Darstellung einer Geschichte, räumlich durch die Symbolisierung von oben und unten, nahe und entfernt, und materialisierend durch die Vergegenständlichung in Figuren, Bauwerken und Zeichnungen. Erklären lässt sich diese Transformation durch die Existenz von im Ungleichgewicht befindlichen kognitiv-affektiven Strukturen als dem Insgesamt von aufeinander bezogenen Erfahrungen in der individuellen Biographie, die im Langzeitspeicher implizit repräsentiert sind. Diese Strukturen verursachen Handlungsdruck, der im Kind Spielhandlungen auslöst, und zwar vor allem dann, wenn das Spielsetting Signale enthält, die Thematiken aktivieren, die sich im Ungleichgewicht befinden und durch das Spiel zu einem strukturierten, mehr oder minder expliziten, von Partnern verstehbaren Ganzen führen.

Bezugspersonen, die das Kind gut kennen, erkennen auch den Zusammenhang zwischen der Thematik und der Spielhandlung und äußern sich nach unseren Beobachtungen fast regelmäßig interpretierend in der Weise zu dem aktuellen Spielgeschehen, dass sie den Zusammenhang zwischen den Problemen, die das Kind beschäftigen, und der Art und Weise des Spielens herstellen.

Es ist besonders bemerkenswert, dass der Zusammenhang zwischen Tätigkeit (übergeordnetem Gegenstandsbezug) und der Spielhandlung schon in der frühen Kindheit auftritt und nicht erst ein Ergebnis längerer kognitiver Entwicklung ist. Spiel scheint vielmehr von Anfang an eine Form der Daseinsbewältigung zu sein, die als sehr globale Subjekt-Umwelt-Beziehung beginnt und sich sukzessive in die Bearbeitung spezifischer Thematiken ausdifferenziert. Im Vorschulalter scheint dann bereits ein gewisser Höhepunkt dieses Mechanismus am Werk zu sein, während später mehr Möglichkeiten der Bewältigung in der sozialen Realität aufgebaut werden können, sodass das Spiel – vor allem Als-ob- und Rollenspiel – in den Hintergrund treten.

Literatur

Ainsworth, M. D. S. (1977). Attachment theory and its utiliy in cross-cultural research. In: P. H. Leiderman, S. R. Tulkin & R. Rosenfeld (Hrsg.), Culture and infancy (S. 49–67). New York: Academic Press.

Bateson, G. (1955). A theory of play and fantasy. *Psychiatric Research Reports, 2*, 39–51.

Bretherton, I. & Waters, E. (Hrsg.) (1985). Growing points of attachment theory and research. Monographs of the Society for Research in Child Development, 50 (1–2, Serial No. 209).

Freud, S. (1908). Der Dichter und das Phantasieren (Bd. Ges. Werke, 7). London: Hogarth.

Garvey, C. & Berndt, R. (1977). Organization of pretend play. JSAS. Catalogue of Selected Documents in Psychology, 7.

Griffin, H. (1984). The coordination of meaning in the creation of a shared make-believe reality. In: Bretherton, I. (Hrsg.), Symbolic play (S. 73–100). London: Academic Press.

Groos, K. (1899). Die Spiele des Menschen. Jena.

Grossberg, S. & Stone, G. (1986). Neural dynamics of word recognition and recall: Attentional priming, learning, and resonance. *Psychological Review, 93*, 46–74.

Grossmann, K. (1995). Kontinuität und Konsequenzen der frühen Bindungsqualität während des Vorschulalters. In: G. Spranger & P. Zimmermann (Hrsg.), Die Bindungstheorie. Grundlagen, Forschung und Anwendung (S. 191–202). Stuttgart: Klett-Cotta.

Leontjew, A. N. (1977). Tätigkeit, Bewusstsein, Persönlichkeit. Stuttgart: Klett-Cotta.

Oerter, R. (1999). Psychologie des Spiels. Weinheim: Beltz.

Papoušek, H. & Papoušek, M. (1987). Intuitive parenting: A dialectic counterpart to the infant's integrative competence. In: J. D. Osofsky (Hrsg.), Handbook of infant development (pp. 669–720). New York: Wiley.

Papoušek, H., Papoušek, M. & Bornstein, M. H. (2000). Spiel und biologische Anpassung (S. 21–45). In: S. Hoppe-Graff & R. Oerter (Hrsg.), Spielen und Fernsehen in der Erfahrungswelt von Kindern. Weinheim: Juventa.

Piaget, J. (1969). Nachahmung, Spiel und Traum. Stuttgart: Klett.

Rosenberg, M. J. & Abelson, R. P. (1960). Cognitive, affective and behavioral components of attitude. In: C. I. Hovland & M. J. Rosenberg (Eds.), Attitude organization and change. New Haven: Yale University Press.

Schäfer, G. E. (1989). Spielphantasie und Spielumwelt. Weinheim und München: Juventa.

Sroufe, A. L. (1979). Socioemotional development. In: J. D. Osofsky (Ed.), Handbook of infant development (pp. 462–616). New York: Wiley.

Winnicott, D. W. (1973). Vom Spiel zur Kreativität. Stuttgart: Klett.

Wygotski, L. S. (1987). Ausgewählte Schriften. Arbeiten zur psychischen Entwicklung der Persönlichkeit. Band 2. Berlin: Volk und Wissen.

KAPITEL 7

Gefährdungen des Spiels in der frühen Kindheit: Klinische Beobachtungen, Entstehungsbedingungen und präventive Hilfen

Mechthild Papoušek

Einführung

Die Fähigkeit zu spielen – allein oder gemeinsam mit den Eltern – gilt als Schutzfaktor der frühkindlichen Entwicklung. Als elementare Lebensform gehört das Spiel zu den biologisch verankerten Grundbedürfnissen des Menschen, und Säugling und Eltern sind dafür mit angeborenen Verhaltensbereitschaften ausgestattet. Wie in den vorausgegangenen Kapiteln ausgeführt, folgt das Kind im Spiel seinem genuinen Bedürfnis, sich durch selbst gesteuertes Erkunden und Lernen mit der belebten und unbelebten Umwelt vertraut zu machen, sie zu begreifen und auf sie einzuwirken und sich dabei seine innere Vorstellungswelt der Symbole, Kreativität und Phantasie zu erschaffen. Es ermöglicht dem Kind, neue Fertigkeiten zu erproben, Herausforderungen zu meistern, Lösungen und Strategien für Probleme zu erfinden und emotionale Konflikte zu bewältigen. Im gemeinsamen Spiel mit den Eltern erlebt das Kind Zuwendung, Vorbild, Anregungen, eine individuell abgestimmte, spielerisch herausfordernde Unterstützung und eine schrittweise Einführung in die Kultur. Umgekehrt finden die Eltern im gemeinsamen Spiel Zugang zur inneren Erfahrungs- und Vorstellungswelt ihres Kindes und nehmen an seinen Erlebnissen, seiner Aufregung, seinem Ernst und seiner Freude Anteil. Eltern und Kind bauen sich im Spiel einen gemeinsamen Erlebnisraum, in dem sie Aufmerksamkeit, Gefühle, Einstellungen und Vorstellungen teilen, gemeinsam zur Umwelt Bezug nehmen und zu einer gemeinsamen Sprache finden. Aufgrund dieser Eigenschaften bietet das Spiel für Kind und Eltern eine Quelle von autoprotektiven Kräften, sodass es in fachkundiger Hand zu Recht zu einem wirksamen Medium psychotherapeutischer Hilfen geworden ist.

Umso beunruhigender muss es erscheinen, wenn ein Kind bereits im frühesten Alter nicht zum Spielen aufgelegt ist, ja den Anschein erweckt, gar nicht spielen zu können.

Spielunlust – ein ernst zu nehmendes klinisches Syndrom?

In der *Münchner Sprechstunde für Schreibabys* wurden in den letzten zwölf Jahren weit über 2000 Säuglinge und Kleinkinder primär wegen exzessivem Schreien, chronischer Unruhe, Schlaf-, Fütter- und Gedeihstörungen untersucht und behandelt. Die klinische Diagnostik, Beratung und Behandlung schließt regelmäßig videogestützte Verhaltensbeobachtungen des kindlichen Spiels, im Alleinspiel und im Zwiegespräch und Spiel mit den Eltern, ein. Dabei hat sich in den letzten Jahren unerwartet, aber mit zunehmender Deutlichkeit, ein neues »Syndrom« des frühen Kindesalters herauskristallisiert: *Spielunlust* und *Unfähigkeit zu spielen,* gepaart mit *chronischer Unruhe, Unzufriedenheit* und *Dysphorie.*

Bei einer Auswertung von 700 konsekutiv in der Sprechstunde vorgestellten Kindern fand sich dieses Syndrom in ausgeprägter Form öfter als bei jedem dritten Kind dieser selektierten klinischen Stichprobe, in der Regel in Kombination mit einer oder mehreren weiteren Regulationsstörungen wie Ein- und Durchschlafstörungen, Fütterstörungen, exzessivem Klammern oder exzessivem Trotzen. Die Diagnose wurde in Ermangelung standardisierter Instrumente aufgrund der anamnestischen Angaben und Verhaltensbeobachtungen gestellt. Die Kriterien zur diagnostischen Abgrenzung schlossen neben den genannten Symptomen Beeinträchtigung der emotionalen Befindlichkeit des Kindes, Dauer von mehr als einem Monat, dysfunktionale Interaktionsmuster und deutliche subjektive Belastung der Mutter oder beider Eltern ein. Der Beginn lag meist bereits im ersten Lebensjahr, auch wenn die Eltern oft erst im zweiten oder dritten Lebensjahr Hilfe suchten (Papoušek, 2002a). Vergleichsdaten zur Prävalenz liegen weder für klinische noch für epidemiologische Stichproben vor.

Gemessen an seiner Bedeutung für die kindliche Entwicklung haben Probleme im Spiel in der klinischen Literatur auffallend wenig Aufmerksamkeit gefunden. Die Literatursuche nach ähnlichen oder verwandten Phänomenen hat bisher kaum zur Erklärung und Einordnung dieses Syndroms beigetragen. Auch die angloamerikanische Literatur über »Regulatory Disorders« (Barton & Robins, 2000; DeGangi et al., 1991; Greenspan & Wieder, 1993), frühkindliches Temperament (Carey & McDevitt, 1995; Kagan, 1997; Rothbart, Derryberry & Posner, 1994; Zentner, 2000) und sozial-emotionale Entwicklung (Crockenberg & Leerkes, 2000) hat sich mit Beeinträchtigungen des Spiels nur marginal befasst. Zwar nehmen Beobachtung und Analyse von Spielinteraktionen gerade bei jüngeren Kindern in wissenschaftlichen Studien und klinischer Diagnostik von Eltern-Kind-Interaktion, Bindung und Beziehung einen breiten Raum ein. Dabei liegt der Fokus jedoch nicht auf dem Spiel selbst, vielmehr auf dem kindlichen Entwicklungsstand (Sarimski, Kapitel 8) oder auf Merkmalen von Bindungs- und Beziehungsqualität. So wurden vielerlei Auswertungsinstrumente entwickelt, um aus dem Spielverhalten Informationen über kindliche und mütterliche Emotionalität, Feinfühligkeit der Mutter, Reziprozität, Synchronisation, Blick- und Körperkontakt sowie über die Qualität von Bindung und Beziehung zu erfahren (z. B. Esser et al., 1989; Tronick & Cohn, 1989). Dabei wurde jedoch das Spiel als solches kaum in Betracht genommen, seine Variabilität, seine Voraussetzungen und frühen Abweichungen und sein genuiner Beitrag für die kindliche Entwicklung von Bindung und Autonomie, für Aufmerksamkeit und Integration von Erfahrungen, für Symbolisation und Sprache und nicht zuletzt auch für die Eltern-Kind-Beziehungen. Ist das Syndrom der *Spielunlust* eine harmlose Extremvariante oder vorübergehende Krise der normalen frühkindlichen Verhaltensentwicklung? Ist es lediglich Ausdruck des »Zeitgeistes« der so genannten Postmoderne? Stellt es einfach nur ein Epiphänomen unsicherer oder gestörter Bindungsprozesse dar? Haben wir es mit unspezifischen Vorboten oder gar Frühsymptomen von externalisierenden oder internalisierenden Verhaltensstörungen des späteren Kindesalters zu tun? Ist es überhaupt als Störung zu werten, indem es nachweislich Entwicklungsprozesse des Kindes behindert? Hat es eigene Wurzeln, eine eigene Entwicklungsdynamik und ein eigenes Gefährdungspotenzial?

Die eigenen videogestützten Analysen und wissenschaftlichen Auswertungen unserer systematischen interdisziplinären Befunddokumentation sind in Anbetracht der Fülle des Materials und der Vielzahl offener Fragen bei weitem noch nicht abgeschlossen (Papoušek, 1996, 2000a). Dennoch machen wir schon jetzt mit Nachdruck auf das verbreitete Phänomen von *Spielunlust und Spielunfähigkeit in der frühen Kindheit* aufmerksam. Nicht nur ist es mit beträchtlichem Leidensdruck bei Kind und Eltern verbunden, nicht nur belastet es die Eltern-Kind-Beziehungen in einer besonders sensiblen Entwicklungsphase; wir müssen auch aufgrund erster Längsschnittstudien (Wolke, Rizzo & Woods, 2002; Wurmser et al., im Druck) und unserer klinischen Erfahrungen und Analysen zahlreicher Einzelfälle damit rechnen, dass ihm auch eine kritische Rolle in der Entwicklungsdynamik von Störungen der Eltern-Kind-Beziehungen und von emotionalen und behavioralen Störungen des späteren Kindesalters zukommt.

Dieses Kapitel ist ein Versuch, die vielfältigen Beobachtungen, klinischen Erfahrungen und bisherigen Ergebnisse aus einer Art Vogelperspektive zu sichten und zu ordnen. Dabei geht es 1. um eine symptomatische Beschreibung von Auffälligkeiten im kindlichen und elterlichen Spielverhalten; 2. um Entstehungsbedingungen auf kindlicher und elterlicher Seite; 3. um Auswirkungen auf die kindliche Entwicklung; und 4. um spieltherapeutische Prävention und Intervention.

Symptomatische Beschreibung von Spielunlust und Spielunfähigkeit

Klagen der Eltern

In bemerkenswerter Übereinstimmung klagen viele Eltern beginnend im ersten Halbjahr beim Erheben der Anamnese: »Mein Kind kann sich überhaupt nicht allein beschäftigen. – Es mag nicht spielen. – Es ist unruhig und quengelig und fordert den ganzen Tag, unterhalten zu werden. – Daheim ist es ihm total langweilig. – Das Spielzeug liegt nur in der Ecke, einzig interessant sind Fernbedienung und Computer. – Es reißt die Spielsachen nur aus dem Schrank und schmeißt sie herum. – Es hängt mir den ganzen Tag an den Beinen und fordert permanent meine Aufmerksamkeit. – Ich kann nicht mal allein auf die Toilette oder unter die Dusche, geschweige denn telefonieren.« – Sprechen die Eltern von sich, klagen sie: »Daheim mit dem Kind fällt mir die Decke auf den Kopf. Ich kaufe ständig neues Spielzeug, wir haben jeden Tag Programm, ich weiß gar nicht, was ich meinem Kind noch alles anbieten soll. – Ich tue alles für mein Kind, aber spielen – das liegt mir nun einmal nicht. – Lieber putze ich die ganze Wohnung, dabei kann ich mich wenigstens abreagieren.«

Verhaltensauffälligkeiten im kindlichen Spielverhalten

Ziel dieses ersten Versuches einer symptomatischen Beschreibung ist es, den Problemen im kindlichen Spielverhalten auf die Spur zu kommen und Ansatzpunkte für gezielte Interventionen aufzuzeigen; dabei sind beim Herausarbeiten individueller Verhaltensauffälligkeiten vorschnelle Typologisierungen kaum zu vermeiden, ebenso wie gelegentliche Überzeichnungen von prototypischen Ausprägungen.

Erstes Trimenon
Auch wenn man in den ersten Lebensmonaten noch nicht von Spiel im Sinne eines tätigen Explorierens sprechen kann, sind in der klinischen Arbeit mit exzessiv schreienden Säuglingen mögliche Vorboten späterer Spielprobleme in der Reaktivität auf Reize unverkennbar. In der Mehrzahl fallen diese Babys durch eine *fehlende Balance zwischen Erregbarkeit und Tröstbarkeit* auf (Barr & Gunnar, 2000; Papoušek & Papoušek, 1979). Auf Seiten der erhöhten Erregbarkeit stehen allgemeine Irritabilität, auditive oder taktile Überempfindlichkeiten oder auch Hyperexzitabilität gegenüber grellem Licht, Gerüchen oder Lageveränderungen im Vordergrund. Zu vermuten ist, dass diese exterozeptiven Überempfindlichkeiten auch von Übererregbarkeit im Bereich der propriozeptiven körpereigenen Wahrnehmungen begleitet sind. Generell gelingt ein sicherer diagnostischer Nachweis oft nicht, da die sensorische Erregbarkeit in hohem Maße zustandsabhängig ist: erhöht im Zustand von Übermüdung und meist unauffällig nach ausreichendem Schlaf (Wolff, 1987).
Die *Hyperexzitabilität* zeigt sich in der vegetativen Regulation (kaltschweißige Händchen und Füßchen, marmorierte Haut, häu-

figes Schwitzen, beschleunigte unregelmäßige Atmung), im motorischen Bereich (gesteigertes Aktivitätsniveau, Tonusregulationsprobleme mit Neigung zu Hypertonie, Überstreckung und Fäusteln); häufig sind rasche Eskalation und Entgleisen in einen Zustand extremer Übererregtheit mit unstillbarem Schreien der normalen Beruhigungshilfen nicht mehr zugänglich und einzig durch hoch intensive Reize kurzfristig zu durchbrechen (von Hofacker et al., 1999).

Nicht bei allen *Säuglingen mit exzessivem Schreien* ist eine sensorische Übererregbarkeit gleichermaßen nachweisbar. Allen gemeinsam sind dagegen *Probleme der Erregungsmodulation, mangelnde Tröstbarkeit und Selbstberuhigung* (Barr & Gunnar, 2000). Diese Säuglinge beantworten neue Sinnesreize zuweilen mit besonders lebhaften Orientierungsreaktionen, bei denen sie sich rasch erschöpfen, ohne sich aber bei Ermüdung durch kurzes Wegschauen die nötige Auszeit und Erholung zu gönnen und kurz »abzuschalten«. Infolgedessen geraten sie rasch in einen *Zustand zunehmender Überreiztheit* mit motorischer Unruhe und Irritabilität, aus dem heraus sie, z.T. trotz intensiver Beruhigungshilfen, nur schwer zur Ruhe kommen und in den Schlaf finden können (St. James-Roberts, Conroy & Wilsher, 1995; Papoušek & von Hofacker, 1995).

Das Missverhältnis von erregenden und erregungsmodulierenden Prozessen erschwert die frühe Regulation der Verhaltenszustände und *Schlaf-Wach-Organisation*, insbesondere die Regulation von Schlaf-Wach-Übergängen, aktiv aufmerksamen Wachzuständen und erholsamem Schlaf (Wolff, 1987). Das resultierende Schlafdefizit verstärkt wiederum die Erregbarkeit und Unruhe.

Diese frühen regulatorischen Auffälligkeiten lassen sich zunächst in Zusammenhang mit den anstehenden postnatalen Anpassungs- und Reifungsprozessen erklären und »wachsen sich in der Regel aus« (St. James-Roberts et al., 1995).

Zweites Trimenon
Dennoch persistieren Schreien und Unruhe bei einem Teil der Säuglinge, die in ihrer Verhaltensregulation mit zunehmender Deutlichkeit individuelle Unterschiede erkennen lassen (Papoušek, 2000b). Bei einigen von ihnen (*sensation avoiders*, Dunn & Brown, 1997) stehen weiterhin Irritabilität, Überempfindlichkeit und ängstliche Übererregbarkeit durch alles Neue im Vordergrund. Sie wir-

ken mimosenhaft und nehmen dennoch wie Seismographen jede Regung in der Umgebung wahr. Zur regulatorischen Gegensteuerung entwickeln sie Strategien, die in gesteigertem Nähebedürfnis, Klammern am Vertrauten, Rückzug und Vermeidungsverhalten gegenüber neuen Erfahrungen und zunehmender Hemmung von Neugier und Erkundungsdrang zur Geltung kommen. Sie zeichnen sich durch extrem lange Anlaufzeiten bei sozialer Kontaktaufnahme oder Orientierung auf die gegenständliche Umwelt aus.

Vermutlich die Mehrzahl der persistierend schreienden Säuglinge lässt sich jedoch eher einem anderen Prototyp zuordnen. Sie zeichnen sich durch einen vor allem visuellen »Reizhunger« aus (*sensation seekers*, Dunn & Brown, 1997). Aufgrund ihrer intensiven Orientierungsreaktionen auf visuelle Reize mit weit geöffneten Augen hat man sie auch als »Augenkinder« bezeichnet. Auch sie drängen permanent auf den Arm und wollen herumgetragen werden. Sie kuscheln sich jedoch nicht an, werden im Gegenteil auf dem Schoß rasch unruhig und unleidlich. Sie scheinen weniger körperliche Nähe und Zärtlichkeit zu suchen als vielmehr die vertikale Position und den freien Blick vom herumwandernden Körper der Eltern aus. Sie haben von Geburt an horizontale Körperpositionen vehement abgelehnt und streben in die Vertikale, um mehr zu sehen und Abwechslung und Ablenkung zu finden (Papoušek, 2000b, 2002).

Besonders augenfällig wird dies, wenn sie sich bereits in einem überreizten motorisch unruhigen Zustand befinden und quengeln oder schreien, aber auf ein neues Spielzeug prompt mit intensiver Orientierung und ruhig fokussierter, allerdings kurzlebiger Aufmerksamkeit reagieren. Im Wachzustand bleiben diese Kinder, sobald sie sich selbst überlassen sind, dysreguliert, unzufrieden und häufig dysphorisch. Zur regulatorischen Gegensteuerung dieses Zustandes suchen sie nach neuen Reizen und machen sich dabei einen frühen neurobiologischen Mechanismus der Aufmerksamkeitssteuerung zunutze. Negative Affektzustände lassen sich durch Orientierung auf einen neuen Reiz wirksam unterbrechen, ohne dass es dabei zu einer anhaltenden Beruhigung kommt (Ruff & Rothbart, 1996). Visueller Reizhunger kann somit erlernt und verstärkt werden, indem die Kinder durch Hinwendung zu einem neuen Reiz eine jeweils kurze Stabilisierung ihres Zustandes erreichen. Sie gewinnen dabei jedoch nur eine Art ›Pseudobalance‹, weil sie beim visuellen Orientieren auf einer oberflächlichen Ebene der Informationsaufnahme und -verarbeitung verbleiben; das Neue wird rasch uninteressant, als irrelevant habituiert, und die Suche nach Abwechslung durch neue möglichst erregende Reize beginnt von vorn. Was diesen Babys offenbar nicht gelingt, ist der Übergang zum selbst gesteuerten Explorationsspiel mit Auge, Mund und Händen, für das die Stabilisierung in einem aktiv aufmerksamen Wachzustand erforderlich ist, welcher aber umgekehrt durch das Spiel und die im Spiel belebten inneren Motivationen von Selbstwirksamkeit, Betätigungs- und Erkundungsdrang und Freude am Erfolg hervorgerufen und aufrechterhalten werden könnte.

Zweites Halbjahr
Die meisten der ehemals exzessiv schreienden Säuglinge werden in unserer Sprechstunde erst jenseits des vierten Lebensmonates erstmals vorgestellt, und dies ganz überwiegend wegen Schlafstörungen mit ungünstigen Rückwirkungen auf die Wachbefindlichkeit, die nach Behebung der Schlafprobleme rasch reversibel sind. Darunter finden sich jedoch auch Babys, die in ihrer Vorgeschichte den zuvor beschriebenen Säuglingen mit persistierendem Schreien gleichen. Unter ihnen fallen wieder die Säuglinge mit ängstlicher Übererregbarkeit (*sensation avoiders*) auf, bei denen es auch bei geringer Reizintensität zu Abwehr, Vermeidung und Rückzugstendenzen kommt. Im zweiten Halbjahr kann das Nähebedürfnis extreme Formen annehmen. Die Kinder klammern sich in Gegenwart einer fremden Person furchtsam und meist ausschließlich an die Mutter und sind auch nach langer Anlaufzeit in einer fremden Umgebung trotz Anwesenheit der Mutter im Explorationsverhalten gehemmt und kaum in der Lage, sich auf ein Spielzeug einzulassen. Selbst in der vertrauten häuslichen Umgebung sind sie in ihrer Regulation mindestens auf Sichtkontakt mit der Mutter angewiesen und haben Schwierigkeiten mit der Anpassung an neue Situationen und entwicklungsbedingte Anforderungen (z. B. die Einführung von Löffelkost). Die Bindung entwickelt sich in Form einer engen Fixierung und Abhängigkeit gegenüber der Mutter und kann in diesem Alter die Balance zwischen Bindungssicherheit und Explorationsbereitschaft empfindlich stören. Die Kinder fallen durch exzessives Klammern und extreme Fremden- und Trennungsangst auf der einen und ausgeprägte Explorationshemmung und Blockierung ihrer Spielbereitschaft auf der anderen Seite auf.

Bei der anderen Gruppe der »Augenkinder« *(sensation seekers)* rücken zunehmend deutlich motorische Unruhe, Dysphorie, Spielunlust und mangelnde Bereitschaft, sich eine Weile allein zu beschäftigen, in den Vordergrund. Sie sind, sobald sie eine Weile sich selbst überlassen sind, im Wachzustand überwiegend dysreguliert und greifen in ihrer Selbstregulation auf die bereits erprobten und eingespielten Verhaltensmuster zurück. Sie streben nach wie vor vor allem in die Vertikale, fordern permanente Aufmerksamkeit und sind erst dann einigermaßen zufrieden, wenn sie herumgetragen und beschäftigt werden. Sie lernen oft verspätet zu krabbeln und sich aus der Krabbelposition selbstständig aufzusetzen. Dadurch wächst zunächst die Diskrepanz zwischen ihrem auf die Umgebung ausgerichteten Erkundungsbedürfnis und den noch eingeschränkten motorischen Fähigkeiten. Aufgrund ihrer konsequenten Abwehr horizontaler Körperlagen in Rücken- und Bauchlage entgehen ihnen aber auch wichtige Grunderfahrungen in Bezug auf selbst gesteuertes motorisches Aufrichten, Umdrehen, Aufsetzen und Fortbewegen, auf Selbstwirksamkeitserfahrungen beim koordinierten Explorieren mit Hand, Mund und Auge und auf selbst gesteuertes Entdecken der weiteren Umwelt. Ihre vorherrschende Selbstwirksamkeitserfahrung bleibt dagegen ihr inzwischen instrumentalisiertes Schreien, mit dem sie sich beim ersten Anflug von Langeweile oder Frustration Regulierungshilfen durch prompte Unterhaltung und »Bespielung« erwirken.

Kleinkindalter (zweites bis drittes Lebensjahr)
Um die Mitte des zweiten Lebensjahres steht auf dem kindlichen Entwicklungsplan wiederum eine Vielfalt neuer, dramatischer Reorganisationsprozesse an (Bischof-Köhler, 1998; Crockenberg & Leerkes, 2000). Zunächst öffnen die Fähigkeiten zur selbstständigen Fortbewegung dem Kind mit seiner Neugier, seinem Erkundungsdrang und seinen wachsenden Autonomiebedürfnissen einen schier unbegrenzten Horizont. Mit der Fähigkeit zur Symbolisierung öffnet sich darüber hinaus die Welt des Als-ob-Spiels, eines Spielraums, der im Zwischenraum zwischen kindlicher Vorstellungsebene und Betätigung in der realen Umwelt angesiedelt ist (Winnicott, 1974). Das Kind erwirbt schrittweise neue Fähigkeiten zur zielorientierten Planung von sequenziellen Handlungen, Fähigkeiten, die mit der Reifung des Frontalhirns und seiner Vernetzungen einhergehen und eine neue Grundlage für konzentrierte Aufmerksam-

keit, Ausdauer und Hemmung störender Impulse schaffen (Ruff & Rothbart, 1996).

Auch die Kinder, die erstmals im zweiten Lebensjahr in der Sprechstunde vorgestellt werden, haben nach Angaben der Eltern in der Mehrzahl eine ähnliche Vorgeschichte wie in den vorangegangenen Abschnitten beschrieben. Im Vordergrund stehen erneut Schlafstörungen, die überwiegend mit anderen Regulationsstörungen wie Fütterstörungen, exzessivem Klammern und/oder exzessivem Trotzen einhergehen (Laucht, 2001) und gehäuft mit motorischer Umtriebigkeit, Spielunlust und Problemen im Spielverhalten assoziiert sind.

Auch unter diesen lassen sich viele Kinder der Gruppe der übererregbaren, reizoffenen, stresssensiblen Kinder *(sensation avoiders)* zuordnen. Zur Bewältigung ihrer erhöhten Erregbarkeit lassen sie ihrerseits unterschiedliche Strategien einer dysfunktionalen Selbstregulation erkennen, mit denen sie sich in Bezug auf das Spiel, selbstständiges Explorieren der Umwelt, neue Spielerfahrungen und Spielkontakte im Wege stehen. Die eine Untergruppe imponiert als *furchtsam vermeidend* und *gehemmt*, insbesondere bei sozialer Kontaktaufnahme mit Kindern und Erwachsenen und in neuen Situationen, die eine Anpassung verlangen (Kagan, Reznick & Snidman, 1987). Bereits geringe Anforderungen wecken in unvertrauter Umgebung unangemessene Ängstlichkeit und Sicherungsbedürfnisse. Die Balance zwischen Nähe und Distanz zur »sicheren Basis« ist zuungunsten von Erkundung und Autonomiebedürfnissen verschoben. Die Kinder suchen Nähe zur Bezugsperson, sind anhänglich, weinerlich und klammern sich hilfesuchend an die Mutter und vermeiden selbst auf dem Arm der Mutter Blickkontakt mit anderen Personen. Auf vorsichtige Spiel- und Kontaktangebote reagieren sie mit Vermeidung und ausgeprägter, lang anhaltender Hemmung.

Die Kinder der anderen Untergruppe reagieren auf Überforderung durch ein zu großes oder zu intensives Reizangebot vor allem mit *negativer Abwehr*. Im Spiel mit Gleichaltrigen oder in positiv aufregender Umgebung mit vielen Personen geraten sie rasch an ihre Toleranzgrenzen, werden unleidlich, wehren ab, quengeln und schreien. In Anforderungssituationen imponieren sie als »willensstark«, sturköpfig und trotzig. Sie wehren sich gegen jede Form von körperlicher Einschränkung, oft auch gegen körperliche Nähe. Im

sozialen Kontext wie auch bei Spielangeboten sind sie schwer zugänglich und tun sich schwer, ihre Aufmerksamkeit zu fokussieren (Barton & Robins, 2000).
Die Kinder, die von früh auf gelernt haben, Zustände von Missbefindlichkeit, Unruhe und Dysphorie durch Suche nach neuen erregenden Reizen zu durchbrechen *(sensation seekers)*, kommen im zweiten Lebensjahr erst recht nicht zur Ruhe. Eine gewisse Balance gewinnen sie durch Dauersaugen an Schnuller oder Nuckelflasche. Ihre Unruhe setzt sich in expansive Verhaltensbereitschaften um mit motorischer Umtriebigkeit, unstetem gelangweilt-ziellosem Herumlaufen, mangelndem Sitzfleisch und Spielen, ohne sich niederzulassen, aus dem Stand heraus. Manche von ihnen sind grobmotorisch schlecht koordiniert, stoßen überall an und fallen oft. In ihrer Reizsuche sind sie ungezielt. Im Spiel zielen sie auf erregungsintensive Effekte ab, mit Vorliebe für wilde motorische Spiele, für lärmerzeugendes Herumwerfen von Gegenständen und einfache Ursache-Wirkungs-Beziehungen (Lichtschalter, Fernbedienung). Im Freien reißen sie sich los, rennen ohne Rückversicherung davon und lassen sich kaum von risikoreichem Klettern zurückhalten (DeGangi et al., 1991; Greenspan & Wieder, 1993; Zero to Three, 1995).
Selbst im gemeinsamen Spiel gelingt es ihnen kaum, ihre Aufmerksamkeit zu fokussieren. Sie bleiben eher passiv, sind nicht bei der Sache und nur mit viel Außensteuerung zu kleinen zielorientierten Spielabläufen zu bewegen. Sie sind rasch frustriert, geben bei einfachsten Anforderungen vorschnell auf und laufen weg.
Nicht vergessen sollte man neben diesen unüberhörbaren »schwierigen Babys« eine weitere Gruppe von überaus »pflegeleichten«, tragischerweise meist »unauffälligen«, besonders ruhigen, eher apathischen Säuglingen und Kleinkindern, die extrem viel schlafen, von der sozialen und gegenständlichen Umwelt kaum Notiz nehmen, in sich zurückgezogen und unzugänglich sind und wenig Aufmerksamkeit einfordern. Auch bei ihnen scheinen die Motivationen zum Spiel und die Entwicklung des Spiels beeinträchtigt zu sein. Über sie ist in der Literatur jedoch in Bezug auf das Spiel noch weniger zu finden, und auch wir hatten keine Gelegenheit, solche Kinder in ihrem Verhalten besser kennen und verstehen zu lernen.
Die unterschiedlichen Auffälligkeiten im Spielverhalten des Kindes kann man selbstverständlich nicht losgelöst vom elterlichen Ver-

halten verstehen. Sie sind in der Regel Ausdruck dysfunktionaler Kommunikationsmuster im gemeinsamen Spiel und bei den alltäglichen elterlichen Versuchen, das Kind zum Alleinspiel zu animieren. Es ist daher unverzichtbar, einen ebenso genauen Blick auf das elterliche Verhalten und die Eltern-Kind-Interaktion zu richten. Umgekehrt lässt sich auch dieses nicht unabhängig vom kindlichen Verhalten verstehen. Gerade die klinische Arbeit zeigt, welch hoch wirksamen Beitrag das Kind zum Gelingen oder Misslingen der mütterlichen »Feinfühligkeit« und der Kommunikation im Spiel leistet. Sein Verhalten wird im Hier und Jetzt der Interaktion als Feedback für die Eltern und Einfluss auf das elterliche Selbstvertrauen ebenso wirksam wie über die bereits gemeinsam erlebte Vorgeschichte und die darauf aufbauenden elterlichen Gefühle, Erwartungen und Repräsentationen.

Verhaltensauffälligkeiten im Bereich der intuitiven elterlichen Spielkompetenzen

Ebenso wie der Säugling verfügen in der Regel auch die Eltern über genuine Bedürfnisse und Fähigkeiten zum Spiel, meist ohne sich dessen bewusst zu sein (s. Kapitel von H. Papoušek). Wir lenken daher unser Augenmerk auf die spielerischen Elemente, die in den biologisch verankerten, intuitiven kommunikativen Kompetenzen der Eltern verschlüsselt sind (Papoušek & Papoušek, 1987; Papoušek et al., 1987): auf Kontingenzbereitschaft, spielerische Variationen, Unterstützung und Hilfestellung beim Bewältigen kleiner Spielhandlungen und schwierigerer Problemlösungen sowie abgestimmte Modelle und Anregungen in der ›Zone der proximalen Entwicklung‹ (Bereich der bevorstehenden Entwicklungsschritte) (Wygotski, 1978). Wir betrachten dabei den etappenreichen Weg von den frühen Zwiegesprächen, Nachahmungsspielchen und rhythmischen Interaktionsspielchen über das Heranführen an die gegenständliche Umwelt bis hin zum Symbolspiel.
Auffälligkeiten im Bereich der intuitiven elterlichen Kompetenzen machen sich vor allem in zweierlei Hinsicht geltend, zum einen in der Ausprägung, zum anderen in der Abstimmung auf die kindliche Aufnahme- und Integrationsbereitschaft (Papoušek, 1996). Die Ausprägung lässt sich am Grad der intuitiven Anpassung und »Ver-

ständlichkeit« der stimmlich-sprachlichen, mimischen und taktilen Verhaltensmuster ablesen (z. B. an der Ammensprache). Ebenso wichtig ist die Fähigkeit und intuitive Bereitschaft, die Signale des Babys in Bezug auf seine Aufnahmebereitschaft, momentanen Interessen und Fähigkeiten sowie seine Belastbarkeit und Toleranzgrenzen zu erkennen und die eigenen Verhaltensmuster und Anregungen auf das kindliche Feedback abzustimmen, mit dem es Aufnahme und Integration seiner Erfahrungen steuert.

Auffälligkeiten in der Ausprägung
Die Ausprägung der spielerischen Kompetenzen ist gerade in ihren positiven, besonders lebhaften Varianten auf die Präsenz und positive Rückkoppelung eines aufnahme- und interaktionsbereiten Babys angewiesen.
Beeinträchtigungen, Hemmungen und Blockierungen der intuitiven spielerischen Kompetenzen äußern sich vernehmbar in der Sprechweise. Die Sprache wird leise, oft belegt oder tonlos und entbehrt die aufmerksamkeitsweckenden melodischen Qualitäten und spielerischen Spannungsbögen. Es kommt zum *Verstummen der Ammensprache* und Sprachlosigkeit bei den täglichen Verrichtungen ebenso wie im Spiel mit Spielzeugen, bei dem die das Spiel begleitende, auf den Fokus der Aufmerksamkeit Bezug nehmende Sprache ausbleibt.
Das Ausbleiben der Ammensprache ist zugleich Ausdruck einer allgemein eingeschränkten Fähigkeit, sich emotional auf das Erleben des Babys einzulassen und mitzuschwingen. Dieser *Mangel an »emotionaler Verfügbarkeit«* (Sorce & Emde, 1981) bezieht das gesamte nonverbale Ausdrucksverhalten mit ein. Die Mimik wird flach und ausdruckslos; im frühen Alter fehlt bei erfolgreicher Blickzuwendung des Babys die typische Grußreaktion; taktile körperbezogene Anregungen und Spielchen wirken mechanisch und stereotyp und lassen die affektiven Spannungszirkel (Heckhausen, 1973), spielerischen Variationen und Überraschungsmomente vermissen (Papoušek & Papoušek, 1981). Die betroffenen Eltern verbringen oft viele Stunden mit dem Kind im »gemeinsamen« Spiel mit Spielzeugen, sind jedoch nur physisch präsent, sind gedanklich abwesend, wirken leer, wie ausgebrannt oder absorbiert von ungelösten Konflikten und sind infolgedessen nur mit partieller Aufmerksamkeit bei der Sache.

In Bezug auf *Initiativen zum Spiel* tun sich die Eltern schwer mit Einfällen und anspornenden Modellen. Wenn sie sich am Spiel beteiligen oder zum Spiel mit Spielzeugen anregen, wirkt es angestrengt, lustlos, wie eine bewusst gesteuerte Pflichtübung, in anderen Fällen nimmt es die Qualität mechanischen, stereotypen Stimulierens ohne Pause an.

Auffälligkeiten in der Ausprägung resultieren insbesondere auch in *mangelnder Verständlichkeit* des elterlichen Verhaltens im Zwiegespräch und im gemeinsamen Spiel mit Gegenständen. In Sprache und Mimik sind die prototypischen Ausdrucksformen nur schwach ausgeprägt. Die Anregungen erfolgen in raschem Tempo und ständigem Wechsel, ohne Wiederholungen und Pausen zum Aufnehmen und Verarbeiten. Taktilen Stimulationen fehlt es an Eindeutigkeit und sie erschöpfen sich gelegentlich in unbestimmtem Nesteln am Körper des Kindes. In anderen Fällen überwiegt pausenloses rhythmisches Stimulieren der Arme oder Füße, das nicht mehr das für die frühen Zwiegespräche kennzeichnende kinetische Dialogmuster von Stimulation und Abwarten (Stern et al., 1977) erkennen lässt. Ähnlich auffällig ist die Zeitstruktur beim Stimulieren mit geräuscherzeugenden Spielzeugen. Auch hier fehlen die Pausen. Beim gemeinsamen Spiel mit Spielzeugen äußert sich die Unverständlichkeit in Form von komplexen Erklärungen, altersunangemessenen Spielzeugangeboten, übermäßigem Angebot von Spielzeugen, chaotischem Spielumfeld und Vorführen von altersunangemessenen Spielhandlungen.

Forciertes Ausüben des Repertoires intuitiver elterlicher Verhaltensmuster findet sich bei Eltern, die sich bewusst bemühen, ihre Rolle besonders gut zu erfüllen. Gelingt es ihnen nicht, sich auf das Kind einzulassen, können Ammensprache, Lächeln und Freude am Spiel übertrieben, wie aufgesetzt, exaltiert und unecht wirken. Der Eindruck des Unechten entsteht insbesondere durch die meist bestehende Diskrepanz zu Aufnahmebereitschaft und Befindlichkeit des Kindes.

Auffälligkeiten in der Abstimmung
Noch häufiger und vielfältiger als Probleme der Ausprägung sind Auffälligkeiten in der Abstimmung der intuitiven spielerischen Kompetenzen in Bezug auf die beobachtbaren kindlichen Rückkoppelungssignale. Dabei geht es um die allgemeine kontingente

Responsivität der Mutter, die in zahlreichen Studien zur Eltern-Kind-Interaktion, meist zur Einschätzung der Beziehungsqualität, in der Regel auf globalen Skalen eingeschätzt wurde. In der Sprache der Bindungsforschung geht es um die Feinfühligkeit, die Fähigkeit, die Signale des Kindes insbesondere in Belastungssituationen wahrzunehmen, angemessen zu interpretieren und prompt und angemessen zu beantworten (Ainsworth, 1963). Für die videogestützte klinische Diagnostik und Intervention hat es sich in unserer Arbeit als unverzichtbar erwiesen, die feinfühlige Abstimmung gerade auch im Spiel und speziell in Bezug auf das kindliche Spielverhalten und das aktuelle Spielgeschehen zu differenzieren.

Aufnahmebereitschaft und Toleranzgrenzen. Das A und O von spielerischem Austausch im Zwiegespräch und Spiel mit Objekten ist der momentane Zustand der Aufnahmebereitschaft des Kindes. Die Blickzuwendung des eigenen Babys gehört zu den intensivsten, intimsten, aber auch empfindlichsten Signalen. So wetteifern Familienmitglieder, durch Stimulation einen Blick zu erhaschen, ein strahlendes Lächeln auszulösen oder das Baby zum Lachen zu bringen. Dabei verstehen viele Eltern nicht, dass das Baby mit seiner Blickabwendung über ein wirksames Mittel zur Selbstregulation verfügt, mit dem es sich vor Überstimulation schützen kann, und dass Quengeln und motorische Unruhe bereits Notsignale eines nicht mehr aufnahmefähigen Zustandes sein können. Im Zwiegespräch werden die subtilen zyklischen Schwankungen der kindlichen Aufmerksamkeit und sein Bedürfnis nach Erholungspausen übersehen und überspielt. Eltern, die im Austausch mit ihrem Baby selbst gelangweilt sind und nicht zur Ruhe kommen, neigen dazu, kurzes Wegschauen des Babys als Langeweile zu verkennen, und beantworten es mit umso intensiverer Stimulation. Selbstunsichere Eltern wiederum fühlen sich durch Blickabwendung vom Baby abgelehnt und unter Druck gesetzt, noch mehr anzubieten, um die Aufmerksamkeit des Babys zu gewinnen.

Je jünger, je unreifer, je unausgeschlafener das Kind und je höher das Ausgangsniveau der Erregung, umso rascher geraten Säuglinge im Zwiegespräch und Spiel an ihre Toleranzgrenzen. Werden ihre Signale von Erholungsbedürfnis, Ermüdung oder Übermüdung, Überlastung und Überreiztheit übersehen oder verzerrt interpretiert, kommt es zu Überstimulation; die Eltern lassen dem Baby keine

Zeit und führen ohne Pause in raschem Tempo immer neue Spielchen und Spielsachen ein.

Bei dysregulierten, chronisch unruhigen Säuglingen ist die Einschätzung dieser Signale besonders schwierig, eine angemessene Abstimmung erheblich erschwert. Paradoxerweise reagieren gerade diese Säuglinge mit positivem Feedback auf eine erneute erregungsintensive Stimulation. Entsprechend leicht erliegen die Eltern der Verführung, bei dysreguliert überreizten Säuglingen durch ein rasches Reizangebot das Quengeln zu stoppen und eine Eskalation zum Schreien zu verhüten.

Probleme der Abstimmung auf kindliche Aufnahmekapazität und Toleranzgrenzen im Spiel haben oft auch ein mangelndes Gespür für angemessene *strukturierende Rahmenbedingungen* zur Folge – in Bezug auf die Strukturierung des Tagesablaufs (Mangel an regelmäßigen Erholungspausen und Schlaf, volle Terminkalender) und des Spielumfeldes (übervolle Spielzimmer, laufender Fernseher, nicht kindgemäße Einrichtung u. a.).

Initiativen im Spiel. Im Spiel hat das Kind mehr als in allen anderen Alltagssituationen die Chance, durch eigene Initiative zu steuern, wann es sich mit welchem Gegenstand wie und wie lange beschäftigt (Largo, s. Kapitel 2). Die Abstimmung auf die kindlichen Initiativen fällt Eltern schwer, die überzeugt sind, dass es ihrer Initiative obliegt, das Kind zu stimulieren, zu unterhalten, zu »bespielen« oder zu fördern; oder die zu wissen glauben oder gar bestimmen möchten, mit welchem Spielzeug und auf welche Weise das Kind damit spielen sollte. Darunter finden sich Eltern mit hohen Leistungserwartungen an sich und das Kind, mit ausgeprägtem Kontrollbedürfnis oder Förderdruck. Aus wohlgemeinten elterlichen Initiativen wird *direktives Verhalten*, wenn die Eltern nicht abwarten, ob und wie das Kind darauf reagiert, vor allem aber, wenn die Eltern mit ihren eigenen Spielideen bereits begonnene Initiativen des Kindes ignorieren, durchkreuzen und nachhaltig hemmen. Besondere Herausforderungen stellen sich im zweiten Lebensjahr, wenn Entwicklung und Steuerung zielorientierter Handlungsplanung – speziell bei reizoffenen, ablenkbaren oder als sturköpfig-willensstark imponierenden Kindern – noch vulnerabel sind und Unterbrechungen der noch starren Tätigkeitsabsicht im Sinne von Heckhausen (1981) in eine Art Systemzusammenbruch mit unkontrollierbarem Trotzverhalten münden können.

Direktives Verhalten entsteht besonders leicht, wenn Kinder, z. B. im Rahmen mentaler Entwicklungsstörungen, ein wesentlich langsameres Spieltempo haben und ohnehin, nicht selten sogar fälschlicherweise, als passiv und initiativelos imponieren (Sarimski, s. Kapitel 8).

Fokus der Aufmerksamkeit. Als empfindlicher Gradmesser der elterlichen Abstimmung gilt, wieweit es den Eltern gelingt, im gemeinsamen Spiel den Fokus der kindlichen Aufmerksamkeit wahrzunehmen und mit dem Kind zu teilen – als Basis für wechselseitig abgestimmte Kooperation, für gemeinsames emotionales Erleben, Bezugnehmen und Benennen, kurz, zum Aufbau einer gemeinsamen Erfahrungswelt. Folgen die Eltern aus rationalen oder irrationalen Gründen ihrer eigenen Agenda ohne Abstimmung auf den Fokus der kindlichen Aufmerksamkeit, geschieht es leicht, dass sie die kindliche Spielhandlung durch Nichtbeachtung entwerten, seine Spielfreude und Initiativen blockieren und damit das Kind in eine passive Rolle drängen oder Konflikte herbeiführen.

Zone der proximalen Entwicklung: Am spontanen Interesse und Feedback der Säuglinge und Kleinkinder ist auch ablesbar, auf welcher Ebene ihrer Entwicklung sie sich soeben befinden, welches Entwicklungsthema ihnen Anreiz gibt, frisch erworbene oder zur Entwicklung anstehende Fähigkeiten zu erproben und einzuüben (Zone der proximalen Entwicklung, Wygotski, 1978). Eltern *überfordern* und entmutigen ihr Kind, wenn sie sich eher am Stand der Gleichaltrigen, an normierten Altersangaben, Werbung und Ratgebern als an seinen Signalen orientieren und Spielzeug verfrüht anbieten. Unrealistische Erwartungen, Ungeduld oder gar Enttäuschung der Eltern wirken auf das Kind zurück und hemmen Spielmotivation und Zutrauen in die eigenen Fähigkeiten.

Schwierigkeiten und Herausforderungen im Spiel. Speziell bei Kindern, die von sich aus keine Hilfe einfordern, bedarf es der ungeteilten Aufmerksamkeit, um wahrzunehmen, an welcher Stelle zu welchem Zeitpunkt das Kind das rechte Maß an Hilfe braucht, gerade so viel, dass das Selbstwirksamkeits- und Erfolgserleben des Kindes nicht gefährdet und das Zutrauen in seine eigenen Fähigkeiten gestützt wird. Übersehen die Eltern, mit welchen Schwierigkeiten sich das Kind bei der Lösung welchen Problems soeben abmüht, bleiben die intuitiven kleinen Hilfestellungen (z. B. das Festhalten einer wackligen Steckpyramide) und Ermunterungen aus, ebenso wie das emotionale Mitschwingen bei Anstrengung und kleinen Misserfolgen, die gemeinsame Freude am Erfolg und das Verständnis dafür, wenn sich das Kind frustriert abwendet oder das Spielzeug verärgert in die Ecke wirft. Besonders schwierig ist die Feinabstimmung bei Kindern, die rasch aufgeben und außer sich geraten, wenn ihnen etwas beim ersten Anlauf nicht gelingt.

Andere Eltern sind dagegen aus besonderer Fürsorglichkeit heraus *überregulierend* bemüht, dem Kind jede Anstrengung und Frustration zu ersparen. Sie trauen ihm wenig Selbstregulation zu, räumen ihm jede Schwierigkeit aus dem Weg und lösen schließlich das Problem lieber selbst.

Motivationen. Alle zuvor genannten Probleme haben direkt oder indirekt mit dem Kern der Spielunlust zu tun, indem sie auf die eine oder andere Weise die inneren Motivationen des Kindes zum Spiel beeinträchtigen und eine intuitiv abgestimmte Unterstützung der genuinen Motivationen vermissen lassen. Sind Eltern nicht bereit oder gelingt es ihnen nicht, sich mit ungeteilter Aufmerksamkeit und emotionaler Einfühlung auf das Spiel mit ihrem Baby einzulassen, übersehen sie die subtilen Zeichen der Befriedigung über ein gelungenes Spiel; sie können kaum den Ernst und Eifer im Spiel wertschätzen, geschweige denn emotional mitschwingen mit dem Engagement, dem angestrengten Ernst, der Anspannung, den unvermeidbaren Enttäuschungen wie auch mit der Freude am Gelingen, dem Stolz und den entspannenden Erholungspausen. Damit wird das Spiel nicht nur für das Kind zu einer lust- und freudlosen Erfahrung. Sie berauben sich auch selbst einer wichtigen Quelle positiver Beziehungserfahrung mit ihrem Kind, der Erfahrung positiver Gegenseitigkeit im gemeinsamen Spiel. Als Ersatz wird das Baby stimuliert, das Kleinkind beschäftigt und bespielt, mit Spielzeugen regelrecht abgespeist, oft auf eine Weise, die auf der erschöpfenden Ebene prompter Befriedigung von Neugier und Reizhunger des Kindes und Überspielung von Langeweile verbleibt (»damit a Ruh is«). Andere Kompensationsformen zur externen Verstärkung der kindlichen Spielbereitschaft sind äußere Belohnungen und Versprechungen (»wenn du jetzt schön spielst, kauf ich dir nachher ein Eis«) oder Drohungen und Bestrafungen (»wenn du jetzt nicht spielst, darfst du heute nicht fernsehen« oder »…, stecke ich dich ins Bett«).

Teufelskreise negativ-kontingenter Gegenseitigkeit

In den Beschreibungen der kindlichen und elterlichen Verhaltensauffälligkeiten im Spiel ist bereits deutlich geworden, in welchem Maße Kind und Eltern einander im Hier und Jetzt wechselseitig beeinflussen. Bei der klinischen Vorstellung ist in der Regel nicht mehr auszumachen, auf welcher Seite die Probleme primär angesiedelt waren. In der Mehrzahl sind beide Partner in dysfunktionale Interaktionsmuster regelrecht verstrickt, die durch wechselseitige negative Kontingenzen aufrechterhalten werden, in Belastungssituationen rasch eskalieren können und sich mit der Zeit verfestigen und verselbstständigen (negative Gegenseitigkeit, Papoušek, 2001).

Gerade in Bezug auf das Spiel steht dabei fast immer das Thema der Selbstwirksamkeit – in Form von mangelnden, fehlverstandenen oder fehlgeleiteten Kontingenzerfahrungen – im Mittelpunkt. Gemeint sind die bereits vielfach angesprochenen Kontingenzen zwischen kindlichen Signalen der Aufnahmebereitschaft und elterlichen Anregungen, elterlichen Anregungen und kindlichen Rückkoppelungssignalen, kindlichen Initiativen und elterlichen Antworten.

Die ersten eindrücklichen Beispiele von Teufelskreisen negativer Gegenseitigkeit finden sich im Kontext der frühen Zwiegespräche. Eine von Unruhe getriebene depressive Mutter etwa, die sich von ihrem unstillbar schreienden Baby generell abgelehnt fühlt, müht sich beim Wickeln mit allen ihr zu Gebote stehenden Verhaltensbereitschaften um Blickkontakt mit ihrem Baby, das ihre überstimulierenden Spielangebote jedoch mit Blickvermeidung quittiert und sich umso mehr durch Abschalten seiner Aufmerksamkeit schützt, je häufiger die Mutter die Spielchen wechselt, je weniger sie pausiert, je intensiver und zudringlicher sie stimuliert (Papoušek, 2002b).

Sind bei einer anderen Mutter dagegen aufgrund einer depressiven Störung im Wochenbett die intuitiven Verhaltensbereitschaften in Ausprägung und Abstimmung gehemmt, wird sie Blickzuwendung und Lächeln des Babys – die im Allgemeinen wirksamsten Auslöser intuitiver elterlicher Kompetenzen – nur schwach oder gar nicht registrieren und beantworten (Papoušek, 2002b). Das Ausbleiben kontingenter Antworten enttäuscht das Baby in seinen Selbstwirksamkeitsbedürfnissen. In der Folge sinken Neugier und Eigenaktivität des Babys, es wird zunehmend passiv, schaut lust- und ziellos umher, sucht immer wieder den Blickkontakt mit der Mutter, wendet sich jedoch rasch wieder ab, wenn sein Blick unbeantwortet bleibt. Dies bestärkt die Mutter in ihren Versagensgefühlen und erschwert das Vertrauen in die eigenen Kompetenzen. In der Folge verkümmern Eigeninitiative des Kindes in Spiel und Kommunikation, wenn dieser Mangel nicht durch Kommunikation mit einer psychisch gesunden Bezugsperson kompensiert wird. In der weiteren Entwicklung kommt es gehäuft zu unsicheren Bindungsmustern mit Störungen der Bindungs-Explorationsbalance, die sich in exzessivem Klammern und fortbestehender Hemmung der Explorationsbedürfnisse äußern.

Im Kleinkindalter ist die Spielunlust besonders häufig mit Teufelskreisen assoziiert, bei denen das Kind durch Aufmerksamkeitsprobleme mit motorischer Umtriebigkeit, geringer Ausdauer, raschem Aufgeben und Frustration bei geringfügigen Anforderungen im Spiel auffällt. Bemerkenswert oft stehen diese Verhaltensprobleme in negativ kontingentem Zusammenhang mit Auffälligkeiten im elterlichen Spielverhalten, in denen wohlgemeinte Förderbemühungen und hohe Leistungserwartungen an das Kind, oft gepaart mit einem Mangel an feinfühliger Hilfestellung, zum Ausdruck kommen. Das Kind kann den Anforderungen nicht gerecht werden; die zwangsläufigen Misserfolge und der Mangel an Erfolgserlebnissen beeinträchtigen Spielmotivation, Ausdauer und Zutrauen zu den eigenen Fähigkeiten; geringer Erfolg und rasches Aufgeben des Kindes enttäuschen die Eltern und verstärken den elterlichen Erfolgsdruck, der wieder auf das Kind zurückwirkt.

Entstehungsbedingungen von Spielunlust und Unfähigkeit zu spielen

Bedingungsfaktoren auf Seiten des Kindes

Probleme der basalen adaptiven Verhaltensregulation

Wie bereits erwähnt, lassen sich die Verhaltensauffälligkeiten im Erscheinungsbild der kindlichen *Spielunlust* auf einen gemeinsamen Nenner zurückführen: auf Schwierigkeiten in der Balance von aktivierenden und inhibierenden Prozessen der basalen adaptiven Verhaltensregulation (Papoušek & Papoušek, 1979). Dabei geht es im Spiel um die selbsttätige Verhaltensregulation des kindlichen Organismus in der Anpassung und Auseinandersetzung mit der Umwelt – unter Voraussetzung und Aufrechterhaltung eines psychophysiologischen Gleichgewichtes.

Die Orientierung auf ein neues Ereignis geht im frühen Säuglingsalter mit Aktivierung des gesamten Organismus einher, die im Dienst der Aufnahme, Verarbeitung und Beantwortung der über die Sinne aufgenommenen Information steht. Beteiligt sind insbesondere physiologische Erregung, motorisches Aktivitätsniveau, Affektspannung und Aufmerksamkeit. (Der englischen Terminologie nach geht es um vier A.s: *a*rousal, *a*ctivity, *a*ffect und *a*ttention, [Rothbart et al., 1994].) Mit selbstregulatorischem Verhalten wie zyklischem Absenken der Aufmerksamkeit, kurzem Abwenden und Saugen an den Händchen kann es dem Säugling gelingen, sich in Bezug auf seine Erregung in Balance zu halten und sich für eine Weile in einem aktiv aufmerksamen Wachzustand zu stabilisieren. Eine wirksame regulatorische Unterstützung bieten die intuitiven Verhaltensbereitschaften der vertrauten Bezugspersonen (körperliche Nähe, Vertrautheit, Geborgenheit, Beruhigungshilfen, erregungsmodulierende Abstimmung) (Papoušek & Papoušek, 1987). Aber auch die Aktivierung der integrativen Prozesse setzt auf unterschiedliche Weise beruhigende, stabilisierende Gegensteuerungsprozesse in Gang: die Orientierung selbst (z. B. Sinken der Herzrate, motorische Hemmung), Habituation, Vertrautheit mit dem Reiz und gelingende Integration (Assimilation). Besonders nachhaltig gelingt die Stabilisierung, wenn durch Betätigung und Entdecken von Kontingenzbeziehungen zwischen dem Ereignis und dem eigenen Verhalten die innere Motivation zur Selbstwirksamkeit ins Spiel kommt (Papoušek, 1969; Watson, 1972).

Finden die aktivierenden Prozesse kein ausreichendes regulatorisches Gegengewicht (z. B. bei Ermüdung oder Überstimulation), werden die Toleranzgrenzen der Erregung überschritten, kommt es unweigerlich zu Überreiztheit mit erhöhtem Erregungsniveau und gesteigerter Exzitabilität, motorischer Unruhe, Hypertonie und Überstreckungsneigung sowie Missbehagen oder bei einem Teil der Kinder möglicherweise sogar Angst. Jüngere Säuglinge können in einen Zustand unstillbaren Schreiens geraten, die etwas älteren suchen sich durch dysfunktionale Gegensteuerung zu schützen: durch Abwehrverhalten, Trotz und aggressives Verhalten oder durch Rückzug und Vermeidungsstrategien. In Bezug auf Neugier und Erkundungsbedürfnis können paradoxe Fehlanpassungen in Form des beschriebenen Reizhungers entstehen oder einer überschießenden Hemmung gegenüber allem Neuen.

Neugeborene Säuglinge unterscheiden sich erheblich in Merkmalen, Integrität und Funktionalität der basalen adaptiven Selbstregulation. Wo liegen die Ursachen? In der wissenschaftlichen Diskussion werden vor allem zwei kaum voneinander trennbare Bedingungsfaktoren dieser individuellen Variabilität in Betracht genommen: Temperament und frühkindliche Wahrnehmungsstörungen.

Temperament

Die Temperamentsforschung sieht die individuelle Variabilität vor allem in angeborenen biologischen Dispositionen verankert, in konstitutionell bedingten Extremvarianten normaler Verhaltensbereitschaften (Carey & McDevitt, 1995; Kagan, Reznick & Snidman, 1987; Rothbart & Bates, 1998; Zentner, 2000). Die klassischen Temperamentsstudien von Thomas und Chess (1977) haben anhand von detaillierten, auf das kindliche Verhalten ausgerichteten und von den Eltern ausgefüllten Fragebögen neun Temperamentsdimensionen herausgearbeitet, die sämtlich für das Verständnis des Spielverhaltens relevant sind: *Aktivitätsniveau, Rhythmizität* biologischer Funktionen (Regularität), *Anpassungsfähigkeit* an Veränderungen, *Annäherung/Rückzug* in Bezug auf Unbekanntes, *sensorische Erregbarkeit, Reaktionsintensität, Stimmungsqualität, Ablenkbarkeit* und *Aufmerksamkeitsspanne und Persistenz*. Der »*schwierige Säugling*« (10% einer normativen Stichprobe) vereint extreme ungünstige Ausprägungen im Sinne von Irregularität biologischer Funktionen, negativem Rückzug, mangelnder Anpassungsfähigkeit und intensiven, meist negativen Stimmungsausprägungen; dagegen zeichnet sich der »*pflegeleichte Säugling*« (40%) durch Rhythmizität, positive Annäherung, Anpassungsfähigkeit und überwiegend positive Stimmungslage aus, der »*unzugängliche Säugling*« (»slow-to-warm-up«) (15%) durch negative Reaktivität von milder Intensität auf neue Reize und verlangsamte Anpassung bei wiederholtem Kontakt. Auch Bates (1987) hat mit der von ihm ermittelten Dimension »fussy-difficult«, das Konzept des schwierigen Säuglings untermauert. Die neuere Temperamentsforschung (Rothbart, Derryberry & Posner, 1994; Bates & Rothbart, 1998) führt die Mehrzahl der Temperamentsmerkmale auf ein Missverhältnis zwischen aktivierenden und hemmenden Prozessen zurück, bedingt durch eine hohe Reagibilität im Bereich der o. g. vier A.s (insbesondere in Reaktion auf Unbekanntes und auf physische oder psychische Einschränkungen) und/oder durch mangelnde inhibitorische Selbstregulation mit mangelnder Tröstbarkeit und Selbstberuhigung, mangelndem ›Abschalten‹ und mangelnder emotionaler Regulation.

Temperament und frühkindliche Regulationsstörungen
Eigenen Untersuchungen nach spielen Temperamentsfaktoren auch bei der Genese frühkindlicher Regulationsstörungen eine Rolle. Säuglinge und Kleinkinder mit exzessivem Schreien, Schlaf- und Fütterstörungen, exzessivem Klammern, Trotzen und/oder aggressivem Verhalten schneiden in der Einschätzung ihrer Mütter auf fast allen Temperamentsskalen des ICQ (Bates, 1987) *(chronische Unruhe-Schwierigkeit, Voraussagbarkeit, Anpassungsfähigkeit)* erheblich ungünstiger ab als ihre Altersgenossen in einer Normstichprobe (Papoušek & von Hofacker, 1995; Papoušek, im Druck).

Im Kontext des exzessiven Schreiens der ersten Lebensmonate sind die beobachteten und von den Müttern eingeschätzten Verhaltensauffälligkeiten jedoch in der Regel auf eine passagere regulatorische Unreife im Rahmen der Anpassungs- und Reorganisationsprozesse des ersten Trimenon zurückzuführen. Sie »wachsen« sich in der Regel im Zuge des biopsychosozialen Entwicklungsschubes im Alter von drei Monaten aus (Barr & Gunnar, 2000; St. James-Roberts et al., 1995).

Anders ist es bei den persistierend schreienden und chronisch unruhigen, dysregulierten Säuglingen, die in der Umwelt rasch den Stempel eines »schwierigen Säuglings«, »kleinen Tyrannen«, »ADHS-Kindes« oder einfach »Schreibabys« aufgedrückt bekommen. Oft imponierten sie in den ersten Lebensmonaten bereits als extrem in Schreiintensität, Hyperreagibilität und Zustandsregulation. Bei diesen meist auch schlafgestörten Kindern sind die Regulationsprobleme jedoch ebenfalls nicht ausschließlich temperamentsbedingt, sondern z. B. die Folge von Schlafdefizit und chronischer Übermüdung, sodass sie nach Behebung der Schlafstörung zur Überraschung der Eltern plötzlich »das liebste Kind« sind.

Bei vielen der persistierend »schwierigen« Kinder erweisen sich allerdings die von früh auf beobachteten ungünstigen Temperamentsmerkmale als stabil und machen sich insbesondere in späteren Phasen von Reorganisation und anstehenden Entwicklungsaufgaben geltend (Papoušek, 1999; im Druck). Sie lassen sich jedoch aufgrund ihrer dynamischen Wechselbeziehungen mit Umwelterfahrungen und Lernprozessen kaum noch eindeutig von anderen Einflussfaktoren isolieren. So ist das persistierende Schreien und Quengeln oft auch die Folge einer Instrumentalisierung im Rahmen dysfunktionaler Teufelskreise der Eltern-Kind-Interaktionen. »Schwierige« Temperamentsmerkmale stellen erhöhte Anforderungen an die elterlichen Kompetenzen und führen nicht selten zur Überforderung der Eltern.

Temperament und Bindung
Besonders lückenhaft ist die Erforschung von Wechselbeziehungen zwischen ungünstigen Temperamentsmerkmalen und unsicherer Bindung bzw. Bindungsstörungen, insbesondere in Bezug auf die Bindungs-Explorations-Balance (Grossmann und Mitarb., s. Kapitel 4). Spielrelevante Temperamentsmerkmale wie Orientierungsfähigkeit und Irritabilität tragen zur Bindungsqualität bei (Spangler, 1995). Elterliche Responsivität bzw. die Feinfühligkeitskomponente der intuitiven elterlichen Kompetenzen als wichtigste Determinante der Bindungsqualität kommt auch auf der Ebene der Spielinteraktionen zum Tragen (Grossmann et al., 2002) und beeinflusst die Qualität des kindlichen Spiels (eigene klinische Beobachtungen). Unklar ist, ob Säuglinge mit manifesten Regulationsstörungen gehäuft eine unsichere Bindung haben. Auch im Kontext einer bereits manifesten unsicheren oder gestörten Bindungsrepräsentation sind weiterhin dynamische Wechselbeziehungen mit Temperamentsmerkmalen anzunehmen, indem konstitutionell bedingte kindliche Regulationsprobleme, beeinträchtigte elterliche Kompetenzen und Probleme der Bindungsrepräsentanz in der Arena der alltäglichen Interaktionsmuster wirksam werden und sich gegenseitig beeinflussen. Auch Thomas und Chess (1980) und die neuere Temperamentsforschung (Zentner, 2000) gehen nicht mehr ausschließlich von dauerhaft stabilen Merkmalen aus. Vielmehr wird betont, dass das langfristige Schicksal temperamentsauffälliger Kinder entscheidend von der Passung (dem Fit oder Mis-fit) hinsichtlich elterlicher Er-

wartungen und Verhaltensbereitschaften abhängt. Die ursprünglich divergenten, eher deterministischen Positionen von Temperaments- und Bindungstheorien haben sich somit einander genähert und propagieren ihrerseits die Notwendigkeit systemischer Betrachtungsweisen mit Ausrichtung auf die Abstimmungsprozesse in der Alltagsarena von Eltern-Kind-Interaktion und Spiel.

Wahrnehmungsstörungen
Stehen taktile Abwehr, Abwehr von körperlicher Einschränkung und bestimmten Körperlagen und Probleme der sensorischen Erregbarkeit im Vordergrund der kindlichen Verhaltensauffälligkeiten, sprechen Vertreter der sensorischen Integrationstheorie und -therapie auch von Frühzeichen (konstitutionell bedingter) frühkindlicher Wahrnehmungsstörungen (Ayres, 1998; DeGangi et al., 1991; Greenspan & Wieder, 1993). Sie beschreiben damit ein Nebeneinander von Übererregbarkeit und eingeschränkter Erregbarkeit, wovon jeweils selektiv einzelne Sinnesmodalitäten betroffen sind, und eine mangelnde Integration von körpernahen »basalen« und distalen Reizen. Eine derartige Konstellation wird z. B. bei den »Augenkindern« diskutiert, sofern ihr visueller Reizhunger mit Problemen mangelnder Körperwahrnehmung einhergeht. Bisher gibt es allerdings für die so genannte Wahrnehmungsstörungen noch keine gesicherte empirische Datenbasis.

Forschungslücken in Bezug auf die kindliche Selbstregulation
Auffallend in den Diskussionen sind die noch immer bestehenden Lücken in grundlegenden Kenntnissen über die Entwicklung der Selbstregulation im ersten und zweiten Lebensjahr, speziell in Bezug auf die Regulation von Affekt, Aktivitätsniveau, Handlungsplanung und Aufmerksamkeit. Bereits im zweiten Halbjahr werden die Regulationsprozesse komplexer und differenzierter und sind kaum noch durch das mehr oder weniger eindimensionale homöostatische System der basalen Regulation von aktivierenden und hemmenden Prozessen ausreichend zu erklären. Andererseits lassen die im Klientel der Schrei-Sprechstunde auffallenden Zusammenhänge zwischen exzessivem Schreien und späteren Problemen der Verhaltensregulation (Wurmser, im Druck) vermuten, dass eine unzureichende Bewältigung der frühen regulatorischen Entwicklungsaufgaben im Zuge der fortschreitenden Hirnreifung und Lern-

erfahrung den funktionalen und strukturellen Aufbau der differenzierteren Regulationssysteme beeinträchtigt.

Probleme der Affektregulation. In Bezug auf die Spielprobleme verdienen die beschriebenen Auffälligkeiten im affektiven Verhalten besondere wissenschaftliche Aufmerksamkeit. Sie stehen zum einen mit konstitutionellen Problemen der basalen Erregungssteuerung in Zusammenhang. Sie spiegeln jedoch im Verlauf der Entwicklung vor allem Probleme der inneren Motivation wider. Die eigenen klinischen Beobachtungen legen die Vermutung nahe, dass die genuinen Bedürfnisse des Säuglings nach Betätigung, Selbstwirksamkeit und Erkundung durch deprivierende Erfahrungen im sozialen Umfeld nachhaltig gehemmt werden, im Schatten vorrangiger Verhaltensprobleme verkümmern oder im Kontext von Teufelskreisen durch dysfunktionelle Kontingenzerfahrungen bereits früh fehlgeleitet werden können.

Probleme der Aufmerksamkeitsregulation. Auch in den Kenntnissen über die Frühentwicklung von Aufmerksamkeitsregulation, Ausdauer und Handlungsplanung bestehen noch große Lücken. Eine aufschlussreiche ausführliche Bestandsaufnahme und Diskussion der neueren empirischen Forschungen findet sich in der Monographie von Ruff und Rothbart (1996), die jedoch noch kaum in die klinische Literatur Eingang gefunden hat. Auch in diesem Bereich stehen Aufmerksamkeitsregulation und konstitutionelle Probleme der basalen Erregungssteuerung in einem komplexen wechselseitigen Zusammenhang (Gardner & Karmel, 1995). Temperamentsbedingte erhöhte Erregbarkeit im Sinne der viel beschriebenen Reizoffenheit resultiert schon früh in erhöhter Ablenkbarkeit und anderen Problemen fokussierter Aufmerksamkeit. Im Rahmen der aktuellen ADHS-Diskussion (Aufmerksamkeits-Defizit-Hyperaktivitäts-Syndrom) wird daher vorschnell auch von einem frühkindlichen ADHS gesprochen, bei dem insbesondere genetisch bedingte Defizite in der dopaminergen synaptischen Reizübertragung in bestimmten Hirnarealen in Betracht genommen werden. Da die für die spätere Aufmerksamkeitsregulation erforderlichen frontocorticalen Areale und Vernetzungen erst im 2. und 3. Lebensjahr in Zusammenhang mit der Entwicklung exekutiver Kompetenzen ausreifen, kann man im Säuglings- und Kleinkindalter allenfalls von unspezifischen Vorboten oder Risiken eines späteren ADHS sprechen. Andererseits können gerade in Bezug auf die Entwicklung von exekutiven Funktionen und Aufmerksamkeitssteuerung von früh an auf Kontingenz- und Selbstwirksamkeitserfahrungen im Spiel eine wichtige regulierende und möglicherweise nachhaltig prägende Rolle spielen.

Entwicklungsstörungen und Behinderungen. Mit Beeinträchtigungen im kindlichen Spielverhalten ist zweifellos auch bei Entwicklungsstörungen und Behinderungen im Bereich von Sinnessystemen, Motorik oder mentaler Entwicklung zu rechnen. Eine ausführliche Darstellung der vielfältigen Auswirkungen gibt Sarimski (s. Kapitel 8) über die Gruppe der geistig behinderten Kinder.

Bedingungsfaktoren auf Seiten der Eltern

Als Bedingungsfaktoren für die beschriebenen Auffälligkeiten im elterlichen Spielverhalten sind alle Faktoren in Betracht zu ziehen – die eher vordergründigen wie auch die psychodynamischen –, die es den Eltern verwehren, das kindliche Spiel ernst zu nehmen, sich auf die Kommunikation und kindlichen Initiativen im Spiel einzulassen und dabei auf die eigenen intuitiven Kompetenzen mit ihrem spielerischen und kreativen Potenzial zu vertrauen.

Faktoren im Kontext frühkindlicher Regulationsstörungen
Allem voran müssen wir fragen, warum die intuitiven Kompetenzen gerade bei Eltern von Säuglingen und Kleinkindern mit frühkindlichen Regulationsstörungen so häufig beeinträchtigt sind. An erster Stelle sind hier die *unmittelbaren Rückwirkungen* von unstillbarem Schreien, Nahrungsverweigerung, Schlafproblemen und permanenter Unzufriedenheit in den alltäglichen Interaktionen zu nennen – im Verein mit chronischer Ermüdung, hochgradiger Erschöpfung, Überforderung, Depressivität und Vernachlässigung der eigenen Grundbedürfnisse (Papoušek, 2002a). Durch ein Überwiegen von negativem Feedback wird den Eltern von ihrem Baby alltäglich ihr Versagen in basalen Funktionen ihrer Elternrolle rückgespiegelt; Verunsicherung, Enttäuschung, erlernte Hilflosigkeit, nicht selten auch ohnmächtige Wut rücken in den Vordergrund und lähmen die Fähigkeit und Bereitschaft, spielerisch auf das Baby einzugehen.
Ein weiterer Grund liegt darin, dass wir es in der Inanspruchnahmepopulation der Sprechstunde überwiegend mit ohnehin be-

lasteten Familien zu tun haben, bei denen oft schon im ersten Gespräch eine *Kumulation von organischen und psychosozialen Risikofaktoren* zutage tritt (Papoušek & von Hofacker, 1998). Bei fast zwei Dritteln der regulationsgestörten Kinder war bereits die Schwangerschaft durch pränatalen Stress, übermäßige Ängste, Konflikte oder Depression belastet mit der Folge, dass den Eltern kaum Spielraum blieb, sich auf das Baby einzustellen.

Vielfältige Auswirkungen auf das Spiel in der frühen Kindheit hat die Armut mit ihren häufig assoziierten multiplen Belastungsfaktoren (Butterwege, 2000). Zu ausgeprägten Hemmungen der intuitiven Verhaltensbereitschaften kommt es bei behandlungsbedürftigen Depressionen im Wochenbett und anderen psychischen Erkrankungen oder Persönlichkeitsstörungen der primären Bezugspersonen. Unter den Anforderungen von alleinerziehender Elternschaft, konfliktreicher Partnerschaft, Scheidung oder Konflikten mit den Herkunftsfamilien kann es zu zeitweisen oder dauerhaften Blockierungen kommen, insbesondere wenn die Eltern durch intensive negative Affekte und ungelöste Beziehungskonflikte in Partnerschaft und eigenen primären Bindungsbeziehungen emotional absorbiert sind. Besonders tiefgreifend sind die Auswirkungen einer belasteten Kindheit der Mutter, in der es für das Spiel weder Raum noch Zeit, weder Wertschätzung noch Toleranz gab, in der Traumatisierungen durch Beziehungsabbrüche, emotionale Vernachlässigung oder Misshandlung alles andere überschatteten. Die Wiederbelebung von Beziehungsmustern aus einer solchen leidvollen Biographie kann im Spiel mit dem eigenen Baby unbewusst Reinszenierungen, verzerrte Wahrnehmungen, Fehlinterpretationen und unangemessene Antworten auf die kindlichen Initiativen auslösen und das Spiel zu einem angespannten, gelegentlich sogar bedrohlichen Szenario werden lassen (Fraiberg, Adelson & Shapiro, 1975; Papoušek, 2003).

In Anbetracht so schwerwiegender Risikofaktoren ist es bemerkenswert, dass völliges Fehlen oder unauflösbare Blockaden der intuitiven elterlichen Kompetenzen nur ausnahmsweise im Kontext von schweren neurotischen Beziehungsstörungen, schweren gehemmten Depressionen, Psychosen und tiefgreifenden Persönlichkeitsstörungen der Mutter vorkommen. Meist lassen sich bei genauem Hinschauen auch dann noch schwache Ausprägungen erkennen. Unsere klinischen Erfahrungen haben uns gelehrt, bei allen Eltern, auch solchen, die in ihrer Beziehungsfähigkeit tiefgreifend gestört sind, darauf zu bauen, dass sie über basale Kompetenzen verfügen und ein Bedürfnis haben, ihrem Kind eine gute Mutter oder ein guter Vater zu sein, selbst dann, wenn sie aus purer Erschöpfung und unterschiedlichen psychodynamischen Gründen keinen Zugang dazu finden.

Weit verbreitet sind dagegen Beeinträchtigungen von Ausprägung und Abstimmung der Spiel-Kompetenzen infolge von Verunsicherung und Versagensängsten, von Kopflastigkeit und allzu großer Belesenheit, von Ängsten, etwas zu versäumen und das eigene Kind nicht ausreichend zu fördern. Ein verwirrendes Angebot von Elternratgebern nährt die verbreitete Sorge der Eltern, in der Frühzeit etwas an Fördermöglichkeiten zu verpassen, und die Sorge, ob sich ihr Kind einmal im Leistungswettbewerb von Gesellschaft und Berufswelt wird durchsetzen können. Gesteuert von überhöhten Erwartungen an sich selbst und das Kind, setzen sich solche Eltern unter Druck und folgen im Spiel mit dem Baby den vielerlei angelesenen Empfehlungen und Instruktionen zur Förderung ihres Kindes, ohne zu realisieren, in welchem Maße Erwartungsdruck und Leistungsorientierung die Grundvoraussetzungen für ein entspanntes gemeinsames Spiel im Keim ersticken können. Dabei lassen sich im Einzelfall nicht nur Einflüsse der elterlichen Biographie, sondern zunehmend häufig auch Einflüsse von Lebensweise und »Zeitgeist« erkennen.

Lebensweise und »Zeitgeist« –
Bedingungsfaktoren in der sozialen und kulturellen Umwelt

Gerade auch da, wo sich die Situation der Familie äußerlich in normalen Bahnen bewegt, werden wir in der Sprechstunde bereits bei Familien mit ganz jungen Säuglingen mit dem Syndrom »Spielunlust/Spielunfähigkeit« konfrontiert. Im Gespräch mit den Eltern ist der »Zeitgeist«, sind Merkmale und Trends moderner Lebensweise und Kultur unverkennbar, die die Eltern verunsichern und dem Spielerischen abträglich sind. Spielzeugindustrie, marktgesteuerte Empfehlungen, modische Trends und Kommerzialisierung von Freizeit und Spiel haben längst das frühe Säuglingsalter und die vorgeburtliche Zeit erreicht. Das Geschäft mit pränatalen Sprachkursen, Babyschwimmen und Laufschulen, Baby-Universitäten, Lernspielzeugen und Säuglings-Curricula, Baby-Fernsehen, Babypartyzubehör und Frühfördervideotheken blüht und findet auch hierzulande einen wachsenden Markt. Die vorherrschende Lebensweise wird bestimmt durch Überflutung mit Information in rasanter Abfolge von intensiv erregenden, sensationellen, längst nicht mehr integrierbaren Reizen; durch Leistungszwänge, Stress und Hektik in Beruf und Freizeit; durch Überstunden und volle Terminkalender ohne Zeit für Muße und Erholungspausen. Die Zeit ist bis in Urlaub, Freizeit, Spaß und Auszeiten hinein verplant; und den werdenden Eltern wird nicht einmal rund um Schwangerschaft, Geburt und Wochenbett ein Innehalten mit Zeit und Muße für Erholungspausen zugestanden. Nicht von ungefähr warnen amerikanische Autoren vor den Gefahren einer drohenden »Ritalin-Gesellschaft«, einer durch Sucht nach Sinnesreizen geprägten »Schnellfeuer-Kultur« (DeGrandpre, 2002); nicht ohne Grund befassen sich Psychotherapeuten mit dem Sinn von Muße und Langeweile (Kast, 2001).

Unter den vermeintlichen Zwängen der so genannten Postmoderne sind die basalen Voraussetzungen für das Spiel zu einem kostbaren, ja bedrohten, Gut geworden: Geborgenheit und Zeit, das, was mit dem alten deutschen Wort »Muße« umschrieben ist: die Fähigkeit, Zeit zu haben, sich Zeit zu nehmen und sich im Hier und Jetzt einzulassen. Vielleicht gehört es heute zu den wichtigsten Aufgaben der Eltern überhaupt, für das Spiel als elementarer Lebensform auch des erwachsenen Menschen und unverzichtbarem Grundrecht des Kindes einen Schutzraum zu schaffen und das Kind im frühen Alter vor Reizüberflutung, einer der Hauptgefahren des »Zeitgeistes«, abzuschirmen.

Verbreitete Anfälligkeiten für den »Zeitgeist«
Gerade damit aber tun sich viele Eltern heute besonders schwer, sich auf das Baby mit seinem eigenen Zeitmaß und Rhythmus einzulassen. Es gelingt ihnen kaum zu pausieren, zur Ruhe zu kommen und aufkommende Langeweile auszuhalten. Von Unruhe und innerer Leere getrieben, verfallen sie leicht in Aktionismus; das Spiel wird unversehens zum bloßen Beschäftigungsprogramm degradiert, das Kind wird »bespielt«, mit Spielzeugen überfüttert und einem permanenten Unterhaltungsprogramm ausgesetzt.

Die Eltern ahnen oft nicht, dass sie sich damit einer einzigartigen Chance berauben, im Spiel mit ihrem Kind eine inzwischen verlernte, womöglich verschüttete Seite eigenen Erlebens und eigener spielerischer Kreativität wiederzuentdecken, die unter den Leistungsanforderungen der beruflichen Selbstverwirklichung lange zu kurz gekommen war.

Weiterhin gibt es durchaus Eltern, die sich frustriert und betrogen fühlen, wenn sie um des Kindes willen an ihrer bisherigen Lebensgestaltung Abstriche machen müssen. In ihrem Lebensrhythmus gibt es »keine Zeit«, das Kind wird ins Kinderzimmer abgeschoben und mit haufenweise Spielsachen regelrecht abgespeist, muss aber funktionieren, sollte den Papa nicht stören, nicht lärmen, nichts schmutzig machen. In solchem Klima können Bewegungs- und Erkundungsbedürfnisse des Kindes sogar als bösartige Zumutung wahrgenommen werden, sodass die kindlichen Kontaktbedürfnisse und Versuche, die Eltern für ihr Spiel zu gewinnen, mit Verbannung ins Kinderzimmer geahndet werden. So wird das Spiel nicht nur entwertet, sondern auch mit Bestrafung, Zurückweisung und Ausgrenzung des Kindes kontaminiert.

Daneben gibt es die hoch motivierten Eltern. Verunsicherung, durch vorherige Berufstätigkeit bedingte Leistungsorientierung, tiefe Sorge, etwas zu versäumen, und Suche nach Selbstbestätigung machen junge Eltern auf besondere Weise für den »Zeitgeist« und die vielerlei Ratgeber und Smart-Baby-Programme anfällig. Sie setzen sich mit hohem Anspruch an sich selbst und ihr Kind unter Druck und wollen nichts versäumen, was ihr Kind fördern könnte. Durch Leistungsvergleich mit gleichaltrigen Kindern und unrealistisch überhöhte Erwartungen laufen sie Gefahr, ihr Kind zu überfordern und mit Ungeduld und Enttäuschung auf sein vielleicht langsameres Entwicklungstempo zu reagieren. Viele Eltern glauben, ihr Kind permanent stimulieren, beschäftigen, fördern, ihm etwas bieten zu müssen, damit es sich gut entwickle. Sie wollen das Beste für ihr oft einziges Kind und verausgaben sich dabei bis zur totalen Erschöpfung. Ein Teufelskreis entsteht durch die gleichzeitige Vernachlässigung eigener und partnerschaftlicher Bedürfnisse, die mit der Zeit zu innerer Leere, depressiver Verstimmung und Frustration führt, die ihrerseits das Spielen mit dem Kind zu einer freudlosen Pflichtübung werden lässt.

Spielunlust im Kontext der kindlichen Entwicklungsdynamik

In einem Klima von überhöhten Erwartungen an das Kind und Überfütterung mit Spielzeugen und Förderinitiativen bei gleichzeitiger Entwertung des Spiels in seiner ureigenen Bedeutung können Neugier und Eigeninitiative des Kindes nicht gedeihen. Viele der betroffenen Kinder finden ähnlich wie ihre Eltern im Spiel keine Ruhe, fühlen sich rasch gelangweilt, verlangen ständig nach neuen und immer intensiveren Reizen, ohne sich in das Spiel mit seinen intrinsischen Belohnungen vertiefen zu können. Ein früh erkennbarer Mangel an Selbstwirksamkeitserfahrung und Erfolgserlebnissen im Spiel verstärkt Unzufriedenheit, Langeweile und Spielunlust mit einem Mangel an Ausdauer, raschem Aufgeben bei kleinen Herausforderungen und frustriertem Selbstwertgefühl.

Spielunlust und Selbstentwicklung

Vom frühen Säuglingsalter an ist dabei vor allem mit Auswirkungen auf die Entwicklung von Selbsterfahrung und Autonomie zu rechnen (Papoušek, 2001): auf Selbstwahrnehmung, Selbstwirksamkeit, die eng mit der Selbstwirksamkeit verbundenen intrinsischen Motivationen und den Aufbau eines gesunden Selbstwertgefühls, das sich nicht nur aus der Wertschätzung durch die Umwelt nährt, sondern auch aus Selbstzufriedenheit, Selbstvertrauen in die eigene Kompetenz, Kontrolle und Selbstsicherheit.

Zum andern müssen wir annehmen, dass frühe Beeinträchtigungen des Spiels auch Lernfähigkeit und Motivation zum Lernen, Integration von Erfahrungen und den Erwerb von Symbolisationsfähigkeit und Sprache, von Kreativität und Phantasie verzögern oder sogar nachhaltig gefährden.

Spielunlust und Eltern-Kind-Beziehungen

Nicht zuletzt werden die wichtigen Beziehungserfahrungen positiver Gegenseitigkeit vernachlässigt. Das Baby entbehrt in Bezug auf das Spiel von Seiten der Eltern Aufmerksamkeit, Vorbild, Anregung, Unterstützung und Hilfestellung im Spiel, und die Eltern entbehren die positive Rückkoppelung seitens ihres Babys, die sie im Selbstvertrauen auf ihre intuitiven spielerischen Kompetenzen bestärken könnte. Fehlen solche Erfahrungen in den frühen Beziehungen, so fehlt eine wichtige Ressource, ein Potenzial von Selbstheilungskräften, auf die eine ressourcenorientierte Beratung und Therapie zurückgreifen könnte.

Spielunlust und Entwicklung von Intentionalität, zielorientierter Handlungsplanung und exekutiven Funktionen

Bezogen auf das von Hanuš Papoušek entwickelte Spielkonzept (s. Kapitel 1 und Papoušek et al., 1987) führt das Zusammenwirken von ungünstigen kindlichen und elterlichen Faktoren zu Gefährdungen auf verschiedenen Ebenen. Das basale Erkunden eines neuen Gegenstandes oder Ereignisses sollte vor Unruhe und Angst vor dem Unbekannten und damit vor Überforderung und Stress schützen. Gelingt dies nicht aufgrund erhöhter Exzitabilität oder unzureichender erregungsmodulierender Unterstützung, lernt das Kind, sich durch ängstliches Vermeiden neuer Erfahrungen, Rückzug und Festhalten am Vertrauten zu schützen.

Erneutes Öffnen der Konzepte und selbsttätiges Erkunden und Entdecken neuer Aspekte des bereits Bekannten sollten vor Langeweile, Unzufriedenheit und Stagnation schützen. Dieser Übergang zur weiteren Entfaltung von Spiel und Kreativität im Alleinspiel und im gemeinsamen Spiel ist offenbar nicht selbstverständlich und bedarf besonderer Voraussetzungen: Erfahrungen von Kontingenz, Selbstwirksamkeit und positiver Gegenseitigkeit auf der Ebene der basalen Integration, vor allem in den frühen Zwiegesprächen; weiterhin Geborgenheit und Muße; und die Fähigkeit, kurze Momente von Langeweile oder kleine Frustrationen überwinden zu können. Sind diese Voraussetzungen nicht erfüllt, neigt das Kind dazu, in eine von zwei ungünstigen Richtungen auszuweichen: Überwiegen Übererregbarkeit, Unsicherheit und Ängstlichkeit, so können sich Vermeidungs- und Rückzugsstrategien zunehmend verfestigen und rigides Festhalten am Vertrauten, exzessives Klammern oder Abwehrverhalten begünstigen. Überwiegen Unruhe, Dysphorie und Langeweile, lernt das Kind, sich weiterhin reizhungrig durch Suche nach immer neuen, erregungsintensiven Reizen und Einfordern von abwechslungsreicher, aber meist passiv konsumierter Unterhaltung zu behelfen. Es verbleibt dabei auf einer oberflächlichen Ebene der

Wahrnehmungsverarbeitung, sodass die in der Entwicklung anstehende weitere Differenzierung von Selbstwirksamkeitserfahrungen hin zu intentionalem, ziel- und ergebnisorientiertem Handeln und zu den exekutiven Funktionen keinen Spielraum zum Erproben, Einüben und Ausreifen findet. Die Folge sind mangelnde Ausdauer, Probleme der Aufmerksamkeitssteuerung, unstetes Herumlaufen mit Schnuller oder Nuckelflasche, motorische Unruhe und Stagnation in der Entwicklung von Symbolisation, Spiel und Sprache.

Prävention und Spieltherapeutische Interventionen

Spieltherapien haben in der Kindertherapie eine lange erfolgreiche Tradition (s. Kapitel 9 und 10), in der das Spiel jedoch eher als Medium genutzt wird und nicht selbst den Fokus der Therapie darstellt. Für das vorsprachliche Alter und für die gemeinsame Therapie von Mutter und Säugling hieß es daher in der eigenen Arbeit – angeregt von und im Austausch mit anderen Pionieren der Eltern-Säuglings-Therapien (Lieberman, Silverman & Pawl, 2000; McDonough, 2000) –, durchaus so etwas wie Neuland zu erschließen.
In der Behandlung von frühkindlichen Regulationsstörungen stehen spieltherapeutische Interventionen an zentraler Stelle. Sie zielen darauf ab, 1. Eltern und Kind in ihren genuinen Kompetenzen zu bestärken; 2. in der therapeutischen Beziehung eine unterstützende Matrix anzubieten und für Eltern und Kind einen stressfreien Spielraum für das Erleben positiver Gegenseitigkeit im Spiel zu erschließen; 3. die intrinsischen Motivationen des Kindes zur Selbstwirksamkeit im Spiel zu stärken; 4. Entlastung zu schaffen von Bespielungszwang und Förderdruck; und 5. Hemmungen und Blockaden aufzulösen und Zugang und Zutrauen zu verschütteten spielerischen Kompetenzen zu bahnen (Papoušek, 1998).
Die genaue videogestützte Verhaltensbeobachtung von kindlichem Alleinspiel und Spielinteraktionen bietet unterschiedliche, aber jeweils direkte Ansatzpunkte für die auf das Spiel fokussierte Entwicklungsberatung und Eltern-Säuglings-Therapie (Papoušek, 1998, 2000). Abgestimmt auf die individuellen Bedürfnisse und Probleme wird die Aufmerksamkeit gemeinsam mit den Eltern auf einen oder mehrere der folgenden Aspekte gelenkt: 1. Entdecken und wieder-

holtes Nacherleben von Sequenzen positiver Gegenseitigkeit im gemeinsamen Spiel und von Sequenzen vertieften selbst gesteuerten Alleinspiels des Kindes und Zutrauen zu den kindlichen und den eigenen Kompetenzen; 2. Erkennen, Verstehen und Wertschätzen von Vorlieben, Interessen, Entwicklungsthemen, Motivationen und Stärken des Kindes im Spiel; 3. Wahrnehmen und Verstehen der kindlichen Signale von Aufnahmebereitschaft, Toleranzgrenzen und Überforderung im Spiel; 4. Identifizieren von wechselseitigen Kontingenzen in funktionalen Engelskreisen und dysfunktionalen Teufelskreisen im gemeinsamen Spiel; 5. Ansprechen und Bearbeiten der subjektiven Ebene der im Spielkontext geweckten elterlichen Gefühle, Erinnerungsbilder und Gedanken; 6. Erproben von ungeteilter Aufmerksamkeit und emotionaler Verfügbarkeit in kurzen gemeinsamen Spielepisoden und Ansprechen und Bearbeiten störender Impulse.

Diese ressourcenorientierten spieltherapeutischen Techniken haben sich unter Zuhilfenahme des Videofeedback besonders bewährt. Sie werden durch eine am Entwicklungsstand des Kindes und seinen individuellen Stärken und Schwierigkeiten orientierte Entwicklungsberatung ergänzt. Dabei haben sich die folgenden Themen als besonders wichtig erwiesen: 1. Haushalten mit der Zeit und Strukturieren des Alltags mit Episoden uneingeschränkter Aufmerksamkeit und Episoden von Alleinspiel und relativer Abgrenzung; 2. Befreiung von Beschäftigungszwang und Förderdruck und Besinnen auf eine eher zurückgenommene, die kindlichen Initiativen unterstützende elterliche Rolle im Spiel (Zeit haben, Vorbild sein, Vermitteln von Schutz und Geborgenheit, Gestaltung des Spielraums, Hilfestellung bei Bedarf, auf das Spiel bezogenes Sprechen mit dem Kind); 3. Schutz vor Reizüberflutung und Überstimulation und Zulassen von Erholungspausen und Langeweile; und 4. Einräumen von Zeit zur Erfüllung basaler elterlicher Grundbedürfnisse.

Bei ausgeprägten Hemmungen und Blockaden der intuitiven elterlichen Kompetenzen haben sich Modifikationen ohne Video als wirksam erwiesen, die in ähnlicher Weise von Muir und Cohen, Lojkasek und Muir (»Wait, watch and wonder«, 1997) und von Greenspan (»floortime«, 1992) beschrieben wurden. Im Schutz der therapeutischen Beziehung begeben sich Baby, Mutter oder Vater und Therapeut zu dritt auf die Spielmatte. Nun geht es um die volle

Aufmerksamkeit von Eltern und Therapeut für das spontane Verhalten des Kindes und das Zurücknehmen eigener Initiativen in einer Haltung des Wartens, Beobachtens und Staunens. Es geht darum, sich im Hier und Jetzt auf die Interessen und Initiativen des Kindes einzulassen, störende Gedanken, Impulse oder die viel zitierten »Gespenster im Kinderzimmer« (Fraiberg et al., 1975) bis zur nachfolgenden Besprechung hintanzustellen oder unmittelbar anzusprechen und aufzulösen. Dabei kann die therapeutische Beziehung für die Eltern ebenso wie für das Kind als sichere Basis wirksam werden. Die intrinsischen Motivationen des Kindes zu Selbstwirksamkeit und Betätigung im Spiel werden durch die ungeteilte Aufmerksamkeit von Therapeut und Eltern gestärkt und wirken auf die Eltern zurück, indem sie dazu beitragen können, auf Seiten der Eltern die intuitiven spielerischen Kompetenzen zu wecken; der Therapeut bietet den Eltern eine unterstützende »bemutternde Matrix« und ermutigt sie, sich auf das Spiel mit dem Kind einzulassen und dabei auf ihre intuitiven Kompetenzen zu vertrauen.

Was dabei psychodynamisch ablaufen kann, hat Selma Fraiberg (1975) besonders anschaulich formuliert: »Das Baby kann ein Katalysator sein. Es löst eine wirksame Motivation für positive Veränderungen in seinen Eltern aus. Es repräsentiert ihre Hoffnungen und tiefsten Sehnsüchte; und es steht für eine Erneuerung des Selbst …«

Abschließende Bemerkungen

Die in diesem Kapitel zusammengetragenen Beobachtungen lenken die Aufmerksamkeit auf einen noch wenig ergründeten Bereich früher Ressourcen und Gefährdungen der seelischen Gesundheit. Die dabei aufgeworfenen Fragen sollten zu intensiver Erforschung und gezielten Studien zur Entwicklung des Spiels in klinischen Stichproben, zur diagnostischen Abgrenzung, Prävalenz und Validierung der mit chronischer Unruhe und Dysphorie gepaarten *Spielunlust* Anstoß geben. Wir verstehen noch zu wenig, welche Bedeutung dem Spiel als Grundbedürfnis und elementarer Lebensform des Kindes für die psychische Entwicklung zukommt. Welche Rolle spielt es neben der Bindung und in Wechselbeziehung mit der

Bindung? Mit welchen Auswirkungen ist zu rechnen, wenn die genuinen Motivationen und Fähigkeiten zum Spiel in ihrer Entfaltung behindert werden? Ist ein Mangel an Spielerfahrungen in der frühen Kindheit, sind dysfunktionale Abweichungen im frühen Spiel an der Entwicklungspathogenese von Verhaltensstörungen des späteren Kindesalters beteiligt? Angesichts der offenkundigen Zunahme von Sprachentwicklungsstörungen, Aufmerksamkeitsdefiziten, Lernstörungen, Hyperaktivität ist es dringlich, das gleichermaßen zunehmende frühkindliche Syndrom der *Spielunlust* mit seinen möglichen Auswirkungen auf die Entwicklung von Lernmotivation, Aufmerksamkeitsregulation, Handlungsplanung und symbolischer und sprachlicher Integration ernst zu nehmen: als Ansatz für gezielte prospektive Studien wie auch für geeignete präventive Maßnahmen und therapeutische Interventionen.

Es geht nicht darum, ein neues Krankheitsbild zu statuieren und damit noch mehr Eltern zu verunsichern. Das Ziel sollte vielmehr sein, eine wohl kaum ersetzbare Ressource der frühkindlichen Entwicklung und der frühen Eltern-Kind-Beziehungen zu schützen und störenden Einflüssen frühzeitig gegenzusteuern. Es fehlt nicht an säuglingsgerechtem Spielzeug und ausgefeilten frühpädagogischen Programmen. Was vor allem zu fehlen scheint, sind Zeit und Muße und ein Umfeld, in dem sich Eltern und Erzieher im Spiel auf die Faszination der kindlichen Erfahrungswelt und auf Kommunikation und Beziehung mit dem Kind einlassen. Kindsein heißt spielen dürfen. Und Eltern oder Erzieher sein heißt, wieder – vielleicht sogar erstmals – spielen dürfen und mit den Augen des Kindes die Welt von neuem entdecken. Schaffen wir gemeinsam Bedingungen, um diesen uns von der Natur in die Wiege gelegten Schatz zu bewahren.

Literatur

Ainsworth, M. D. (1963). The development of infant-mother interaction among the Ganda. In: B. M. Foss (Ed.), *Determinants of infant behavior* (pp. 67–104). London: Methuen.

Ayres, A. J. (1998). *Bausteine der kindlichen Entwicklung*, 3. Aufl. Orig. 1984. Berlin: Springer.

Barton, M. L. & Robins, D. (2000). Regulatory disorders. In: C. H. Zeanah (Ed.), *Handbook of infant mental health* (pp. 311–325). New York: The Guilford Press.

Barr, R. G. & Gunnar, M. (2000). Colic: The ›transient responsivity‹ hypothesis. In: R. G. Barr, B. Hopkins & J. A. Green (Eds.), *Crying as a sign, a symptom, & a signal* (pp. 41–66). Cambridge: Cambridge University Press.

Bates, J. E. (1987). Temperament in infancy. In: J. D. Osofsky (Hrsg.), *Handbook of infant development* (pp. 1101–1149). New York: Wiley.

Bischof-Köhler, D. (1998). Zusammenhänge zwischen kognitiver, motivationaler und emotionaler Entwicklung in der frühen Kindheit und im Vorschulalter. In: H. Keller (Hrsg.), *Lehrbuch Entwicklungspsychologie* (S. 319–376). Bern: Hans Huber.

Butterwege, C. (Hrsg.) (2000). *Kinderarmut in Deutschland: Ursachen, Erscheinungsformen und Gegenmaßnahmen.* Frankfurt/M: Campus.

Carey, W. B. & McDevitt, S. C. (1995). *Coping with children's temperament.* New York: Basic Books.

Cohen, N. J., Lojkasek, M. & Muir, E. (1997). *Outcomes of two mother-infant psychotherapies.* Poster presented at the biennial meeting of the Society for Research in Child Development, Washington D.C.

Crockenberg, S. & Leerkes, E. (2000). Infant social and emotional development in family context. In: C. H. Zeanah (Ed.), *Handbook of infant mental health* (pp. 60–90). New York: The Guilford Press.

DeGangi, G. A., DiPietro, J. A., Greenspan, S. I. & Porges, S. W. (1991). Psychophysiological characteristics of the regulatory disordered infant. *Infant Behavior and Development, 14,* 37–50.

DeGrandpre, R. (2002). *Die Ritalin-Gesellschaft.* Weinheim: Beltz Verlag.

Dunn, W. & Brown, C. (1997). Factor analysis of the sensory profile from a national sample of children without disabilities. *American Journal of Occupational Therapy, 51,* 490–495.

Esser, G., Scheven, H., Petrova, A., Laucht, M. & Schmidt, M. H. (1989). Mannheimer Beobachtungsskalen zur Erfassung der Mutter-Kind-Interaktion im Säuglingsalter (MBS-MKI-S). *Zeitschrift für Kinder- und Jugendpsychiatrie, 17,* 185–193.

Fraiberg, S., Adelson, E. & Shapiro, V. (1975). Ghosts in the nursery: A psychoanalytic approach to the problems of impaired infant-mother relationships. *Journal of the American Academy of Child Psychiatry, 14,* 1387–1422.

Gardner, J. M. & Karmel, B. Z. (1995). Development of arousal-modulated visual preferences in early infancy. *Developmental Psychology, 31,* 473–482.

Greenspan, S. I. (1992). *Regulatory disorders. Infancy and early childhood: The practice of clinical assessment and intervention with emotional and developmental challenges.* Madison, CT: International Universities Press.

Greenspan, S. I. & Wieder, S. (1993). Regulatory disorders. In: C. Zeanah (Ed.), *Handbook of infant mental health* (pp. 280–290). New York: Guilford Press.

Grossmann, K., Grossmann, K. E., Fremmer-Bombik, E., Kindler, H., Scheuerer-Englisch, H. & Zimmermann, P. (2002). The uniqueness of the child-father attachment relationship: Fathers' sensitive and challenging play as the pivotal variable in a 16-year longitudinal study. *Social Development, 11,* 307–331.

Heckhausen, H. (1987). Emotional components of action: Their ontogeny as reflected in achievement behavioer. In: D. Görlitz & J. F. Wohlwill (Hrsg.), *Curiosity, imagination, and play* (pp. 326–348). Hillsdale, NJ: Lawrence Erlbaum.

Heckhausen, H. (1973). Entwurf einer Psychologie des Spielens. In: A. Flitner (Hrsg.), *Das Kinderspiel* (S. 133–149). München: Piper. Original (1964). *Psychologische Forschung, 27,* 225–243.

Kagan, J., Reznick, J. S. & Snidman, N. (1987). The physiology and psychology of behavioral inhibition in children. *Child Development, 58,* 1459–1473.

Kast, V. (2001). *Vom Interesse und dem Sinn der Langeweile.* Düsseldorf: Walter Verlag.

Lieberman, A. F., Silverman, R. & Pawl, J. H. (2000). Infant-parent psychotherapy: Core concepts and current approaches. In: C. H. Zeanah (Ed.), *Handbook of infant mental health* (pp. 472–484). New York: The Guilford Press.

McDonough, S. C. (2000). Interaction guidance: An approach for difficult-to-engage families. In: C. H. Zeanah (Ed.), *Handbook of infant mental health* (pp. 485–493). New York: The Guilford Press.

Papoušek, H. (1969). Individual variability in learned responses during early postnatal development. In: *Brain and early behavior. Development in the fetus and infant* (pp. 229–252) (Ed. R. J. Robinson). London: Academic Press.

Papoušek, H. & Papoušek, M. (1979). The infant's fundamental adaptive response system in social interaction. In E. B. Thoman (Ed.), *Origins of the infant's social responsiveness* (pp.175–208). Hillsdale, NJ: Erlbaum.

Papoušek, H. & Papoušek, M. (1987). Intuitive parenting: A dialectic counterpart to the infant's integrative competence. In: J. D. Osofsky (Ed.), *Handbook of infant development* (2nd Edition) (pp. 669–720). New York: Wiley.

Papoušek, H. & Papoušek, M. (1979). The infant's fundamental adaptive response system in social interaction. In: E. B. Thoman (Ed.), *Origins of the infant's social responsiveness* (pp. 175–208). Hillsdale, NJ: Erlbaum.

Papoušek, H., Papoušek, M. & Bornstein, M. H. (2000). Spiel und biologische Anpassung. In: S. Hoppe-Graff & R. Oerter (Hrsg.), *Spielen und Fernsehen: Über die Zusammenhänge von Spiel und Medien in der Welt des Kindes* (S. 21–46). Weinheim: Juventa Verlag.

Papoušek, M. (1994). *Vom ersten Schrei zum ersten Wort. Anfänge der Sprachentwicklung in der vorsprachlichen Kommunikation.* Bern: Huber.

Papoušek, M. (1996). Die intuitive elterliche Kompetenz in der vorsprachlichen Kommunikation als Ansatz zur Diagnostik von präverbalen Kommunikations- und Beziehungsstörungen. *Kindheit und Entwicklung, 5,* 140–146.

Papoušek, M. (1998). Das Münchner Modell einer interaktionszentrierten Säuglings-Eltern-Beratung und -Psychotherapie. In: K. von Klitzing (Hrsg.), *Psychotherapie und Beratung in der frühen Kindheit.* Göttingen: Vandenhoeck & Ruprecht.

Papoušek, M. (1999). Regulationsstörungen der frühen Kindheit: Entstehungsbedingungen im Kontext der frühen Eltern-Kind-Beziehungen. In: R. Oerter, C. von Hagen, G. Röper & G. Noam (Hrsg.), *Klinische Entwicklungspsychologie: Ein Lehrbuch* (S. 148–169). Weinheim: BELTZ, PsychologieVerlagsUnion.

Papoušek, M. (2000a). Einsatz von Video in der Eltern-Säuglings-Beratung und -Psychotherapie. *Praxis der Kinderpsychologie und Kinderpsychiatrie, 49,* 611–627.

Papoušek, M. (2000b). Persistent infant crying, parenting and infant mental health. In: J. D. Osofsky & H. E. Fitzgerald (Eds.), *WAIMH Handbook of Infant Mental Health. Vol. 4. Infant Mental Health in Groups at High Risk* (pp. 415–453). New York: Wiley.

Papoušek, M. (2001). Die Rolle des Spiels für die Selbstentwicklung des Kindes. *Frühe Kindheit, 4,* (4) 39–45.

Papoušek, M. (2002a). Störungen des Säuglingsalters. In: G. Esser (Hrsg.), Lehrbuch der klinischen Psychologie des Kindes- und Jugendalters (S. 80–101). Stuttgart: Thieme.

Papoušek, M. (2002b). Auswirkungen der Wochenbettsdepression auf die frühkindliche Entwicklung. In: H. Braun-Scharm (Hrsg.), Depression im Kindes- und Jugendalter (S. 201–229). Stuttgart: Wissenschaftliche Verlagsgesellschaft.

Papoušek, M. (2003). Auswirkungen mütterlicher Traumatisierungen auf Kommunikation und Beziehung in der frühen Kindheit. In: K.-H. Brisch & T. Hellbrügge (Hrsg.), *Bindung und Trauma.* Stuttgart: Klett-Cotta.

Papoušek, M. & Papoušek, H. (1981). Musical elements in the infant's vocalizations: Their significance for communication, cognition and creativity. In: L. P. Lipsitt (Ed.), *Advances in Infancy Research* (Vol. 1) (pp. 163–224). Norwood, NJ: Ablex.

Papoušek, M., Papoušek, H. & Harris, B. J. (1987). The emergence of play in parent-infant interactions. In: D. Görlitz & J. F. Wohlwill (Eds.), *Curiosity, imaginations, and play. On the development of spontaneous cognitive and motivational processes* (pp. 214–246). Hillsdale, NJ: Erlbaum.

Papoušek, M. & von Hofacker, N. (1995). Persistent crying and parenting: Search for a butterfly in a dynamic system. *Early Development and Parenting, 4,* 209–224.

Rothbart, M. K., Derryberry, D. & Posner, M. I. (1994). A psychobiological approach to the development of temperament. In: J. E. Bates & T. D. Wachs (Eds.), *Temperament: Individual differences at the interface of biology and behavior* (pp. 83–116). Washington, DC: American Psychological Association.

Rothbart, M. K. & Bates, J. E. (1998). Temperament. In: W. Damon & N. Eisenberg (Eds.), *Handbook of child psychology.* Vol. *Social emotional and personality development* (5th ed.; pp. 105–176). New York: Wiley.

Ruff, H. A. & Rothbart, M. K. (1996). Attention in development. Oxford: Oxford University Press.

Sorce, J. F. & Emde, R. N. (1981). Mother's presence is not enough. The effect of emotional availability on infant exploration. *Developmental Psychology, 17,* 737–745.

Spangler, G. (1995). Die Rolle kindlicher Verhaltensdispositionen für die Bindungsentwicklung. In: G. Spangler & P. Zimmermann (Hrsg.), *Die Bindungstheorie: Grundlagen, Forschung und Anwendung* (S. 178–190). Stuttgart: Klett-Cotta.

St. James-Roberts, I., Conroy, S. & Wilsher, K. (1995). Clinical, developmental and social aspects of infant crying and colic. *Early Development and Parenting, 4,* 177–189.

Thomas, A. & Chess, S. (1977). *Temperament and development.* New York: Brunner/Mazel.

Thomas, A. & Chess, S. (1980). *The dynamics of psychological development*. New York: Brunner/Mazel.

Tronick, E. Z. & Cohn, J. F. (1989). Infant-mother face-to-face interaction: Age and gender differences in coordination and the occurrence of miscoordination. *Child Development, 60*, 85–92.

von Hofacker, N., Papoušek, M., Jacubeit, T. & Malinowski, M. (1999). Rätsel der Säuglingskoliken: Ergebnisse, Erfahrungen und therapeutische Interventionen aus der »Münchner Sprechstunde für Schreibabys«. *Monatsschrift für Kinderheilkunde, 147*, 244–253.

Watson, J. S. (1972). Smiling, cooing, and »the game«. *Merrill-Palmer Quaterly, 18*, 323–339.

Winnicott, D. W. (1974/1997). *Vom Spiel zur Kreativität*. 9. Aufl. (Orig. 1971 bei Tavistock). Stuttgart: Klett-Cotta.

Wolff, P. H. (1987). *The development of behavioral states and the expression of emotions in early infancy: New proposals for investigation*. Chicago/London: The University of Chicago Press.

Wolke, D., Rizzo, P. & Woods, S. (2002). Persistent infant crying and hyperactivity problems in middle childhood. *Pediatrics, 109*, 1054–1060.

Wurmser, H. (im Druck). 10 Jahre Schreibabyambulanz: Fakten und Zahlen. In: M. Papoušek, M. Schieche & H. Wurmser (Hrsg.), *Regulationsstörungen der frühen Kindheit*. Bern: Huber.

Wurmser, H., Papoušek, M., von Hofacker, N., Leupold, S. & Santavicca, G. (im Druck). Langzeitrisiken persistierenden exzessiven Säuglingsschreiens. In: M. Papoušek, M. Schieche & H. Wurmser (Hrsg.), *Regulationsstörungen der frühen Kindheit*. Bern: Huber.

Wygotski, L. S. (1978). *Mind in society: The development of higher psychological processes*. Cambridge, MA: Harvard University Press.

Zentner, M. R. (2000). Das Temperament als Risikofaktor in der frühkindlichen Entwicklung. In: F. Petermann, K. Niebank & H. Scheithauer (Hrsg.), Risiken in der frühkindlichen Entwicklung (S. 283–300). Göttingen: Hogrefe.

Zero to Three Task Force on Diagnostic Classification in Infancy (1995). *Manual for the diagnostic classification of mental health and developmental disorders of infancy and early childhood*. National Center for Clinical Infant Studies.

KAPITEL 8

Entwicklungsbeurteilung und Förderung im Spiel mit geistig behinderten Kleinkindern

Klaus Sarimski

Frühförderung behinderter Kinder

In der frühen Förderung geistig behinderter Kinder deutet sich in den letzten Jahren ein Paradigmen-Wechsel von übenden zu beziehungsorientierten Ansätzen an. Frühförderprogramme der ersten Generation beruhten weitgehend auf der Entwicklung von Übungsprogrammen, bei denen systematisch (fein-)motorische Fähigkeiten, Wahrnehmungsfähigkeiten, Sprachverständnis und sprachliche Ausdrucksmöglichkeiten gefördert werden sollten. Die Auswahl der Aufgaben orientierte sich an der »normalen« Entwicklungsabfolge, wie sie in herkömmlichen Entwicklungstests und ihren Weiterentwicklungen zur feingegliederten Aufgabensammlung vorgegeben sind. Ein positiver Einfluss auf die Entwicklung des Kindes wurde daraus erhofft, dass die Aufgabe mit dem Kind vielfach wiederholt, systematische Hilfen bei ihrer Bewältigung gegeben und der Erfolg »verstärkt« wurde, z. B. durch prägnantes Loben des Kindes. Die Zusammenarbeit mit den Eltern orientierte sich ebenso an einem Anleitungsmodell; das Ziel war die Ausbildung von Eltern zu »Co-Therapeuten« durch Instruktion und Intervention.
Die gegenwärtige Philosophie der Frühförderung ist *familien- und beziehungsorientiert*. Förderung behinderter Kinder wird nicht mehr als Aufbau und Training isolierter Fertigkeiten betrachtet, sondern als Unterstützung von Fähigkeiten zur Selbstbestimmung und sozialen Partizipation und ausgeglichenen, entwicklungsförderlichen Beziehungen des Kindes zu seiner Familie und Umwelt. Es gilt, die Eltern in der Mobilisierung ihrer intuitiven Fähigkeiten und Ressourcen zur Förderung und Erziehung ihres Kindes zu

unterstützen. Das setzt eine partnerschaftliche Zusammenarbeit der Fachleute mit den Eltern auf der Basis des Respekts vor ihrer Individualität, ihren Wertentscheidungen und ihrer Kompetenz voraus (Sarimski, 2000).

In den ersten Lebensjahren vollzieht sich die Aneignung von Handlungs- und Kommunikationsfähigkeiten im *gemeinsamen Spiel* von Eltern und Kind. Die entwicklungspsychologische Forschung hat diesen Prozess als kontinuierliche Integration von kognitiven und kommunikativen Fähigkeiten in einem komplementären System der frühen Eltern-Kind-Beziehungen beschrieben, bei dem Erkundungsbereitschaft, Einüben und Differenzieren von Fähigkeiten des Kindes von sensiblen und responsiv auf die kindlichen Verhaltenssignale abgestimmten Beiträgen der Eltern zur Interaktion unterstützt werden (Papoušek, 1999). Diese bringen dazu ein intuitives Repertoire von spezifischen Verhaltensmustern (Ammensprache, Grußreaktion), förderlichen Angeboten (einfache Anregungsmuster, Wiederholung mit spielerischer Variation, Nachahmung und Modelle zur Nachahmung) und Anpassungen in der Verhaltensdynamik (Intensität und Zeitstruktur mit Tempo, Rhythmus und Pausen) mit.

Die *Entwicklung geistig behinderter Kinder* verläuft nicht anders, wohl aber langsamer als bei nichtbehinderten Kindern. Die Entwicklungsprozesse folgen den gleichen Prinzipien. Es ist auch nicht so, dass Kinder mit Behinderungen gänzlich andere Lernbedingungen benötigen, wohl aber gilt, dass es ihnen schwerer fällt, aus den spontan und alltäglich auftretenden Erfahrungen mit ihrer gegenständlichen und sozialen Umwelt zu lernen, und dass die Unterstützung des Entwicklungsprozesses kognitiver und kommunikativer Fähigkeiten für die Eltern erschwert ist.

Entwicklungsförderung im gemeinsamen Spiel setzt die Abstimmung der Aufmerksamkeit von Eltern und Kind und ein Verständnis der Eltern für die gegenwärtige Entwicklungsstufe des Kindes und die »Zone der nächsten Entwicklung« (Wygotski, 1988) voraus. Diese Abstimmung gelingt in der normalen Entwicklung aufgrund ihrer intuitiven Verhaltensbereitschaften, ohne dass sie das Kind bewusst beobachten müssen. Diese intuitiven Fähigkeiten der Eltern können bei einer Behinderung des Kindes jedoch blockiert sein durch die Enttäuschung und Trauer, die die Mitteilung der Diagnose ausgelöst hat, die Unsicherheit der Zukunftsperspektiven und die vielfältigen Alltagsbelastungen. Kindliche Signale von Interesse, Neugier, Missbehagen oder Überforderung sind u. U. schwerer zu erkennen (Papoušek, 1996). Fortschritte in den einzelnen sensomotorischen Fähigkeiten gelingen ungleichmäßig schnell, sodass die Eltern kein kohärentes Bild von den Fähigkeiten ihres Kindes entwickeln können und unsicher sind, was sie von ihm erwarten können. Entwicklungspsychologische Beratung kann den Eltern helfen, das Spielverhalten ihres Kindes besser zu verstehen, und kann zu einer förderlichen Gestaltung der spielerischen Interaktion beitragen.

Entwicklungsbesonderheiten geistig behinderter Kleinkinder

Verlangsamte Entwicklung des sensomotorischen und symbolischen Spiels

Studien zum Spielverhalten geistig behinderter Kinder sind hinsichtlich Stichprobenmerkmalen, Art der Beobachtungssituation und Auswertung sehr heterogen (Malone & Stoneman, 1995). Longitudinal angelegte Studien beziehen sich auf die Entwicklung sensomotorischer und symbolischer Fähigkeiten im Spiel.
Die normale sensomotorische Entwicklung besteht aus einer Sequenz von zunehmend komplexeren Fähigkeiten des Kindes, die Funktion und Eigenschaften der Dinge zu erkunden und ihre Zusammenhänge zu verstehen, sich sozusagen ein »mentales Bild von der Welt« aufzubauen (Uzgiris, 1987; Dunst & McWilliams, 1988). Sensomotorische Entwicklungsschritte in den Bereichen der Objektpermanenz, der Wahrnehmung räumlicher und kausaler Beziehungen, des explorativen und sozialen Spiels sowie der Imitation verlaufen in der Regel parallel zueinander und bilden eine Sequenz von zunächst undifferenziertem Explorieren von Gegenständen über die zielgerichtete Erkundung von Effekten und koordinierte Handlungsmuster bis zu antizipatorisch gesteuerten Spielformen.
Untersuchungen zum Verlauf der sensomotorischen Entwicklung bei Kindern mit Entwicklungsverzögerungen, Down-Syndrom oder geistiger Behinderung anderer Ursache mit den »Ordinalskalen zur sensomotorischen Entwicklung« zeigen, dass behinderte

Kinder diese Entwicklungsschritte in der gleichen Abfolge wie nichtbehinderte Kinder, aber später vollziehen. Der Grad der Verlangsamung gegenüber der Normalentwicklung ist abhängig vom Grad der Behinderung (Dunst, 1998).

Mit Beginn des zweiten Lebensjahres beginnt in der normalen Entwicklung die Periode des symbolischen Spiels (s. Bornstein, Kapitel 3). Es treten erste Nachahmungshandlungen (z. B. das Füttern der Puppe, Ablegen zum Schlaf) auf, die schrittweise dezentralisiert, dekontextualisiert und integriert werden. Das Kind beginnt, symbolische Schemata auf andere Personen, Puppen und Spielfiguren zu übertragen (Dezentralisierung), gibt Objekten eine symbolische Bedeutung (benutzt z. B. einen Holzstab als Löffel; Dekontextualisierung) und koordiniert einzelne Schemata zu Handlungssequenzen und Spielszenen zunehmender Komplexität (Integration). Auch die Entwicklung des Symbolspiels ist bei Kindern mit geistiger Behinderung verzögert. Es findet sich aber die gleiche Abfolge von Dezentralisierung, Dekontextualisierung und Integration zu symbolischen Szenen (Beeghly, Weiss & Cicchetti, 1989; Cielinski et al., 1995).

Probleme der Ausdauer bei zielgerichteten Tätigkeiten

Kinder mit geistiger Behinderung unterscheiden sich jedoch von nichtbehinderten Kindern nicht nur im Entwicklungstempo, sondern auch in der Motivation zur eigenständigen Auseinandersetzung mit den Dingen und in der *Organisation ihrer Handlungen*. Ihre Erkundungen sind weniger flexibel, selbstinitiiert und zielorientiert; je nach Art der Behinderung folgen sie auch häufiger spezifischen sensorischen Vorlieben. Dies gilt besonders für Kinder mit schwerer Behinderung. Sigafoos und Mitarbeiter (1999) videografierten regelmäßig zwischen drei und fünf Jahren das Spielverhalten von schwer behinderten Kindern mit 5p-Syndrom, CHARGE-Syndrom, autistischem Syndrom und Periventrikulärer Leukomalazie. Die beobachteten Handlungen wurden nach explorativem, funktionalem, konstruktivem und symbolischem Spiel klassifiziert. Anders als nichtbehinderte Kinder waren sie nur etwa 20% der gesamten Beobachtungszeit aktiv mit Gegenständen beschäftigt. Mehr als die Hälfte ihrer Handlungen diente der Erkundung der Funktion der Dinge; ein Viertel waren einfache Explorationen. Konstruktives (repräsentationales) und symbolisches Spiel machte nur einen geringen Teil der Spielaktivitäten aus. Das Spielverhalten veränderte sich über den dreijährigen Beobachtungszeitraum kaum.

Ruskin und Mitarbeiter (1994) untersuchten die *Ausdauer* bei herausfordernden Aufgaben, die zweijährige Kinder mit Down-Syndrom und nichtbehinderte Kinder gleichen Entwicklungsalters zeigten. Die Kinder mit Down-Syndrom waren weniger engagiert mit den Dingen beschäftigt, hatten weniger Ausdauer bei zielgerichteten Tätigkeiten, schoben das Spielzeug häufiger weg und zeigten kaum Freude am Erfolg, wenn sie ein Spielzeug erkundet oder einen Zusammenhang verstanden hatten. Auf Misserfolge reagierten sie mit Rückzug und entwickelten Strategien zur Vermeidung von schwierigen Anforderungen.

Probleme der Nachahmung und sozialen Kommunikation

Neben der geringeren Ausdauer bei der eigenständigen Auseinandersetzung mit herausfordernden Aufgaben charakterisieren bei vielen Kindern Probleme der *Abstimmung der Aufmerksamkeit* mit dem Erwachsenen das gemeinsame Spiel. Diese erschweren es ihm, das Kind beim Erwerb komplexerer sensomotorischer und symbolischer Fähigkeiten zu unterstützen.

Die Probleme der sozialen Abstimmung im Spiel sind bei Kindern mit autistischem Syndrom am deutlichsten. Ihr Spiel ist durch einfache sensomotorische Handlungen und repetitive, stereotype Objektmanipulation gekennzeichnet, ohne sozialen oder symbolischen Gebrauch der Spielsachen (Libby et al., 1998). Die Bedeutung von Spielhandlungen im sozialen Zusammenhang bleibt ihnen fremd. Schwierigkeiten der sozialen Kommunikation im Spiel sind aber nicht auf Kinder mit autistischem Syndrom beschränkt. Auch bei vielen schwer behinderten Kindern sind sozial abgestimmte und symbolische Spielformen sehr selten, wie z. B. Studien zum Spielverhalten bei Angelman-Syndrom (Penner et al., 1993) oder Cornelia-de-Lange-Syndrom (Sarimski, 1998) zeigen.

Erst die Koordinierung der Aufmerksamkeit erlaubt aber *Episoden gemeinsamen Handelns* (»joint engagement«, Tomasello, 1995) und Erfahrungsaustausches (»secondary intersubjectivity«, Trevarthen, 1979) über Ereignisse mit einem sozialen Partner und bildet damit die Grundlage für die Entwicklung sprachlicher Kommunikation. Objekte werden zum Fokus der gemeinsamen Aufmerksamkeit dadurch, dass der Erwachsene sie ebenfalls in den Blick nimmt und zum Thema seiner Kommentare macht. Das Kind beginnt dann, den Partner in seine Aktivitäten einzubeziehen, indem es sich mit dem Blick rückversichert, ob er noch aufmerksam ist, und Blickrichtung und Gesten als Mittel verwendet, um vom Erwachsenen einen bestimmten Gegenstand zu erbitten oder ihn auf etwas aufmerksam zu machen. Es gelingt dann ein flexibles (triadisches) Ausrichten der Aufmerksamkeit zwischen Selbst, Bezugsperson und Objekt des Interesses. In solche Episoden gemeinsamen Handelns wird Sprache eingeführt. Das Kind handhabt die Gegenstände so, wie es der Erwachsene vorschlägt; es hört von ihm sprachliche Kommentare, die sich auf das Objekt oder die Handlung beziehen, und beginnt sie allmählich zu übernehmen.

Probleme der Abstimmung der Aufmerksamkeit, Wunschvermittlung, Nachahmung, des Symbolgebrauchs und der Sprachentwicklung stellen offenbar eine *entwicklungspsychopathologische Einheit* dar (Charman, 1997). Diese Fähigkeiten entwickeln sich bei vielen behinderten Kindern nicht synchron zu ihrem eigenen sensomotorischen Handlungsvermögen im Umgang mit Gegenständen. Sie nehmen verspätet Blickkontakt zu ihren Eltern auf und vokalisieren weniger. Es fällt ihnen schwer, ihre Aufmerksamkeit zwischen dem Erwachsenen und den Spielsachen hin- und herwandern zu lassen, um ein gemeinsames Spielthema zu »etablieren« oder Wünsche zu vermitteln (Kasari et al., 1995; Ruskin et al., 1994). Schwierigkeiten der dialogischen Aufmerksamkeitsabstimmung haben Auswirkungen auf das Gelingen der Eltern-Kind-Interaktion. Sie machen es den Bezugspersonen schwerer, die Interessensrichtung des Kindes zu erkennen, auf ihre Interessen einzugehen, neue Handlungen anzuregen und sie zu Nachahmungen oder sprachlichen Äußerungen anzuleiten.

Auswirkungen auf den Interaktionsstil der Eltern und den Entwicklungsverlauf

Die Probleme der dialogischen Abstimmung führen zu veränderten Interaktionserfahrungen und haben sekundäre Auswirkungen auf den Entwicklungsverlauf. Kinder und Eltern haben weniger Freude

- verlangsamter Verlauf der sensomotorischen Entwicklung
- Schwierigkeiten der dialogischen Abstimmung der Aufmerksamkeit
- verminderte Fähigkeit zur Nachahmung und zum Symbolgebrauch
- verminderte Motivation zu komplexen Tätigkeiten und Ausdauer bei herausfordernden Aufgaben

Tab. 1: Schwierigkeiten bei der Gestaltung förderlicher Spielsituationen mit geistig behinderten Kleinkindern

am gemeinsamen Spiel und erfahren weniger Austausch über interessante Ereignisse. Die Eltern ihrerseits erleben allzu oft Fehlschläge bei ihrem Versuch, ein Spiel zu gestalten, die Aufmerksamkeit des Kindes auf ein gemeinsames Thema zu lenken oder ihnen etwas zu zeigen.
Manche Mütter und Väter verzichten allmählich darauf, ihr Kind für gemeinsame Aktivitäten zu interessieren, andere versuchen, die Probleme der Aufmerksamkeitsabstimmung dadurch zu kompensieren, dass sie die Interaktion stärker lenken, Themen vorgeben und mehr dirigieren als Eltern nichtbehinderter Kinder (Marfo, Dedrick & Barbour, 1998). Zunächst sah man in diesen Unterschieden im Interaktionsstil primär die Gefahr der Einmischung und Hemmung von Lernfortschritten. Es zeigt sich jedoch, dass die Partizipation des Kindes am gemeinsamen Spiel vor allem davon abhängt, ob die Versuche der Eltern zur Lenkung der Aufmerksamkeit, ihre Vorschläge und Hilfen auf die spezifischen Verarbeitungsschwierigkeiten und Bedürfnisse ihres Kindes abgestimmt sind.
Vielen Eltern gelingt es, Lernprozesse erfolgreich zu unterstützen, ohne die Signale und Initiativen des Kindes zu übergehen und seine Verarbeitungsfähigkeiten zu überfordern (Roach, Barrat & Leavitt, 1999). Freude und Anteilnahme am gemeinsamen Spiel korrelieren positiv mit dem kognitiven Entwicklungsverlauf der Kinder (Mahoney, Finer & Powell, 1985). *Responsives Elternverhalten,* bei dem die Mütter die Initiativen der Kinder aufgreifen und ihre Aufmerksamkeit unterstützen, führt zu ausgedehnteren Phasen explorativen Spiels und größerer Ausdauer der Kinder bei der selbstständigen Beschäftigung mit herausfordernden Spielangeboten (Landry & Chapieski, 1989; Sarimski, 1992; Harris, Kasari & Sigman, 1996; Hauser-Cram, 1996). Prognostische Studien mit unterschiedlich

behinderten Kindern zeigen, dass die Entwicklung der adaptiven und kommunikativen Fähigkeiten mehr von der Qualität der sozialen Interaktion bestimmt wird als von der Schwere der Behinderung selbst oder den sozialen Rahmenbedingungen, unter denen die Kinder aufwachsen (Hauser-Cram et al., 1999).

Erfahrungen aus der Evaluation von Frühförderprogrammen

Die Bedeutung entwicklungsfördernder Interaktionsformen bestätigt sich auch in kritischen empirischen Analysen der Ergebnisse von herkömmlichen Formen der Frühförderung. Mahoney et al. (1998) legten eine *Meta-Analyse der Ergebnisse von drei Frühförderprogrammen* mit sehr unterschiedlichen theoretischen Hintergründen, Vorgehensweisen und Zielgruppen vor. Sie werteten jeweils Entwicklungstestergebnisse und Videoaufzeichnungen der Mutter-Kind-Interaktion im Spiel nach einem einheitlichen Beurteilungsschema aus. So analysierten sie z. B. die Daten des Infant Health and Development Programs (IHDP), des größten multizentrisch angelegten Programms von Hilfen für frühgeborene Kinder in den USA (Gross, Spiker & Haynes, 1997). Das Programm umfasst eine Anleitung der Eltern zu entwicklungsfördernden Übungen mit den Kindern im ersten Lebensjahr und eine Gruppenförderung ab dem zweiten Lebensjahr. Im Alter von 30 Monaten wurden Mutter-Kind-Spielsituationen von 116 Kindern der Interventionsgruppe und 182 Kindern der Kontrollgruppe videografiert. Die Varianz des Entwicklungsstandes im Alter von drei Jahren hing zu 4% von den Übungen des Förderprogramms, zu 25% von der Responsivität der Mütter in den gemeinsamen Spielsituationen ab. Die Veränderung der Eltern-Kind-Beziehung, welche durch das Förderprogramm nicht explizit angestrebt wurde, erwies sich somit als sechsmal bedeutsamer für den Verlauf als die eigentlichen Inhalte des Programms, das auf das Einüben kognitiver und sozialer Fähigkeiten ausgerichtet war.

Ebenso wurden Videoaufzeichnungen aus einer Studie analysiert, bei dem die herkömmliche Frühförderung behinderter Kinder mit Programmen verglichen wurde, die sehr früh begannen, sehr intensiv (mit mehreren Behandlungseinheiten pro Woche) angelegt waren oder den Eltern zusätzliche Beratung in Gruppen boten

(»Longitudinal Studies of the Effects and Costs of Alternative Types of Early Intervention«, Casto & White, 1993). Wiederum erwies sich die *Responsivität der Mütter* im Spiel mit den Kindern als die prognostisch wichtigste Variable. Sie korrelierte positiv mit dem Entwicklungsverlauf der Kinder, erwies sich jedoch als unabhängig von der Intensität der Behandlung oder dem Zeitpunkt des Behandlungsbeginns.

Die Entwicklung behinderter Kinder lässt sich durch isolierte Übungsprogramme offensichtlich kaum wirksam beeinflussen. Entscheidend ist vielmehr, dass ihre Eltern in responsiven Interaktionsformen und in der Gestaltung von dialogischen gemeinsamen Aktivitäten unterstützt werden. Spielformen, die auf die Interessen des Kindes abgestimmt sind und es ermutigen, sich aktiv mit seiner Umwelt auseinander zu setzen und sich Handlungsfähigkeiten im gemeinsamen Spiel anzueignen, versprechen mehr Erfolg als vom Erwachsenen gelenkte Übungen.

Entwicklungsbeurteilung im Spiel

Die frühe Beratung der Eltern bei der Entwicklung responsiver Interaktionsformen umfasst eine Beurteilung der Entwicklungsstufe und qualitativer Merkmale des kindlichen Spiels und eine Sensibilisierung der Eltern für förderliche Interaktionsformen im spielerischen Dialog. In der Praxis ist dazu eine *Beobachtung des Spielverhaltens* des Kindes angezeigt, bei dem sowohl die spontane Organisation und die Fähigkeiten des Kindes im Spiel wie auch die Stufe der komplexesten, dem Kind möglichen Handlungsformen eingeschätzt werden. Es empfiehlt sich, eine Beobachtung des freien Spiels mit dem Untersucher und mit der Mutter/dem Vater zu kombinieren, mit »Verhaltensproben« durch den Untersucher zu ergänzen und diese Beobachtung zu videografieren (einfache Aufzeichnung im Raum, wenn keine Einwegscheibe verfügbar ist).

Standardisierte Entwicklungstests sind für diesen Zweck wenig tauglich. Sie dienen der möglichst präzisen Feststellung des Entwicklungsstandes in einzelnen Funktionsbereichen im Sinne eines Entwicklungsalters oder Entwicklungsquotienten und der Identifikation von Kindern mit spezifischem Förderbedarf. Solche quantitativen Bestimmungen und darauf aufbauende prognostische Aussagen sind in den wenigsten Fällen bei Kleinkindern hilfreich, deren dauerhafte geistige Behinderung die Eltern bereits erkannt haben und deren wesentlich langsameres Entwicklungstempo ihnen alltäglich bewusst ist. Zudem überfordert eine standardisierte Abfolge von Aufgaben im Falle einer schweren Behinderung das Verständnis und die soziale Kooperationsfähigkeit des Kindes.

Die Untersuchung beginnt mit einer *wenig strukturierten Spielsituation* mit dem Untersucher. Das Spielangebot wird nach seiner vorläufigen Einschätzung der erreichten Stufe der Spielentwicklung ausgewählt und sollte Anreize zu explorativen, funktionalen, konstruktiven und symbolisch-nachahmenden Spielhandlungen bieten:

- einfaches Babyspielzeug zur Erkundung von optischen, akustischen und taktilen Reizen,
- Behälter und Gegenstände zum Einwerfen, Herausholen, Einstecken, Verschließen, Aufeinanderstapeln,
- Spielsachen, die zu abwechselndem Spiel (Handtrommel mit Schlegel, Kreisel, Hammerbank) einladen,
- Objekte, mit denen Alltagshandlungen nachgeahmt werden können (Bürste, Löffel, Tasse, Teller etc.),
- Miniaturobjekte, die die Gestaltung von kleinen Rollenspielen ermöglichen (Tisch, Stuhl, Geschirr, Bett, Decke, Figur; Traktor, Anhänger, Tiere).

Ein repräsentatives Bild von den Fähigkeiten des Kindes lässt sich nur gewinnen, wenn es dem Untersucher gelingt, das Kind zu einer entspannten Beteiligung im gemeinsamen Spiel zu motivieren. Das setzt genügend Zeit und eine dialogorientierte Haltung des Erwachsenen voraus. Das Kind muss spüren, dass es als Dialogpartner anerkannt wird, der Untersucher um seine Schwierigkeiten weiß, sich auf die fremde Situation einzustellen, und ihm Raum zur Lenkung des Geschehens und genügend Zeit zur eigenen Initiative zugesteht. Der Untersucher bestärkt die Tätigkeiten des Kindes durch promptes Aufgreifen und Kommentieren und verzichtet auf unmittelbare Aufforderungen. Er lenkt die Aufmerksamkeit des Kindes behutsam durch seine eigenen Spielbeiträge, ohne an einem vorgegebenen Untersuchungsschema (wie es das Kind allzu oft in ärztlichen Untersuchungen erlebt) festzuhalten. Auf diese Weise wird es ihm möglich, die kindlichen Schemata im Spiel, seine Wahrnehmung von räumlichen und Mittel-Zweck-Beziehungen, seine

Fähigkeit zu kooperativem Spiel (turn-taking) und zur Nachahmung einzuschätzen. In Bezug auf die Fähigkeit zu symbolischem Spiel lässt sich unterscheiden, ob das Kind bereits zur Übertragung von Handlungsschemata auf eine Puppe (Dezentralisierung) oder zur Kombination verschiedener Schemata zu Rollenspielszenen oder Handlungsketten (z. B. Tischdecken, Essen, Zu-Bett-Gehen) in der Lage ist.

Aus diesen Beobachtungen lässt sich eine Einordnung der Struktur des sensomotorischen und symbolischen Spiels in einem *Stufenmodell zur frühen kognitiven Entwicklung* vornehmen. Die Tabelle 2 gibt eine Orientierungshilfe zur Beurteilung, die sich an den »Ordinalskalen der sensomotorischen Entwicklung« (Uzgiris & Hunt, 1975; dt.: Sarimski, 1986) orientiert.

In dieser wenig strukturierten Spielsituation werden auch *qualitative Merkmale des kindlichen Spielverhaltens* erkennbar (Benham, 2000), u. a.:

- *Adaptation* an die Situation: Explorationsfreude, Toleranz für Übergänge, Kontaktaufnahme mit dem Untersucher;
- *Selbstregulation*: Reaktion auf unterschiedliche Reizklassen, Ängstlichkeit, Rückzug, Impulsivität, allgemeines Aktivitätsniveau, Aufmerksamkeitsspanne, Ablenkbarkeit, Frustrationstoleranz bei Misserfolgen, Ausdauer bei herausfordernden Tätigkeiten;
- *Ungewöhnliche Verhaltensmuster*: stereotype Körperbewegungen, Fixierung auf bestimmte Tätigkeiten oder Reize, perseverierende Handlungen, Neigung zu Selbstverletzungen.

In dieser wenig strukturierten Spielsituation wird auch erkennbar, wieweit das Kind bereits in der Lage ist, seine Aufmerksamkeit mit dem Erwachsenen auf ein gemeinsames Ziel und Thema abzustimmen, sein Verhalten zu lenken, Wünsche mitzuteilen bzw. sozialen Kontakt herzustellen oder aufrechtzuerhalten und welche vorsprachlichen Mittel (Blickrichtung, Zeigen, Gesten) oder Worte es zu diesen kommunikativen Zielen einsetzt.

Bei manchen Kindern mit geistiger Behinderung lassen sich jedoch im gemeinsamen Spiel kaum Initiativen zur Wunschäußerung und Verhaltensregulation beobachten. In diesen Fällen ist es sinnvoll, die kommunikativen Fähigkeiten des Kindes durch zusätzliche »Proben« im spielerischen Dialog zu provozieren. Als Proben haben sich

	Alter (Monate)	Visuelles Verfolgen/ Objektpermanenz	Mittel-Zweck-Wahrnehmung	Wahrnehmung räumlicher Beziehungen	Schemata
I	< 2	Fixiert Objekt	Versucht, Tuch vom Gesicht zu ziehen		Hält etwas fest
II	2–6	Verfolgt Objekt im Blickfeld	Wiederholt Handlung, um etwas in Gang zu halten; visuell gelenktes Greifen	Schaut von einem Objekt zum andern; orientiert sich zu Geräuschquelle; verfolgt fallendes Objekt im Blickfeld	Steckt Dinge in den Mund, inspiziert Dinge, schüttelt oder klopft mit Gegenständen
III	7–12	Findet ein verstecktes Objekt	Lässt etwas fallen, um etwas Neues zu nehmen; bewegt sich hin, um etwas zu erreichen	Verfolgt Objekt, das außer Sicht fällt	Lässt aktiv los; funktionaler Gebrauch von Objekten (z. B. Bürste)
IV	13–18		Benutzt Hilfsmittel, um etwas zu erreichen	Steckt etwas in Behälter; baut etwas aufeinander	Einfache soziale Schemata (z. B. Essen nachahmen) in Bezug auf sich selbst oder eine Puppe
V	18–24		Wählt vorab geeignetes Objekt aus	Macht Umweg, um ein Ziel zu erreichen	Benutzt Objekte in symbolisch-transformierender Form

Tab. 2: Sensomotorische Entwicklungsbeurteilung (Orientierungshilfe)

z. B. bewährt (Sarimski & Möller, 1991):
- Ein Aufziehfrosch wird aufgezogen und läuft im Blickfeld des Kindes ab. Der Frosch wird dem Kind angeboten.

	Alter (Monate)	Gemeinsame Aufmerksamkeitsabstimmung	Verhaltenslenkung/ Wunschäußerung
I	< 2	Keine aktive Kontaktaufnahme zum Erwachsenen während der Beschäftigung mit einem Objekt	Inspektion von Gegenständen ohne Kontaktaufnahme zum Erwachsenen
II	2–5	Spontane Aufnahme von Blickkontakt	Unspezifische Handlung, wenn ein Ereignis aufhört (z. B. Vokalisation, Klopfen gegen das Spielzeug)
III	6–10	Abwechselnder Blick vom Spielzeug zum Erwachsenen und zurück	Deuten in Richtung auf ein gewünschtes Objekt, Griff nach der Hand des Erwachsenen als Bitte um Hilfe, Wegschieben eines nicht gewünschten Objekts
IV	10–12	Spontanes Vorzeigen oder Übergeben eines Objekts, damit der Erwachsene es anschaut	Zeigen auf einen gewünschten Gegenstand, Übergeben mit der »Aufforderung«, etwas Interessantes zu wiederholen
V	13–18	Spontane Benennung und Blick zum Erwachsenen	Einzelne Worte als Wunschäußerung (z. B. »haben«, »noch mal«)
VI	18–24	Zweiwortverbindungen zur Kommentierung eines Sachverhalts oder Frage nach Informationen	Frage nach Gegenständen, die außer Sicht sind, oder Bitte um eine Handlung mit Zweitwortverbindung (»Wo Auto«, »Puppe haben«)

Tab. 3: Stufen der kommunikativen Entwicklung (u. a. Seibert & Hogan, 1982)

- Der Untersucher pustet Seifenblasen. Dann wird die Seifenblasendose fest verschlossen und dem Kind präsentiert.
- Ein Luftballon wird aufgeblasen, die Luft wieder herausgelassen und der Ballon dem Kind überreicht.
- Nachdem der Untersucher einen Ball mehrere Male zwischen dem Kind und sich selbst hin- und hergerollt hat, wird eine Puppe an seiner Stelle angeboten.

- Bei einem Holzpuzzle fehlt ein Teil. Der Untersucher versucht, das Kind zum Zusammensetzen des Puzzles anzuregen.

Wie die gegenstandsbezogenen Tätigkeiten lassen sich auch diese kommunikativen Fähigkeiten jeweils einer Entwicklungsstufe zuordnen. Die Tabelle 3 gibt wiederum eine Orientierungshilfe, die an die systematischen Beurteilungsskalen von Seibert und Hogan (»Early Social Communication Scales«, 1982) und Wetherby und Prizant (»Communication and Symbolic Behavior Scales«, 1993) angelehnt ist.

Die wenig strukturierte Spielbeobachtung und die dargestellten Verhaltensproben zur Provokation von kommunikativen Fähigkeiten sollten durch eine Beobachtung des Spiels mit der Mutter und/oder dem Vater ergänzt werden. Dafür werden die Eltern gebeten, für weitere 10–15 Minuten mit dem Kind »so zu spielen wie zu Hause, wenn Sie Zeit füreinander haben«. Das o. g. Material steht ihnen zur Wahl.

Eine standardisierte Durchführung und Auswertung der *Interaktionsdiagnostik*, wie sie in wissenschaftlichen Untersuchungen erfolgt, hat sich in der klinischen Praxis nicht durchgesetzt. Dies ist auf unterschiedliche methodische Probleme bei der Entscheidung über die Gestaltung einer repräsentativen Beobachtungssituation, die Grenzen der Reliabilität und Validität der in der Literatur publizierten Beurteilungsskalen und die Fragwürdigkeit der Interpretation quantitativer Daten in diesem Bereich zurückzuführen (Mahoney, Spiker & Boyce, 1996).

Bisher wird die Methodik der Interaktionsdiagnostik weder in der Ausbildung pädagogisch-therapeutischer Mitarbeiter in Frühförderstellen noch in der Ausbildung psychologischer Fachkräfte in der frühen Entwicklungsrehabilitation hinreichend berücksichtigt. Auch die Fortbildungsangebote sind unzureichend, sodass die Gefahr besteht, dass Beurteilungen von Interaktionsqualitäten wie »Direktivität«, »Responsivität«, »Einmischung«, »Anregungsgehalt« in Ratingskalen nach weitgehend subjektiven Kriterien vorgenommen werden und für die Beratung wenig hilfreich sind. Vielmehr kann es durch eine voreilige Klassifikation des Interaktionsstils in »übermäßig direktiv«, »unzureichend responsiv« etc. zu einer Pathologisierung der Eltern-Kind-Beziehung im Fachurteil kommen, die die Zusammenarbeit mit den Eltern erschwert.

Tab. 4: Beurteilung der Beiträge des Erwachsenen zum dialogischen Spiel

1. Interaktionsstil
1.1 Gibt der Spielpartner dem Kind genügend Raum, um die Interaktion zu initiieren?
1.2 Werden Materialien, die zu gemeinsamem Spiel anregen, genutzt?
1.3 Sind die gemeinsamen Aktivitäten dem Entwicklungsstand des Kindes angemessen?
1.4 Reagiert er zuverlässig auf die Kommunikationsversuche des Kindes?
1.5 Interpretiert er die Signale und Absichten des Kindes richtig?
1.6 Lenkt er übermäßig oder mischt er sich in zielgerichtete Aktivitäten des Kindes ein?
2. Unterstützung des Lernprozesses
2.1 Benutzt der Erwachsene variationsreiche Mimik, Betonung und Gesten, um die Aufmerksamkeit des Kindes zu fesseln?
2.2 Sind Tempo und Wechsel von Beiträgen der Verarbeitungsfähigkeit des Kindes angemessen?
2.3 Imitiert er das Verhalten des Kindes?
2.4 Gibt es eine Struktur abwechselnden Spielens und kooperativer Rollen?
2.5 Sind die Beiträge des Erwachsenen so prägnant, dass das Kind sie antizipieren kann?
2.6 Sind die Abfolgen der Handlungsschritte im gemeinsamen Spiel für das Kind vorhersagbar?
2.7 Expandiert er die Äußerungen des Kindes und bietet er Modelle für komplexere Handlungsformen in der »Zone der nächsten Entwicklung« an?

Die klinische Einschätzung der Interaktionsqualität wird der Komplexität des Zusammenhangs zwischen den verschiedenen Dimensionen der Lenkung, Responsivität, Anregung und den individuellen Aspekten der Abstimmung des elterlichen Verhaltens auf die speziellen Verhaltensmerkmale des Kindes eher gerecht, wenn sie einem Fragenkatalog folgt, wie er in der Tabelle 4 beispielhaft formuliert ist.

Beratung zu dialogischem, kindgesteuertem Spiel

Auf der Grundlage dieser Beobachtungen kann die Beratung der Eltern in der Förderung dialogischen, kindgesteuerten Spiels auf die Entwicklungsstufe und die individuellen Entwicklungs- und Verhaltensmerkmale des Kindes abgestimmt werden. Sie muss *ziel- und ressourcenorientiert* sein, d. h. die positiven Ansätze und intuitiven elterlichen Fähigkeiten stärken und sich auf klar beschreibbare, für die Eltern verständliche und überzeugende Ziele ausrichten. Es gilt, mit den Eltern die Beobachtungen zur kindlichen Partizipation am gemeinsamen Spiel, seine Initiative und Responsivität für die elterlichen Beiträge und Hilfen zu reflektieren und mögliche Hindernisse für das Gelingen des spielerischen Dialogs zu identifizieren, um daraus gemeinsam mit ihnen förderliche Interaktionsmerkmale zu formulieren.

Dazu ist es sinnvoll, die Eltern zunächst zu bitten zu formulieren, wie sie sich gemeinsames Spiel vorstellen und welche Veränderung im kindlichen Verhalten sie sich dazu wünschen (Baird & Peterson, 1997). Die *Orientierung an der elterlichen Wahrnehmung* schützt den Berater vor rezeptartigen »Verschreibungen«, wie die Interaktionen auszusehen haben, und drückt seinen Respekt vor der Individualität der Eltern aus. So kann die Steigerung der kindlichen Beteiligung am Spiel, größere Ausdauer bei eigenständigen Beschäftigungen, Kooperation bei Aufforderungen und Vorschlägen oder die Mitteilung eigener Wünsche und Interessen den Eltern vordringlich erscheinen.

Der Berater betrachtet die Videoaufzeichnung dann gemeinsam mit den Eltern, unterbricht in drei oder vier Momenten, in denen das von den Eltern angestrebte Ziel im gemeinsamen Spiel ansatzweise erreicht wird, und erläutert, was dabei vermutlich zum Gelingen des spielerischen Dialogs beiträgt. In der Regel wird er dabei die Eltern auf Aspekte ihres Verhaltens aufmerksam machen können, die ihnen nicht bewusst sind und zunächst aufgrund ihrer weniger »geschulten« Aufmerksamkeit auch beim Betrachten der Videoaufzeichnung entgehen. Statt der behinderungsbedingten Defizite kommen die bereits entwickelten *Kompetenzen des Kindes* und die Möglichkeiten der Eltern in den Blick, die Schwierigkeiten des Kindes durch Anpassung ihres Interaktionsverhaltens und geeignete

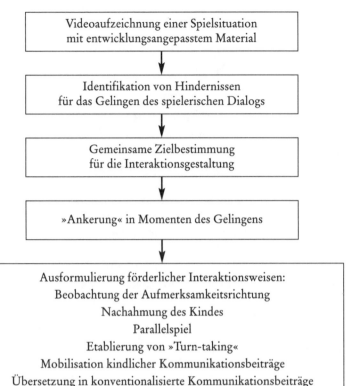

Abb. 1: Videogestützte Beratung zu dialogischem, kindgesteuertem Spiel mit geistig behinderten Kleinkindern

Hilfen zu kompensieren. Es ist außerordentlich wichtig, dass die Eltern nicht durch Kritik an ihrem Spielverhalten zusätzlich verunsichert werden, sondern auf ihre eigenen Fähigkeiten zur Gestaltung eines förderlichen Dialogs vertrauen lernen.

Bei *Säuglingen* werden dies in der Regel Elemente ihrer *intuitiven Verhaltensbereitschaften* sein wie Vereinfachung der Angebote, Wiederholung mit spielerischer Variation, Nachahmung des kindlichen Verhaltens, Verlangsamung ihres Beitrags, Rhythmisierung oder Abwarten spontanen Blickkontakts des Kindes. Bei *älteren Kindern* geht es darum, die Wahrnehmung der Eltern für die kind-

lichen Motive und Spielinitiativen zu sensibilisieren und ihnen Wege zu zeigen, wie sie durch *Nachahmung* der kindlichen Handlungen, *paralleles Spiel* und die Etablierung abwechselnder Muster *(»turntaking«)* dialogische Spielformen anbahnen, die soziale Aufmerksamkeit des Kindes stärken und durch Variation und Demonstration von komplexeren Handlungen Fähigkeiten der »Stufe der nächsten Entwicklung« fördern können (Abb. 1).
Wenn das Kind durch die *wiederkehrenden Abläufe* im gemeinsamen Spiel innere Erwartungen über den Fortgang des Geschehens ausgebildet hat, gilt es, neben der Anbahnung komplexerer Spielhandlungen, seine *kommunikative Initiative* zu *mobilisieren* durch geschickte Anordnung des Materials, enthusiastische Kommentierung von »Ereignissen«, Unterbrechen von Aktivitäten, Nachfragen, systematisches Abwarten und Aufgreifen kindlicher Gesten und Wortansätze. So lernt das Kind, seine basalen Kommunikationsmittel (Blickrichtung, Lautbildung und Gestik) einzusetzen, um mitzuteilen, was seine Aufmerksamkeit fesselt oder als nächstes geschehen soll. Später kann der Erwachsene durch sein Modell zur Nachahmung erster Wörter anregen, indem er quasi die kommunikative Absicht des Kindes in eine konventionalisierte Form übersetzt. Daran schließt sich die Anbahnung von Mehrwortverbindungen an, um Relationen zwischen Personen, Handlungen und Objekten und neue kommunikative Funktionen (z. B. eine Bitte um Erlaubnis oder Hilfe, Frage nach Informationen oder Kommentieren von Ereignissen) auszudrücken. Der Erwachsene kann diesen Prozess erleichtern, indem er die kindlichen Äußerungen aufgreift und zu kurzen Modellsätzen expandiert.
Evaluationsstudien zeigen, dass sich durch eine solche videogestützte Beratung der Interaktionsstil von Eltern geistig behinderter Kleinkinder günstig beeinflussen und die Beteiligung des Kindes an gemeinsamen Aktivitäten fördern lässt (Seifer, Clark & Sameroff, 1991; Mahoney & Powell, 1988). Die Auswertung der Videodokumentation zeigt eine allmähliche Abnahme der Lenkung durch die Mütter und eine Verringerung der Unruhe und Irritierbarkeit der Kinder. Der relative Entwicklungsfortschritt der Kinder und ihr Engagement im gemeinsamen Spiel hängt signifikant vom Grad der Umsetzung responsiver, dialogischer Strategien durch die Eltern ab. Ähnliche Beobachtungen ließen sich auch anhand von vorsprachlichen Entwicklungsmaßen machen. Warren und Mitarbeiter (1993)

wiesen die *Effektivität einer interaktionsorientierten Elternberatung* zum Aufbau präverbaler Kommunikationsmittel bei 2- bis 3-jährigen Kindern mit geistiger Behinderung nach, Yoder & Warren (1999) die Generalisierung und Stabilität von Entwicklungsfortschritten in Abhängigkeit von der erreichten Responsivität und Sensibilität der Eltern.

Nicht alle Eltern können jedoch eine interaktionsorientierte Beratung zu dialogischem, kindgesteuertem Spiel annehmen und nutzen. Einige sind noch in der Phase der ersten emotionalen Auseinandersetzung mit der Realität der Behinderung, der damit verbundenen Trauer und Zukunftsangst, andere sind durch die alltägliche Belastung der Pflege des Kindes so überfordert, dass sie noch keinen Zugang zu ihren intuitiven Fähigkeiten und Verhaltensbereitschaften finden können. Sie bedürfen zunächst der psychotherapeutischen oder familienentlastenden Hilfe, bevor förderliche Interaktionsformen im Spiel wirksam unterstützt werden können.

Zusammenfassung

Die Beratung von Eltern geistig behinderter Kleinkinder zur Entwicklungsförderung im gemeinsamen Spiel setzt die Kenntnis des unbeeinträchtigten Entwicklungsverlaufs und der Probleme behinderter Kinder bei der Entwicklung zielgerichteter Tätigkeiten, der Nachahmung und sozialen Kommunikation voraus. Die Erfahrungen aus der Evaluation von Frühförderprogrammen zeigen, dass Entwicklungsfortschritte in diesem Alter nicht von der Übung einzelner Fertigkeiten, sondern von der responsiven Ausgestaltung kindlicher Initiativen im Spiel abhängt. Die Beobachtung des kindlichen Spiels erlaubt die Beurteilung der Entwicklungsstufe seiner sensomotorischen und kommunikativen Fähigkeiten und der qualitativen Merkmale seines Verhaltens und stellt die Grundlage für dialogische Beratung dar, die auf den kindlichen Kompetenzen und den intuitiven Verhaltensbereitschaften der Eltern aufbaut.

Literatur

Baird, S., Peterson, J. (1997). Seeking a comfortable fit between family-centered philosophy and infant-parent interaction in early intervention: Time for a paradigm shift? *Topics in Early Childhood Special Education, 17,* 139–164.

Beeghly, M., Weiss, B., Cicchetti, D. (1989). Structural and affective dimensions of play behavior in children with Down syndrome and nonhandicapped children. *International Journal of Behavioral Development, 12,* 257–277.

Benham, A. L. (2000). The observation and assessment of young children including use of the Infant-Toddler Mental Status Exam. In: Zeanah, C. (Ed.), *Handbook of Infant Mental Health*. 2nd ed. New York: Guilford Press, 249–266.

Casto, G., White, K. (1993). Longitudinal studies of alternative types of early intervention: Rationale and design. *Early Education and Development, 4,* 224–237.

Charman, T. (1997). The relationship between joint attention and pretend play in autism. *Development and Psychopathology, 9,* 1–16.

Cielinski, K., Vaughn, B., Seifer, R., Contreras, J. (1995). Relations among sustained engagement during play, quality of play, and mother-child interaction in samples of children with Down syndrome and normally developing toddlers. *Infant Behavior and Development, 18,* 163–176.

Dunst, C. (1998). Sensorimotor development and developmental disabilities. In: Burack, J., Hodapp, R., Ziegler, E. (Eds.), *Handbook of Mental Retardation and Development*. Cambridge: Cambridge University Press, 135–182.

Dunst, C., McWilliams, R. (1988). Cognitive assessment of multiply handicapped young children. In: Wachs, T., Sheehan, R. (Eds.), *Assessment of young developmentally disabled children*. New York: Plenum, 113–182.

Gross, R., Spiker, D., Haynes, C. (1997). *Helping low birthweight, premature babies: the Infant Health and Development Program*. Stanford: Stanford University Press.

Harris, S., Kasari, C., Sigman, M. (1996). Joint attention and language gains in children with Down syndrome. *American Journal on Mental Retardation, 100,* 608–619.

Hauser-Cram, P. (1996). Mastery motivation in toddlers with developmental disabilities. *Child Development, 67,* 236–248.

Hauser-Cram, P., Warfield, M., Shonkoff, J., Krauss, M., Upshur, C., Sayer, A. (1999). Family influences on adaptive development in young children with Down syndrome. *Child Development, 70,* 979–989.

Kasari, C., Freeman, S., Mundy, P., Sigman, M. (1995). Attention regulation by children with Down syndrome: Coordinated joint attention and social referencing looks. *American Journal on Mental Retardation, 100,* 128–136.

Landry, S., Chapieski, L. (1989). Joint attention and infant toy exploration: Effects of Down syndrome and prematurity. *Child Development, 60,* 103–118.

Libby, S., Powell, S., Messer, D., Jordan, R. (1998). Spontaneous play in children with autism: a reappraisal. *Journal of Autism and Developmental Disorders, 28,* 487–497.

Mahoney, G., Finer, I., Powell, A. (1985). Relationship of maternal behavioral style to the development of organically impaired mentally retarded infants. *American Journal of Mental Deficiency, 90,* 296–302.

Mahoney, G., Powell, A. (1988). Modifying parent-child interaction: Enhancing the development of handicapped children. *Journal of Special Education, 22,* 82–96.

Mahoney, G., Spiker, D., Boyce, G. (1996). Clinical assessments of parent-infant interaction: Are professionals ready to implement this practice? *Topics in Early Childhood Special Education, 16,* 26–50.

Mahoney, G., Boyce, G., Fewell, R., Spiker, D., Wheeden, A. (1998). The relationship of parent-child interaction to the effectiveness of early intervention serverices for at-risk children and children with disabilities. *Topics in Early Childhood Special Education, 18,* 5–17.

Malone, M., Stoneman, Z. (1995). Methodological issues in studying the toy play of young children with mental retardation. *Topics in Early Childhood Special Education, 15,* 459–487.

Marfo, K., Dedrick, C., Barbour, N. (1998). Mother-child interactions and the development of children with mental retardation. In: Burack, J., Hodapp, R., Ziegler, E. (Eds.), *Handbook of Mental Retardation and Development.* Cambridge: Cambridge University Press, 637–668.

Papoušek, M. (1996). Frühe Eltern-Kind-Beziehungen: Gefährdungen und Chancen in der Frühentwicklung von Kindern mit genetisch bedingten Anlagestörungen. *Kindheit und Entwicklung, 5,* 45–52.

Papoušek, M. (1999). Regulationsstörungen der frühen Kindheit: Entstehungsbedingungen im Kontext der Eltern-Kind-Beziehungen. In: Oerter, R., von Hagen, C., Röper, G., Noam, G. (Hrsg.). *Klinische Entwicklungspsychologie.* Weinheim: Beltz/Psychologische Verlagsunion, 148–169.

Penner, K., Johnston, J., Faircloth, B., Irish, P., Williams, C. (1993). Communication, cognition, and social interaction in the Angelman syndrome. *American Journal of Medical Genetics, 46,* 34–39.

Roach, M., Barratt, M., Leavitt, L. (1999). Individual differences in mothers' communication with their young children with Down syndrome. In: Miller, J., Leddy, M., Leavitt, L. (Eds.), *Improving the communication of people with Down syndrome.* Baltimore: Paul Brooks, 93–115.

Ruskin, E., Mundy, P., Kasari, C., Sigman, M. (1994). Object mastery motivation of children with Down syndrome. *American Journal on Mental Retardation, 98,* 499–509.

Sarimski, K. (1986). *Ordinalskalen zur sensomotorischen Entwicklung.* Weinheim: Beltz Test.

Sarimski, K. (1992). Ausdauer bei zielgerichteten Tätigkeiten und mütterliche Strategien in der Interaktion mit behinderten Kindern. *Psychologie in Erziehung und Unterricht, 39,* 170–178.

Sarimski, K. (1998). Cornelia-de-Lange-Syndrom mit schwerer Behinderung: Verhaltens- und Fähigkeitsprofil. *Kindheit und Entwicklung, 7,* 86–92.

Sarimski, K. (2000). Frühförderung. In: Borchert, J. (Hrsg.), *Handbuch der Sonderpädagogischen Psychologie.* Göttingen: Hogrefe, 304–313.

Sarimski, K., Möller, J. (1991). Zur Beurteilung früher kommunikativer Fähigkeiten bei entwicklungsverzögerten Kindern. *Frühförderung interdisziplinär, 10,* 151–159.

Seibert, J., Hogan, A. (1982). *Early Social-Communication Scales.* Unpubl. Manual. Miami: Mailman Center for Child Development.

Seifer, R., Clark, G., Sameroff, A. (1991). Positive effects of interaction coaching on infants with developmental disabilities and their mothers. *American Journal on Mental Retardation, 96,* 1–11.

Sigafoos, J., Roberts-Pennell, D., Graves, D. (1999). Longitudinal assessment of play and adaptive behavior in young children with developmental disabilities. *Research in Developmental Disabilities, 20,* 147–162.

Tomasello, M. (1995). Joint attention and early language. *Child Development, 57,* 1454–1463.

Trevarthen, C. (1979). Communication and cooperation in early infancy: A description of primary intersubjectivity. In: Bullowa, M. (Ed.), *Before speech: The beginning of interpersonal communication.* New York: Cambridge University Press, 321–347.

Uzgiris, I. (1987). The study of sequential order in cognitive development. In: Uzgiris, I., Hunt, Mc.V. (Eds.), *Infant performance and experience. New findings with the ordinal scales.* Urbana: University of Illinois Press, 131–167.

Uzgiris, I. & Hunt, McV. (1975). *Assessment in infancy. Ordinal scales of psychological development.* Urbana: University of Illinois Press.

Warren, S., Yoder, P., Gazdag, G., Kim, K., Jones, H. (1993). Facilitating prelinguistic communication skills in young children with developmental delay. *Journal of Speech and Hearing Research, 36,* 83–97.

Wetherby, A., Prizant, B. (1993). *Communication and Symbolic Behavior Scales – Normed edition.* Chicago: Riverside Publ.

Wygotski, L. (1988). *Denken und Sprechen.* Frankfurt a. M.: Fischer.

Yoder, P., Warren, S. (1999). Facilitating self-initiated proto-declaratives and proto-imperatives in prelinguistic children with developmental disabilities. *Journal of Early Intervention, 22,* 337–354.

KAPITEL 9

Spieltherapien im Vorschulalter

Alexander von Gontard

Einleitung

Spieltherapien können als Psychotherapien mit dem Medium des Spiels definiert werden. Sie unterscheiden sich bezüglich der theoretischen Hintergründe wie auch der konkreten Praxis. Spieltherapie wurde von der »Association of Play Therapists« folgendermaßen definiert: »Spieltherapie bezeichnet den dynamischen Prozess zwischen Kind und Spieltherapeuten, in dem das Kind in seinem eigenen Tempo die vergangenen und gegenwärtigen, bewussten und unbewussten Inhalte erkundet, die sein Leben derzeitig beeinflussen. Die inneren Ressourcen des Kindes und die therapeutische Beziehung ermöglichen Wachstum und Veränderung. Spieltherapie ist auf das Kind ausgerichtet, wobei das Spiel das primäre und Sprache das sekundäre Medium darstellt« (West, 1996).

Es handelt sich bei Spieltherapien um Behandlungen des Kindes, die überwiegend als Einzeltherapie mit begleitender Elternarbeit in unterschiedlicher Intensität durchgeführt werden. Dabei wirkt das Spiel als primäres, Sprache nur als sekundäres, ergänzendes Medium. Spieltherapien sind am besten für das Alter von 4 bis 11 (maximal 2½ bis 12½) Jahren geeignet, d. h. überwiegend für das Schulalter. Während eine Spieltherapie jenseits von 12 Jahren im Jugend-, ja sogar im Erwachsenenalter (z. B. bei der Sandspieltherapie) möglich ist, ist bei jüngeren Kindern unter 4 Jahren eine Einzeltherapie oft nicht sinnvoll.

Spieltherapie bei Kleinkindern

Von Landreth et al. (1996) wurden 97 veröffentlichte Spieltherapiekasuistiken zusammengefasst. Davon betrafen nur vier Fälle Kinder im Alter von unter drei Jahren. Diese umfassten:

1.) Eine Kurztherapie von 10 Stunden bei einem 2-jährigen Mädchen mit Wut- und Jähzornanfällen. Die Therapie wurde als Einzeltherapie durchgeführt. Bei anfänglichen Trennungsschwierigkeiten war die Mutter zu Beginn einige Stunden anwesend, verließ nach einer Eingewöhnung den Raum.
2.) Bei einem 1½-jährigen Kind, das nach analen Fissuren aus Angst vor Schmerzen den Toilettengang verweigerte, wurde über die Mutter im häuslichen Rahmen die Symptomatik spielerisch behandelt. Es handelte sich nicht um eine direkte Therapie des Kindes, sondern um eine Beratung der Mutter als Kotherapeutin.
3.) Ein 26 Monate alter Junge fing im Rahmen einer Anpassungsstörung an zu stottern. In nur drei Stunden Einzeltherapie sistierte die Symptomatik vollkommen.
4.) 2-jährige chronisch kranke Kinder wurden spieltherapeutisch auf eingreifende Maßnahmen (Injektionen, Sonden usw.) vorbereitet.

Wie Landreth und Mitarb. (1996) verdeutlichen, ist eine Einzeltherapie bei jungen Kindern primär nicht indiziert und stellt die Ausnahme dar. Die ersten drei Kasuistiken hätten vermutlich ebenso gut verhaltenstherapeutisch-beratend über die Eltern behandelt werden können – nur bei der vierten war ein strukturiertes spieltherapeutisches Programm wirklich sinnvoll.

Wegen möglicher Trennungsängste und der großen Bedeutung der Eltern-Kind-Beziehung ist bei Kindern unter vier Jahren eine intensivere Einbeziehung der Bezugspersonen notwendig. So kann eine Einzeltherapie bei jungen Kindern durchaus in Anwesenheit eines Elternteils durchgeführt werden. Andererseits wurden mehrere effektive spieltherapeutische Programme für Kleinkinder und Eltern gerade unter dem Entwicklungsaspekt für dieses Alter entwickelt, die eher indiziert sind (von Aster & von Aster, Kapitel 10).

Unterschiede zwischen Spieltherapien

Neben vielen Gemeinsamkeiten zeigen die diversen Spieltherapien deutliche Unterschiede. Je nach theoretischem Schwerpunkt erhält das direkte, beobachtbare Verhalten im Gegensatz zum intrapsychischen Erleben eine unterschiedliche Gewichtung. Manche Therapieformen betonen bewusste Inhalte, andere eher unbewusste Determinanten. Die Rolle von Sprache, Verbalisierung und von Interpretation werden unterschiedlich gesehen. Manche Therapien betonen die Bedeutung von Übertragung und Gegenübertragung, d. h. der therapeutischen Beziehung, andere meinen, dass das Spiel an sich therapeutisch wirksam ist.

In der Praxis finden sich Unterschiede bezüglich der Therapieindikation, der Auswahl des Spielmaterials, der Dauer der Therapie und der Intensität und Form der Elternarbeit. Am wenigsten strukturiert ist die personenzentrierte Spieltherapie, es folgen die psychoanalytischen und danach die hoch strukturierten kognitiv-verhaltenstherapeutischen Therapien.

Neuere Entwicklungen

Nach der Dominanz von Verhaltens- und Familientherapie gewann die Spieltherapie in den 1990er Jahren zunehmend an Bedeutung – und wird sie vermutlich in diesem Jahrhundert beibehalten. Dies ist auf die Erkenntnis zurückzuführen, dass manche emotionale, intrapsychische Probleme bei Kindern nur durch eine Einzeltherapie zu lösen sind und dies gerade bei jüngeren Kindern nur über ein kindgerechtes Medium wie Spiel erreicht werden kann. Auch im Rahmen einer Verhaltenstherapie kann eine Verhaltensmodifikation des Kindes über die Eltern am günstigsten spielerisch erreicht werden. In der Familientherapie waren vor allem kleine Kinder ausgeschlossen: die Therapie fand trotz Anwesenheit des Kindes auf verbaler Ebene zwischen den Eltern alleine oder unter Einschluss nur der älteren Kinder und Jugendlichen statt.

Der Trend zur Spieltherapie zeigt sich u. a. in den Publikationen mehrerer Handbücher zum Thema, u. a. den Büchern von Jennings (1993), Kaduson et al. (1997), Kissel (1990), Layando und Horne (1999), Mark und Incorvaia (1995), McMahon (1992), O'Connor (1991), O'Connor und Braverman (1997), Ryan und Wison (1996), Schaefer (1993), West (1996), Wilson et al. (1992) und in deutscher Sprache von Boeck-Singelmann et al. (1996 und 1997), Goetze und Jaede (1988), Goetze (2002), Petzold und Ramin (1991) und Schmidtchen (1989, 1991). Obwohl der Schwerpunkt eindeutig auf Therapien für Kinder im Schulalter liegt, wurden die entwicklungs-

pychologischen Voraussetzungen von jüngeren Kindern gerade bei den neueren Entwicklungen berücksichtigt.
Allgemein finden sich folgende Entwicklungen: Ältere, eng durch Therapieschulen definierte Ansätze werden verlassen. Die Integration von verschiedenen spieltherapeutischen Zugängen wie auch von Verhaltens- und Familientherapie werden betont. Für manche Störungen sind spezifische, fokussierte Kurztherapien am effektivsten. So wurden spezielle Spieltherapieprogramme für Kinder nach Trennung/Scheidung der Eltern, nach Misshandlung und Missbrauch und zur präoperativen Vorbereitung entwickelt.
Insgesamt sind Spieltherapien wenig empirisch evaluiert worden (Knell, 1993). Dazu beziehen sich fast alle Studien auf Schulkinder, während das Vorschulalter weitgehend vernachlässigt wurde. Dabei sind die klientenzentrierte Spieltherapie und die Verhaltenstherapien sehr viel besser untersucht als die tiefenpsychologischen und familientherapeutischen Spieltherapien.
Die Metaanalyse von Weisz et al. (1995a) konnte zeigen, dass Psychotherapien im Kindes- und Jugendalter ähnlich effektiv sind wie im Erwachsenenalter mit mittleren (0.5) bis großen (0.8) Effektstärken. Insgesamt sind verhaltenstherapeutische Therapien (0.54) effektiver als nichtverhaltenstherapeutische Methoden (0.30). Dabei sind einzelne Komponenten der Verhaltenstherapie unterschiedlich effektiv: am wirksamsten ist die systematische Desensibilisierung (1.86), am geringsten wirksam sind multiple operante Methoden (0.06).
Personenzentrierte Zugänge erweisen sich als weniger wirksam (0.11) als einsichtsorientierte Methoden (0.30). Spieltherapien wurden hierbei nicht gesondert berücksichtigt. Zwei Ergebnisse sind für Therapien im Vorschulalter besonders wichtig: Die Integration von verschiedenen Zugängen (0.63) erweist sich als wirksamer als die Einzelkomponenten. Und auch die Einbeziehung von Eltern erweist sich als hoch effektiv. So waren trainierte Eltern und Lehrer (0.71) effektiver als Professionelle (0.55) und Studenten (0.43).
Das Ziel dieser Arbeit ist es, einen Überblick über Spieltherapien zu vermitteln, die bei Kindern im Vorschulalter eingesetzt werden können. Es wurde dabei keine vollständige Übersicht angestrebt, sondern es wurden Schwerpunkte gesetzt. Auch wird nicht die allgemeine Entwicklungspsychologie des Spiels (siehe Schaefer, 1993; Oerter, 1997), sondern ausschließlich das Spiel im therapeutischen

Kontext dargestellt. Auch werden Eltern-Kind-Therapien speziell für das Säuglingsalter nicht berücksichtigt (Kapitel 8, 10). Als Beispiele für Einzeltherapien, die bei älteren Vorschulkindern einzeln und bei jüngeren auch in Anwesenheit der Eltern durchgeführt werden können, werden die personenzentrierte Spieltherapie und die Sandspieltherapie als eine Form der tiefenpsychologischen Therapien ausführlicher dargestellt. Es folgen neuere Kombinationen mit der Verhaltens- und der Familientherapie (siehe Tab. 1).

> Personenzentrierte (nicht-direktive) Spieltherapie
> Filialtherapie
>
> Tiefenpsychologische Spieltherapien
> Sandspieltherapie nach D. Kalff
>
> Verhaltenstherapeutische Ansätze
> Cognitive-Behavioral Play Therapy
> Parent-Child Interaction Therapy
>
> Familientherapeutische Ansätze

Tab. 1: Formen der Spieltherapie im Vorschulalter

Personenzentrierte (nichtdirektive) Spieltherapie

Die personen- oder kindzentrierte (früher: nicht-direktive oder klientenzentrierte) Spieltherapie ist weit verbreitet. Sie beruht auf der Persönlichkeitstheorie von *Carl Rogers* und *Virginia Axline,* nach der jede Person eine grundlegende Tendenz zu innerem Wachstum, Entwicklung, Unabhängigkeit und Reifung in sich trägt (Axline, 1993). Positive Erfahrungen führen zu einem gut integrierten, positiven Selbstkonzept und zu befriedigenden interpersonellen Beziehungen (Landreth und Sweeney, 1997; siehe auch Boeck-Singelmann et al., 1996 und 1997; Goetze und Jaede, 1988; Goetze, 2002; Schmidtchen, 1989, 1991). Störungen werden als Inkongruenz zwischen dem Selbstkonzept des Kindes und den aktuellen Erfahrungen angesehen, also Störungen des inneren Wachstumsdranges. Die Selbstaktualisierung und Wiederherstellung der Kongruenz ist das Ziel der Behandlung. Dabei werden bewusstes

Erleben und Wahrnehmen, aber nicht unbewusste Phantasien und Konflikte berücksichtigt (Biermann-Ratjen, 1996).

Axline (1993) fasste die Grundprinzipien der personenzentrierten Spieltherapie in acht Regeln zusammen, die als Grundlage jeder Psychotherapie angesehen werden können: Aufnahme einer warmen, freundlichen Beziehung; bedingungslose Annahme; Ermöglichung eines freien Ausdrucks von Gefühlen; Reflexion von wahrgenommenen Gefühlen des Kindes; Respektieren der eigenen Problemlösefähigkeiten des Kindes; Bestimmung des Therapieverlaufs durch das Kind; keine Beschleunigung des Prozesses durch den Therapeuten; Grenzen nur zur Verankerung in der Realität und zum Schutz des Kindes. Die wichtigsten Haltungen des Therapeuten wurden von West (1996) zusammengefasst: Fähigkeit zu Beziehung und Kommunikation mit Kindern; Echtheit, Authentizität, Kongruenz; positive Akzeptanz, nichtbesitzergreifende Wärme; exakte Empathie; Zuverlässigkeit; Respekt; keine Ausbeutung; Wahrnehmung und Fähigkeit, auf das eigene »innere Kind« einzugehen.

Nach eigener Erfahrung ist die personenzentrierte Spieltherapie bei leichten und mittelschweren emotionalen, introversiven Störungen besonders geeignet. Bei expansiven Störungen sollte eine emotionale Komponente vorliegen, da bei rein externalisierenden Störungen wie dem Hyperkinetischen Syndrom und/oder Störungen des Sozialverhaltens andere Therapieformen wie die der Verhaltenstherapie effektiver sind.

Die Behandlung wird in einem eigenen Spieltherapiezimmer durchgeführt, das alle Materialien enthalten muss, die benötigt werden. Diese umfassen u. a.: Kochecke, Puppenhaus, Konstruktionsspiele, Tiere, Handpuppen, Autos, Waffen, Malmaterial, Sand, Wasser, Ton, Regelspiele. Die Spieltherapie findet üblicherweise einmal pro Woche statt mit begleitenden Elterngesprächen.

Die Dauer der Therapie beträgt 10 bis 40 Stunden, wobei auch kürzere Therapien durchaus einen Effekt zeigen können – vor allem bei jüngeren Kindern. So kann eine Teilverbesserung bei Kindern unter 6 Jahren nach 4 Wochen erreicht werden, bei 10–12-Jährigen nach 4–8 Wochen. Deutliche Besserungen können bei Kindern unter 6 Jahren nach 2–4 Monaten, bei 10–12-Jährigen nach 4–15 Monaten eintreten (West, 1996). Die Effektivität wurde in vielen empirischen Arbeiten nachgewiesen.

Grundsätzlich betrachtet ist die personenzentrierte Spieltherapie auch für das Kleinkindesalter besonders geeignet. Sie kann für viele, vor allem introversive Störungen als kurz- oder mittelfristige Therapie effektiv eingesetzt werden. Allerdings sind die Persönlichkeitstheorie wie auch das Störungskonzept relativ »atheoretisch« und reichen zum Verständnis schwerer Störungen nicht aus. So werden wichtige Aspekte wie Übertragung/Gegenübertragung und unbewusste Determinanten von Konflikten nicht genügend berücksichtigt. In letzter Zeit wurden die Grundkonzepte der personenzentrierten Spieltherapie erweitert und Elemente der Verhaltenstherapie, Familientherapie und auch Tiefenpsychologie integriert (Schmidtchen, 1991; West, 1996). Die Filialtherapie als Unterform der personenzentrierten Spieltherapie ist bei jungen Kindern besonders geeignet.

Filialtherapie
Filialtherapie beruht auf der personenzentrierten Spieltherapie, bezieht aber Eltern direkt in den Spielprozess ein (Guerney, 1997). Sie wurde in den sechziger Jahren von *Guerney* und *Guerney* als psychoedukative Methode für Kinder im Alter von 3 bis 10 Jahren entwickelt, d. h. besonders auch für das Vorschulalter. Eltern werden unter Supervision instruiert und sozusagen als »Laientherapeuten« trainiert, mit ihren Kindern nach den Methoden und Prinzipien der personenzentrierten Spieltherapie zu spielen (Goetze, 2002). Die Ziele umfassen: 1. problematisches Verhalten des Kindes zu reduzieren; 2. den Eltern Fähigkeiten der personenzentrierten Therapie zu vermitteln, um sie in Alltagssituationen einzusetzen; und 3. die Eltern-Kind-Beziehung zu verbessern.
Bei der Filialtherapie handelt es sich um eine Kurzzeittherapie von 10 bis 12 Stunden in wöchentlichen Sitzungen von ein bis zwei Stunden Dauer, bei der möglichst beide Eltern und alle Kinder involviert werden. Die aktuelle Spielsequenz ist jedoch auf Dyaden von einem Elternteil und dem betroffenen Kind beschränkt. Filialtherapie kann auch in Form von Elterngruppen angeboten werden (Goetze, 2002).
Es können vier bis fünf Stadien unterschieden werden: 1. Training (2–3 Stunden): den Eltern werden Grundprinzipien der personenzentrierten Spieltherapie beschrieben und direkt demonstriert, wobei schon jetzt die eigenen Kinder einbezogen werden;

2. Übungen für Eltern: die Eltern üben die Prinzipien ohne Kinder ein (1–2 Stunden); 3. Therapiesitzungen mit den Eltern: Eltern spielen mit ihren eigenen Kindern unter Supervision mit anschließendem Feedback (6–8 Stunden); 4. Transfer und Generalisation außerhalb der Spielsitzungen (2 Stunden); 5. formale Evaluation und weitere Beratung der Eltern (fakultativ).

Das praktische Vorgehen mit vielen Beispielen wurde ausführlich von Goetze (2002) erläutert. Eltern werden aufgefordert, mindestens 30 Minuten pro Woche ohne äußere Ablenkung mit ihrem Kind zu spielen und den Ablauf zu protokollieren. Dabei sollte im häuslichen Rahmen eine geeignete Spielecke gefunden werden (nicht das Kinderzimmer) mit nur hierfür zur Verfügung gestelltem Spielmaterial.

Insbesondere sollten Eltern vier Grundfähigkeiten erlernen, zu denen sie gesonderte Arbeitsblätter erhalten: »Orientieren«, d. h. Strukturierung der Spielstunde einschließlich Anweisungen, Beendigung der Stunde und Aufräumen, wodurch dem Kind ein Verhaltensrahmen vermittelt wird; »Mitspielen« der Eltern erst nach Aufforderung des Kindes ohne Spielanstöße oder Verbesserungsvorschläge, d. h. eher eine anfängliche Spielabstinenz; »aktives Zuhören« mit Empathie, aber ohne Lob, Kritik oder Fragen; und »Grenzensetzen« im Umgang mit dem Spielmaterial bei körperlicher Verletzung und Einhaltung des Zeitrahmens. Dabei werden die Eltern instruiert, die Grenzen zu benennen; den Wunsch des Kindes, der zur Grenzverletzung geführt hat, zu formulieren; das Verhalten zu verhindern, indem eine Warnung ausgesprochen wird; und die Konsequenzen auch tatsächlich durchzusetzen, indem z. B. die Spielstunde beendet wird.

Die Filialtherapie geht davon aus, dass das Erlernen von neuen, positiven Interaktionen eine Analyse oder eine Bearbeitung aktueller Probleme überflüssig macht. In empirischen Untersuchungen führt sie zu einer Reduktion von Symptomen und einer Verbesserung der Eltern-Kind-Beziehung. Therapeutisch ist sie eher bei leichteren Interaktionsstörungen indiziert. Als Kontraindikationen werden intellektuelle Einschränkungen und schwerwiegende eigene Problematik der Eltern, Ehekrisen und der Verdacht auf Missbrauch und Misshandlung angegeben (Goetze, 2002).

Zusammengefasst handelt es sich bei der Filialtherapie um eine effektive psychoedukative Methode für Eltern von Vorschulkindern, die zudem auch präventiv die Erziehungskompetenzen der Eltern steigern kann.

Tiefenpsychologische Spieltherapien

Spiel als geeignetes Medium der Kindertherapie wurde historisch in den zwanziger bis dreißiger Jahren des letzten Jahrhunderts als erstes von der Psychoanalyse aufgegriffen und entwickelt und stellt auch heute die Grundlage vieler spieltherapeutischer Zugänge dar. Allen tiefenpsychologischen Schulen gemeinsam ist der Fokus auf das Unbewusste als die wesentliche Determinante des Erlebens und des Verhaltens. Dieses ursprüngliche topographische Modell (Bewusstes versus Unbewusstes) wurde durch das Instanzenmodell (Es, Ich, Über-Ich) und das Triebmodell (Trieb-Abwehr) ergänzt. Weitere Entwicklungen umfassten die Konflikt-, Ich-, Selbst-, Objekt- und Affektpsychologie (Lee, 1997; Speidel und Fenner, 2002). *Sigmund Freud* als Begründer der Psychoanalyse hat nie selbst mit Kindern therapeutisch gearbeitet. Sein berühmtester Fall der Pferdephobie des kleinen Hans wurde über den Vater als Kotherapeuten behandelt. Auch seine theoretischen Auffassungen der Persönlichkeitsentwicklung des Kindes, z. B. die Theorie der infantilen Sexualität, beruhte nicht auf direkter Beobachtung, sondern auf Rekonstruktionen aus den Analysen Erwachsener.
Zwei Personen haben die Entwicklung der Kinderanalyse entscheidend beeinflusst: *Anna Freud* und *Melanie Klein*. Dabei entwickelten sich heftige Kontroversen zwischen beiden (und ihren Nachfolgern) über das Verhältnis von Spiel und freier Assoziation, über die Interpretation von Konflikten und über die Rolle der so genannten »Übertragungsneurose« (Holder, 1991).
Nach *Anna Freud* muss ein Arbeitsbündnis mit dem Kind und seinen Eltern hergestellt werden, erst dann beginnt die eigentliche Therapie (Holder, 1991). Das Spiel kann nicht mit der freien Assoziation des Erwachsenen gleichgesetzt werden, da ungewiss bleibt, ob das Kind ein Stück äußerer Realität oder seine innere Phantasie symbolisch mitteilt (Lee, 1997). Da direkte Deutungen Widerstand hervorrufen, müssen Interpretationen langsam vorbereitet werden oder indirekt (über Puppenspiel, Geschichten von anderen Kindern) erfolgen. Neben einer Übertragungsbeziehung stellt das Kind auch reale Objektbeziehungen her. Der Therapeut ist nicht neutral,

sondern aktiv ins Spiel verwickelt, sodass eine Übertragung sich erst im Prozess herstellt. Erst wenn die Übertragung offenbar geworden ist, kann sie gedeutet werden. Die Frequenz beträgt 2- bis 3 mal pro Woche mit häufigen Elterngesprächen (einmal pro Woche / alle 2 Wochen). Auch die Dauer ist üblicherweise länger als bei der personenzentrierten Spieltherapie.

Im Gegensatz zu Anna Freud führte *Melanie Klein* analytische Spieltherapien auch bei Kleinkindern durch. Sie glaubte, dass das kindliche Spiel der freien Assoziation der Erwachsenen entspräche und als unbewusstes Material betrachtet werden könne. Deshalb seien intensive, schnelle Interpretationen, auch sexuellen Inhalts, gerechtfertigt. Sie ging auch davon aus, dass die Übertragung sich früh in der Analyse entwickle und so früh wie möglich gedeutet werden müsse, vor allem wenn sie negativ sei (von Siebenthal, 1991). Daneben gehörte Melanie Klein zu den ersten, die den Wert eines speziellen Spielzimmers betonten (McMahon, 1992).

Auch andere Analytiker haben entscheidend zu der Entwicklung der analytischen Spieltherapie beigetragen, ohne dass sie eine nach ihnen benannte Therapieschule initiiert hätten. So betonte *D. W. Winnicott*, das Spiel sei an sich als menschliche Grundaktivität heilsam. Spiel ereignet sich an einer bestimmten Stelle in Zeit und Raum – und zwar weder »innen« im intrapsychischen Bereich der Phantasie noch »außen« im Bereich der Objekte, sondern in einem »Zwischenraum«. Dies ist der Raum des Übergangsobjektes, der Kreativität und der kulturellen Aktivität allgemein. In der Therapie sind Interpretationen weniger wichtig als eigene, spontane Entdeckungen des Kindes im Spiel (Winnicott, 1979; Davis und Wallbridge, 1981; Wilson et al., 1992; McMahon, 1992).

Auch auf der Grundlage der Individualpsychologie *Alfred Adlers* wurden spieltherapeutische Ansätze entwickelt (Bade, 1997; Kottmann, 1997; Stadler und Witte, 1991; Stadler, 1992). Nach der Adler'schen Persönlichkeitstheorie hat jeder Mensch ein Zärtlichkeitsbedürfnis, d. h. einen Wunsch nach Bezogenheit und sozialem Austausch. Symptome entstehen als Kompensation für erlebte Kränkungen und Ohnmacht, als Versuch, das gefährdete Selbstbild zu stabilisieren und seelisches Gleichgewicht wiederherzustellen (Stadler, 1992).

In der individualpsychologischen Spieltherapie wird dem Kind ermöglicht, seine Konflikte darstellen und bisherige Kompensations-

mechanismen wiederzubeleben. Das therapeutische Vorgehen umfasst spiegelndes Mitspielen, Deuten, Verbalisieren und Verarbeiten. Vor allem im symbolischen Spiel werden Elemente der Lebensgeschichte, innerseelische Konflikte und die Beziehung zum Therapeuten deutlich und können spielerisch bearbeitet werden (Bade, 1997).
Obwohl C. G. *Jung* (wie S. *Freud*) nicht direkt mit Kindern gearbeitet hat, wurde seine Persönlichkeitstheorie von seinen Schülern für das Kindesalter adaptiert (Allan, 1997; Broche, 1991; Fordham, 1974).
Nach Jung stellt das Ich das Zentrum des Bewusstseinsfeldes dar und vermittelt zwischen inneren und äußeren Ansprüchen. Es können zwei Einstellungstypen (Introversion – Extraversion) und vier Bewusstseinsfunktionen (Denken, Fühlen, Intuieren und Empfinden) unterschieden werden. Nach außen entspricht die Persona dem Anteil der Psyche, wie sich das Kind seiner Umwelt zeigt und z. B. Ansprüche der Eltern internalisiert hat.
Dem Unbewussten kommt eine kompensatorische Funktion zu, d. h., es gleicht einseitige Einstellungen des Bewusstseins aus. Das persönliche Unbewusste enthält unterdrücktes und verdrängtes Material aus dem persönlichen Erleben. Im kollektiven Unbewussten zeigen sich zusätzlich Bewusstseinsschichten, die allen Menschen gemeinsam sind und archetypische Elemente enthalten. Der Schatten dagegen umfasst alle Anteile, die vom Bewusstsein nicht akzeptiert werden können. Der zentrale Archetyp ist das Selbst, das als Mitte, aber auch als Totalität der Psyche beschrieben wird. Die Libido wird im Gegensatz zur Psychoanalyse als allgemeine Lebensenergie und nicht im engen sexuellen Sinn gesehen. Individuation bedeutet einen möglichst ungehinderten Fluss von Libido zwischen Ich und dem Selbst eines Menschen und stellt die zentrale Aufgabe jedes Menschen dar, nämlich die Entwicklung der ureigensten Identität. Störungen entstehen, wenn dieser Fluss behindert oder an Komplexe gebunden wird, worunter Jung abgesprengte, autonome, unbewusste Persönlichkeitsanteile versteht.
In der Jung'schen Spieltherapie wird die Beziehung als existenzielle Begegnung zweier Menschen aufgefasst, in die sich der Therapeut aktiv einbringt. Durch die analytische Haltung wird ein Verständnis der symbolischen und direkten Äußerungen des Kindes möglich. Dabei spielt das Symbol, das Kindern besonders leicht zugänglich

ist, eine vermittelnde Rolle zwischen Bewusstem und Unbewusstem. Die Interventionen umfassen: Beobachtung, verbale Reflexion z. B. der Übertragung, Klärung und Anreicherung des Symbols und nur zurückhaltend direkte Interpretationen. Heilung wird nicht primär durch Aufdecken und Interpretieren bewirkt, sondern durch den Kontakt des Ich mit den Symbolen des Unbewussten und mit seinem Selbst.

Die Therapie wird in einem Spieltherapiezimmer durchgeführt, üblicherweise mit einer reichen Auswahl an Spielmaterial sowie Sandspielkästen und Miniaturfiguren. Die Frequenz liegt bei 1- bis 2-mal pro Woche mit begleitenden Elterngesprächen. Nach Allan (1997) können drei Phasen unterschieden werden: 1. die Eingangsphase, in der die Beziehung und das Arbeitsbündnis hergestellt werden; 2. die Arbeitsphase, in der ein sicherer Rahmen für Regression und Durcharbeiten geschaffen werden und die drei typische Stadien durchläuft: Chaos, Ringen zwischen Gegensätzen sowie Heilung und Resolution; 3. die Ausgangsphase.

Die Sandspiel nach *D. Kalff* ist eine besondere Form der Jung'schen Spieltherapie. Da sie sich besonders gut in der therapeutischen Arbeit mit Kindern eignet, soll sie im folgenden Abschnitt näher besprochen werden.

Sandspieltherapie nach D. Kalff

Die Sandspieltherapie wurde von *Dora Kalff* als spieltherapeutische Methode sowohl für das Kindes- wie auch für das Erwachsenenalter entwickelt (Kalff, 1996). Neben der analytischen Psychologie C. G. Jungs beruht sie auf der Welttechnik von *Margaret Lowenfeld* und auf meditativen, spirituellen Traditionen, wie z. B. dem Buddhismus. Die zunehmende Popularität dieser Methode lässt sich an der wachsenden Zahl von Publikationen ablesen (Amman, 1989; Bradway et al., 1990; Bradway und McCoard, 1997; Dundas, 1990; Mitchell und Friedman, 1993; Ryce-Menuhin, 1992).

An Material benötigt man zwei tischhohe Kästen mit den Maßen 52 x 72 x 9 cm, die innen (Boden und Seitenwände) blau angemalt sind. Ein Kasten wird mit feinem trockenen Sand gefüllt, der andere mit feuchtem Sand, aus dem Objekte geformt werden können. Dem Kind werden Hunderte von Miniaturfiguren aus allen Bereichen des Lebens zur Verfügung gestellt, die offen und leicht zugänglich auf

Regalen aufgestellt werden. Es wird gebeten, ohne inhaltliche Vorgaben in einem der Kästen ein Bild aufzubauen, was bei dem hohen Aufforderungscharakter des Materials meist ohne Probleme gelingt. Der Therapeut beobachtet den Aufbau und schafft einen so genannten »freien und geschützten Raum«, d. h., er ermöglicht einen freien Ausdruck ohne Wertung bei gleichzeitigem Schutz des Patienten, z. B. vor überwältigenden, nichtintegrierbaren Affekten und Ängsten. Kinder drücken im Sandspiel sowohl ihr reales Erleben wie auch ihre intrapsychischen Bilder aus. Nach dem Aufbau kann das Bild besprochen oder »amplifiziert« werden, d. h mit Märchen und anderen Symbolen angereichert werden. Interpretationen erfolgen sehr zurückhaltend und nur, wenn sie passen. Im Gegensatz zu Erwachsenen möchten viele Kinder mit den Figuren spielen und drücken auch hiermit ihre intrapsychische Problematik aus. Jedes Bild wird fotografiert, u. U. vor und nach dem Spiel. Das Sandbild wird vom Therapeuten immer abgebaut, nachdem das Kind den Raum verlassen hat, damit die im Bild erlebten Symbole intrapsychisch weiterwirken können.

Auch beim Sandspiel finden sich Kombinationen mit kunsttherapeutischen (Steinhardt, 2000) und paar- und familientherapeutischen Ansätzen (Boik und Goodwin, 2000). Bei Carey (1994 und 1999) findet sich eine Kombination von personenzentrierter Spiel-, Sandspiel- und Familientherapie. Familien bauen ein gemeinsames Sandbild auf, wobei sowohl die unbewusste Symbolik der einzelnen Mitglieder wie auch die Dynamik der Familie beobachtet werden können.

Zur Verdeutlichung sind in den Abbildungen 1–4 Sandbilder von zwei jungen Kindern dargestellt.

Die ersten beiden Bilder stammen aus der Therapie eines 4³/₄-jährigen Mädchens mit einer komplexen anal-urogenitalen Fehlbildung und einer emotionalen Störung (F93.9), die durch die Trennung ihrer Eltern verstärkt wurde. Stimmung und Verhalten waren sehr wechselhaft: z. T. war sie traurig, zurückgezogen und weinte, z. T. verhielt sie sich oppositionell und verweigernd.

Im Initialbild (Abb. 1), das häufig auf die Thematik der gesamten Therapie hinweist, sieht man im Vordergrund eine Braut, Maria und Jesus, Prinzessinnen (Belle, Dornröschen und Cinderella), ein Einhorn und einen Storch. Drei Häuser (Symbol für Geborgenheit, für den Verlust ihres Elternhauses) stehen vor einem Tunnel, einem weiblichen Symbol, das möglicherweise auf ihre Fehlbildung hinweist. Die Geburt des Jesuskindes (wie das Einhorn häufig ein »Selbst«-Symbol) und der Storch weisen auf einen Neubeginn hin mit Unterstützung weiblich-mütterlicher Aspekte ihres Unbewussten. Doch links vorne findet man eine Rakete (Symbol für Kraft und Energie) und hinten eine starke Wehrburg. Das Bild weist auf für sie noch ungeahnte libidinöse Kräfte hin wie auch auf die noch bevorstehende Integrationsarbeit.

Diese Kräfte werden in der 18. Stunde thematisiert (Abb. 2). Viele wilde Tiere (Symbol für Instinkte) sind um eine Wasserstelle gruppiert und schauen auf einen Schatz (Kugel und Sterne), der genau in der Mitte des Bildes liegt. Links vorne sind Feen, Bären und ein Zauberer, der »alles gut machen wird«. Rechts im Wasser (Unbewussten) bringt die Titanic die bösen Tiere weg. Auch in dieser Stunde klingen neben den animalisch-instinkthaften Symbolen wichtige Themen an: die Wasserstelle in Form einer Mandorla (Genital?); im Zentrum die Kugel, der Schatz (Selbst); der schützende Vaterarchetyp (Zauberer); und die Fahrt des Schiffes auf hoher See (Änderung, Progression).

Bei dem zweiten Fall handelt es sich um einen 6 3/4 Jahre alten Jungen mit einer dysthymen Störung (F34.1). Seit Jahren zeigte er Schwierigkeiten, sich zu freuen, war mürrisch, introvertiert und zurückgezogen und zeigte wenig Initiative und Antrieb.

Er baute zwei typische Bildserien auf. Über viele Stunden baute er »übervolle« Bilder, in denen sich zwei Armeen bekämpften. Als ein Beispiel von vielen (Abb. 3; 17. Stunde) erzählt er, dass die linke Armee Schild, einen Hut und einen goldenen Turm (also männliche Insignien der Macht) klauen, die rechten sie verteidigen. Als Ausdruck seiner depressiven Störung sind unbewusste aggressive Symbole (Soldaten) blockiert, die Machtkämpfe sind wenig sinnvoll, und häufig gibt es keine Gewinner. Einen individuellen Helden (als Symbol des Ich-Komplexes) gibt es nicht. Ein weiterer Ausdruck seiner Ich-Schwäche war seine Schwierigkeit, sich zu beschränken: häufig nahm er alle Figuren (z. B. der Soldaten) und füllte auch noch den zweiten Kasten.

In anderen Stunden dagegen (Abb. 4) war es ihm gut möglich, sich zu zentrieren. In der 12. Stunde z. B. sieht man eine Insel (»Bewusstseinsinsel«), die sich aus dem Meer (Symbol für das Unbewusste) erhebt. Sie wird von einem Leuchtturm gekrönt. Neben der phallischen Symbolik ist er ein Wegweiser und Warnsignal für Schiffe, der Licht in die Dunkelheit bringt. Es findet sich eine aufsteigende, links-, d. h. nach innen drehende Spirale. Auf ihr stehen arbeitende Männer. Er erzählt, dass nur Männer auf der Insel wohnen, die schwere Arbeit leisten (Fischen, Straßenarbeit – auch er hatte mit diesem Bild hart gearbeitet). Sie wohnen in dem Turm, es geht ihnen gut, das Flugzeug bringt ihnen Essen, Frauen fehlen ihnen nicht. Im Wasser (hinter der Insel) schwimmt eine giftige Schlange, doch die Männer wissen sich zu wehren. Aus Jung'scher Sicht klingen in diesem Bild viele Symbole an: die Ablösung des Ichs (Insel, Männer) vom mütterlichen Unbewussten (Wasser, Schlange) sowie eine Zentrierung im Selbst (Spirale, Turm, Zentrum), die in den »überladenen« Bildern nicht sichtbar war.

1. Kasuistik: Sandspieltherapie eines 4³/₄-jährigen Mädchens mit einer komplexen anal-urogenitalen Fehlbildung und einer emotionalen Störung (F93.9), die durch die Trennung ihrer Eltern verstärkt wurde.

Abb. 1: Initialbild (1. Stunde)

Abb. 2: 18. Stunde

2. Kasuistik: Sandspieltherapie eines 6³/₄-jährigen Jungen mit einer dysthymen Störung (F34.1).

Abb. 3: 17. Stunde

Abb. 4: 12. Stunde

Verhaltenstherapeutische Ansätze

Kombinationen von Spiel- und Verhaltenstherapien sind gerade bei externalisierenden und umschriebenen, monosymptomatischen Störungen im Vorschulalter effektiver als die weniger strukturierten personenzentrierten und tiefenpsychologischen Spieltherapien. Wegen der Persistenz von expansiven Störungen des Sozialverhaltens und ihrer damit hohen Relevanz sollen die zwei wichtigsten verhaltenstherapeutischen Spieltherapien ausführlicher besprochen werden.

Cognitive-Behavioral Play Therapy (CBPT)

Bei der Cognitive-Behavioral Play Therapy (CBPT) werden, wie im Namen ausgedrückt, kognitiv-verhaltenstherapeutische und spieltherapeutische Elemente verbunden (Knell, 1993, 1997). Die CBPT geht davon aus, dass es nicht ausreicht, wenn Änderungen im kindlichen Verhalten nur durch elterliche Interventionen bewirkt werden. Stattdessen ist es wichtig, dass das Kind selbst aktiv lernt, sein Verhalten zu steuern. Deshalb wird es über das Spiel direkt in die Therapie einbezogen.

Ähnlich wie bei den personenzentrierten und tiefenpsychologischen Therapien spielen die Herstellung einer therapeutischen Beziehung, der Einsatz von Spiel als Hauptmodalität der Kommunikation und die Therapie als sicherer und geschützter Raum eine entscheidende Rolle. Die Hauptunterschiede sind: Vorgabe von Therapiezielen; Auswahl von Spielmaterial und von Aktivitäten durch Kind und Therapeuten; die pädagogische Funktion des Spiels, nämlich Fähigkeiten und alternative Verhaltensweisen zu vermitteln; Interpretation von Konflikten durch den Therapeuten (wie in psychoanalytischen, aber entgegen personenzentrierten Therapien); und positive Verstärkung in Form von Lob (im Gegensatz zur personenzentrierten Therapie) (Knell, 1993).

Die CBPT enthält keine allgemeine Persönlichkeitstheorie. Sie stellt ein kognitives Modell emotionaler Störungen dar, die als Folge irrationalen, nicht bewusst wahrgenommenen Denkens aufgefasst werden. Affekte und Verhalten sind überwiegend dadurch bedingt, wie eine Person – basierend auf früheren Erfahrungen – seine Welt konstruiert und sieht. Die therapeutische Aufgabe beruht zunächst in der Identifikation von fehlangepassten Gedanken und Kognitionen und anschließend in ihrer aktiven Änderung. Die CBPT ist strukturiert und direktiv, wird in einem Spielzimmer in einer Frequenz von einmal pro Woche durchgeführt und schließt Eltern intensiv ein. Dabei werden sowohl verhaltenstherapeutische wie auch kognitive Elemente mit Spiel kombiniert, die im Folgenden detailliert umrissen werden.

Verhaltenstherapeutische Interventionen
Das gesamte Repertoire von verhaltenstherapeutischen Techniken kann auch im Vorschulalter eingesetzt werden, wenn diese an den Entwicklungsstand des Kindes angepasst werden.
So wird als Beispiel für ein *klassisches Konditionieren* bei hospitalisierten Kindern die *systematische Desensibilisierung* eingesetzt. Schwierige Situationen, wie bevorstehende Operationen oder Untersuchungen, werden mehrfach durchgespielt. Durch das Spiel wird die Assoziation zwischen einem Stimulus und einer ungünstigen Reizantwort unterbrochen. Das Kind lernt dadurch, die Situation zu bewältigen, und wird dafür positiv verstärkt.
Beim *operanten Konditionieren* kann das Verhalten durch positive und negative Konsequenzen der Umwelt verändert werden. Beim *Kontingenzmanagement* wird das Verhalten innerhalb wie auch außerhalb der Therapie (durch Eltern) über soziale (Lob) wie auch materielle Verstärker verändert. Beim *Shaping* nähert man sich über Zwischenschritte langsam an das erwünschte Verhalten an. Bei der *Extinktion* wird die Verstärkung für ein Verhalten entzogen, das vorher verstärkt wurde. Dies wird mit einer differenziellen Verstärkung von alternativem Verhalten kombiniert. Beim *Time-out* (Auszeit) wird das Kind aus einer bevorzugten Umgebung in eine weniger angenehme entfernt. Dagegen werden nach Knell (1993) andere aversive Techniken wie *Exposition* und *response prevention* selten bei Kindern eingesetzt.
Soziales Lernen kann durch Beobachtung des Verhaltens anderer Personen *(Modeling)* gefördert werden. Bei Ängsten, sozialer Isolation, aber auch bei dissozialem Verhalten kann dies z. B. über das Puppenspiel sehr effektiv eingesetzt werden. Auch das Erzählen von Geschichten über die Erfahrung von anderen Kindern kann zum Modeling beitragen. Das Verhalten wird anschließend eingeübt und generalisiert, d. h. in einen anderen Kontext transferiert.

Kognitive Interventionen
Kognitive Techniken wurden bei Erwachsenen entwickelt, für Jugendliche und Schulkinder variiert, aber nur selten im Vorschulalter eingesetzt (Knell, 1993). Sie beruhen auf der Annahme, dass Verhalten über verbale Prozesse vermittelt wird und dass Störungen dysfunktionalem Denken entsprechen. Wegen des kognitiven Ent-

wicklungsstandes werden bei jungen Kindern eher neue, adaptive Kognitionen entwickelt und weniger die fehlgeleiteten ersetzt.
Selbstbeobachtung (self-monitoring) kann ab einem Alter von 4 bis 5 Jahren eingesetzt werden. Dabei ist die Beobachtung von konkreten Aktivitäten und Ereignissen einfacher als die von Emotionen und Stimmungen. Konkrete Beispiele, Skalen und einfache Wörter oder Gesichter sind hilfreich. Die Mithilfe der Eltern ist dabei notwendig.
Auch das aktive Planen von Aktivitäten *(Activity Scheduling)* ist bei jüngeren Kindern nur in kleinen Schritten und in Kooperation mit den Eltern möglich. Dabei ist es wichtig, dass das Kind das Gefühl der Kompetenz und der aktiven Kontrolle behält. Positive Verstärkung sollte nicht nur bei den Resultaten, sondern schon bei Anstrengung und Ausdauer des Kindes einsetzen.
Bei der kognitiven Therapie von Erwachsenen werden wie in einem Experiment Hypothesen getestet: Fakten werden betrachtet, Alternativen erkundet und Konsequenzen untersucht. Dagegen ist eine *Selbstbeobachtung dysfunktioneller Kognitionen* bei jungen Kindern nicht möglich und muss von den Eltern vorgenommen werden. Dabei können Eltern natürlich nur den verbalen Ausdruck ihres Kindes, aber nicht seine Kognitionen direkt beobachten. Doch selbst die Wahrnehmung und Wiederholung der kindlichen Äußerungen kann hilfreich sein.
Vorschulkinder benötigen eine besonders aktive Hilfe bei der Veränderung von Kognitionen. Dabei ist das Spiel besonders geeignet, da es Distanz zu eigenen Vorstellungen schaffen und Brücken zur Realität bauen kann. Situationen, z. B. nach Trennung der Eltern, werden im Puppenspiel durchgespielt und Alternativen zu bisherigen Kognitionen (z. B. Schuldzuweisungen) erkundet.
Dagegen können negative Kognitionen wie abwertende Selbstbeurteilungen (›ich bin nicht gut‹, ›ich schaffe es nicht‹) selbst bei jungen Kindern ab einem Alter von 2½ bis 3 Jahren modifiziert werden. Dabei werden sehr einfache positive Suggestionen gelernt, die über Lob und Benennen *(Labeling)* von den Eltern verstärkt werden (›ich bin tapfer‹, ›ich schaffe es‹). Auch die *Bibliotherapie* kann selbst bei 2-jährigen Kindern als eine Form des *Modeling* eingesetzt werden. Dazu können Bilderbücher zu speziellen Problemen (Scheidung, Umzug, Tod) gewählt werden, andererseits kann

der Therapeut auch neue Geschichten speziell für die Problematik dieses Kindes schreiben.

Zusammengefasst handelt es sich bei der Cognitive-Behavioral Play Therapy um eine gelungene Integration von kognitiven und verhaltenstherapeutischen Interventionen innerhalb eines spieltherapeutischen Paradigmas (Knell, 1993). Es berücksichtigt Entwicklungsaspekte des Kindes und ist somit auch für Vorschulkinder geeignet. Es ist empirisch begründet und evaluiert.

Parent-Child Interaction Therapy

Die Parent-Child Interaction Therapy (PCIT) wurde in den siebziger Jahren von *Sheila Eyberg* und *Constance Hanf* als strukturierte Kurzzeittherapie (10–16 Sitzungen) entwickelt, mit Schwerpunkt auf der Eltern-Kind-Interaktion im Vorschulalter von 2 bis 7 Jahren (Hembree-Kigin und McNeil, 1995). Jüngere Kinder (unter 2 Jahren) können von dem spieltherapeutischen Anteil des PCIT's profitieren, haben jedoch noch nicht die kognitiven Voraussetzungen für den verhaltenstherapeutischen Teil. Über dem Alter von 8 Jahren sind andere Therapieprogramme spezifischer und effektiver.

Es handelt sich um eine Integration von *operanten verhaltenstherapeutischen* und *traditionellen spieltherapeutischen* Zugängen, die Eltern in zwei Schritten vermittelt werden. Der Fokus wird als Erstes auf den spieltherapeutischen Aufbau einer warmen, liebevollen Eltern-Kind-Beziehung gelegt, erst dann folgt das eigentliche Management des Verhaltens. Das Grundprinzip liegt dabei in einem direkten »*Coaching*«, d. h. in einem Training innerhalb der Eltern-Kind-Dyaden, da Eltern so unmittelbar angeleitet und korrigiert werden können, und nicht in einem indirekten Unterricht wie in den meisten psychoedukativen Methoden.

Die Indikationen für die PCIT umfassen: externalisierendes, oppositionelles, verweigerndes, aggressives Verhalten; Lügen, Stehlen, Zündeln; Aufmerksamkeitsstörungen und Hyperaktivität; internalisierendes Verhalten wie trauriger Affekt, Ängste, niedriges Selbstwertgefühl und Perfektionismus; Geistige Behinderung; Interaktionsprobleme im Kontext von Scheidung und Adoption; Zustand nach Vernachlässigung und Missbrauch. Bei autistischen Störungen können u. U. andere Programme effektiver sein.

Kontraindikationen werden vor allem durch familiäre Faktoren bedingt, wie chronische Streitbeziehung zwischen den Eltern, körperliche Gewalt, Substanzmissbrauch und elterliche Psychopathologie wie schwere Depression.
Hembree-Kigin und McNeil (1995) vermitteln wie in einem Manual alle Schritte der PCIT ausführlich und praxisnah mit vielen Beispielen. Die detaillierte Anfangsdiagnostik (1. Stunde) umfasst ein strukturiertes Elterninterview und mehrere Fragebögen, einschließlich der Child Behavior Checklist (CBCL, Achenbach). Diese können durch weitere spezifische Eltern- wie auch Kindergärtnerinnen- und Lehrerfragebögen ergänzt werden. Die Interaktion wird mit einem systematischen, video-dokumentierten Beobachtungsinstrument dokumentiert, das ein kind-geleitetes, ein eltern-geleitetes Spiel und eine Aufräumsequenz beinhaltet.

Erster Schritt der PCIT: Spieltherapie
In einer Sitzung ohne Kind (2. Stunde) werden Eltern spieltherapeutische Fähigkeiten vermittelt, die sie zu Hause jeden Tag für 5 Minuten in einer »besonderen Spielzeit« einsetzen sollen. Die Prinzipien werden direkt und aktiv mit Video, Modeling und Rollenspiel demonstriert. Das Spiel sollte vom Kind geleitet sein. Es sollte regelmäßig mit wenigen nur dafür bestimmten Spielzeugen mit beiden Eltern (jeweils einzeln) in einer ruhigen, ungestörten Atmosphäre stattfinden. Die Erfahrungen werden von den Eltern dokumentiert und mit den Therapeuten durchgesprochen. Die Instruktionen werden auf Kassette aufgenommen, damit die Eltern sie zu Hause anhören können.
Ferner wird den Eltern beigebracht, ihre Aufmerksamkeit im Spiel mit ihrem Kind selektiv einzusetzen: prosoziale Verhaltensweisen werden durch elterliche Aufmerksamkeit verstärkt, während unerwünschtes Verhalten ignoriert wird. Das Ziel ist es, eine warme, herzliche Beziehung zwischen Eltern und Kind herzustellen. Dazu erlernen Eltern einfache Regeln im Umgang mit ihrem Kind. Diese umfassen: keine Befehle, Anordnungen, Fragen oder Kritik; Beschreibung und Imitation von erwünschtem Verhalten, was die Aufmerksamkeit fokussiert, den Ablauf organisiert und ein interaktives Spiel ermöglicht; Reflexion von verbalen Äußerungen, was Akzeptanz und Verständnis vermittelt; Lob von prosozialem Verhalten

(Ziel: einmal alle 20 Sekunden), was das Selbstwertgefühl steigert; Ignorieren von unerwünschtem Verhalten.

Es folgen zwei bis vier Sitzungen mit Eltern und Kind zum Einüben der spieltherapeutischen Fähigkeiten. Auch diese Stunden sind genau geplant mit Durchsicht der »Hausaufgaben«, Wiederholung der wichtigsten Inhalte und anschließender Spielsequenz mit Eltern und Kind in Anwesenheit des Therapeuten. Eltern werden gelobt und möglichst genau und humorvoll angeleitet. Zunächst werden einfache Haltungen eingeübt, erst dann folgen schwierigere Fähigkeiten, wie z. B. sein Kind zu loben und keine Fragen zu stellen. Qualitative Aspekte der Interaktion wie Körper- und Augenkontakt, Höflichkeit und Feinfühligkeit werden betont und herausgearbeitet.

Zweiter Schritt der PCIT: Verhaltenstherapie
Erst danach werden die Eltern, wiederum allein ohne Kind, in den verhaltenstherapeutischen Teil eingeführt. Die Notwendigkeit von Struktur, Konsistenz, Vorhersagbarkeit des elterlichen und Kontrolle des kindlichen Verhaltens werden besprochen. Eltern werden eingewiesen, wie sie Instruktionen an ihr Kind richten sollen: sie sollen es direkt, positiv, einfach, spezifisch, neutral, höflich und altersentsprechend auffordern, und nur, wenn es notwendig ist. Für Vorschulkinder ist es sinnvoll, zwei Handlungsalternativen anzubieten. Nichtbefolgung der Anweisung beinhaltet: etwas anderes tun als verlangt, Trödeln, Ignorieren, partielles Befolgen, und »undoing«, d. h. Rückgängigmachen einer ursprünglichen Befolgung.

Time-out-Maßnahmen werden ausführlich besprochen und vorbereitet, da diese oft auf Widerstand der Eltern treffen. Die Auszeit wird mit der Ankündigung von Handlungsalternativen mit einem visuellen Zeichen (zwei Finger) eingeleitet. Falls das Kind die Anweisung nicht befolgt, wird das Time-out auf einem großen Stuhl in der Mitte eines Raumes durchgeführt. Falls das Kind nicht freiwillig einlenkt, wird es dorthin getragen. Es soll drei Minuten sitzen bleiben und sich am Ende dieser Zeit fünf Sekunden ruhig verhalten. Danach wird es nochmals gebeten, die ursprüngliche Aufforderung zu befolgen.

Probleme beim *Time-out* werden detailliert behandelt. So dürfen Eltern das Absteigen vom Stuhl, Schaukeln, Stehen und Selbstverletzung nicht tolerieren. Falls das Kind überhaupt nicht kooperiert, kann die »Zwei-Stuhl-Methode« eingeführt werden. Dabei wird das Kind zu einem zweiten Stuhl (Halte-Stuhl) gebracht, Eltern setzen sich auf einen Stuhl dahinter und halten es 45 Sekunden von hinten mit überkreuzten Armen fest. Danach wird es zum ersten Stuhl zurückgebracht. Diese Prozedur kann dreimal wiederholt werden. Als Alternative kann es in einen anderen Raum gebracht werden. Andere aversive Methoden sollten nur mit äußerster Vorsicht angewendet werden.

Bevor das *Time-out* zu Hause eingesetzt wird, folgen vier bis sechs Eltern-Kind-Sitzungen. Dem Kind wird das Time-out gezeigt. Die Teilnahme des Kindes an diesen Demonstrationen wird mit Token verstärkt. Aufgaben mit zunehmendem Schwierigkeitsgrad werden durchgespielt. Das Verhalten der Eltern wird über Modeling verändert und positiv verstärkt. Dazwischen werden immer wieder Spielperioden eingebaut.

Die Hausaufgaben der Eltern steigern sich auf 10 Minuten pro Tag, sie umfassen jetzt fünf Minuten reines Spiel und 5 Minuten Einüben von Aufforderung und Spiel im Wechsel. Im weiteren Verlauf erhöht sich die Schwierigkeit der Aufgaben: Sie werden auf reale Situationen zu Hause und in der Öffentlichkeit generalisiert, wobei ein »Time-out-Handtuch« statt eines Stuhles eingesetzt wird. Auch Geschwister werden eingeschlossen. Zum Abschluss der eigentlichen Behandlung wird die Evaluation der Anfangsdiagnostik wiederholt.

In der letzten Stunde erfolgt ein »Feedback« mit Rückblick, Videodemonstration anfänglicher Stunden und Verstärkung der Eltern. Mögliche zukünftige Probleme werden angesprochen und Verstärkersitzungen (»Booster-sessions«) vereinbart, um die erreichten Fortschritte auch langfristig zu stabilisieren und aufrechtzuerhalten. Es handelt sich also um eine strukturierte Therapieform, die speziell für Interaktionsprobleme auch oppositioneller Art im Kleinkindesalter geeignet ist und sich in empirischer Evaluation als effektiv erwiesen hat. So konnten signifikante Verbesserungen nach dem Training nachgewiesen werden, vor allem bei oppositionellen und aggressiven Störungen des Sozialverhaltens, weniger bei Aufmerksamkeitsproblemen und Hyperaktivität. Es konnte gezeigt werden, dass eine Generalisierung auf den häuslichen Bereich, Kindergarten und Schule erreicht werden kann, die bis noch ein bis zwei Jahre später anhält. Auch eine Verbesserung des Verhaltens von nichtbehandelten Geschwistern tritt ein. Somit stellt die PCIT eine effektive, praxisorientierte Form der Therapie dar, die besonders für externalisierende Verhaltensstörungen, die eine hohe Persistenz aufweisen, auch als präventive Maßnahme geeignet ist. Eine möglichst weite Verbreitung wäre dieser Therapie zu wünschen.

Familientherapeutische Ansätze

Die Integration von Familien- und Spieltherapie wurde von verschiedenen Schulen geleistet. Jüngere Kinder wurden in der Vergangenheit häufig aus der Familientherapie ausgeschlossen, da Familientherapeuten oft keine Erfahrung haben, auf sie als individuelle Patienten einzugehen. So wies Gil (1994) darauf hin, dass viele Familientherapeuten überhaupt keine Ausbildung für die Arbeit mit jüngeren Kindern haben. Nach einer kurzen diagnostischen Evaluation findet deshalb die eigentliche Familientherapie oft als Paar- oder als Familientherapie ohne die jungen Kinder statt. Dadurch werden wichtige Informationen und Signale der jungen Familienmitglieder nicht beachtet und übersehen. Von den vielen Kombinationen der Familien- und Spieltherapie sollen nun mehrere exemplarische Formen näher besprochen werden.
So ist es das Ziel der *Dynamischen Familienspieltherapie*, das natürliche Spiel zwischen Eltern und Kind innerhalb einer Familie therapeutisch zu nutzen und zu verstärken (Harvey, 1997). Basierend auf der Bindungstheorie Bowlbys wird davon ausgegangen, dass ein Kind mit sicherer Bindung neue Möglichkeiten in seinem Erkundungsverhalten entwickeln kann. Therapeutisch gilt es, diese Art der unbehinderten Exploration innerhalb der Familie zu entwickeln. Dabei sollen die Spontaneität in Familien gefördert und spielerische Symbole für Beziehungsschwierigkeiten gewonnen werden. Neben Katharsis und Erholung werden so emotionale Spannungen untereinander abgebaut.
Die Therapie wird in einem relativ großen Raum durchgeführt, der u. a. große Kissen, Spielzeugtiere, Stricke, Gymnastikbälle, Fallschirme und Malmaterial enthält. Die Therapie findet einmal pro Woche in unterschiedlichen Gruppenzusammensetzungen statt: Eltern allein, Kinder allein oder Eltern-Kind-Subgruppen, wobei die Stunde geteilt werden kann. Je nach Entwicklungsstand der Kin-

der wird eine passende Spielart gewählt: Mimikspiele mit Säuglingen, Verfolgungsspiel bei Kleinkindern, organisierte Spiele der Schulkinder und dramatische Geschichten und humorvoller Austausch bei Jugendlichen. Die Stunden werden vorgeplant und strukturiert. Negative Reaktionen sollen direkt im Spiel selbst bearbeitet werden. Hausaufgaben sind eingeplant. In der letzten Stunde wird die gesamte Familie zusammengeführt.

Die *Strategische Familienspieltherapie* (Ariel, 1997) beruht auf familientherapeutischen, psychoanalytischen und kognitiv-emotionalen Theorien. Sie hat sowohl das Familiensystem als »soziale Persönlichkeit« wie auch die einzelnen Mitglieder als Individuen im Blick. Eine optimale Informationsverarbeitung wird angestrebt, bei der zentrale Emotionen einer Person angesprochen, aber nicht überstimuliert und blockiert werden.

Das Hauptmedium ist das imaginative Spiel mit allen Familienmitgliedern zusammen, sodass auch junge Kinder miteingeschlossen werden. Spezifische therapeutische Elemente umfassen: Imitation des Spielverhaltens; verbale und spielerische Fokussierung; Erklären, Interpretieren; Puppenspiel; Stimulieren; Alternativen anbieten; komplementäres oder passives Rollenspiel durch den Therapeuten. Die Stunden sind vorstrukturiert: speziell werden übergeordnete Taktiken und mehrere spezifische Interventionen (wie Beobachtung, Planung, vorbereitende Schritte, Haupt- und Hilfsinterventionen und Beobachtung der Resultate) geplant.

Andere Autoren wie *Hardaway* (1994) beginnen mit einem Spiel am Boden mit der gesamten Familie (auch mit Säuglingen und Kleinkindern) mit minimaler Anweisung und Interpretation. Stattdessen wird das spontane Spiel der Familie gefördert. In der zweiten Hälfte wird das Spiel mit Eltern und den älteren Kindern in Anwesenheit der weiter spielenden jüngeren Kinder besprochen. Autoren wie *Wachtel* (1994) integrieren familientherapeutische, verhaltenstherapeutische und psychodynamische Konzepte. Das Ziel ist es, sowohl die Familienperspektive wie auch die Einzelproblematik des Kindes zu beachten. Wie oben beschrieben, vertritt *Carey* (1994 und 1999) eine Kombination von personenzentrierter Spiel-, Sandspiel- und Familientherapie. Weitere Formen der Familienspieltherapie, wie die *Object Relations Family Therapy*, die auf der Objekttheorie Fairbairns beruht (Scharff, 1994), sind ausführlich in dem Sammelband von Schaefer und Carey (1994) dargestellt.

Ausblick

Das Ziel dieser Arbeit war es, einen Überblick über einige ausgewählte Spieltherapien zu vermitteln, die für Störungen bei jungen Kindern geeignet sind. Ohne Zweifel ist das Medium des Spiels das wichtigste therapeutische Agens in diesem Alter. Bei älteren Kindern ab vier Jahren sind klassische Einzel-Spieltherapien, die primär für das Schulkindesalter entwickelt wurden, indiziert und können gut durchgeführt werden. Bei jüngeren Kindern ist die Einbeziehung von Eltern unbedingt notwendig und sinnvoll.

Neben inhaltlichen Differenzen unterscheiden sich die Therapieformen vor allem bezüglich des Grades der Strukturierung und der Beteiligung der Eltern. Da die hoch strukturierten verhaltenstherapeutischen Kombinationen effektiver sind bei externalisierenden und monosymptomatischen Störungen, die personenzentrierten und tiefenpsychologischen bei Störungen mit zugrunde liegenden, intrapsychischen Konflikten und die familientherapeutischen bei intrafamiliären Interaktionsproblemen, ist eine differenzielle Indikationsstellung auch in diesem Alter unbedingt notwendig. Auch diese wichtige Frage, d. h. welche Therapieform bei bestimmten - Störungsbildern am effektivsten ist, bedarf empirischer Absicherung.

Bis auf wenige Ausnahmen steht für viele der Spieltherapierichtungen die empirische Überprüfung ihrer Effektivität an. Die bisherige Prozess- und Outcomeforschung ist bei Spieltherapien allgemein dürftig (Knell, 1993), ganz besonders für das Vorschulalter. Auch wurden die meisten Untersuchungen in artefiziellen Forschungsdesigns durchgeführt und spiegeln deshalb nicht die therapeutische Praxis wider (Weisz, 1995b).

Obwohl in großen Metaanalysen wie der von Weisz und Mitarb. (1995a) Spieltherapien nicht gesondert berücksichtigt werden, zeigen sie, dass für manche Problembereiche die Integration von strukturierten, verhaltenstherapeutischen Elementen ohne Zweifel am effektivsten ist; dass bei entsprechender Indikation psychodynamische, einsichtsorientierte Therapien ähnlich effektiv sein können und u. U. günstigere Langzeiteffekte zeigen; und dass der aktive Einschluss von Eltern (als Eltern-Kind-Dyaden oder als Familie) hoch effektiv ist – effektiver als Therapien durch Therapeuten allein.

Es wäre deshalb zu wünschen, dass der spieltherapeutische Zugang, sei es als Einzeltherapie mit separaten Elternsitzungen bei älteren Vorschulkindern, als gemeinsame Therapie von Kind und Eltern oder als Psychoedukation der Eltern, weiter differenziert und entwickelt wird. Denn nur mit dem Medium des Spiels sind die Probleme und Störungen dieses Alters kindgerecht und effektiv zu behandeln.

Literatur

Allan, J. (1997). Jungian play psychotherapy. In: O'Connor, K., Braverman, L. M. (Eds.), *Play therapy theory and practice – a comparative presentation*. New York: John Wiley & Sons, 100–130.

Amman, R. (1989). *Heilende Bilder der Seele*. München: Kösel.

Ariel, S. Strategic family play therapy. In: O'Connor, K. Braverman, L. M. (Eds.) (1997), *Play therapy theory and practice – a comparative presentation*. New York: John Wiley & Sons, 368–395.

Axline, V. M. (1993). *Kinder-Spieltherapie im nicht-direktiven Verfahren*. München/Basel: Ernst Reinhardt.

Bade, H. (1997). Wodurch wirkt die Kinderpsychotherapie? Überlegungen zum Therapieprozess. *Zeitschrift für Individualpsychologie 22*, 252–265.

Biermann-Ratjen, E.-M. (1996). Entwicklungspsychologie und Störungslehre. In: Boeck-Singelmann, C., Ehlers, B., Hensel, T., Kemper, F., Monden-Engelhardt, C. (Eds.), Personenzentrierte Psychotherapie mit Kindern und Jugendlichen (Band 1). Göttingen: Hogrefe, 9–28.

Boeck-Singelmann, C., Ehlers, B., Hensel, T., Kemper, F., Monden-Engelhardt, C. (Eds.) (1996). *Personenzentrierte Psychotherapie mit Kindern und Jugendlichen (Band 1)*. Göttingen: Hogrefe.

Boeck-Singelmann, C., Ehlers, B., Hensel, T., Kemper, F., Monden-Engelhardt, C. (Eds.) (1997). Personenzentrierte Psychotherapie mit Kindern und Jugendlichen (Band 2). Göttingen: Hogrefe.

Boik, B. L., Goodwin, E. A. (2000): *Sandplay therapy*. New York and London: W. W. Norton.

Bradway, K., Signell, K. A., Spare, G. H., Stewart, C. T., Stewart, L. H., Thompson, C. (1990). *Sandplay Studies – origins, theory and practice*. Boston: Sigo Press.

Bradway, K., McCoard, B. (1997). *Sandplay – silent workshop of the psyche*. London and New York: Routledge.

Broche, G. (1991). Kindertherapie aus der Sicht der Jungschen Tiefenpsychologie. In: Petzold, H., Ramin, G. (Eds.), *Schulen der Kinderpsychotherapie*. Paderborn: Junfermann, 59–81.

Carey, L. (1994). Family sandplay therapy. In: Schaefer, C. E., Carey, L. J. (Eds.), *Family play therapy*. Northvale and London: Jason Aronson, 205–219.

Carey, L. J. (1999). *Sandplay therapy with children and families*. Northvale and London: Jason Aronson.

Davis, M., Wallbridge, D. (1981). *Boundary and space – an introduction to the work of D. W. Winnicott.* Harmondsworth: Penguin Books.

Dundas, E. T. (1990). *Symbols come alive in the sand.* London: Coventure.

Fordham, M. (1974). *Das Kind als Individuum – Kinderpsychotherapie aus Sicht der Analytischen Psychologie C. G. Jungs.* München/Basel: Ernst Reinhardt.

Gil, E. (1994). *Play in family therapy.* New York: The Guilford Press.

Goetze, H., Jaede, W. (1988). *Die nicht-direktive Spieltherapie* (3. Auflage). Frankfurt/M.: Fischer.

Goetze, H. (2002). *Handbuch der personenzentrierten Spieltherapie.* Göttingen: Hogrefe.

Guerney, L. Filial therapy. In: O'Connor, K., Braverman, L. M. (Eds.) (1997), *Play therapy theory and practice – a comparative presentation.* New York: John Wiley & Sons, 131–159.

Hardaway, T. G. (1994). Family play therapy as an effective tool in child psychiatry. In: Schaefer, C. E., Carey, L. J. (Eds.), *Family play therapy.* Northvale and London: Jason Aronson, 139–145.

Harvey, S. (1997). Dynamic play therapy: a creative arts approach. In: O'Connor, K.; Braverman, L. M. (Eds.), *Play therapy theory and practice – a comparative presentation.* New York: John Wiley & Sons, 341–367.

Hembree-Kigin, T. L., McNeil, C. B. (1995). *Parent-Child Interaction Therapy.* New York and London: Plenum Press.

Holder, A. (1991). Psychoanalytische Kindertherapie. In: Petzold, H., Ramin, G. (Eds.), *Schulen der Kinderpsychotherapie.* Paderborn: Junfermann-Verlag, 11–29.

Jennings, S. (1993). *Playtherapy with children: a practitioner's guide.* Oxford: Blackwell Scientific Publications.

Kaduson, H. G., Cangelosi, D., Schaefer, C. E. (1997). *The playing cure – individualized play therapy for specific childhood problems.* Northvale: Jason Aronson.

Kalff, D. M. (1996). *Sandspiel – seine therapeutische Wirkung auf die Psyche* (3. Auflage). München/Basel: Ernst Reinhardt.

Kissel, S. (1990). *Play therapy – a strategic approach.* Springfield: Charles Thomas.

Kottman, T. (1997). Adlerian play therapy. In: O'Connor, K., Braverman, L. M. (Eds.), *Play therapy theory and practice – a comparative presentation.* New York: John Wiley & Sons, 310–340.

Knell, S. M. (1993). *Cognitive-behavioral play therapy.* Northvale: Jason Aronson.

Knell, S. M. (1997). Cognitive-behavioral play therapy. In: O'Connor, K., Braverman, L. M. (Eds.), *Play therapy theory and practice – a comparative presentation.* New York: John Wiley & Sons, 79–99.

Landreth, G. L., Homeyer, L. E., Glover, G., Sweeney, D. S. (1996). *Play therapy interventions with children's problems.* Northvale and London: Jason Aronson.

Landreth, G. L., Sweeney, D. S. (1997). Child-centered play therapy. In: O'Connor, K., Braverman, L. M. (Eds.), *Play therapy theory and practice – a comparative presentation.* New York: John Wiley & Sons, 17–45.

Layando, M., Horne, A. (1999). *The handbook of child and adolescent psychotherapy – psychoanalytic approaches.* London and New York: Routledge.

Lee, A. C. (1997). Psychoanalytic play therapy. In: O'Connor, K., Braverman, L. M. (Eds.), *Play therapy theory and practice – a comparative presentation*. New York: John Wiley & Sons, 46–78.

McMahon, L. (1992), *The handbook of play therapy*. London and New York: Tavistock/Routledge.

Mark, B. S., Incorvaia, J. A. (1995). *The handbook of infant, child and adolescent psychotherapy – a guide to diagnosis and treatment*. Northvale and London: Jason Aronson.

Mitchell, R. R., Friedman, H. S. (1993). *Sandplay – past, present and future*. London and New York: Routledge.

O'Connor, K. (1991). *The play therapy primer – an integration of theories and techniques*. New York: John Wiley and Sons.

O'Connor, K., Braverman, L. M. (1997). *Play therapy theory and practice – a comparative presentation*. New York: John Wiley & Sons.

Oerter, R. (1997). *Psychologie des Spiels* (2. Auflage). Weinheim: Psychologie Verlags Union.

Petzold, H., Ramin, G. (Eds.) (1991). *Schulen der Kinderpsychotherapie*. Paderborn: Junfermann.

Ryan, V., Wison, K. (1996). *Case studies in non-directive play therapy*. London: Balliere Tindall.

Ryce-Menuhin, J. (1992). *Jungian Sandplay – the wonderful therapy*. London and New York: Routledge.

Schaefer, C. E. (1993). *The therapeutic powers of play*. Northvale, Jason Aronson.

Schaefer, C. E., Carey, L. J. (Eds.) (1994). *Family play therapy*. Northvale and London: Jason Aronson.

Scharff, D. E. (1994). Young children and play in object relations family therapy. In: Schaefer, C. E., Carey, L. J. (Eds.), *Family play therapy*. Northvale and London: Jason Aronson, 79–86.

Schmidtchen, S. (1986). Practice and research in play therapy. In: van der Kooij, R.; Hellendoorn, J. (Eds.), *Play – play therapy – play research*. Lisse: Swets and Zeitlinger, 169–195.

Schmidtchen, S. (1989). *Kinderpsychotherapie*. Stuttgart, Berlin, Köln: Kohlhammer.

Schmidtchen, S. (1991). *Klienten-zentrierte Spiel- und Familientherapie*. Weinheim: Psychologie Verlags Union.

Speidel, H., Fenner, E. (2002). Psychoanalytische Krankheitskonzepte. In: Ahrens, S., Schneider, W., *Lehrbuch der Psychotherapie und Psychosomatischen Medizin* (2. Auflage). Stuttgart: Schattauer, 57–72.

Stadler, A.-E., Witte, K. H. (1991). Analytische Kinder- und Jugendlichenpsychotherapie in der Individualpsychologie Alfred Adlers. In: Petzold, H., Ramin, G. (Eds.), *Schulen der Kinderpsychotherapie*. Paderborn: Junfermann, 83–117.

Stadler, A.-E. (1992). Die analytische Kinder- und Jugendlichentherapie in der Individualpsychologie. In: Witte, K. H. (Hrsg.), *Praxis und Theorie der Individualpsychologie heute: aus der analytischen Psychotherapie mit Kindern, Jugendlichen und Erwachsenen*. München, Basel: Ernst Reinhardt, 94–102.

Steinhardt, L. (2000). *Foundation and form in Jungian Sandplay.* London und Philadelphia: Jessica Kingsley Publishers.

Von Siebenthal, A. (1991). Klein'sche Kinderpsychoanalyse. In: Petzold, H., Ramin, G. (Eds.), *Schulen der Kinderpsychotherapie.* Paderborn: Junfermann, 31–57.

Wachtel, E. F. (1994). An integrative approach to working with troubled children and their families. In: Schaefer, C. E., Carey, L. J. (Eds.), *Family play therapy.* Northvale and London: Jason Aronson, 147–164.

West, J. (1996). *Child centered play therapy* (2. ed.). London: Arnold.

Wilson, J., Kendrick, P., Ryan, V. (1992). Play therapy: a non-directive approach for children and adolescents. London: Bailliere Tindall.

Weisz, J. R., Weiss, B., Han, S. S., Granger, D. A., Morton, T. (1995a). Effects of psychotherapy with children and adolescents revisited: a meta-analysis of treatment outcome studies. *Psychological Bulletin 117,* 450–468.

Weisz, J. R., Donenberg, G. R., Han, S. S., Kauneckis, D. (1995b). Child and adolescent psychotherapy outcomes in experiments versus clinics: why the disparity? *Journal of Abnormal Child Psychology 23,* 83–106.

Winnicott, D. W. (1979). *Vom Spiel zur Kreativität.* Stuttgart: Klett-Cotta.

KAPITEL 10

Eltern-Kind-Spiel und videogestütztes Feedback als Element der begleitenden Elternarbeit in der Kinderpsychotherapie

Sigrid von Aster und Michael von Aster

Einführung

Die Arbeit mit den Eltern und dem Umfeld des Kindes ist integraler Bestandteil kinderpsychotherapeutischer Arbeit und umfasst in der Regel multiple Interventionsformen auf verschiedenen Ebenen und in verschiedenen Bereichen (Bleiberg, Fonagy & Target, 1997; Sperling, 1997).

Die allgemeinen Ziele der Elternarbeit bestehen, grob skizziert, in der Anregung einer empathischen Resonanz auf die kindlichen Bedürfnisse und Konflikte und in der gemeinsamen Erarbeitung einer der kindlichen Entwicklung angemessenen Erziehungsumwelt. Diesen Zielen können sowohl reflektierende, klärende Gespräche mit den Eltern dienen (bis hin zur Anregung für eine eigene Psychotherapie) wie auch direkte Elternberatung, Verhaltensanleitungen und auch Einleitung konkreter Hilfen zur Lebensführung (z. B. Unterstützung bei der Beschaffung existenzsichernder finanzieller Mittel, Einrichtung konkreter Erziehungshilfen wie Kindergarten oder Tagesschule).

Der vorliegende Artikel versucht zunächst, mit einer ausgewählten Übersicht über divergierende Ansätze in der Arbeit mit Eltern eine kritische Standortbestimmung vorzunehmen zu lerntheoretisch bzw. verhaltenstherapeutisch ausgerichteten Vorgehensweisen und solchen, die eher aus psychodynamischen Überlegungen herrühren. Im zweiten Teil der Arbeit werden wir einen Ansatz vorstellen, der uns als ein Element der Elternarbeit in klinisch-kinderpsychotherapeutischen Settings brauchbar erscheint. Er basiert sehr wesentlich auf grundlegenden Techniken der personenzentrierten Kinderpsychotherapie und bezieht Erfahrungen aus Mutter-Kleinkind-Therapien und aus tiefenpsychologisch fundierten Psychotherapien Erwachsener mit ein.

Eltern-Kind-Interventionen

Im Wesentlichen basieren strukturierte pädagogisch-therapeutische Ansätze der Elternarbeit auf zwei unterschiedlichen methodischen Konzepten: solche, die im Rahmen verhaltenstherapeutischer Prinzipien entwickelt wurden, und solche, die auf tiefenpsychologisch-psychodynamischen Überlegungen basieren.

Arbeit am beobachtbaren Verhalten:
Verhaltenstherapeutisches Vorgehen

Elternanleitungen und Schulungen, die auf allgemeinen Lerngesetzen basieren, haben das Ziel, die Interaktionen der Bezugspersonen zum Kind konkret zu verbessern. Ihre Effektivität hinsichtlich der angestrebten Verhaltensziele ist gut belegt. Es werden zumeist mit Hilfe verschiedenster Verstärkerprozeduren elterliche Verhaltensweisen modelliert, wobei es thematisch hauptsächlich um die Bereiche ›positive Resonanz auf das Kind‹ und ›angemessene Grenzsetzung‹ geht.

Prototyp dieser Trainings und Vorläufer verschiedener nachfolgender Spielarten ist das von Constance Hanf in den 60er Jahren entwickelte verhaltenstherapeutische Elterntraining zur Veränderung unangemessener Verhaltensmuster zwischen Müttern und ihren Kleinkindern (Hanf, 1969). Hierbei werden Eltern angeleitet, erwünschtes Verhalten ihrer Kinder mit positiver Zuwendung zu verstärken und unerwünschtes Verhalten zu ignorieren. Dieses Elterntraining hat verschiedene Modifikationen erfahren, so z. B. die ›Parent Child Interaction Therapy (PCIT)‹ von Eyberg und Robinson (1982), die zweistufig vorgeht: zunächst Spiel mit dem Kind, erst dann verhaltenstherapeutische Interventionen. Berichtet wurde über den Einsatz bei verschiedenen Zielgruppen wie z. B. bei misshandelnden Eltern (Urquiza und McNeil, 1996) oder bei Kindern mit aggressiven Verhaltensstörungen (Eyberg, Boggs & Algina, 1995).

Die Ziele, die in diesen Trainings für das elterliche Verhalten definiert werden, orientieren sich an grundlegenden kinderpsychotherapeutischen Prinzipien, wie sie z. B. auch in der nondirektiven Spieltherapie nach Axline (1947) formuliert sind (dem Kind soll z. B. empathisch und akzeptierend begegnet werden). Des Weiteren werden Kriterien für angemessene Grenzsetzung vorgegeben wie z. B. Klarheit der Grenzen, konsequentes deutliches Vorgehen, Vermeiden aversiver Konsequenzen usw. Nach einer Seminarphase, in der die Eltern über allgemeine Lernprinzipien unterrichtet werden, folgen praktische Übungssitzungen. So werden die Eltern im Umgang mit ihrem Kind üblicherweise gezielt über ein Ohrmikrofon vom Therapeuten gecoacht, der die Situation durch eine Einwegscheibe beobachtet. Einige Autoren meinen, eine wichtige Wirkvariable des Therapieerfolgs sei in der engen Eltern-Therapeut-Beziehung zu sehen, die durch diese intensive Form der Lernbegleitung hergestellt wird (Borrego und Urquiza, 1998).

Grenzen verhaltenstherapeutischer Interventionen
In der neueren Literatur zu verhaltenstherapeutischen Elterntrainings fällt auf, dass nach dem ersten Enthusiasmus eine gewisse kritische Ernüchterung eingetreten ist. Es wird vermehrt das Problem häufiger Therapieabbrüche thematisiert. In ihrer Übersicht weisen Assemany und McIntosh (2002) auf die relativ hohen Drop-out-Raten zwischen 8–48% hin. Weitere Probleme bestehen in der häufig mangelnden Beteiligung von Eltern während der Durchführung der Programme, der enttäuschenden Nachhaltigkeit von Therapieerfolgen bei katamnestischen Untersuchungen und der begrenzten klinischen Validität der Therapieziele. Auch Kazdin (1997) berichtet von Drop-out-Raten bis zu 60% und beklagt die mangelnde klinische Bedeutsamkeit der gewählten Therapieziele in zahlreichen Studien (vgl. auch Kazdin, 1999).
Die Ursachen für die hohen Abbruchraten werden unter verschiedenen Gesichtspunkten diskutiert. So bestehen Zweifel, ob es angemessen ist, von Eltern mit Problemkindern von Beginn des therapeutischen Prozesses an ein so hohes Maß an Mitarbeitsbereitschaft zu erwarten, wie es bei verhaltenstherapeutischen Elternprogrammen in der Regel der Fall ist. Darüber hinaus wird den Eltern durch den Therapeuten eine sehr enge Kontrolle zugemutet, was ebenso wie das häufig schulklassenähnliche Trainingssetting bei

gewissen Eltern Widerstände auslösen kann. Der verlangte Vertrauensvorschuss gegenüber dem Therapeuten und den anderen Gruppenmitgliedern mag ebenfalls manche Eltern überfordern. Nach unseren Erfahrungen trifft man in kinderpsychiatrischen Inanspruchnahmepopulationen bei einem erheblichen Teil der Eltern auf eine eher geringe Bereitschaft, sich auf komplexe und zeitaufwändige Elterntrainingsprogramme einzulassen.
Assemany und McIntosh (2002) benennen drei Merkmale, die hoch mit negativen Therapieergebnissen korrelieren: 1. soziale Benachteiligung, 2. dysfunktionale Familienverhältnisse (darunter auch Gewalt in der Familie und elterliche Psychopathologie) und 3. gravierende externale Störungen des Kindes. Diese Charakteristiken finden sich gehäuft gerade in kinderpsychiatrischen Inanspruchnahmepopulationen, und es erscheint fatal, wenn gerade jene Klientel weniger gut mit behavioralen Ansätzen des Elterntrainings erreichbar ist.

Offenere Varianten des Elterntrainings
Mabe, Turner und Josephson (2001) favorisieren ein eher psychotherapeutisch orientiertes Setting an Stelle von festgelegten und verschulten Programmen. Ihrer Ansicht nach ließen sich so die Ergebnisse verbessern und die Zufriedenheit der Eltern steigern. Die Autoren schlagen vor, mögliche Widerstände bei Eltern zu reduzieren, indem man Abweichungen vom Programm zulässt und den Eltern die Entwicklung eigener Wege zugesteht. Auch Patterson und Chamberlain (1994) warnen davor, dass ein festgelegtes didaktisches Vorgehen, das sehr direkt und ausschließlich auf eine Veränderung des elterlichen Verhaltens fokussiert, die Entstehung von Widerständen begünstigt. Kazdin (1997) kommt in seiner Übersicht zu Ergebnissen von Elterntrainings zu dem Schluss, dass es von Vorteil sei, sowohl auf der Verhaltensebene zu arbeiten als auch den Eltern im Rahmen einer tragfähigen therapeutischen Beziehung Gespräche über ihre Konflikte mit dem Kind anzubieten. Insbesondere wenn Eltern ihre Kinder hart bestrafen, erwiesen sich alleinige Trainings auf der Verhaltensebene als wenig effektiv.

Elterntraining und Bindungssicherheit
Van Ijzendoorn und Mitarbeiter (1995) sind der Frage nach den differenziellen Wirkungen von Elterntrainings zur Veränderung von

Bindungssicherheit nachgegangen. Die Autoren berichten dabei über verschiedene verhaltenstherapeutische Interventionsstudien, die über eine direkte Veränderung der Mutter-Kind-Interaktion eine Verbesserung der Bindungssicherheit der Kinder anstrebten. In den meisten berücksichtigten Studien wurde die Bindungsqualität mit der von Ainsworth entwickelten Methode ›Fremde Situation‹ bestimmt. Das Alter der Kinder lag zwischen 12 und 24 Monaten. In vielen dieser Studien war ein Anstieg des feinfühligen elterlichen Verhaltens zu verzeichnen, was jedoch nach Einschätzung der Autoren nicht zwangsläufig darauf schließen lasse, dass die Eltern sich grundsätzlich in ihren Fähigkeiten verändert hätten, ihr Kind auch zukünftig und kontinuierlich empathisch begleiten zu können. Eher psychodynamisch orientierte Ansätze bezogen die Ebene der mentalen Repräsentationen der Eltern-Kind-Beziehung bei den Eltern mit ein (z. B. Bewusstmachen und Verarbeiten erlittener Frustrationen in der eigenen Kindheitsgeschichte, Erinnern schmerzvoller Momente mangelnder elterlicher Empathie). Auch bei diesen Interventionen zeigte sich eine Zunahme elterlicher Empathie im Umgang mit ihren Kindern. Es gibt jedoch weder bei den verhaltenstherapeutischen noch bei den psychodynamischen Vorgehensweisen empirisch gesicherte Zusammenhänge zwischen dem Ansteigen elterlicher Empathie und dem Ansteigen von Bindungssicherheit bei den Kindern. Prospektiv angelegte Verlaufsstudien fehlen für beide Interventionsformen noch weitgehend. Allerdings, so betonen Van Ijzendoorn et al., können Langzeitwirkungen auf die Bindungssicherheit der Kinder im Sinne von ›Sleeper-Effekten‹ auch nicht ausgeschlossen werden: Es darf durchaus angenommen werden, dass Kinder durch das empathischere Elternverhalten positivere Resonanz zeigen und auf diese Weise ein Kreislauf positiver Gegenseitigkeit angestoßen wird und zu einem Ansteigen von Bindungs- und Beziehungsqualität führt. Die therapeutische Arbeit an elterlichen Repräsentationen kann Selbstreflexionsprozesse in Gang setzen, die auch nach Beendigung der Therapie zu Verbesserungen in der Eltern-Kind-Beziehung führen können. Solche Langzeiteffekte sind im Übrigen in anderen Zusammenhängen für tiefenpsychologisch fundierte Therapien nachgewiesen worden (Sandell et al., 2000; Luborsky, 2001).
Beim gegenwärtigen Stand der Forschung erscheint es daher sinnvoll, bei Interventionen zur Verbesserung von Bindungs- und Be-

ziehungsqualität beide Ebenen, die des beobachtbaren Verhaltens und die der mentalen Repräsentationen zu berücksichtigen.

Arbeit an mentalen Repräsentationen:
tiefenpsychologisch-psychodynamisches Vorgehen
Die Vorstellung, dass die Ebene biographisch geprägter, themenbezogener Repräsentationen der Eltern, wie z. B. die Wahrnehmung und Bewertung der eigenen Rolle als Elternfigur, bedeutsam ist für das unmittelbare Verhalten dem Kind gegenüber, ist nicht nur jedem klinisch Tätigen vertraut, sondern findet auch in neurowissenschaftlichen Modellen der Verhaltensforschung Unterstützung. Das ›Zustandswechsel-Modell‹ von Koukkou und Lehmann (1998) beispielsweise postuliert zwei Hauptaspekte, welche die menschlichen Hirnfunktionen organisieren und damit das Verhalten koordinieren. Dies sind erstens die individuellen gedächtnismäßigen Repräsentationen, insbesondere die Repräsentationen der Kindheitserfahrungen, und zweitens der momentane funktionelle Zustand des Gehirns (wie etwa Entspannung, Anspannung, Stress).

Mentale Repräsentationen im Rahmen der Bindungsforschung
Im Rahmen der Bindungsforschung wurden die Zusammenhänge zwischen den eigenen Bindungserfahrungen von Eltern und den Bindungsmustern, welche die ihnen anvertrauten Kinder im Kontakt mit ihnen entwickeln, mit der Methode des »Adult Attachment Interview« empirisch untermauert (vgl. z. B. Main, 2002). Zur Erklärung des funktionellen inneren Mechanismus entwickelte Bowlby (1995) das Konzept von überdauernden ›inneren Arbeitsmodellen‹, die sich in der Kindheit auf Grund der jeweiligen Erfahrungen herausbilden. Mittlerweile gibt es eine Fülle von Studien, die dieses theoretische Modell stützen. So konnten George und Solomon (1996) in einer Studie an Mutter-Kind-Paaren einen signifikanten Zusammenhang zwischen den Arbeitsmodellen der Mütter in Bezug auf einige relevante Erziehungsdimensionen und den Bindungsmustern ihrer Kinder nachweisen. Diese Erziehungsdimensionen kreisen um die Themen ›sichere Basis‹, ›Zurückweisung‹, ›Unsicherheit‹ und ›Hilflosigkeit‹.
Fonagy und Mitarbeiter (1991) haben interessante ergänzende Studien zu diesem Thema vorgelegt. Ihre Untersuchungen über Bin-

dungssicherheit weisen auf die Bedeutung von selbstreflexiven Fähigkeiten von Müttern als Voraussetzung dafür hin, dass deren Kinder Bindungssicherheit entwickeln können. Unter selbstreflexiven Fähigkeiten wird hier eine klare Wahrnehmung eigener seelischer Befindlichkeiten und deren metakognitive Verarbeitung verstanden, d. h. die Fähigkeit, sich innerlich zu ordnen, zu rahmen und zu konzeptualisieren, die eigenen Wahrnehmungen zu relativieren und innerseelische Zustände unabhängig von denen anderer Personen erkennen und abgrenzen zu können. Sind selbstreflexive Fähigkeiten nur gering entwickelt und ist eine Bezugsperson von eigenen unverarbeiteten Konflikten absorbiert, besteht die Gefahr, eine verzerrte Wahrnehmung der innerseelischen Zustände des Kindes zu entwickeln. Die Bezugsperson ist dann nur eingeschränkt aufnahmefähig für die Bedürfnisse des Kindes und kann weniger feinfühlig auf das Kind reagieren.

Mutter-Säuglings-Psychotherapien
Die Kinderpsychoanalytikerin Selma Fraiberg und ihre Mitarbeiterinnen haben bereits 1975 in mittlerweile berühmt gewordenen Beispielen ein auf die Mutter-Kind-Interaktion gerichtetes therapeutisches Vorgehen im Rahmen von Frühinterventionen dargestellt. In gemeinsamen Sitzungen von Mutter und Kind wurde das aktuelle Verhalten der Mutter im Umgang mit dem Säugling thematisiert und mit unverarbeiteten Konfliktsituationen der Mutter aus deren Biographie in Beziehung gesetzt. In den geschilderten Beispielen wird eindrucksvoll deutlich, wie der bei der Mutter einsetzende Reflexionsprozess zu einem angemesseneren Verhalten dem Kind gegenüber führte. Dieser von psychoanalytischen Konzepten herrührende Prototyp der Elternarbeit hat viele Nachfolger gefunden. In einer umfassenden Übersicht stellen zum Beispiel Lieberman und Zeanah (1999) verschiedene Ansätze in der Kleinkind-Eltern-Behandlung dar, deren gemeinsames Ziel eine Anhebung der mütterlichen Responsivität und der Bindungssicherheit der Kinder war. In dem von Lieberman und Mitarbeitern (1991) selbst entwickelten Projekt mit Eltern aus einer Risikopopulation fand die Behandlung für die Dauer eines Jahres zu Hause statt. Biographische Belastungen der Mütter und unverarbeitete Traumata aus ihrer eigenen Kindheit, die mit den aktuellen Gefühlen zum Kind in Beziehung gebracht werden konnten, standen im Zentrum der therapeutischen

Arbeit. Die Autoren beobachteten einen Anstieg der mütterlichen Empathie, der mit einer Verringerung negativer Verhaltensweisen beim Kind wie Widerstand und Ärger einherging.

Biographische Belastungen von Müttern stellen ein häufiges, aber beeinflussbares, Risiko für die Kinder dar. Egeland (2002) fand in seiner Langzeitstudie an Hochrisikofamilien eine alarmierend hohe Rate von 40%, bei denen sich Misshandlungserfahrungen über mehrere Generationen hinweg fortsetzten. Die gute Botschaft lautete: Ein Großteil der Mütter, die in ihrer eigenen Kindheit selbst misshandelt wurden, gab dies nicht an ihre eigenen Kinder weiter. Egeland identifizierte drei Faktoren, die eine Unterbrechung des Misshandlungskreislaufs begünstigten: 1. das Vorhandensein emotional unterstützender Personen in der Kindheit der Mütter, wie z.B. Pflegeeltern oder Verwandte, 2. stabile, intakte und befriedigende Partnerbeziehungen sowie 3. die Teilnahme an einer intensiven Langzeittherapie, die es ermöglichte, die frühen Misshandlungserlebnisse zu bearbeiten und in ein kohärentes Selbstbild zu integrieren.

Freies Eltern-Kind-Spielen mit Videofeedback als Element der kinderpsychotherapeutischen Elternarbeit

Vorüberlegungen

Die zentralen Probleme der Elternarbeit liegen häufig in der mangelnden Bereitschaft oder Fähigkeit von Eltern, sich den belastenden Gefühlen auszusetzen, die bei einer Fokussierung auf die Probleme ihrer Kinder ausgelöst werden können. Hier handelt es sich oft um Eltern, die einerseits von ihrer psychischen Struktur her und andererseits durch aktuelle Stressoren ihrer Lebenssituation begrenzte Möglichkeiten haben, die seelische Energie für diese Arbeit aufzubringen. Eine angemessene Einschätzung und Beurteilung der elterlichen Ressourcen ist deshalb wesentlich für Entscheidungen über die Art und Weise des Vorgehens. In manchen Fällen mag ein direkt und sofort auf das Problemverhalten zielendes verhaltenstherapeutisches Training aussichtsreich für stabile positive Veränderungen der Mutter-Kind-Beziehung erscheinen. In anderen Fällen muss dagegen zunächst ein Arbeitsbündnis entwickelt und stabilisiert werden. Hier empfiehlt sich ein vorsichtiges und wenig konfrontatives forderndes Vorgehen, das einen Rahmen gibt für selbstreflexive Prozesse und Bezugnahme auf aktuelle Lebensbezüge, persönliche Erfahrungen als Elternteil und eigene Kindheitserfahrungen. Besondere Probleme stellen sich, wenn es darum geht, subtilere Formen von elterlichem Sadismus und Ablehnung gegenüber dem Kind zu erkennen und zu thematisieren. Solche meist unbewussten Impulse können eine verheerende Wirkung auf die kindliche Entwicklung haben, umso mehr, weil sie weniger greifbar und adressierbar sind als z. B. offensichtliche und drastische körperliche Misshandlung, die Kindern leichter die Chance bietet, sich von den Eltern kritisch zu distanzieren. Dabei besteht oft eine heftige Abwehr bei den Eltern, sich diesen Themen anzunähern.

Warum kann das gemeinsame freie Spiel zwischen Eltern und Kind einen sinnvollen ersten Fokus der Elternarbeit darstellen?
Die positive Erlebnisqualität des Spiels kann Widerstände gegen eine direkte Bearbeitung schwieriger Situationen und Gefühle zwischen Eltern und Kind umgehen helfen. Für Kinder ist Spielen per se ein positiv besetztes Handeln und ein zentrales Ausdrucksmedium. Es ist frei von Leistungsanforderungen und beinhaltet die Möglichkeit, persönlichen Sinnbezug herzustellen. Damit ist es in hohem Maße intrinsisch motiviert. Spielen mit Kindern erlaubt Erwachsenen in der Regel recht schnell, in einen positiv getönten Kontakt zu kommen. Insbesondere das vom Kind selbst entworfene Fantasiespiel gestattet Hypothesen über aktuell bedeutsame Themen und allfällige Konflikte des Kindes. Die formale Spielgestaltung gibt Hinweise auf seinen kognitiven und emotionalen Entwicklungsstand. Die Symbolik des frei gestalteten Spiels kann bedeutsame Themen der kindlichen Lebenssituation in Resonanz bringen, was auch den Mitspieler nicht unberührt lässt und damit die Entfaltung einer Spieldynamik zwischen den Spielpartnern ermöglicht. Über das symbolische Spielhandeln in einer ›Als-ob‹-Situation können auch angstauslösende, gefährliche Themen zur Darstellung kommen und verhandelt werden. Das Spielhandeln ist hier analog zu sehen zu den Prozessen der Selbstreflexion in der Psychotherapie erwachsener Patienten.

Ein Beispiel dafür, wie auch Eltern beim freien Fantasiespiel mit wichtigen eigenen Themen in Resonanz kommen und dies symbolhaft ausdrücken können, ist im Fallbeispiel ›Kasperle‹ dargestellt. Die Beobachtung der gemeinsamen Spielsituation ermöglicht der Therapeutin Hypothesen über Struktur und Funktion themenbezogener Repräsentanzen der Spielpartner und damit Ansatzpunkte für therapeutische Interventionen in der Kinderpsychotherapie selbst. Insgesamt bietet das gemeinsame Spielen zwischen Eltern und Kind gute Voraussetzungen dafür, dass beide gemeinsam mit der Therapeutin zunächst in eine positive Kontaktatmosphäre treten können.

Fallbeispiel ›Kasperle‹

Eine Mutter spielt mit ihrem Kind ›Kasperle‹. Im Verlauf der von beiden wechselseitig entworfenen Spielhandlung lässt die Mutter den Kasper in einen Zaubersee fallen, aus dem er als Krokodil verwandelt wieder herauskommt und die Großmutter auffrisst. Dabei spielt das Kind den Kasper und die Mutter die Großmutter.
Aus den anamnestischen Informationen und Gesprächen mit der Mutter wurde bekannt, dass sie aus Gründen, die aus ihrer Biographie verstehbar erschienen, die Nähe ihres Kindes als bedrohlich erlebt hatte. Sie konnte seine kindlichen Wünsche nach körperlicher Nähe und Zuwendung sehr schlecht ertragen.

Feinfühligkeit und Empathie
Empathie wird als eine zentrale ›Wirkvariable‹ in psychotherapeutischen Prozessen angesehen (Weinberger, 1995; Lambert & Barley, 2001). Der Begriff der Empathie kann dabei durchaus analog zu dem aus der Bindungsforschung stammenden Begriff der Feinfühligkeit gesetzt werden.
Feinfühligkeit wurde als wissenschaftlicher Begriff von Mary Ainsworth im Kontext ihrer Untersuchungen zur Bindungsqualität eingeführt (Ainsworth, Blehar & Wall, 1978). Mütterliche Feinfühligkeit im Kleinkindalter erwies sich als relevanter Prädikator für eine gute (sichere) Bindungsqualität zwischen Mutter und Kind. Gute Bindungsqualität wiederum begünstigt die Entwicklung von positivem Sozialverhalten und wirkt protektiv gegen die Entwicklung von Problemverhalten bis ins Jugendalter hinein. Theoretisch wird angenommen, dass feinfühlig-responsive Mütter ihren Kindern besser ermöglichen, ihre Bedürfnisse wahrzunehmen und zu äußern,

womit sich die Ausbildung von Abwehrmechanismen erübrigt und die Basis für ein gutes Selbstvertrauen gelegt wird. Ainsworths Definition von Feinfühligkeit umfasst vier Hauptkriterien: 1. das Kind im Blick haben, 2. das richtige Interpretieren der Äußerungen des Kindes, 3. das prompte sowie 4. das angemessene Reagieren.
Auf die Analogie zwischen erfolgreichen, sich empathisch verhaltenden Psychotherapeuten und einer nach bindungstheoretischen Gesichtspunkten ›feinfühligen Mutter‹ wurde schon mehrfach hingewiesen (Rutter, 1995; Weinberger, 1995). Dass der empathischen Begleitung des Patienten im Rahmen der Kinderpsychotherapie ein zentraler Stellenwert zukommt, wurde durch die umfangreichen Therapiestudien von Schmidtchen (1996) eindrucksvoll belegt. Auch im Rahmen verhaltenstherapeutischer Elternarbeit hat man die Bedeutung dieser elterlichen Verhaltenskomponenten erkannt. So berichten Wahler und Meginnis (1997) im Zusammenhang mit ihrem Training positiver Erziehungstechniken, dass gute Trainingseffekte nicht mit der Verstärkung der erwünschten Zielverhaltenskomponenten, sondern mit der Responsivität der Mütter auf das gesamte Spektrum des kindlichen Verhaltens im Zusammenhang standen.
Da die Bindungsforschung sich primär auf die Interaktion zwischen Müttern und Kindern im Kleinkindalter konzentriert, sind die von Ainsworth entwickelten Einschätzungsskalen für ›Feinfühligkeit‹ nicht ohne weiteres auf die Interaktion mit älteren Kindern übertragbar. Für die Beurteilung von Mutter-Kind-Interaktionen in einem klinischen Kontext mit älteren Kindern bieten sich daher Instrumente an, die zur Erfassung operational definierter therapeutischer Basisverhaltensweisen in der klientzentrierten Kinderspieltherapie entwickelt wurden (Schmidtchen, 1978, 1999a, 1999b). Diese Spieltherapiemethode stellt eine empirisch validierte Modifikation der von Axline (1947) entwickelten Ursprungsform der nondirektiven Kinderspieltherapie dar. Die wichtigsten Elemente dieser Methode sind im Kasten auf Seite 279 beschrieben und kommentiert.
Die Merkmale optimalen Therapeutenverhaltens können durchaus als Orientierung für die Einschätzung von Elternverhalten bei der Gestaltung einer positiven Spielsituation mit ihrem Kind dienen. Natürlich geht es bei dem im nächsten Abschnitt geschilderten Vorgehen nicht darum, Eltern zu Psychotherapeuten ihrer Kinder zu

machen, sondern vielmehr darum, positive Gegenseitigkeit und elterliche Empathie für das Kind zu entwickeln und zu fördern.

Praktisches Vorgehen bei Eltern von Kindern im Vorschul- und Schulalter

Die im Rahmen therapeutischer Frühinterventionen entwickelte Methodik, die in der Sitzung ablaufenden mütterlichen Interaktionen mit dem Kind durch gleichzeitige Reflexion ihres Verhaltens im Gespräch therapeutisch zu bearbeiten, erscheint bei Kindern jenseits des Säuglings- und frühen Kleinkindalters problematisch. Ältere Kinder nehmen aktiv am Kommunikationsprozess teil und verlangen nach sorgfältiger Adressierung, was den therapeutischen Raum der Mütter einschränkt. Das im Folgenden dargestellte Vorgehen sieht deshalb ein Videofeedback für die Mutter nach dem gemeinsamen Spiel ohne Anwesenheit des Kindes vor.

Wenn im Rahmen der üblicherweise eine Kinderpsychotherapie begleitenden Elternkontakte ein gutes Arbeitsbündnis zustande gekommen ist, kann ein solches ›Spieltraining‹ den Eltern als eine konkrete Möglichkeit angeboten werden, ihre Beziehung zum Kind zu beobachten, um besser zu verstehen, was das Kind möchte und was in ihm vorgeht. Die Mutter wird ermutigt, den Freiraum des Spielzimmers als eine Möglichkeit zu nutzen, den Kontakt zum Kind ungestört zu erleben und eventuell neue Erfahrungen zu machen. Es wird darauf hingewiesen, dass es nicht darum gehe, etwas richtig oder falsch zu machen, und dass das gemeinsame Spielen geeignet sei, mit dem Kind in einen unbelasteten, entspannten Kontakt zu kommen.

In einem gut ausgestatteten Spielzimmer wird eine etwa 30-minütige freie Spielsituation von Mutter und Kind videografiert. In einer zweiten Sitzung schauen sich Mutter und Therapeutin die Aufzeichnung gemeinsam an. Diese Sitzungen werden bedarfsweise wiederholt. Unserer Erfahrung nach kommt es in der Regel zu zwei bis sechs Wiederholungen. Die Therapeutin sollte über eine Grundausbildung in klientzentrierter Kinderspieltherapie verfügen.

In den Videofeedback-Sitzungen werden zwei Ebenen berücksichtigt:

Behandlungstechniken in der klientzentrierten Spieltherapie
(nach Schmidtchen, 1996)

> A. *Techniken zur Beziehungs- und Klimagestaltung*
> - Akzeptierung und Freundlichkeit (Blickkontakt, lächeln, nicken ...)
> - Ruhe und Zuversicht (in Haltung, Stimmführung, Gestik usw. mitteilbar)
> - Steuerung der interpersonalen Distanz (Körperrichtung, Körperabstand flexibel abstimmen)
> - Partnerschaftliches Sozialverhalten (wie instrumentelle Hilfen geben, mitspielen, informieren usw.)
>
> B. *Techniken zur Handlungsdiagnose und Verständigungsdemonstration*
> Ansprechen und Erfragen von
> - Wahrnehmungs- und Aktionsprozessen
> - Gefühls- und Bewertungsprozessen
> - Denk- und Zielsetzungsprozessen sowie Wissensprozessen
>
> C. *Techniken zur differenziellen Intervention*
> - Bekräftigen angemessener Handlungsprozesse (verbal, nonverbal)
> - Stimulieren differenzieller Verarbeitungsprozesse (spezifizieren, verallgemeinern ...)
> - Auffordern zu neuen Handlungsprozessen (Vorschläge, Alternativen)
> - Hinterfragen unangemessener Handlungsprozesse (Problematisieren, Nachfragen)
> - Informieren über angemessene Handlungsprozesse (Modellgeben, erklären)
> - Geben normativer Hilfe (Bewerten, Grenzen aufzeigen)

Unter *A* sind Verhaltensweisen aufgeführt, die zu einer guten Arbeitsbeziehung in der Kindertherapie beitragen sollen. Sie unterstützen die intrinsische Motivation des Kindes, freiwillig und gerne in die Spieltherapie zu kommen, sich akzeptiert zu fühlen und relativ angstfrei seine Probleme und Konflikte thematisieren zu können. Dies sind wichtige Voraussetzungen für eine Mitarbeitsbereitschaft bei später notwendigen direktiven therapeutischen Interventionen.

Die Techniken unter *B* sind die zentralen des klientzentrierten Therapieansatzes. Im Mittelpunkt des therapeutischen Prozesses steht die Empathie, die Resonanz auf die kindlichen innerseelischen Phänomene. Die

Problemkonfrontation und Problembewältigung kann im Spiel und in der therapeutischen Beziehung vollzogen werden, sie findet sozusagen mentalisierend auf der Ebene der Repräsentationen statt. Diese Verhaltensweisen bilden den eigentlichen Motor des klientzentrierten Therapieprozesses und fördern die Selbstreflexion und den Selbstausdruck, was mit positiven Verhaltensänderungen beim Kind einhergeht.

Unter C wird deutlich, dass zu erfolgreichen Kinderpsychotherapien auch direktive, den therapeutischen Prozess steuernde, verhaltenstherapeutische Interventionen gehören. Hier findet eine Fokussierung auf bestimmte Konfliktthemen und auf die Problembewältigung statt. Individuelle therapeutische Ziele können konkret verfolgt werden. Solche Interventionen werden im Rahmen der Klientenzentrierten Spieltherapie eher zurückhaltend eingesetzt und sollten im Einzelfall sorgfältig begründet und überprüft werden.

Die Ergebnisse evaluativer Studien zur Klientzentrierten Spieltherapie zeigen, dass mit der Hinzunahme direktiver Techniken (C) der Therapieerfolg verbessert werden kann, insbesondere wenn diese im mittleren Drittel des therapeutischen Prozesses angesiedelt werden, d. h., wenn eine gute Arbeitsbeziehung etabliert ist und der Therapeut aus einer vermehrten Einsicht in die innere Dynamik der Problematik des Patienten differenzielle und klinisch bedeutsame Therapieziele entwickeln kann. Das Verhältnis der Techniken A, B, C zueinander sollte 1 : 2 : 1 entsprechen.

1. Die Ebene des Verhaltens

Die Therapeutin markiert Sequenzen, bei denen die Mutter responsiv und empathisch reagiert hat. Die Bewertung erfolgt analog den im Kasten dargestellten Kriterien für therapeutisches Basisverhalten, eventuell mit Hilfe entsprechender Einschätzungsskalen. Es werden insbesondere solche Sequenzen markiert, in denen sich beide Spielpartner offensichtlich wohl fühlen. Die Therapeutin hebt diese Verhaltensweisen gegenüber der Mutter hervor und verstärkt sie (loben, kommentieren).

2. Die Ebene der Repräsentationen

Die Therapeutin lässt der Mutter beim Ansehen und Besprechen des Films Raum für spontane Äußerungen, die z. B. Aspekte der Beziehung zum Kind, ihre Gefühle und Fantasien betreffen können. Die Therapeutin beantwortet diese Äußerungen einfühlsam und unterstützt einen Reflexionsprozess, der die Schwierigkeiten im Hier und Jetzt mit denen im Damals und Dort der eigenen Kindheit verbindet. Auf die hier thematisierten Inhalte kann im Rahmen der regulären Elterngespräche zurückgekommen werden.

Um solche Reflexionsprozesse zu ermöglichen und offen zu halten, sind pädagogisch-direktive Anleitungen zurückhaltend zu handhaben, insbesondere in den ersten Sitzungen. Es geht in erster Linie nicht um ein Neulernen von erzieherischen Verhaltensweisen, sondern, sinnbildlich ausgedrückt, darum, dass die Mutter einen Ort in ihrem Innern auffindet, an dem sie die seelische Melodie des Kindes hören kann, um sich dann darauf einzustimmen. Die Therapeutin sollte eine Situation herstellen, in der die Mutter erfahren kann, dass sie aus ihrer eigenen Erfahrung und Intuition heraus (wieder) eine gelungene Interaktion mit dem Kind herstellen kann. Dies ist auch wichtig zum Aufbau des Erlebens von Selbstwirksamkeit bei der Mutter. Es empfiehlt sich, darauf zu achten, dass sich die Mutter insbesondere in den ersten Sitzungen nicht zu negativ und kritisch bewertet. Dies könnte zu einem Therapieabbruch führen. Sie sollte für eigene Problemlösungen ermutigt und positiv verstärkt werden, sodass sie Vertrauen in ihre Fähigkeiten im Umgang mit dem Kind entwickeln kann. Erst wenn genügend Offenheit für Fragen an die Therapeutin und allenfalls Vorschläge entstanden ist, können vorsichtig Anregungen zum Spielen gegeben werden (z. B. »man braucht ja nicht immer am Tisch zu sitzen«, »es muss ja kein Spiel aus einer Schachtel sein, manchmal denken sich Kinder gerne selbst was aus«, »man kann ja andere Regeln vereinbaren«, »oft ist es schwierig, spielen und lernen unter einen Hut zu bringen«; vgl. von Aster, 1992).

Nach unserer Erfahrung wird ein solches Vorgehen von Eltern und Kind in der Regel als positiv empfunden und hat meist recht unmittelbare Auswirkungen auf die aktuelle Qualität ihrer Beziehung. Insbesondere in stationären kinderpsychiatrischen Settings mit einer meist von Enttäuschung, Resignation und Zorn gekennzeichneten Eltern-Kind-Beziehung kann das Element freier Spielsituationen mit Videofeedback einen neuen Input geben. Wenn Eltern erleben, dass sie die Beziehungsqualität zum Kind positiv beeinflussen können, sind sie oft leichter zu motivieren, auch schwierigere Bereiche genauer zu betrachten und neue Verhaltensweisen auszuprobieren. Es wird in vielen Fällen unserer Erfahrung nach leichter möglich, erziehungsrelevante Themen einzubringen, wie z. B. entwicklungsadäquatere Forderungen an das Kind zu stellen, angemessenere Grenzsetzung auszuüben oder mit dem Kind über problematische Erlebnisse oder Situationen zu sprechen.

Fallbeispiel ›Wolfstraum‹

Das folgende Protokoll einer Behandlungssequenz entstammt einer kinderpsychiatrischen Konsultation und soll das Vorgehen veranschaulichen. Es handelt sich um kurze Szenen aus zwei aufeinander folgenden Sitzungen. Zwischen den Spielsitzungen fand eine Videofeedback-Sitzung mit der Mutter statt.

Das fünfjährige Mädchen wurde von seiner Mutter angemeldet zur Untersuchung seiner nächtlichen Ängste und Albträume. Es träumt wiederholt von einem Wolf und wacht dann sehr verängstigt auf. Die Mutter-Kind-Beziehung ist von einer Streitatmosphäre gekennzeichnet: das intelligente und aufgeweckte Mädchen, das im Kindergarten freundlich und unproblematisch erscheint, sei in letzter Zeit der Mutter gegenüber oft bockig und misslaunig. Sie selbst reagiere gereizt und ungeduldig und verstehe die Tochter oft nicht. Die familiäre Lebenssituation ist aktuell einerseits geprägt von den Folgen der Trennung und Scheidung mit einer weiterhin konflikthaften Beziehung zwischen den Eltern, welche die Besuchsregelung zum leiblichen Vater belastet, und andererseits von dem noch ungewohnten Zusammenleben mit dem Lebenspartner der Mutter und dem wenige Monate zuvor geborenen Halbbruder der Patientin.

Die Mutter, eine lebhafte und interessierte junge Frau, die aktuell recht belastet und resigniert wirkte, war motiviert für die Beratungsarbeit und zeigte selbst keine gravierenden psychischen Störungen. In den regelmäßigen Elterngesprächen wurde nach Lösungen für die Konflikte zwischen den erwachsenen Bezugspersonen gesucht, und es wurden Themen besprochen, die die augenblickliche Lebenssituation betreffen. Die ›freie Spiel-Situation‹ mit Mutter und Kind wurde zur Verbesserung ihrer Beziehung angeboten.

1. Spielsitzung (Ausschnitt)

Mutter und Kind sitzen am Tisch und malen, auf einen Vorschlag der Mutter hin. Beide sind über das Blatt gebeugt. Die Mutter blickt kurz hoch, schaut auf das Blatt der Tochter, fragt: »Was ist denn das?« – »Ein Wolf.« »Und das?« – »Eine Treppe, der Wolf kommt die Treppe herauf«, antwortet das Mädchen. Die Mutter schaut mit unbeweglicher Miene wieder auf ihr Blatt, sie scheint mit dieser Auskunft nicht zufrieden zu sein. Sie malt einen Wolf und Bäume. Das Mädchen beugt sich über das Blatt der Mutter: »Was malst du?« – »Einen Wolf, und den Wald, der Wolf gehört doch in den Wald, oder?«, antwortet die Mutter mit vorwurfsvollem Unterton, schaut dabei auf ihre Zeichnung und malt weiter.

Kommentar:

Die Mutter erscheint in dieser Situation interessiert an der Tochter und nimmt auch ihr Zeichenthema auf. Ihre Resonanz ist jedoch wenig akzeptierend und explorierend und enthält kritisch-maßregelnde Elemente. Das Kind wirkt eher freudlos.

Videofeedback-Sitzung

Zu Beginn des Gespräches wurden einzelne Ausschnitte aus der Videoaufzeichnung gemeinsam angeschaut, und die Mutter wurde auf positive Aspekte in der Interaktion und empathisches Verhalten gezielt aufmerksam gemacht. Dies war nur spärlich und auf niedrigem Niveau zu erkennen (z. B. schaut auf die Zeichnung der Tochter und fragt, was dies sei).
Die Symbolsprache der Zeichnung des Kindes in der Spielsituation thematisierte die Mutter selbst. Sie äußerte ihre Besorgnisse über die Ängste des Kindes und erkannte die Hilflosigkeit ihrer Versuche, diese mit ihrer eigenen Zeichnung eindämmen zu wollen. Sie machte sich Gedanken über die Ursachen der Ängste und brachte diese mit der insgesamt recht unruhigen Lebenssituation und ihrer Ungeduld dem Kind gegenüber in Verbindung.
Mit dem Hinweis, dass das Bild des Wolfes möglicherweise mit Gefühlen von Angst, aber auch von Aggressivität im Zusammenhang stehen könne, gelang es der Mutter, über ihren eigenen Zorn der Tochter gegenüber zu sprechen, wenn sie mit deren trotzigem und widerspenstigem Verhalten konfrontiert war. Im weiteren Verlauf des Gespräches thematisierte die Mutter ihren Ärger über den Vater des Kindes, der die Besuchsregelung sehr unzuverlässig handhabe und die Tochter ihrer Meinung nach nicht altersgemäß beaufsichtige. Es ging auch um Probleme nach der Scheidungssituation und die Belastungen nach der Geburt des neuen Geschwisters und auch um die vielfältigen und widersprüchlichen Gefühle, die dies bei der Tochter ausgelöst haben könnte.
Zum Ende der Sitzung wirkte die Mutter nachdenklich, aber emotional entlastet, sie erlebte die Sitzung als wohltuend und wünschte weitere Spiel- und Feedback-Sitzungen.

2. Spielsitzung (Ausschnitt)

Mutter und Kind sitzen in lockerer Haltung am Boden einander gegenüber. Das Mädchen beschäftigt sich mit dem Ankleiden der Puppe, die Mutter schaut ihr dabei zu. Das Mädchen berichtet, wie sie auf dem Bett der Mutter »Handstand an der Wand« geübt habe. Die Mutter, der dies offensichtlich neu ist, fragt interessiert und bewundernd nach. Das Mädchen greift nach einer Haarsträhne der Mutter und streicht ihr diese hinter das Ohr: »Das finde ich auch noch schön.«
»Ja, so?«, antwortet die Mutter, streicht sich auch auf der anderen Seite das Haar zurück.
Das Mädchen zieht diese Haarsträhne wieder hervor: »Nein, nur eines!«
»Aha, nur eines«, sagt die Mutter. Beide schauen sich lächelnd an.

Kommentar:
Diese zweite Sitzung war gekennzeichnet von einer deutlich entspannteren Atmosphäre, in der beide Spielpartner sich offensichtlich wohler fühlten als in der ersten Sitzung. Zwischen Mutter und Kind bestand ein dichter emotionaler Kontakt, sie schauten sich an und hatten Freude aneinander.
Es scheint, dass die Thematisierung ihres Zorns der Mutter einen veränderten Zugang zum Kind ermöglicht und wieder zu mehr Entspannung und Zugewandtheit in ihrer Beziehung beigetragen hat.

Zusammenfassung

Im ersten Teil dieser Arbeit haben wir auf der Basis der empirischen Befundlage aufzuzeigen versucht, wie bedeutsam im Rahmen der kinderpsychotherapeutischen Arbeit mit Eltern neben der direkten verhaltensbezogenen Anleitung und Beratung die individuelle Bezugnahme auf biographisch geformte Repräsentationen ist. Hierdurch kann die Bearbeitung von Gefühlen und Einstellungen gegenüber dem eigenen Selbst (z. B. in der Rolle des Elternteils) ermöglicht und damit die Fähigkeiten zu empathischer Resonanz auf das Verhalten des Kindes verbessert werden.
Im zweiten Teil der Arbeit haben wir eine Methode vorgestellt, die im Setting der Elternarbeit Möglichkeiten bietet, auf indirekte und behutsame Art und Weise sowohl die Arbeit am Verhalten als auch an mentalen Repräsentationen zu erleichtern. Die gemeinsame Beobachtung von Spielinteraktionen und das hieraus erwachsende reflektierende Gespräch kann insbesondere bei Widerständen z. B. gegen Erziehungstrainingsprogramme (Arbeit am Verhalten) oder persönliche Psychotherapie für Elternteile (Arbeit an inneren Repräsentationen) einen alternativen Rahmen bieten und auch ein Bindeglied für allfällige weitere Indikationen darstellen.

Literatur

Ainsworth, M. D. S., Blehar, E., Wall, S. (1978). *Patterns of attachment: Assessed in the strange situation and at home.* Hillsdale (NY): Lawrence Erlbaum.

Assemany, A. E., McIntosh, D. E. (2002). Negative treatment outcomes of behavioural parent training programs. *Psychology in the Schools, 39,* 209–219.

von Aster, S. (1992). *Kinderwelten verstehen. Anregungen zur Spielerziehung.* Zürich: Orell Füssli.

Axline, V. (1972, engl. 1947). *Kinder-Spieltherapie im nicht-direktiven Verfahren.* München: Ernst Reinhardt.

Bleiberg, E., Fonagy, P., Target, M. (1997). Child Psychoanalysis. Critical overview and proposed reconsideration. *Child and Adolescent Psychiatric Clinics of North America, 6,* 1, 1–38.

Borrego, J. Jr., Urquiza, A. J. (1998). Importance of therapist use of social reinforcement with parents as a model for parent-child relationships: An example with parent-child-interaction therapy. *Child and Family. Behavior Therapy, 20,* 4, 27–54.

Bowlby, J. (1995). Bindung: Historische Wurzeln, theoretische Konzepte und klinische Relevanz. In: Spangler, G., Zimmermann, P. (Hrsg.), *Die Bindungstheorie. Grundlagen, Forschung und Anwendung.* Stuttgart: Klett-Cotta, 17–26.

Egeland, B. (2002). Ergebnisse einer Langzeitstudie an Hoch-Risiko-Familien. In: Brisch, K. H., Grossmann, K. E., Grossmann, K., Köhler, L. (Hrsg.), *Bindung und seelische Entwicklungswege.* Stuttgart: Klett-Cotta, 305–324.

Eyberg, S. M., Robinson, E. A. (1982). Parent-Child Interaction Training: Effects on family functioning. *Journal of Clinical Child Psychology, 11,* 2, 130–137.

Eyberg, S. M., Boggs, S. R., Algina, J. (1995). New developments in psychosocial, pharmacological, and combined treatment of conduct disorders in aggressive children. *Psychopharmacology. Bulletin, 31,* 83–91.

Fonagy, P., Steele, M., Steele, H., Moran, G. S., Higgitt, A. (1991). The capacity for understanding mental states: the reflective self in parent and children and its significance for security of attachment. *Infant Mental Health Journal, 12,* 3, 201–218.

Fraiberg, S., Adelson, E., Shapiro, V. (1975). Ghosts in the Nursery: A psychoanalytic approach to the problems of impaired infant-mother relationships. *Journal of the American Academy of Child Psychiatry, 14,* 1387–1422.

George, C., Solomon, J. (1996). Representational models of relationships: links between caregiving and attachment. *Infant Mental Health Journal, 17,* 198–216.

Hanf, C. (1969). *A two-stage program for modifying maternal controlling during mother-child (M-C) Interaction.* Paper presented at the meeting of the Western Psychological Association. Vancouver, BC.

Kazdin, A. E. (1997). Parent management training: Evidence, outcomes and issues. *Journal of the American Academy of Child and Adolescent Psychiatry, 36,* 10, 1349–1356.

Kazdin, A. E. (1999). The meanings and measurement of clinical significance. *Journal of Consulting and Clinical Psychology, 67,* 3, 332–339.

Koukkou, M., Lehmann, D. (1998). Ein systemtheoretisch orientiertes Modell der Funktionen des Menschlichen Gehirns, und die Ontogenese des Verhaltens: Eine Synthese von Theorien und Daten. In: Koukkou, M., Leuzinger-Bohleber, M., Mertens, W. (Hrsg.), *Erinnerung von Wirklichkeiten: Psychoanalyse und Neurowissenschaften im Dialog,* Vol. 1. Stuttgart: Klett-Cotta/VIP, 287–415.

Lambert, M. J., Barley, D. E. (2001). Research summary on the therapeutic relationship and psychotherapy outcome. *Psychotherapy, 38,* 4, 357–361.

Lieberman, A. F., Weston, D., Pawl, J. (1991). Preventive intervention and outcome with anxiously attached dyads. *Child Development, 62,* 199–209.

Lieberman, A. F., Zeanah, C. H. (1999). Contributions of attachment theory to infant-parent psychotherapy and other interventions with infants and young children. In: Cassidy, J., Shaver, P. R. (Eds.), *Handbook of Attachment. Theory, Research and Clinical Implications.* New York: The Guilford Press, 555–574.

Luborsky, L. (2001). The meaning of empirically supported treatment research for psychoanalytic and other long-term therapies. *Psychoanalytic Dialogues, 11* (4).

Mabe, P. A., Turner, K., Josephson, A. M. (2001). Parent management training. *Child and Adolescent Psychiatric Clinics of North America, 10,* 451–464.

Main, M. (2002). Organisierte Bindungskategorien von Säugling, Kind und Erwachsenen. In: Brisch, K. H., Grossmann, K. E., Grossmann, K., Köhler, L. (Hrsg.), *Bindung und seelische Entwicklungswege.* Stuttgart: Klett-Cotta, 165–218.

Patterson, G. R., Chamberlain, P. (1994). A functional analysis of resistance during parent training therapy. *Clinical Psychology: Science and Practice, 1,* 53–70.

Rutter, M. (1995). Clinical implications of attachment concepts: Retrospect and prospect. *Journal of Clinical Child Psychology and Psychiatry, 36.*

Sandell, R., Blomberg, J., Lazar, A., Carlsson, J., Broberg, J., Schubert, J. (2000). Varieties of long-term outcome among patients in psychoanalysis and long-term psychotherapy: a review of findings in the Stockholm outcome of psychoanalysis and psychotherapy project (STOPPP). *International Journal of Psychoanalysis, 81,* 921–942.

Schmidtchen, S. (1978). *Handeln in der Kinderpsychotherapie.* Stuttgart: Kohlhammer.

Schmidtchen, S. (1996). Neue Forschungsergebnisse zu Prozessen und Effekten der klientenzentrierten Kinderspieltherapie. In: Boeck-Singelmann, C., Ehlers, B., Hensel, T., Kemper, S., Monden-Engelhardt, C. (Hrsg.), *Personenzentrierte Psychotherapie mit Kindern und Jugendlichen. Bd. I.* Göttingen: Hogrefe, 99–139.

Schmidtchen, S. (1999a). Spieltherapie als entwicklungsorientierte Intervention. In: Oerter, R., von Hagen, R. C., Röper, G., Noam, G. (Hrsg.) *Klinische Entwicklungspsychologie.* Weinheim: Psychologie Verlags Union, 382–399.

Schmidtchen, S. (1999b). Möglichkeiten und Grenzen der klienten- bzw. personenzentrierten Spieltherapie mit Kindern. In: Viquerat, H. (Hrsg.), *Klinische Kinder- und Jugendlichen-Psychologie.* Bonn: Deutscher Psychologen Verlag, 181–245.

Sperling, E. (1997). The collateral treatment of parents with children and adolescents in psychotherapy. *Child and Adolescent Psychiatric Clinics of North America, 6,* 1, 81–95.

Urquiza, A. J., McNeil, C. B. (1996). Parent-child interaction therapy: an intensive dyadic intervention for physically abusive families. *Child Maltreatment, 1,* 2, 134–144.

Van Ijzendoorn, M. H., Juffer, F., Duyvesteyn, G. C. (1995). Breaking the intergenerational cycle of insecure attachment: A review of the effects of attachment – based interventions on maternal sensitivity and infant security. *Journal of Child Psychology and Psychiatry, 36,* 2, 225–248.

Wahler, G., Meginnis, K. L. (1997). Strengthening child compliance through positive parenting practices: What works? *Journal of Clinical Child Psychology, 26,* 4, 433–440.

Weinberger, J. (1995). Common factors aren't so common: The common factors dilemma. *Clinical Psychology: Science Practice, 2,* 1, 45–69.

Stichwortverzeichnis

Adaptive Funktionen 19–27, 30–32, 41–50
ADHS, frühe Risiken 199 f.
Affektregulation 199
Alleinspiel 82–84, 100
Als-ob-Spiel 78–82, 144 f., 149, 153–173, s. Symbolspiel
Artspezifische Differenzierung 19–32
Assimilation 155
Aufmerksamkeit, gemeinsamer Fokus 48 f., 190, 219–222
Aufmerksamkeitsdefizit 184, 193
Aufmerksamkeitsregulation 194, 199 f.
Ausdauer 87 f., 199, 219
Autistisches Syndrom 219

Beobachtung des Spielverhaltens 121 f., 141 f., 176, 178–193, 223–229
Beteiligung der Eltern 20, 23–27, 38–52, 71–73
Bewältigungsfunktion 153 f., 275
Bindungs-Explorationsbalance 113, 121, 133, 181, 183, 197 f.
Bindungsqualität 124, 197
Bindungstheorie 113 f.
Bindungssicherheit 23 f., 120, 124–126, 128, 193, 270–273

Co-Elternschaft 138–140

Depression 186, 201
Dezentrierung 79, 81
Dialogische Abstimmung 40 f., 51, 187–191, 219–222
Diskrepanz 30 f., 168–171
Dreier-Spielinteraktionen 138–151
Dyadische Koordination 95 f.

Elterliches Verhalten
– Ammensprache 43 f., 96, 186
– Anregen 84–87, 102 f.
– Bindungsperson 131 f.
– Demonstrieren 84–87, 102 f.
– Didaktische Elemente 24, 44, 48 f.
– Direktives Verhalten 189 f., 221
– Emotionale Verfügbarkeit 186
– Erzieherische Elemente 24 f.
– Empathie 244, 271, 276–278
– Feinfühligkeit 188, 276–278
– Fürsorgeverhalten 114
– Grenzsetzung 244, 268 f.
– Intuitive Kompetenzen 39–41, 185 ff.
– Investition 131 f.
– Regulatorische Unterstützung 194 f.
– Responsivität 97, 188, 221–223
– Spielerische Elemente 39, 43 f., 185
– Spielpartner 72, 131 f.
– Sprechweise 43 f.
– Strukturieren des Spielraums 71 f., 100, 189
– Überstimulation 188
– Unterstützung 130, 134, 190 f.
– Vorbildfunktion 72 f., 123

Eltern-Säuglings-Psychotherapie 207–209, 273 f.
Emotionale Sicherheit 31, 115, 119, 125, 130, 133 f.
Entwicklung 32–38, 58–70, 80–85
Entwicklungsaufgaben 148–151
Entwicklungsdiagnostik 57, 78, 90 f., 223–229
Entwicklungsförderung 230–233
Entwicklungsphasen 32–38, 178–182
Entwicklungsstufen 58–70, 225–227, s. auch Spiel, Ebenen
Entwicklungsthematiken 45 f., 158–164, 168–170
Entwicklungsverzögerung 216–218
Erkundungsspiel s. Explorationsspiel
– oral 59
– manuell 60
– visuell 60
Evolution des Spiels 18–27 Evolutionsbiologische Grundlagen, 113–115
Explorationsbedürfnis 30
Explorationsspiel 35–37, 58–61, 78–80, 82–86, 102–104, 157

287

Exploration 114, 121, 122–126, 127–130, 157

Familienkontext 139 f., 215 f.
Fremde Situation 120–126, 271
Frühförderung 210, 215–233
– Beratung zu dialogischem Spiel 230–233
– entwicklungspsychologische Beratung
– Evaluation 222 f., 232
– Frühgeborene 222
– Interaktionsdiagnostik 223–229
– intuitive Früherziehung 51
– Responsivität der Mütter 222 f.
– Stärkung intuitiver Kompetenzen 230 f.
– Unterstützung des Lernprozesses 229
– Videogestützte Beratung 230–233
Frühkindliche Regulationsstörung 196 f., 200–202

Geborgenheit in der Dreierbeziehung 148
Gefährdungen des Spiels 174–210
Geistige Behinderung 215–233
Gemeinsames Spiel 84–100, 216, 275 f.,
Geschlechtsunterschiede 92, 98–100, 123, 127 f.
Geschwisterrivalität 161 f.
Guckguck da 37, 39, 62

Handlungsplanung 57, 182 f., 189, 199, 206 f., 218
Hörbehinderung 90 f.
Hyperexzitabilität 178

Individuelle Variabilität 73 f., 83–87, 91–100, 129–132, 178–185, 195–196
Initiativen im Spiel, Kind 189, 208 f., 224 f., 232, 257
Initiativen zum Spiel, Eltern 187, 189
Integration von Erfahrungen 20, 28–38, 40 f., 148, 194 f.
– Schlüsselsignale 40, 217
Intentionale Kommunikation 206 f., 226
Interaktionsdiagnostik 178–191, 228 f.

Interaktionsspiele 44–46
Interaktionsstil 220–222, 228 f.
Intuitive elterliche Kompetenzen 38–41, 185–191, 216
– Abstimmung 187–191
– Ausprägung 185–187
– Beeinträchtigung 200–202
– Blockierung 186 f., 201, 208 f., 216 f., 233
– Forciertes Ausüben 187
– Prädispositionen 40 f.
– Stärkung 207–209, 231–233

Kathartische Wirkung 154
Kognitiv-affektive Strukturen 168 f.
Kognitive Entwicklung 25, 216, 225–229
Kommunikative Fähigkeiten 38–46, 216, 227 f.
Konfliktlösung 163 f.
Konstruktionsspiel 157
Kontingenzerfahrung 40 f., 192 f.
Kreativität 22 f., 25, 32, 46 f., 104 f., 246
Kulturelle Integration 23, 32 f., 73, 101–104, 132–134
Kulturvergleich 96 f., 101–104, 112–134

Langeweile 31–33, 188, 203, 206, 208
Lautbildungen 42
Limbisches System 18 f.

Metakommunikation 163 f.
Motivation, intrinsische 29 f., 31, 57, 161, 171, 181, 191, 194, 199, 205, 207–209, 218 f., 221
– Erkundungsbedürfnis 30
– Kompetenzbedürfnis 30, 158
– Neugier 29 f., 123, 126
– Selbstwirksamkeitsbedürfnis 29
Motorische Unruhe 184, 194

Nachahmung 10, 43, 66, 72 f., 118 f., 123, 218, 220 f.
Negative Gegenseitigkeit 192 f.
Neurobiologische Grundlagen 19, 28
Neuronale Netzwerke 170

Ökologisches Modell 91–100
Ontogenese des Spiels 27–38, 76

Piaget 78, 80 f., 155
Phylogenese des Spiels 17–27
Positive Gegenseitigkeit 51 f., 191, 205 f., 208
Primaten 22 f., 24 f.
Psychobiologische Wurzeln 17–52, 153

Reizhunger 180 f., 195, 206 f.
Reizüberflutung 203, 207
Repräsentation 78, 88, 141, 150
Repräsentatives Spiel s. Symbolspiel
Risikofaktoren 201 f.
Ritualisierte Spiele 44 f., 49 f.
Rollenspiel 68, 147 f., 150, 157, 163, 166, 276

Säugetierjunge 19–23
Schwieriger Säugling 195 f.
Selbst gesteuertes Lernen 30–38, 57–70
Selbstwertgefühl 205
Selbstregulation 178–184, 188, 193–198, 225
Selbst-Umwelt-Interaktion 132, 156–158
– Aneignung 156 f.
– Vergegenständlichung 157, 167
Selbstwirksamkeit, Kind 29, 40, 182, 192, 200, 206
Selbstwirksamkeit, Mutter 192 f., 281
Sensation avoider 179–181, 183
Sensation seeker 180–182, 184
Sensomotorisches Spiel 78, 104, 217 f., 226–228
Singen, Frühentwicklung 46 f.
Spannungszirkel 44 f., 161
Spiel
– Definition 30
– Ebenen 31–33, 34 f., 78–86, 217 f.
– Entwicklungstempo 217 f.
– Flussdiagramm 30–33, 206 f.
– Grundbedürfnis 57, 174, 209
– Voraussetzungen 23, 57, 115, 203
– Vulnerabilität 52
Spiel mit der Stimme 41–43
Spiel zu Dritt 140–151
– Mutter-Kind-Interaktion 142, 144
– Vater-Kind-Interaktion 142, 145, 147
– Vater-Mutter-Interaktion 143, 146

Spiel, dialogisch 230–233
Spiel, kindgesteuert 181, 231
Spieldiagnostik 90 f., 223–229
Spielgesicht 21 f., 24
Spielkompetenz 88–90, 91, 230 f.
– Spiel-Aufmerksamkeits-Faktor 89 f.
– Spiel-Sprach-Faktor 89 f.
– und Aufmerksamkeitsspanne 88–90,
– und Sprachkompetenz 69 f., 88–90, 97, 98 f.
Spielmaterial 144, 224, 248
Spielsachen 52, 72, 118, 121,126
Spielthemen 37 f., 43, 168, 275
– Abstraktionsfähigkeiten 49 f.
– Autonomiebedürfnis 168, 182, 205
– Beziehungsthemen 150 f., 159–163, 282–284
– Kategorisieren 49, 69
– Kausalität, Urheberschaft 61
– Mittel-zum-Zweck-Relation 61 f., 226
– Objektpermanenz 37, 61, 62 f., 226
– Raumverständnis 63–65, 70, 226
Spieltherapien 207–209, 237–263,
– analytisch 245, 246
– Arbeitsbündnis 275
– bei Kleinkindern 237 f., 246,256, 260
– Beziehungsqualität 280–284
– Coaching 256, 269
– Cognitive-behavioral play therapy 253–256
– Dynamische Familienspieltherapie 260 f.
– Frühintervention 207–209, 273, 278
– Einbeziehung der Eltern 240, 243 f., 257 f.
– Einzeltherapie 237
– Elterliche Repräsentationen 272 f., 280–284
– Eltern als Laientherapeuten 243, 215
– Elterntraining 243, 256, 268–271
– Evaluation 230, 240, 262
– familientherapeutisch 260 f.

- Filialtherapie 243–245
- freies Eltern-Kind-Spiel 274–276, 278
- Indikationen 252 f., 256, 262
- individualpsychologisch 246
- interaktionsorientierte Beratung 270–273
- Jung'sche Spieltherapie 247 f.
- klientzentriert 277–284, s. auch personzentriert
- kognitive Interventionen 253, 254–256
- parent-child interaction therapy 256–260, 268
- personzentriert, n. Axline 241–245, 277–284
- Puppenspiel 255
- ressourcenorientiert 207–210, 230
- Sandspieltherapie, Kalff 248, 256–252
- strategische Familienspieltherapie 261
- therapeutische Beziehung 207–209, 270, 275 f., 278–281
- tiefenpsychologisch 245–252, 272
- Unbewusstes 245, 247
- verhaltenstherapeutisch 252–254, 258–260, 268–270
- Videofeedback 207 f., 230–233, 274, 278–284
- Widerstand der Eltern 269 f., 275, 284

Spielunlust 175–210
- bei exzessivem Schreien 175, 179–181
- bei Fütterstörungen 183
- bei Regulationsstörungen 175
- bei Schlafstörungen 179, 183
- dysfunktionale Kommunikationsmuster 185, 192 f.
- Entstehungsbedingungen, Eltern 200–202
- Entstehungsbedingungen, Kind 193–200
- Entwicllungspathogenese 206 f., 210
- Entstehungsbedingungen, Umwelt 202–204
- Erscheinungsbild, Eltern 185–191
- Erscheinungsbild, Kind 178–185
- gehemmte Motivation 191
- Klagen der Eltern 177 f.
- Teufelskreise 192 f., 197, 204
- »Zeitgeist« 202–204

Spielverhalten, Kind 178–185, 225 f.
Spielverhalten, Mutter 95–100, 185–191
Spielwissen, der Mutter 94 f., 99
Sprachentwicklung 48–50, 69 f.
Sprachliche Symbolisation 48–50
Symbol, Definition 28
Symbolisationsfähigkeit 27 f., 38, 104 f., 149, 182, 220 f.
Symbolspiel 38, 65–68, 78–106, 218, 247–252, 275 f.
- Einflussfaktoren, Eltern 91–100
- Einflussfaktoren, Kind 91–100
Systemtheorien 28

Tätigkeitstheorie, Leontjew 155 f.
Temperament 195–198
Toleranzgrenzen 188 f., 194
Transformationsphasen 32 f., 37 f.
Triade 138, 141
Trobriand-Inseln 112, 115–119

Übergangsobjekt 160, 246
Übergangsraum 148, 169 f., 246
Übergeordneter Gegenstandsbezug 156, 164–170
- Narrative Transformation 165 f.
- Räumliche Transformation 166 f.
- Spielhandlung 166 f.
- Unbewusstes 167 f.
Überreiztheit 179, 194 f.
Übung von Funktionen 21, 153
Unfähigkeit zu spielen, s. Spielunlust

Vergleichende Biologie 18–27

Wahrnehmungsstörung 198
Winnicott 148, 169, 246

Zone der proximalen Entwicklung 100, 185, 190, 229, 232
Zürcher Longitudinalstudien 56–74

Autorinnen und Autoren

Priv.-Doz. Dr. med. Dipl.-Päd. Michael von Aster, Zentrum für Kinder- und Jugendpsychiatrie der Universität Zürich

Dr. phil. Sigrid von Aster, Interkantonale Hochschule für Heilpädagogik, Zürich; Zentrum für Kinder- und Jugendpsychiatrie der Universität Zürich

Dr. med. Caroline Benz, Kinderärztin, Abteilung Wachstum und Entwicklung der Universitäts-Kinderklinik Zürich

Prof. Dr. Marc Bornstein, Child and Family Research, National Institute of Child Health and Human Development, Bethesda MD, USA

Prof. em. Dr. phil. Andreas Flitner, Tübingen

Priv.-Doz. Dr. med. Alexander von Gontard, Klinik und Poliklinik für Psychiatrie und Psychotherapie des Kindes- und Jugendalters, Klinikum der Universität zu Köln

Dr. phil. Karin Grossmann, Diplom-Psychologin, freie Wissenschaftlerin, assoziiert am Psychologischen Institut der Universität Regensburg

Prof. Dr. phil. Klaus E. Grossmann, Diplom-Psychologe, Psychologisches Institut der Universität Regensburg

Anika Keppler, Diplom-Psychologin, wissenschaftliche Assistentin am Psychologischen Institut der Universität Regensburg

Prof. Dr. med. Kai von Klitzing, Kinder- und Jugendpsychiatrische Universitätsklinik und Poliklinik, Basel

Prof. Dr. med. Remo H. Largo, Abteilung Wachstum und Entwicklung der Universitäts-Kinderklinik Zürich

Miriam Liegel, Diplom-Psychologin, Oberroth

Prof. em. Dr. phil. Rolf Oerter, Departement Psychologie der Ludwig-Maximilians-Universität München

† Prof. Dr. med. Hanuš Papoušek, ehem. Max-Planck-Institut für Psychiatrie, München

Prof. Dr. med. Mechthild Papoušek, Institut für Soziale Pädiatrie und Jugendmedizin der Ludwig-Maximilians-Universität, München

Priv.-Doz. Dr. rer. nat. Klaus Sarimski, Diplom-Psychologe, Kinderzentrum, München

Prof. Dr. med. Wulf Schiefenhövel, Max-Planck-Institut für Verhaltensphysiologie, Andechs

Wolfgang Krucker:
**Spielen als Therapie –
ein szenisch-analytischer Ansatz zur
Kinderpsychotherapie**
1997. 164 Seiten, broschiert, ISBN 3-608-89659-7

Leben lernen 113

Diese analytisch orientierte Methode der Kindertherapie ist ein praxisnaher Ansatz, der von verschiedenen psychotherapeutischen Richtungen adaptiert werden kann. Konflikte werden vom Kind auf der Spielebene – mittels Holzfiguren – dargestellt. Mit Hilfe des Therapeuten wird, ebenfalls auf der Spielebene, nach Lösungen gesucht.

Wolfgang Krucker:
**Diagnose und Therapie
in der klinischen Kinderpsychologie**
Ein Handbuch für die Praxis
2000. 295 Seiten, broschiert, ISBN 3-608-89690-2

Leben lernen 140

Das Buch bietet eine Übersicht über die diagnostischen und therapeutischen Möglichkeiten in der Kinder- und Jugendlichentherapie. Es enthält eine Beschreibung und kritische Würdigung aller gängiger Testverfahren und erleichtert damit dem Therapeuten die Entscheidung über das jeweils günstigste Vorgehen. Der Autor vertritt einen integrativen, an der phänomenologischen Methode orientierten Stil, der von verschiedenen Schulrichtungen aufgenommen werden kann.

Familien-
dynamik

Interdisziplinäre Zeitschrift für systemorientierte Praxis und Forschung

Begründet 1976 von Helm Stierlin und Josef Duss-von Werdt
Herausgegeben von Arnold Retzer, Ulrich Clement und Hans Rudi Fischer

Die Fachzeitschrift für alle, die in Forschung und Praxis mit dem System »Familie« zu tun haben.

Die Familiendynamik erscheint seit 1976 viermal im Jahr und ist die älteste und bedeutendste Zeitschrift für Familientherapie und systemische Therapie im deutschsprachigen Raum.
Die Familiendynamik ist das Forum für alle, die sich praktisch und wissenschaftlich mit der Familie befassen.
Der hohe wissenschaftliche Anspruch der Familiendynamik verbindet praxisrelevantes Arbeiten, Pragmatik und sorgfältige theoretische Reflexion.

Internationale Beiträge zur Theoriebildung und Forschung werden ergänzt durch umfangreiche Orientierung über Literatur, Lehrgänge und Kongresse.
Dem Praxisbezug dienen die Rubriken Therapeutische Schnittmuster – als Forum für den Erfahrungsaustausch über systemische Diagnoseansätze und Interventionsstrategien – und Systemischer Alltag – mit Beiträgen aus unterschiedlichen Praxisfeldern (Ausbildungs- und Forschungserfahrungen, Fallgeschichten).

Jedes Heft hat einen thematischen Schwerpunkt.

Ausführlichere Informationen und ein Überblick über den Inhalt der lieferbaren Hefte sind auf der Homepage www.familiendynamik abrufbar.